经济管理新形态教材
旅游管理系列
21世纪

旅游资源规划与开发

（第二版）

魏敏 编著

清华大学出版社
北京

内 容 简 介

本书以旅游资源为核心，以资源调查—产品开发—旅游规划—资源管理为主线，勾画出旅游资源规划与开发的基本框架。本书阐述了旅游资源的基本特征、基本类型及其成因，旅游资源分类体系，并在此基础上对旅游资源的调查和评价方法进行了介绍。然后概述了旅游资源规划与开发的基本理论，为旅游开发从资源走向产品奠定了理论基础。同时对旅游产品的开发和市场营销进行分析，并介绍了旅游资源的开发目标、原则、基本内容和途径。最后讨论了旅游资源的开发管理。

全书既注重旅游资源开发的整体性与理论体系，也强调实际案例的指导作用，文字表达简明扼要，图表说明清晰丰富，使读者能较好地掌握旅游资源规划与开发的基本理论和方法，并用于实际工作。本书适合高等学校旅游管理、地理等专业的教学之用，也可供旅游景区开发与管理人员参考使用，并可供对旅游资源规划与开发有兴趣的人士参考阅读。

本书封面贴有清华大学出版社防伪标签，无标签者不得销售。
版权所有，侵权必究。举报：010-62782989，beiqinquan@tup.tsinghua.edu.cn

图书在版编目（CIP）数据

旅游资源规划与开发/魏敏编著. —2 版 —北京：清华大学出版社，2023.7
21 世纪经济管理新形态教材. 旅游管理系列
ISBN 978-7-302-63300-6

Ⅰ. ①旅… Ⅱ. ①魏… Ⅲ. ①旅游资源－旅游规划－高等学校－教材②旅游资源开发－高等学校－教材　Ⅳ. ①F590.3

中国国家版本馆 CIP 数据核字(2023)第 059270 号

责任编辑：陆浥晨
封面设计：李召霞
责任校对：宋玉莲
责任印制：刘海龙

出版发行：清华大学出版社
网　　址：http://www.tup.com.cn，http://www.wqbook.com
地　　址：北京清华大学学研大厦 A 座　　邮　　编：100084
社 总 机：010-83470000　　邮　　购：010-62786544
投稿与读者服务：010-62776969，c-service@tup.tsinghua.edu.cn
质 量 反 馈：010-62772015，zhiliang@tup.tsinghua.edu.cn
课 件 下 载：http://www.tup.com.cn，010-83470332

印 装 者：三河市人民印务有限公司
经　　销：全国新华书店
开　　本：185mm×260mm　　印　张：20.75　　字　数：487 千字
版　　次：2017 年 5 月第 1 版　2023 年 7 月第 2 版　　印　次：2023 年 7 月第 1 次印刷
定　　价：59.00 元

产品编号：095010-01

目录

第一章 绪论 ························· 1
- 第一节 研究对象和内容 ··············· 1
- 第二节 研究目标和意义 ··············· 4
- 第三节 研究方法 ····················· 10
- 第四节 相关学科的关系 ··············· 12
- 本章小结 ···························· 16
- 复习思考题 ·························· 17
- 即测即练 ···························· 17

第二章 旅游资源分类 ················· 18
- 第一节 旅游资源概述 ················· 18
- 第二节 旅游资源的分类 ··············· 27
- 第三节 自然旅游资源 ················· 30
- 第四节 人文旅游资源 ················· 39
- 第五节 旅游资源的分区 ··············· 52
- 本章小结 ···························· 55
- 复习思考题 ·························· 55
- 即测即练 ···························· 56

第三章 旅游资源调查与评价 ··········· 57
- 第一节 旅游资源的调查 ··············· 57
- 第二节 旅游资源的评价 ··············· 66
- 本章小结 ···························· 81
- 复习思考题 ·························· 81
- 即测即练 ···························· 81

第四章　旅游资源开发与保护 ... 82

　　第一节　旅游资源开发 ... 82

　　第二节　旅游资源开发中的利益相关者 ... 100

　　第三节　旅游资源保护 ... 110

　　第四节　旅游可持续发展 ... 115

　　本章小结 ... 122

　　复习思考题 ... 122

　　即测即练 ... 122

第五章　旅游规划理论与方法 ... 123

　　第一节　旅游规划概述 ... 123

　　第二节　旅游规划的基本理论 ... 131

　　第三节　旅游规划的基本类型 ... 142

　　第四节　旅游规划的方法 ... 146

　　第五节　旅游规划的研究及发展趋势 ... 152

　　本章小结 ... 156

　　复习思考题 ... 156

　　即测即练 ... 156

第六章　旅游规划与开发的导向模式 ... 157

　　第一节　资源导向模式 ... 158

　　第二节　市场导向模式 ... 161

　　第三节　形象导向模式 ... 166

　　第四节　产品导向模式 ... 170

　　本章小结 ... 177

　　复习思考题 ... 177

　　即测即练 ... 177

第七章　旅游规划的实践 ... 178

　　第一节　旅游规划的实施过程 ... 178

第二节 旅游规划与开发的可行性分析……………………………………… 185

第三节 旅游规划与开发的效益评估……………………………………… 198

第四节 旅游规划的管理评价……………………………………………… 208

本章小结……………………………………………………………………… 213

复习思考题…………………………………………………………………… 213

即测即练……………………………………………………………………… 213

第八章　专项旅游开发……………………………………………………… 214

第一节 国家级风景名胜区开发…………………………………………… 214

第二节 旅游度假区开发…………………………………………………… 220

第三节 主题公园开发……………………………………………………… 225

第四节 城市旅游开发……………………………………………………… 230

第五节 乡村生态旅游开发………………………………………………… 236

第六节 工业旅游开发……………………………………………………… 240

本章小结……………………………………………………………………… 246

复习思考题…………………………………………………………………… 247

即测即练……………………………………………………………………… 247

第九章　旅游规划设计……………………………………………………… 248

第一节 旅游项目规划设计………………………………………………… 248

第二节 旅游市场营销策划………………………………………………… 256

第三节 旅游景观规划……………………………………………………… 264

第四节 旅游线路规划设计………………………………………………… 269

第五节 旅游基础设施和服务设施规划…………………………………… 274

本章小结……………………………………………………………………… 281

复习思考题…………………………………………………………………… 282

即测即练……………………………………………………………………… 282

第十章　旅游规划与开发新视角…………………………………………… 283

第一节 旅游目的地形象策划……………………………………………… 283

第二节　休闲养生旅游开发模式 ··· 290

第三节　体验旅游开发模式 ··· 296

第四节　文化创意旅游开发模式 ··· 301

第五节　黑色旅游开发模式 ··· 308

第六节　网红旅游开发模式 ··· 314

本章小结 ··· 319

复习思考题 ··· 319

即测即练 ··· 319

参考文献 ··· 320

第一章 绪论

学习要点及目标

1. 了解旅游资源规划与开发的研究对象和内容。
2. 认识旅游资源规划与开发的研究目的和意义。
3. 掌握旅游资源规划与开发的一般研究方法。
4. 明确旅游资源规划开发与相关学科的关系。

第一节 研究对象和内容

2021年,文化和旅游部编制印发《"十四五"文化和旅游发展规划》,旨在持续推进文化和旅游深度融合、创新发展。因此,《旅游资源规划与开发》需要和实践有机结合,该课程是以旅游资源为核心,以可持续性发展为理念,研究旅游资源的类型、特征、调查评价、布局设计、开发保护等内容的一门综合性学科。该学科与旅游学、规划学、开发学、地理学、经济学、地质学、气候学、水文学、生物学、历史学、社会学、民俗学、考古学、建筑学、环境学、生态学、文学、美学等学科有着不可分割的联系。《旅游资源规划与开发》课程涉及学科和研究内容相当广泛,以期对中国文化和旅游产业高质量发展提供理论指导。

一、旅游资源的自然环境与历史背景

旅游资源都有其自己形成的背景,自然旅游资源是在亿万年自然地理环境的演变之中形成的,具有旅游功能的事物和因素;人文旅游资源是人类创造的,反映文化生活、民族习俗、经济发展、时代特征和社会背景等状况,具有旅游功能的事物和因素。旅游资源的规划与开发,必须研究了解旅游资源的形成机制。只有这样,才能充分发现旅游资源的科学价值,深入挖掘旅游资源的文化内涵,深刻认识旅游资源的特征和属性,提高旅游资源的艺术与观赏品位,满足人们的旅游需要,从而最大限度地发挥旅游资源的功能和效益。

二、旅游资源的特征与分类

在认识各类旅游资源形成机制普遍规律的基础上,要寻找各类旅游资源之间的差异,找出不同旅游资源的特征。在此基础上,注意不同特性旅游资源的相互转化与融合。一般而言,差异越大,特征越明显,其开发价值就越高。因而,所谓旅游资源的特征实质就是旅游资源的鲜明个性和"特殊本质",而旅游资源的分类则是依据旅游资源的现存状况、形态、特性、特征进行划分若干类别。旅游资源的特征和分类需要通过对旅游资源的深入考

察、科学分析和广泛比较才能完成。随着社会经济的发展、科学技术的进步、旅游资源内涵的拓展与延伸，旅游资源的种类与数量将日益丰富，对旅游资源作出合理、科学的分类与评价，是认识和研究旅游资源并进行规划与开发的重要前提条件。

三、旅游资源的调查和评价

旅游资源是旅游业发展的前提，是旅游业的基础。评价旅游资源的开发利用前景，能够为旅游景区（点）的布局和旅游设施的安排提供依据。旅游资源是自然界和人类社会中，凡能对旅游者有吸引力、能激发旅游者的旅游动机，具备一定旅游功能和价值，可以为旅游业开发利用，并能产生经济效益、社会效益和环境效益的事物和因素。一方面要为查明旅游资源情况，包括资源的种类、分布、数量、质量、规模、密度、级别、特点、成因及开发利用程度、价值、功能等提供理论依据和科学的方法；另一方面，对旅游资源在调查的基础上进行技术经济论证和评价，包括具体的项目，如按不同依据分类、旅游容量、开发程序、投入产出效益、市场预测、环境评价、开发适宜时间、利用方式、各种组合配套等。

四、旅游资源的开发战略

旅游资源开发可以激发旅游者的旅游动机并进行旅游活动，其为旅游业所利用的客体。大部分旅游资源仅靠原始的内在的质量品质是有一定局限的，无法达到吸引人们前来旅游的目的，不能适应发展变化的旅游需求，需要进行旅游资源开发战略定位，挖掘旅游资源内涵，创造鲜明的旅游形象；完善基础设施和旅游接待设施、提高旅游地的可进入性；发挥成熟旅游目的地资源的潜力、创造新的旅游产品（服务）等，这样才能有效提升旅游吸引力，从而增加旅游经济效益和社会效益。此外，针对各类旅游者需求差异，同一旅游资源对于不同旅游者的吸引力是因人而异的。同一旅游资源，因形象策划、开发深度的差异，对旅游者的吸引力也会不同。总之，对不同属性的旅游资源，应采取不同的开发利用对策。

传统的旅游资源开发一般由旅游规划、旅游项目建设和旅游经营管理三个环节组成，规划设计与建设开发、经营管理过程往往是分离的。这样，前期旅游规划中提到的资源与环境保护问题很难在后期的具体实施建设、经营管理中得到落实，而后期经营管理中出现的问题也无法反馈到前期的旅游规划中，致使规划和实施相脱节。与传统旅游开发模式不同，当前旅游资源开发需要战略思考，即从全局发展战略高度，在开发实施过程中形成紧密联系的有机循环体系，包括旅游规划、旅游项目建设、旅游经营管理和旅游资源监测四个环节。这样，"四位一体"的开发战略才能确保旅游资源的可持续开发。

五、旅游资源的保护政策

旅游资源开发中的资源保护是旅游业赖以生存和发展的重要保障。旅游资源的种类、数量、规模、特色及保护水平等，在很大程度上决定着一个国家或地区的旅游发展总体水平。因此，要不断加强旅游资源的保护和管理，从而实现旅游资源的高效、持续利用。旅游可持续发展是指在不破坏当地自然环境，不损坏现有和潜在的旅游资源，以及合理利用旅游资源，保护已开发的现有资源的情况下，在经济、社会、环境三效合一的基础上持续发展的旅游经济开发行为。应当承认，经济开发与资源保护是有一定矛盾的，但如果正确规划、科学安排，两者是有可能实现有机统一的。一般来说，在可持续发展的理念下，考虑到资源环境的承载情况，制定相应的法律法规和行政政策，对旅游资源进行保护性开发。因而，我们既不能脱离国家和地方的现有条件、水平和需要，离开经济建设和旅游业发展，单纯强调旅游资源的保护，又不能片面追求经济利益，忽视对旅游资源的保护，更不能以牺牲旅游资源和环境为代价，去换取一时的经济效益。

六、旅游空间的合理布局

旅游景区（点）是体现社会经济、文化历史和自然环境统一的旅游地域单元。一般包含许多旅游点，由旅游线连接而成。为了保护、开发、利用和经营管理旅游区，使其发挥多种功能和作用，需要进行规划，统筹部署和具体安排各项旅游要素。旅游空间布局是通过对土地及其负载的旅游资源、旅游设施分区划片，对各区进行背景分析，确定次一级旅游区域的名称、发展主题、形象定位、旅游功能、突破方向、规划设计、项目选址，从而将旅游六要素的未来不同规划时段的状态，落实到合适的区域，并将空间部署形态进行可视化表达。旅游区（点）的兴建和改造涉及许多方面（如城市建设、交通、运输、环境保护、生态平衡、饮食供应、生活服务、文化娱乐、旅游纪念品、邮电通信、医疗卫生等），必须结合相应地区的区域规划，根据区域条件合理确定其接待旅游者的数量和各方面的负荷量，使旅游地域系统各要素相互协调，并与地区整体发展达成综合平衡。旅游空间布局示意图如图1-1所示。

图1-1　旅游空间布局示意图

知识库1-1

什么是旅游吸引物

20世纪70年代，大众旅游快速发展，旅游吸引物作为旅游活动的客观对象，在全球范围内迅速扩张。在此背景下，美国旅游社会学家MacCannell在其1976年出版的《旅游者：休闲阶层新论》中提出从符号学的角度构建旅游吸引物的概念，他以Pearce的符号三角为理论框架，认为旅游吸引物由景观（sight）、标志（marker）和旅游者（tourist）三个部分构成。MacCannell对旅游中的标志的定义为：用来指有关景区的任何信息，包括旅游书籍、博物馆指南、以往游客的描述、历史艺术文本和讲座、"论文"，等等。

美国地理学家Gunn（1979）则从旅游空间规划的角度对旅游吸引物进行了定义："吸引物是指那些为游客的兴趣、活动和享受而开发出来的，有规划和管理的地方。"他提出旅游吸引物由核（nuclei）、隔离带（inviolate belt）和封闭区（zone of closure）三个部分构成。

Lew（1987）认为从本质上来说，旅游景点包括所有那些"非家庭"场所的元素，这些元素吸引游客离开他们的家,它们通常包括要观察的风景、要参与的活动和要记住的经历。Lew 提出了一个基于表意、组织和认知三个视角的旅游吸引物划分框架。

Leiper(1990)认为 Lew(1987)的定义虽然反映了目前大部分学者对旅游吸引物的看法,但是却都隐含着旅游吸引物对游客的这种吸引力是由吸引物单方面产生的,而客观的事物并不能产生这样一种力量去吸引游客的视线或者改变他们的行为,因此他提出需要基于推力和拉力来构建旅游吸引物系统,他认为旅游者从来不会被直接"吸引""拉动"或"磁吸",而是当旅游吸引物之标志物与旅游者需求正向相关时,旅游者才会产生体验核心吸引物及其标志物的旅游动机。Leiper 批判性继承了 MacCannell 的观点,他认为观光只是旅游活动的一部分,MacCannell 指向绝大多数观光行为的旅游吸引物的定义并不能适用于所有旅游形式,故他用 Gunn 定义中的"nuclei"一词替代了 MacCannell 定义中的"sight"一词,提出一个旅游吸引物是一个由以下三个要素构成的系统:游客者(人类元素)、核心元素、标志物(或信息元素)。

MacCannell 和 Leiper 构建的旅游吸引物框架得到较多认可,影响较为深远。

第二节 研究目标和意义

一、研究目标

旅游资源规划与开发的研究目标是:统筹规划旅游资源,合理设计景区布局,在可持续发展理念的指导下,为旅游者创造时间与空间的差异、文化与历史的新奇、生理和心理上的满足,从而实现经济、社会、生态效益协调发展。为了实现这一目标,旅游资源规划与开发就必须从需求、供给和管理三个层面进行研究。

(一)需求层面

旅游需求是指在一定时期内,旅游者愿意并能够以一定货币支付能力购买旅游产品(服务)的数量。简言之,就是旅游者对旅游产品(服务)的需求。在旅游者支付能力和闲暇等客观条件既定下,旅游需求主要由旅游动机来决定,通过对旅游动机的研究,针对人们旅游动机、活动特征以及与之相应的经营方式进行规划,包括挖掘潜在于旅游资源与环境中的历史文化、风土民情、风俗习惯等与人们精神生活世界息息相关的文明,树立旅游地总体形象,可以为旅游者提供生理和心理的满足。

(二)供给层面

旅游供给是指在一定时期内以一定价格向旅游市场提供的旅游产品(服务)的数量,具体包括旅游业经营者向旅游者提供的旅游资源、旅游设施和旅游服务等。通过对旅游资源的调查、评价以及旅游者的需要,明确旅游目的地的战略定位和发展方向,提升区域旅游发展的层次。进而寻找区域旅游发展的优势方向,据此规划与开发丰富的旅游产品(服务),优化旅游业发展的要素结构与空间布局,安排旅游业发展优先项目,促进旅游业持续、健康、稳定发展。并且,指导如何通过旅游规划与开发带动该区域其他产业的发展。

（三）管理层面

为了确保旅游资源的合理利用和保护，有效调节旅游市场的需求和供给，还需要建立合理的管理机制，使供求关系能够灵活地变动。通过对旅游目的地的规划与开发，满足旅游者的多样化需求，并在不断变动中取得相对的平衡。这种直接作用主要体现在四个方面：第一，调节总量平衡。通过合理的规划与开发，可以吸引更多的旅游者。第二，调节结构平衡。通过旅游市场中"看不见的手"，使旅游者在不同类型的旅游资源之间合理转移。第三，调节区域间的平衡。通过有效管理，使各个旅游区域调剂余缺、互通有无，使总量平衡和结构平衡得到具体落实。第四，调节时间上的平衡。旅游资源在不同的季节有不同的特征，因此进行合理规划与开发，在一定程度上满足了旅游者的旅游需求，缓解了供求矛盾。

旅游规划与开发的研究目标如图 1-2 所示。

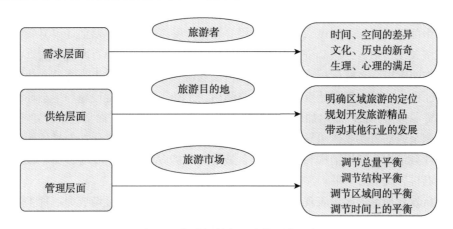

图 1-2　旅游规划与开发的研究目标

二、研究意义

（一）时代需求

党的十九大报告指出我国社会主要矛盾已经转化为人民日益增长的美好生活需要和不平衡不充分的发展之间的矛盾。旅游集物质消费和精神享乐于一体，是新时期满足人民对于美好生活需求的重要手段之一。在此时代背景下，旅游业作为第三产业的重要组成部分，得到较快发展。

2009 年 12 月 1 日，国务院颁布《关于加快发展旅游业的意见》，要求把旅游业培育成国民经济的战略性支柱产业和人民群众更加满意的现代服务业。2013 年 2 月 2 日，《国家旅游休闲计划纲要》（也称《国民休闲纲要》）颁布，以满足人民群众日益增长的旅游休闲需求，促进旅游休闲产业健康发展，推进具有中国特色的国民旅游休闲体系建设。2018 年国务院办公厅颁布《关于促进全域旅游发展的指导意见》，提出要将一定的区域作为完整的旅游目的地，并以旅游业为优势产业，统一规划、优化布局，推动旅游业的现代化和品质化。

进入新常态以来，我国经济发展速度放缓，经济发展的阶段从量的高速增长转变为经济高质量发展。产业结构转型升级及发展动力转换的双重挑战成为经济发展所面临的挑战，"量的合理增长"和"质的稳步提升"成为新时代背景下经济发展的目标。旅游业作为国民经济战略性支柱产业，其从量到质的发展是一个必然的过程。2020年文化和旅游部、国家发展改革委等十部门联合印发《关于深化"互联网+旅游"推动旅游业高质量发展的意见》，提出到2022年，建成一批智慧旅游景区、度假区、村镇和城市。

传统的旅游产业要素进一步扩展，各要素相互交织形成了一个紧密的旅游产业链。旅游产业具有直接消费动力、产业发展动力、城镇化动力，在其发展过程中，将会给地区带来价值提升效应、品牌效应、生态效应、幸福指数效应等。要有条不紊地发展旅游业，促进国民旅游休闲的规模扩大和品质提升，就需要科学地进行旅游规划与开发，满足时代发展的需求。

（二）关系民生

民生中的生活质量（国民幸福指数）提升和旅游资源规划与开发息息相关。

在经济欠发达地区，旅游资源开发、产品建设，可以带动当地百姓脱贫致富，也能提高人们的文明意识。乡村旅游、生态旅游促进了农耕文化、农业风土人情等文化资源和田野、河流、山地、湖泊等自然资源的开发与利用，带动了农村基础设施和生态环境建设，提高农业资源价值、农产品附加值，农民的收入渠道也得以拓宽。而且，旅游就业门槛低，利于农村剩余劳动力就业，引导新的思想观念、生活方式和科技文化在农村的传播，优化农村居民社会结构、知识结构和产业结构，最终实现扩大城乡贸易交流，缩小城乡经济差距，改善农村居民生活水平、提高生活质量的目标。

在经济发达地区，旅游表现出休闲消费大众化的特征，并已逐渐成为一种生活方式。旅游推动餐饮、住宿、交通、游览、娱乐、购物等大众服务业发展，多样化、个性化、层次化的旅游产品不断出现，人居环境、生活质量稳步提升，成为人生发展从基本的生存生计向实现自我价值转化的重要手段。

此外，随着奖励旅游、福利旅游、医疗旅游、教育旅游、商务旅游、体育旅游等旅游产品发展以及旅游产业与相关产业的融合发展，旅游资源的规划与开发有利于国民服务业体系更加完善，进一步提高了旅游惠民、利民等民生功能。通过旅游资源规划，可以设计出针对不同客源市场的旅游产品，科学安排旅游线路等，最大限度地满足不同消费群体的旅游欲望，保障国民旅游休闲的权利，实现国民自我价值提升和全面发展。

案例1-1

重庆工业文化博览园——变废为宝，从废弃钢厂到文旅胜地！

在工业时代，钢厂、矿厂等工业基地承载着一代人的光荣与梦想，随着时代发展，产业结构不断调整，许多工业基地逐渐废弃，这些见证了城市发展的工业遗址如何逃脱被时代淹没的命运？在文化与旅游的加持下，工业遗产又焕发了新的活力，重庆工业文化博览园便是其中之一。

重庆工业文化博览园位于大渡口区，依托重钢原型钢厂部分工业遗存建设而成，占地142亩，总规模14万平方米，由工业遗址公园、工业博物馆及文创产业园三部分构成，以工业文化遗址为内核，形成一体化的新产业格局。

重钢集团是一家有着百年历史的大型钢铁联合企业，其前身是1890年中国晚清政府创办的汉阳铁厂，该钢厂的百年历程不仅是一个企业的发展演变史，更是中国钢铁工业坎坷前行的缩影和写照。2011年，因环保搬迁，其大渡口老区钢铁生产系统全部关停，随后便被改造成了重庆工业文化博览园（图1-3），博览园集"文旅商"于一体，通过文旅的带动，促进商业的发展，让片区焕发新的活力。

图1-3　重庆工业文化博览园

工业遗址公园场地内有1905年英国谢菲尔德公司生产的8 000匹马力双缸卧式蒸汽原动机等珍贵工业设备展品，多座主题雕塑、装置艺术和工业先驱人物雕像，体现了工业文化与公共艺术的完美结合。

工业博物馆由主展馆、"钢魂"馆以及工业遗址公园等构成，着力打造具有创新创意、互动体验、主题场景式的泛博物馆。

文创产业园将泛博物馆与文创产业有机结合，布局于老厂房及临江新建 LOFT 空间，形成文创产业园。还有产业办公、体验式商业、运动休闲、精品酒店、公共空间休闲交流区等多个空间。

自从 2019 年开园以来，已新晋成为网红打卡地，许多游人慕名而往。

不论是国外还是国内，工业遗存都不是冰冷的钢铁和砖石，而是工业文明的见证，承载着一个城市的文化与精神。当时代的车轮滚滚向前，这些工业遗存不应该被城市遗弃，而是需要通过合理的开发改造，重新激活这些文化载体。

资料来源：中旅联.变废为宝，从废弃钢厂到文旅胜地！[EB\OL]. 2021-05-18. https://baijiahao.baidu.com/s?id=1700056561732587111&wfr=spider&for=pc.

问题：总结一下重庆工业文化博览园重获生机的原因。对其他地方发展工业旅游有什么启示？

（三）经济效益

随着旅游业的发展，其经济效应逐渐显现出来，这引起学术界和业界的广泛关注。旅游业经济效应是指旅游活动对旅游地（目的地）经济的影响。它涉及旅游收入、旅游就业、旅游目的地的经济增长、关联企业收入、关联行业就业、目的地居民生活水平提高等各个方面。换而言之，是旅游者的消费对旅游目的地经济各种影响的总和。旅游业作为第三产业的先导产业，将大大带动第三产业的发展，进而调整第一、第二、第三产业的比例构成。而旅游活动的开展能带来外来经济注入，有利于增加政府税收，进而增强经济实力。此外，由于旅游产业的关联度比较大、链条比较长，故旅游产业的发展可带动和促进许多相关行业的发展。旅游资源规划具有前瞻性、可操作性、理论联系实际的规划成果，能给规划区带来丰厚的、可持续的旅游收入。相反，不负责任的规划，一旦实施，旅游收入远不能弥补因失误而进行景区重建与生态修复的费用。旅游资源的开发和旅游产业的发展，有助于促进产业结构的优化调整。

（四）社会就业

旅游业是"朝阳产业"，旅游活动的多样性和广泛性决定了旅游业是一个劳动密集型的行业。旅游业的"两大层次、三大支柱、四大类型"，即旅游管理和服务两大层次，旅游饭店、交通、旅行社三大支柱（企业），旅游行业事业管理和服务、景区管理和服务、项目管理和服务与部门管理和服务（如：以营销为中心的市场部、商品部、表演部、发展部或产品开发部，以品质为中心的景区管理部、园林部、工程部、游客部，以管理为中心的人力资源部、财务部、信息资源部等部门），都离不开旅游资源规划与开发，这就需要吸纳大量的大中院校毕业生。此外，各地、各相关学科，都在参与不同类型的旅游资源规划与开发。即使不在旅游部门，别的行业或部门同样需要规划，这是科学管理的普遍要求，也是对高素质人才的基本要求。而且，旅游规划与开发过程中，需要多部门协同发展，包括"食、住、行、游、购、娱"六大环节，每个环节都可以产生相应的岗位，并且与之相关的各个行业又能派生出更多就业机会，进而解决社会其他人员的就业问题。因而，旅游活动的开展可增加就业机会，大量吸纳社会闲散劳动力。

（五）文化环境

旅游活动本身是一种具有不同文化传统的人群之间相互接触的活动。旅游资源开发乃至旅游活动的开展必然对社会文化产生影响。因此，旅游资源的开发不仅有利于传统文化的保护，形成独特的文化特色，树立独特的文化形象，而且有利于丰富文化内涵，培育文化，树立良好的主体形象。再就是现代旅游活动的开展，已逐渐成为科学技术传播和交流的重要手段之一，如商务旅游、会议旅游等活动，可以使科技交流的广度和深度不断加大。

同时，随着大规模旅游活动的开展，旅游环境必将产生深刻的变化。具体说来，一是历史建筑和文化遗址将得到修缮和保护，这些历史文化遗产将随着旅游活动的开展而获得新生。二是城市环境将得到改善。旅游活动的开展使卫生环境得以重视和维持；为方便旅游活动的开展，基础设施和服务设施将不断增加，不仅居民生活环境得以改善，还对生态环境的保护和改善起到积极作用。

（六）学术研究

1. 理论意义

旅游资源规划与开发具有一定的学术研究性质的原因有两个方面：首先，世界旅游学历教育开始于20世纪70年代，至今才40多年历史。我国于1998年才正式将旅游管理专业列为二级学科。旅游规划与开发的学术研究尚未成熟，就迎来了全国甚至世界性的旅游大发展时期。20世纪90年代后，国内外许多地区纷纷将旅游业作为龙头（主导、支柱）产业，出现了旅游开发、规划和建设的热潮，旅游资源规划与开发的社会需求不断增加，"发展旅游，规划先行"已成为共识。因此，大量的旅游资源规划与开发任务摆在了专业人士面前，规划开发中遇到了许多实际问题，具有学术研究的价值。其次，旅游资源规划与开发是一个跨学科门类的边缘性学科，而不是一级学科，或二级学科的次一级学科交叉。不同学科门类及一级学科的交叉处，是产生学术问题的多发地带，具有广泛而深远的杂交优势。

2. 实践意义

正是旅游实践的发展，推动了旅游资源规划与开发。1978年中国旅游业创汇2.63亿美元，2019年则突破1 300亿美元大关。旅游开放的范围，更由北京、上海、广州、苏州、杭州、桂林、西安等城市，扩大到几乎所有的中小城市，地域上更扩展到中部、西部。近年来，由于国家对文化和旅游融合发展的高度重视，旅游资源规划与开发开展得如火如荼。许多高校和科研单位，对旅游资源规划与开发的课题任务应接不暇。旅游资源规划与开发涉及许多行业，如工业、农业、商业、交通运输业、邮电通信业、文化卫生（医疗）业等，几乎所有行业都与旅游业密切相关。此外，旅游资源规划与开发成果，相对于其他科研成果来说，直接受到旅游实践的检验。旅游规划送审稿完成之后，直接面临着来自投资主体、旅游行政管理部门以及相关领域专家的评价和检验。当旅游规划通过评审时，旅游资源开发的成果又面临着实施和执行效果的检验。因此，合理、科学地进行旅游规划与开发，具有重大的实践意义。

（七）形象宣传

旅游是人们为了休闲、娱乐、探亲访友或者商务目的而进行的非定居性旅行和在游览过程中所发生的一切关系和现象的总和。一个地区要发展旅游业，吸引游客前来，就必须创造一个令旅游者赏心悦目的环境。旅游资源规划与开发就是要分析旅游地的"文脉"，即其自然地理基础、历史文化传统、民族心理积淀、社会经济水平四维时空组合。既可顺应文脉、升华认同感、提炼主题，也可逆反文脉、出奇制胜、构筑差异化主题，还可顺应与逆反相结合。旅游资源规划与开发凝练出特色鲜明的主题，配置好烘托主题的各种配景与环境，实际上也是塑造地区良好形象的过程。由于旅游资源规划与开发对地区形象的塑造，经过了地区 SWOT 系统分析，与周边地域大环境科学比较，因此，旅游资源规划与开发是树立地区良好形象并进行有效宣传的可靠保证。

旅游规划与开发研究意义如图 1-4 所示。

图 1-4　旅游规划与开发研究意义

（八）可持续发展

从旅游资源规划与开发的定义可看出，其是预测和调节系统内的变化，以促进有秩序地开发，从而扩大开发过程的社会、经济与环境效益。永续发展是建构在经济发展、环境保护以及社会正义三大基础上，必须寻求新的经济发展模式，不要因为追求短期利益，而忽略长期发展、永续发展，强调经济发展的同时必须与地球环境的承载力取得协调，保护好人类赖以生存的自然资源和环境，而非对环境资源予取予求，而且在发展的同时必须兼顾社会公理正义。因此，要在看似冲突的经济、环境以及社会的三个面向上寻求动态永续的平衡，使人类能够永续发展。旅游资源规划与开发应该考虑永续发展，因为从根本上来说，旅游资源规划与开发和永续发展有一种天然的耦合关系，对永续发展战略的这种要求应该是内在的、本质上的，这就需要旅游行业共同促进、共同实施永续发展的战略。

旅游资源规划与开发强调有序的开发，通过规划，有步骤、有计划、科学地发展旅游业，减少无计划的盲目性、不符合客观实际的速成性和无政府主义的自流性，做到"规划可操作，发展可持续"。由此可看出，旅游资源规划与开发是旅游业永续发展的有效途径。

总之，旅游资源是旅游业发展的前提，是旅游业的基础。要使旅游业得到健康、顺利的发展，必须从理论到实践对旅游资源加以系统研究。这种研究有利于对旅游资源进行合理而科学的开发评价和管理，有利于旅游资源的环境保护，而且对旅游资源学学科的理论研究有深远的意义。

第三节　研究方法

一、统计分析

旅游景区的构成要素复杂，需要分别统计其面积、长度、宽度、厚度、深度、高度、角度、倾度、温度、透明度、速度、盐度、直径、周长、种数、个数、层数、含量等。统计分析法可以通过对旅游资源的规模、范围、重要程度、开发价值和资本投入等数量关系的分析研究，认识和揭示旅游景区各要素的相互关系、变化规律和发展趋势，借以形成对旅游资源开发正确评价的一种研究方法。这种统计资料对了解一个旅游区或旅游景点的特色和旅游价值具有重大的意义。

二、田野调研

旅游资源种类繁多，各自有着与所处环境相适应的、特有的演化规律与进程。要认识旅游资源，掌握旅游资源的形成机制，揭示与比较旅游资源的历史、科学、艺术价值，就必须深入实地考察。尤其是自然旅游资源，它是由地质、地貌、水文、气候、动物、植物等自然条件，在内外营力长期作用下形成的，是各种自然因素综合影响的结果。因此对它的认识与了解，更要从资源所在地域自然环境的考察、分析着手。通过考察、分析与比较，才能掌握各种旅游资源的特点与魅力所在，才能提出符合可持续发展要求的利用与保护策略。

三、社会调查

社会调查是对旅游资源社会现象（历史文化、民风民俗等）的观察、分析及评价的活动。该方法以旅游资源社会现象及其之间的关系为研究对象，采取经验层次的方法，如观察、访问、实验等，直接在现实的社会生活中系统地收集资料，然后依据在调查中所获得的第一手资料来分析和研究旅游资源的社会属性及其特征。对诸如民俗风情、都市文化等人文类旅游资源的认识与利用，对旅游资源开发决策过程中客源市场的定位与分析，对旅游资源开发地区的社会经济、社会环境容量等方面，都必须进行深入的社会调查，社会调查可根据不同目的采用座谈访问、参与观察、社会测量、随机抽样等不同方法进行。

四、历史分析

在对人文旅游资源调查中，研究人类发展的历程和人类发展的遗存，了解人类过去的生活环境，判断已经消逝的社会经济形态和社会生活水平，主要采取历史分析的方法。人类及其社会的发展是互相联系而不可分割的整体，在人文旅游资源中，相当部分是人类社会各历史时期生产、生活、宗教、艺术等方面的文化遗产和遗迹，并且有很强的历史性、地方性和民族性。对其进行研究，只有采用历史分析方法才能正确判断其历史价值，挖掘旅游资源内涵，真正了解其产生的原因与演化历程。

五、比较研究

各种不同的旅游资源，往往表现出不同的美感，应用比较研究的方法可以分别将两地不同类型或同一类型不同属性的旅游资源加以比较、评价和分析，找出其吸引旅游者的价值所在。例如，人们一方面可以比较不同地貌景观的特色，如山地景观、河谷景观、湖泊景观、熔岩景观等；另一方面，也可以比较同一类型的地貌景观，如丹霞地貌在不同区域反映出来的特色。比较研究在旅游资源规划与开发的应用中，可以统筹区域旅游资源开发布局，发挥区域旅游合作优势，避免旅游资源开发重复建设，合理开发区域旅游资源。

六、遥感技术

遥感技术是 20 世纪 60 年代兴起的一种探测技术，是根据电磁波的理论，应用各种传感仪器对远距离目标所辐射和反射的电磁波信息，进行收集、处理，并最后成像，从而对地面各种景物进行探测和识别的一种综合技术。利用遥感技术，可以高速度、高质量地测绘地图，为了解旅游资源分布特征、实现旅游空间布局奠定基础。遥感技术是一种可以通过非直接接触来判定、测量分析目标性质的综合性技术。在旅游资源调查中有助于加快调查速度、提高调查质量，并能为旅游资源规划、开发、利用和资源保护提供重要信息。目前在旅游资源普查、旅游生态环境质量评价等方面，遥感技术都有着广泛的应用。由于面积大、视野辽阔，信息丰富、真实、客观，便于了解全面，分清主次，进行类比研究，从而提高工作效率与工作质量。

七、实验研究方法

实验法是指在控制其他因素不变的情况下，通过操控自变量，观察因变量的变化，由此来判断自变量和因变量之间的因果关系。实验法最大特征就是控制其他因素不变以排除干扰变量对效度的影响。实验法因其过程较为精密，被广泛应用于自然科学和人文社科领域，比如医学、生物学、化学、心理学、市场营销、新闻传播等。实验法包含广义和狭义两种，其中狭义指实验室实验（lab experiment），指在特定实验室内进行的实验；广义则是指自然实验（field experiment），指在实验室以外的自然环境中进行的实验。前者因为在特定实验室内进行，能够较好地排除干扰因素，故具有较好的内部效度；后者在自然情境下进行，实验结果能够较好推广，故具有较好的外部效度。

对旅游资源的研究同样可以应用实验法。资源的成功开发离不开对游客心理和行为的准确把握，实验法可以用于分析游客对旅游资源的偏好、旅游行为，比如在实验中利用眼动仪和皮肤电分析游客旅游时的关注点，分析哪些景点会吸引游客的注意，进而为旅游资源的发展提供指导。

第四节 相关学科的关系

旅游资源规划与开发是旅游资源学中的一个重要分支，又是一门综合性较强、具有边缘性质的学科，这就使旅游资源规划与开发和资源学、旅游学、旅游地理学等学科有着广泛而密切的联系，并要求运用相邻学科的理论和方法，吸收相邻学科的研究成果，为发展和提高旅游资源规划与开发的理论和实践水平服务。

一、旅游资源学

旅游资源规划与开发是一门旅游资源应用的学科。因此，该学科借鉴了旅游资源学的研究成果。旅游资源学从旅游资源研究内容和不同种类的旅游资源的特点、分布等基础理论出发，重点分析旅游资源调查、评价、开发、保护等内容。地球上存在各种各样的用于不同目的的资源，研究用于农业资源的学科称为农业资源学；研究用于林业资源的学科称为林业资源学；相应地，研究用于旅游业资源的学科就称为旅游资源学。由于旅游者精神需求涉及大千世界各个方面，因此，旅游资源学研究的是这一资源客体的范畴，比农业资源学和林业资源学等学科研究的资源范畴要大得多，其既有自然资源，也有人文资源，是一个庞大的资源体系，为旅游资源规划与开发奠定了坚实的理论基础。

二、旅游学

旅游学就是将旅游作为一种综合的社会现象，以其所涉及的各项要素的有机整体为依托，以旅游者活动和旅游产业活动在旅游运作过程中的内在矛盾为核心对象，全面研究旅游的本质属性、运行关系、内外条件、社会影响和发生发展规律的新兴学科。旅游资源规划与开发也可以认为是介于旅游学与资源学之间的边缘学科。它与旅游经济学、旅游心理学、旅游社会学等学科都属于旅游学的平行分支学科，只是各自从不同的侧面来阐述现代旅游活动这一复杂的社会现象。旅游学通过探讨旅游现象的历史演进，总结旅游发展的基本规律，阐述旅游活动和旅游业的构成要素以及它们之间的关系，分析旅游活动对社会、经济、环境的影响，这些都是旅游资源规划与开发的先决条件。

三、旅游地理学

旅游地理学是研究人类旅行游览与地理环境关系的学科，其极为重视对旅游者游览对象的研究，在游览对象的成因、特点、分类、区划、调查评价、开发规划乃至保护方面均做了大量的基础工作。这里所说的游览对象就是旅游资源。旅游资源研究在旅游地理学中占有极为重要的位置。可以说，旅游资源规划与开发是在旅游地理学的摇篮中长大成熟的。但是，旅游地理学除了研究旅游资源外，还研究其他的内容，如旅游的起因及其地理背景、旅游者的地域分布和移动规律、旅游业发展对地域经济综合体形成的影响等。旅游资源规划与开发则专门研究旅游资源，其研究的深度和广度在旅游资源的开发利用等实践活动的推动下得以拓展和升华。

四、旅游经济学

旅游经济学是研究旅游活动及其发展规律的一门新兴的综合性经济学科。它和农业经济学、工业经济学、商业经济学、物资经济学一样，是研究国民经济中某一部门的经济学科。旅游经济学区别于旅游饭店管理学、旅游市场学、旅行社管理、旅游地理学等学科。这些学科是以旅游业中某一具体业务作为研究对象，而旅游经济学是对整个旅游经济活动全过程进行研究的。旅游资源规划与开发必须遵循经济学原理，综合评价投入产出，符合经济效益。

五、历史学

历史是完全独立于人们的意识之外的人类过往社会的客观存在及其发展过程；也是历

史学家对这种客观存在和过程及其规律的描述和探索，并结合生产与生活实践所创造出来的产品。旅游资源规划与开发的历史研究法，是指通过收集和整理各种现象发生、发展和演变的历史事实，并加以系统客观的分析研究，揭示其发展规律并进行相应的包装和整合，形成旅游产品（服务）提供给旅游者。就旅游主体而言，旅游者外出旅游主要是为了在异时异地寻求一种内心的愉悦与精神的满足。异地的别样风光和扑朔迷离的历史场景令人心驰神往。就旅游客体而言，历史文化类旅游资源所积淀的历史蕴涵——诸如重大历史事件、重要历史人物、典型的历史遗存等，常常"具有永恒的吸引力"。随着旅游业的发展，非原生性旅游文化的开发利用将会愈来愈深广，也意味着将有越来越丰富的历史文化转化为旅游文化。因此，旅游资源规划与开发不能不考虑历史元素。

六、建筑学

1981年，国际建筑师协会在《华沙宣言》中把建筑学定义为："建筑学是创造人类生活环境的综合的艺术和科学。"工艺美术运动为现代建筑学的发展奠定了基础，在如今的建筑设计的领域中，后现代、新古典主义、高科技风格等纷纷涌现，随着材料、规范、技术手段的日渐成熟，特别是技术达到了一定的高度，建筑学对景观设计作出重要的贡献。源于建筑学理念，景观设计学逐渐形成，在大量景观设计师的实践基础上，发展和完善了景观设计的理论和方法，这便是景观设计学。在旅游资源规划与开发中，为了在旅游空间布局中突出"美"，建筑学和景观设计学则不能忽略。

旅游资源规划与开发涉及学科如图1-5所示。

图1-5 旅游资源规划与开发涉及学科

七、其他相关学科

由于旅游资源规划与开发的范畴涉及面相当广泛，并且旅游资源只有规划开发后才能为旅游业所利用，故旅游资源规划与开发的内容需要借鉴很多其他相关学科的知识，如地质学、园林学、民俗学、考古学、民族学、历史学、宗教学、美学、规划学、生态学等学科的知识。因此，学习旅游资源规划与开发需要掌握这些相关学科的基本知识，并能熟练地运用在旅游资源开发的实践中。

案例1-2

白鹿原走下神坛

火热一时的"白鹿原"金字招牌，正在逐步走下神坛。

2017年,随着电视剧《白鹿原》的热播,白鹿原这个独具西安特色的文化IP成为资本追逐的对象,仅仅200多平方公里的白鹿原上就分布了至少6家以"白鹿原"为主题的特色乡村旅游项目,分别是白鹿仓景区、白鹿原生态文化观光园、白鹿原影视城、白鹿原民俗村、簸箕掌民俗村、白鹿古镇。

这些项目无一不将白鹿原文化作为卖点,游客实际体验后却发现,这些大都是以古建筑为特征,景区文化元素基本雷同——主营业务都是陕西小吃。

基于《白鹿原》这个IP而衍生的旅游景点,白鹿原民俗文化村是第一个,但也成了最先衰败的一个。

西安向东30多公里白鹿原畔的半坡上,白鹿原民俗文化村就在这个绝佳之地上,蓝田县城、灞河、山野田园尽收眼底。据官方介绍,作为曾经的陕西省、西安市、蓝田县三级重点建设项目,这里保留了最原始的自然森林公园形态,通过仿古建筑、美食特产、传统技艺表演等形式,打造集生态旅游开发等为一体的综合性旅游度假区。2016年5月1日,白鹿原民俗村开业当天就接待游客12万人次,红极一时。

时隔两年后,上游新闻记者在白鹿原民俗文化村里看到,与原来相比,巷道里几乎空无一人,大量商铺已经关门,门上贴着"空铺"字样,房间里遗留有招牌、废弃灶具物料等物品。还在坚持营业的少量店铺,被集中在中间平台的巷道里营业。仿古小吃一条街上,大门紧闭,只有路两旁的"凉皮、肉夹馍"等招牌昭示着这里曾经的辉煌。能停放近百辆车的停车场只有寥寥几辆车,景区摆渡车也随意停在路边,车轮已是锈迹斑斑。

不少商户介绍,民俗村刚开始营业的那一年,确实游客多,生意火爆,商铺一铺难求,需要加价好几万元从原来的商户手里购买。现在绝大部分商铺都无人问津。"烂在手上了!"一个商户介绍说,"这还是周末,如果是周一到周五,几乎没有人。我平时就不开门,只有周末来开两天,也卖不了多少钱,赔本生意。"白鹿原民俗文化村占地约600亩,由陕西渭水文化产业投资有限公司出资建设,总投资2亿元,是一个集生态农业观光、民俗文化体验、农事活动体验及乡村精品休闲度假为一体的文化旅游综合项目。

上游新闻记者在白鹿原实地采访看到,除了白鹿原影视城,由于各景区的白热化竞争以及客源抢夺,6家特色乡村旅游项目,有的已关门大吉,有的或勉强维持。

"民俗文化村前期运营得很好,但后期出现了同质化竞争,运营出现了困难。"蓝田县白鹿原管委会相关人员介绍,目前景区处于升级改造期,新的运营团队已经进驻,景区内300多户商户大都处于关门状态,只有十几户还在开门营业,每天来游玩的游客不足千人。

为何短短两年,白鹿原民俗文化村就发生如此大变化?

当地商铺业主道出了缘由:"民俗村内以小吃为卖点,除了餐饮,再没啥特色。白鹿原影视城相对来说规模大,和其他两家有一定的差异性,卖小吃不属于主营业务。白鹿原民俗村和白鹿仓主打的都是白鹿原传统文化,景区都以白鹿原为主要包装看点,许多景点如'白鹿村''小娥''黑娃'等基本雷同,主营业务都是卖小吃。"

多位商铺业主表示,景区刚开业时候因为距离西安近,加之周边没有类似的旅游项目,每天客流量非常大,一些小吃店每天有近万元的收入,随着白鹿原影视城、白鹿仓景区等开业后,这里的生意一落千丈,"每天游客就这么多,大家展示内容又差不多,加上宣传不到位,运营又跟不上,自然就出现问题。"

不仅白鹿原民俗文化村经营每况愈下,距其不远处的簸箕掌村也是如此。

记者在簸箕掌村看到，连排成片的仿古建筑蔚为壮观，曾经的小吃一条街上，还残留着"榨油坊""土鸡馆"等招牌，景区路边野草已有半人多高，景区旁边的儿童游乐场已经废弃，景区内除了当地村民外，几乎看不到游客身影。

此外，为了争抢"白鹿原"IP，同属西安市的灞桥区和蓝田县，分别成立了各自的白鹿原管委会。

"我们辖区内主要是白鹿原影视城、白鹿原民俗文化村等，白鹿仓、白鹿·云水台等项目属于灞桥区。"蓝田县白鹿原管委会负责人表示，虽然两地比邻而居，共用一个名号，却完全不是一码事，各做各的。

投资繁荣的背后，以名村古镇为主体的乡村旅游开发开始暴露同质化竞争、文化挖掘深度不够等问题。

不少业内人士指出，白鹿原的情况很典型。西安很多民俗村和旅游景点迎合了城市市民由于疲劳厌倦，希望寻找乡愁、感悟传统文化、周末出去走一走的愿望。但往往没有认真调研定位就快速上马，结果造成业态单一、招商难以为继、持续吸引力不足。本应做好特色小镇，结果成了民俗餐饮街，缺乏生命力。

陕西省社科院研究员、项目评估中心主任方海韵表示，乡村旅游要以群体的力量形成规模效应，增加市场竞争力，走产业化和规模化的道路，各主管部门要增强全局观念，主动沟通，密切配合，树立大旅游观念，建立以市场为导向、产业为纽带、效益为中心的乡村旅游大环境。

"未来的乡村旅游应该是结合文化来打造挖掘当地富有特色的东西，而不是一味地仿制古风。"方海韵表示，在开发乡村旅游的过程中，要认真地策划好旅游开发项目，对开发地进行科学的可行性规划论证，避免无序开发、一哄而起、一哄而散的局面。同时，还要加强以乡村文化为核心的文化内涵建设，提高乡村旅游产品的品位和档次。在旅游产品项目的开发和设计中，要在乡村民俗和乡村文化上做好文章，让游客在"吃住玩游购娱"之外有深度的综合体验，才能从物质向精神升华，使旅游产品具有较高的文化品位。

资料来源：白鹿原走下神坛：特色文旅项目扎堆 主营全是吃吃吃[EB\OL].（2018-08-08）http://travel.people.com.cn/n1/2018/0808/c41570-30215727.html.

问题： 白鹿原项目是如何走下神坛的？白鹿原的案例给旅游规划与开发者提出了哪些警示？

本 章 小 结

旅游资源规划与开发是以旅游资源为核心，以可持续发展为理念，专门研究旅游资源类型、形成环境、开发功能、合理保护等内容的一门综合性学科。作为时代需求，旅游资源规划与开发关系民生，是学术研究、社会实践和经济效益结合最为紧密的课程之一，有利于旅游业可持续发展，更好地宣传旅游地形象。旅游资源的规划与开发首先要研究旅游资源形成的自然环境、社会条件与历史背景，其次要调查和评价旅游资源的特点和分类及其开发功能，最后要研究合理保护对策及旅游区的合理布局，达到开发利用和保护有机结合。一般来讲，充分运用各种方法，如田野调研、社会调查、统计分析和历史分析等，不仅有利于科学合理地规划旅游资源，同时也为旅游资源可持续发展提供真实可靠的资料。

旅游资源规划与开发综合性强，它与旅游资源学、旅游学、旅游地理学及其他学科关系密切。因此，借助其他学科的成熟理论和实践成果，并结合旅游资源自身的特征和属性，依托旅游者的需求，作出合理科学的旅游规划，方可做到旅游资源开发有的放矢，实现旅游资源的有效利用。

复习思考题

1. 旅游资源规划与开发的研究对象和内容有哪些？
2. 简述旅游资源规划与开发的研究方法。
3. 试论旅游资源规划开发与你所学过的旅游分支学科的关系。
4. 作为旅游管理专业学生，为什么要学习旅游资源规划与开发？怎样学好？

即 测 即 练

自学自测　　　　扫描此码

第二章 旅游资源分类

学习要点及目标

1. 理解旅游资源的概念、特征及形成机制。
2. 掌握旅游资源分类的原则、方法。
3. 了解自然旅游资源、人文旅游资源的具体分类。
4. 掌握旅游资源分区的原则、意义,认识我国旅游资源分析方案。

第一节 旅游资源概述

任何产业的发展,首先遇到的是资源问题。例如农业发展离不开土地资源、水利资源和气候资源;重工业发展离不开矿产资源等。一个区域旅游业的兴旺发达,在一定程度上取决于旅游资源的丰富和价值。因此旅游资源是旅游业发展的基础。

一、旅游资源的概念

(一)国家标准的界定

中华人民共和国国家标准《旅游资源分类、调查与评价》(GB/T 18972—2017)2018年7月1日实施,对旅游资源的定义是:"自然界和人类社会凡能对旅游者产生吸引力,可以为旅游业开发利用,并可产生经济效益、社会效益和环境效益的各种事物和因素。"

(二)国内外学者的界定

关于"旅游资源",目前流行的定义主要有:

(1)凡是能够造就对旅游者具有吸引力环境的自然因素、社会因素或其他任何因素,都可构成旅游资源。旅游者之所以愿意在某地或某国旅游,是因为那里的环境对他们具有吸引力。

(2)旅游资源是指一切足以对旅游者构成吸引力的自然和社会现象及事物。

(3)旅游资源是指对旅游者具有吸引力的自然存在和历史文化遗产,以及直接用于旅游目的的人工创造物。

(4)凡是对旅游者具有吸引力的自然因素、社会因素或其他任何因素,都可构成旅游资源。

(5)旅游资源即自然的、文化的、艺术的、历史的或工艺等资源的旅游遗产,它吸引着旅游者,刺激着他去旅游。

（6）旅游资源是指对旅游者具有吸引力的自然存在和历史遗存、文化环境，以及直接用于旅游娱乐目的的人工创造物，有时称为旅游吸引物。

（7）旅游资源是指在自然和人类社会中能够激发旅游者旅游动机并进行旅游活动，为旅游业所利用并能产生经济、社会和生态效益的客体。

（8）旅游资源应指凡能激发旅游者旅游动机的，能为旅游业所利用的，并由此而产生经济效益和社会效益的自然和社会的实在物。

（9）自然界和人类社会凡能对旅游者产生吸引力，可以为旅游业开发利用，并可产生经济效益、社会效益和环境效益的各种事物和因素。

（10）旅游资源从经济学的角度可以初步定义为能够使旅游者发生兴趣，有足够的力量吸引他们前来并由此而获得经济效益的各种要素的集合。

（11）从现代旅游业来看，凡能激发旅游者旅游动机，为旅游业所利用，并由此产生经济价值的因素和条件，均可称为旅游资源。

（12）旅游资源是指凡能激发旅游者旅游动机，能为旅游业所利用，并由此产生经济价值和社会效益的因素和条件。

（13）旅游资源是吸引人们前来游览、娱乐的各种事物的原材料，这些原材料可是物质的，也可是非物质的，它们本身不是游览的目的物和吸引物，必须经过开发才能成为有吸引力的事物。

（14）旅游资源是指自然界和人类社会凡能对旅游者产生吸引力，可以为发展旅游业所开发利用，并能产生经济效益和社会综合效益的各种事物和因素。

（15）凡能为旅游者提供游览、观赏、知识、乐趣、度假、疗养、娱乐、休息、探险猎奇、考察研究，以及友好往来的客体与劳务，均可称为旅游资源。……把劳务作为旅游资源，是基于许多自然风景和人文景观必须通过相应的导游与服务，才能使旅游者获得充分的精神与物质享受，否则，会降低乃至失去旅游价值。再者，在国际旅游中，劳务是和旅游路线、游览内容、食宿条件、搭乘工具、停留时间等一起承包出售的。

（16）观光资源，系泛指实际上或可能为观光旅客提供之观光地区及一切事物，换句话说，凡是可能吸引外地人来此旅游之一切自然、人文景观或劳务及商品，均称为观光资源。

张凌云教授引入旅游吸引物（TA）、旅游资源（TR）和旅游产品（TP）三个相关概念，将上述观点分为三类，分别是：

第一类观点[包括观点（1）、（2）、（3）、（4）、（5）、（6）]认为：旅游资源等于旅游吸引物。持该种观点的学者主要是从旅游者的角度去讨论旅游资源。

第二类观点[包括观点（7）、（8）、（9）、（10）、（11）、（12）、（13）、（14）]认为：旅游资源是旅游吸引物和旅游产品的交集，既要吸引旅游者又要为旅游业所利用，并成为旅游产品，而形成效益。

第三类观点[包括观点（15）、（16）]认为：旅游资源是旅游吸引物和旅游产品的并集。把劳务作为旅游资源，是基于许多自然风景和人文景观必须通过相应的导游与服务，才能使旅游者获得充分的精神与物质享受，否则会降低乃至失去旅游价值。

旅游资源的三种概念定义如图2-1所示。

随着社会的进步，生产力和科学技术的提高，生活方式的变迁，越来越多的旅游吸引物成为旅游资源，而旅游资源的开发就是将这些资源不断地组合成旅游产品的过程。因此，两地旅游业的竞争，实质上是旅游产品之间的竞争，而不只是旅游资源之间的竞争。在有些经济发达的地区，由于其所处的优越的自然地理位置和特殊的经济地理区位，对于一些看似平常的旅游资源进行深度开发和加工，提高旅游服务及其附加值，可以形成较有竞争力的旅游产品。

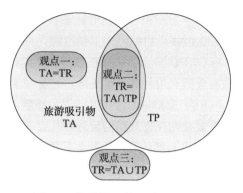

图 2-1 旅游资源的三种概念定义

我国内地的一些城市旅游资源非常富饶，而旅游业却欠发达，形成了旅游业的"富饶中的贫困"现象。这些地区的旅游产品中往往资源含量较高，但却很少或基本上没有对旅游资源进行较深度加工，仅是旅游业的初级产品，其经营粗放、效益不高是不言而喻的。因此，一个地区是否拥有"丰富"的旅游资源不代表能够推出有竞争力的旅游产品。同一个旅游吸引物在不同的时空背景下会有两种截然不同的结果，那种把所有旅游吸引物都看作旅游资源（泛资源论）和将旅游资源混同于旅游产品（唯资源论）的观点都是不符合旅游业发展实际的。因而，本书采用第二种观点作为旅游资源概念界定的基础。

二、旅游资源的特征

旅游资源是一种特殊的资源，它既有其他各种资源的一些共性，也有许多独具的特性。旅游资源是地理环境的一部分，因此，具有地理环境组成要素所具有的时空分布特征和动态分布特征，而这些特征对旅游资源而言又具有表现形式的特殊性。旅游资源是旅游现象的客体，具有和其他资源相似的经济特征，也具有独特的经济特征；同时，旅游现象的文化属性又使旅游资源具有其他自然资源所不具有的文化特征。旅游资源具体特征如图 2-2 所示。

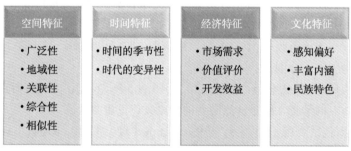

图 2-2 旅游资源的特征

（一）空间特征

1. 广泛性

旅游资源构成要素众多，如《中国旅游资源普查规范》）（1992）中把旅游资源划分为74 种，中科院地理所（1990）做的"中国旅游资源普查分类表"中将旅游资源分为 8 个大类、108 个小类。2018 年实施的《旅游资源分类、调查与评价》国家标准（GB/T 18972—2017），将旅游资源分出 8 个主类、31 个亚类和 155 个基本类型。这样种类繁多、内容丰富的旅游资源在空间上存在极为广泛，因此，地球上各区域不存在有没有旅游资源的问题，而只存在旅游资源的时空分布和结构问题。

2. 地域性

各种旅游资源都分布在一定的地域范围内，都反映着一定的地理环境的特点。由于不同的地域表现出不同的地理景观，故一个地区的地质、地貌、气候、水文、时间特征、动植物以及人类在长期同自然界斗争的过程中所创造的物质文化和精神文化，如建筑艺术、宗教、民俗等均存在着明显的地域差异性。这种地域差异性集中体现在各个地区的旅游资源具有不同的特色和独特的旅游景观。而且，旅游资源在地域上相对是固定的，因为旅游资源的组合性特点要求旅游资源必须依赖其他资源和环境要素的陪衬和协调。例如民族歌舞虽然可以在大都市上演，但却会失去其故乡的风情。旅游资源的地域性并不是说不允许其根据旅游者的需求去移置或创造资源，而是说在这样的情况下，必须充分考虑资源存在的环境条件。

3. 关联性

一个孤立的构景要素或一个独立的景区（点）是较难形成使旅游者离开其居住地专程前往游览的吸引力的，总是复杂多样、相互联系、相互依存的各个要素组合构成足以吸引旅游者的旅游资源。当旅游发展成为一种以经济收入为主要目标的产业的时候，旅游资源景象的相互关联就更显得尤为重要。旅游资源景象组合在种类上有资源性质相同的同类关联和资源性质不同的异类关联，如"黄山七十二峰"和"西湖十景"；在空间上有近地的集团组合和远距离的异地组合，如"泰山岱顶四大奇观"和"五岳"；规模上有大尺度组合和小尺度组合，如"长江三峡"和"大理三塔"。

4. 综合性

综合性主要表现在同一地区内多种类型的旅游资源交错分布在一起。一方面，旅游资源的各个要素，处在相互联系、相互制约的环境之中，不断地产生和发展，很少存在孤立的、与周边其他景观要素互不联系的单一旅游景观。比如四大佛教圣地之一，闻名遐迩的普陀山风景区，尽管以宗教人文旅游景观见长，但自然山水风景更使其锦上添花，成为享誉海内外的旅游胜地。由此可见，一个地区旅游资源的构成要素种类越丰富、联系越紧密、综合性越强，对旅游者的吸引力就越大。另一方面，由于旅游者的旅游动机是多种多样的，他们出游大多数是想看到更多类型的旅游景观。所以，旅游资源具有综合性，就更能适应旅游者对景观的要求，这也是旅游区开发的优势所在。

5. 相似性

旅游资源所具备的相似性是指旅游资源在地域上的分布很广，并且有很多旅游资源外部特征极为相似。旅游资源的相似性特征不仅仅发生在自然形成的旅游资源上，如火山、瀑布、峡谷、石灰岩溶洞等在世界上许多国家都有分布，而且也发生在人类社会作用而形成的旅游资源上，如大雄宝殿、十八罗汉等在我国几乎随处可见。虽然旅游资源的相似出现并不能互相替代，但是它们却给旅游者提供了就近旅游的方便，有利于经济支出和时间受到限制的旅游者。

（二）时间特征

1. 时间的季节性

旅游资源的季节性是指同一地理环境随季节的变化在某一特定季节出现某些特殊景观或特别的体验感受适合于旅游的现象。主要由自然地理条件，特别是气候的季节性变化决定，同时也受人为因素的影响。首先，有些自然景色只在特定的季节和时间里出现。例如黄山的云海和瀑布只在夏季多雨的时候才有。其次，同样的景物在不同季节里表现出不同的特征。例如同样一座山，春夏秋冬四季景致不同。实际上，许多景物的命名就包含了一定的气候变化景象，如西湖十景中的苏堤春晓、曲院风荷、平湖秋月、断桥残雪等。总之，这种自然景观的季节性变化使旅游业在一年之中会出现较明显的淡旺季之分，这正是我们在规划开发旅游资源时需要特别加以注意的。

2. 时代的变异性

在不同的历史时期、不同的社会经济条件下，旅游资源的含义是不同的。现代旅游业向多样化、个性化方向发展，旅游资源的含义也越来越丰富。因此，旅游资源具有显著的时代特征。旅游资源的范围是随着人类的认识水平、感官需要、发现迟早、开发能力、宣传、开发条件等众多因素的变化而变化的，过去不被人注目的旅游资源或仅被少数人关注和游玩的历史文化遗迹，逐渐也会被开发为旅游资源。旅游资源的时代变异性表现如下：在旅游的发展中一些原本不是旅游资源的元素变成了旅游资源，如名人故居；一些旅游资源由于市场或其他原因变成了非旅游资源，如三峡建设的需要，千年古镇秭归长眠于水底；一种旅游资源转变成了另外一种类型的旅游资源，如西安大唐西市遗址现在成为综合性商贸旅游项目。这些旅游资源的变异情况既可以为旅游业充分利用，也可能给旅游业带来一定的损失，尤其值得旅游资源开发者关注。

（三）经济特征

1. 市场需求

旅游资源开发的目的是满足旅游市场需求，并由此产生相应的经济效益、社会效益和生态效益。因此，旅游资源的调查、规划、开发、评价以及管理都应考虑旅游市场这一重要因素。在具备了良好的区位条件以及区域发展背景条件的地区，由于市场条件良好，可以根据市场需求以及环境背景条件，有序开发相应的旅游资源。事实上，旅游资源和旅游者之间形成双向吸引模式，不仅旅游资源可以吸引旅游者，旅游者及市场在一定条件下也可以对旅游资源的创造、移动产生吸引作用（图2-3）。

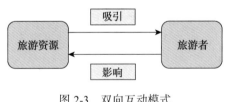

图 2-3　双向互动模式

2. 价值评价

旅游资源与其他资源如矿产资源、水资源等不同，其价值是不可以简单地用数字来计算的。究其原因，是旅游资源的价值是随着人类的认识水平、审美需要、发现迟早、开发能力、宣传促销条件等众多因素的变化而变化的。不同的人对于同一旅游资源可以产生完全不同的评价。在当地人眼中司空见惯的事物，在外地人眼中就可能是一项很有价值的旅游资源；在一般人眼中不足为奇的东西，对一些专业旅游层次的旅游者而言，可能正是他们苦苦寻求的旅游资源开发目标，所以不同的人可以从不同的角度评估旅游资源的价值。旅游资源的价值会因资源开发利用方式、开发利用外部条件的不同而不同。因此，旅游资源的价值应该在一定的认识水平和具体的开发方式下加以判断。

3. 开发效益

综观旅游业发展史，人们不难发现，对于绝大多数的旅游资源而言，都具有一定的开发效益。大多数旅游资源是不会被旅游者的旅游活动消耗掉的，旅游者只能在旅游活动中使用这些资源。在参观、游览中，旅游者所带走的只是印象和观感，而不能带走旅游资源本身，从而使旅游业成为"永久性风景出售"行业，因而具有很高的经济效益。当然，也有一小部分旅游资源，如狩猎、垂钓、购物、品尝风味等，在旅游过程中会被消耗掉，但只要合理利用也可以通过人工再生产的方法得到补充。正因为如此，才形成旅游业投资小、见效快、收益大的特点。但是，在旅游资源的开发利用中，不仅要看到可持续性，也要看到不可再生性。因为旅游资源开发不当会导致资源质量下降、甚至完全被破坏的问题。文物遭到破坏，即便是人力可以使其恢复，但已经不是原物，难免降低它的观赏价值，削弱旅游资源本身的吸引力；如果被破坏的是自然景观，人力就更难以恢复了。所以在开发旅游资源的同时，尤其要重视旅游资源和旅游环境的保护。

（四）文化特征

旅游资源具有丰富的文化内涵。无论是自然赋存、社会创造还是自然为主辅以人文，或是人文为主辅以自然的各类旅游资源，都蕴藏着深层次的文化内涵，文化始终是旅游的核心。

1. 感知偏好

旅游资源给旅游者的感受并不仅仅取决于资源客体本身，还取决于旅游者主体的审美水平、爱好、年龄、性别等因素，也取决于旅游者和旅游资源之间联系的方式，如宣传、交通、服务等环节。使游客得到精神享受的旅游资源，在某种意义上并不是客观存在的资源体，而是经过游客自身和旅游媒介作用以后形成的资源体，这一点在旅游资源规划与开发时尤其要考虑到。

2. 丰富内涵

旅游资源的文化内涵是十分丰富的，它使人们通过旅游获得丰富的知识，增加人的见识；可以满足人们休闲疗养、松弛身心的需要；也可以给人们猎奇探险、发现自身潜能的经历；既可以从辉煌的古代建筑、历史遗存中追寻古老的文化，又可以从身边平凡的生活中体验民风民俗。所以在规划开发旅游资源时尤其要独具慧眼，善于发现，巧妙运用。

3. 民族特色

一般说来，某一地区或某一类型的旅游资源，都有自己的特征或民族特色，这种特色是旅游吸引力和竞争力的关键。因此，保持和发扬光大旅游资源的民族特色和地方特色是认识旅游资源文化属性的重要内容。

三、旅游资源的成因

地理环境的地域差异性是旅游资源形成的基本条件。地球上千差万别的自然景观和人文景观在旅游资源和旅游者之间形成空间上的相互作用，即旅游者为旅游资源所吸引，产生由客源地到旅游资源所在地空间位置的移动；旅游资源也因它对旅游者产生的吸引功能而成立。

（一）自然旅游资源的形成条件

自然旅游资源是指由自然地理要素（地质、地貌、水文、气象、气候、动植物等）相互作用、长期演化而构成的有规律的典型的综合体，是可供人类旅游享用的自然景观与自然环境。自然旅游资源是天然赋存的，它的形成是自然景观控制因子多方面作用的结果。

1. 地球圈层

地球表层可分为岩石圈、生物圈、水圈、大气圈 4 个圈层，它们是自然旅游资源形成的天然本底。人类是生物圈的一员，在漫长的演变过程中，其探索自然、改造自然的能力不断增强，使得可开发的自然旅游资源景观不断地扩展到地球的各个圈层中，形成了不同类型的旅游资源。岩石圈表面形成地质地貌类旅游资源；生物圈内形成生物类旅游资源；水圈内形成江河、湖泊、瀑布、海滨、涌泉等水域风光类旅游资源；大气圈内形成气象和气候类旅游资源。

2. 自然要素组合与分异

自然地理要素包括地质、地貌、气候、水文、植被、动物等。在一定的地域或地点，各个地理环境要素之间相互联系、相互制约、相互渗透的结合，构成具有内部相对一致性的自然景观单元。各种旅游资源构成要素以不同比例组合形成各具特色的景点，不同旅游点的资源特色形成了旅游区的资源特色，乃至形成了整个区域的资源特征。而自然旅游资源各要素在一定区域、地点的组合是由自然地理环境的地域组合规律决定的。

地域分异指地球表层自然环境及其组成要素在空间分布上的变化规律，即地球表层自然环境及其组成要素，在空间上的某个方向保持特征的相对一致性，而在另一方向表现出明显的差异和有规律的变化。地理环境差异性是自然旅游资源形成的基本条件。不同自然区域内发育的旅游景观具有明显的区域性特征，也就是说，各种旅游景观都在一定的环境中形成，其规模和结构格局无不受到地域分异规律的制约，即使是人文旅游资源，也是在自然环境基础上建立和发展起来，并与自然环境相适应、相和谐的。

3. 地质构造

地质构造和地质作用是自然旅游资源形成的根本原因。今天地表上千姿百态的形态，是地球内营力和外营力作用的结果。地球的内营力是决定海陆分布、岩浆活动、地势起伏等的地球内能，它对自然旅游资源景观的类型与形成具有一定的控制作用。各种内营力地质作用可以形成不同类型的景观，如火山成景作用形成现代火山地貌、地热景观；构造运动形成若干的断陷湖泊、断块山、峡谷等旅游景观；地质作用形成的岩石及地层中的化石都是重要的旅游资源。外营力地质作用是在地壳外部，由岩石圈、大气圈、生物圈、水圈作用产生的改变地表形态，表现形式主要有风化作用、侵蚀作用、岩溶作用、搬运作用、沉积作用和固结成岩作用等。这些外力作用不断改变和塑造着地表形态，可形成风沙地貌、流水地貌、喀斯特地貌、丹霞地貌、海岸地貌、冰蚀地貌等自然景观。

4. 地球水体

地球水体为自然旅游资源提供了重要的构景环境和素材。水是自然界最活跃的因素之一，地球上的水以固态、液态、气态等形式分布于海洋、陆地和大气之中。各种类型的水体，共同组成了一个不规则连续的水圈。大陆表面的冰川、河流、湖泊、瀑布、涌泉在地质、地貌、气候、植被等因素的作用下，形成不同类型的水体景观，构成丰富的自然旅游资源。

5. 气候的区域差异

气候是某一地区多年天气的综合特征，气候条件由太阳辐射、大气环流等因素相互作用而成，对自然旅游资源中风景地貌的雕塑、风景水体的形成、观赏生物的生长及演变等都有着控制性的影响。而气象、气候的地域差异影响着自然景观的季相变化，决定了旅游景观分布的地域差异。由于气候的区域差异，形成了康乐气候、避暑胜地、避寒胜地等旅游资源。同时，气候和其他自然地理要素配合也可以形成具有特色的吸引物，如热带雨林景观、干旱沙漠景观、寒带冰雪景观。气候要素在垂直方向上的变化，可以形成自然景观在垂直方向上的差异。但由于气象旅游资源的背景性和多变性，在大多数自然风景区不论是对其的开发利用还是景点介绍，往往把它们放在次要和从属的位置，甚至被忽略。

6. 生物的多样性

在地球发展的不同地质历史时期，由于地理环境的不同，生物种群也在不断地演化，有些古老生物的遗体或遗迹存在于地层中，形成生物化石旅游资源；有些种群随地质历史环境的变迁而灭绝；有的在地球上某些地区还保存着，形成古老的孑遗植物或动物，这些都成为重要的动植物旅游资源。不同地理环境条件下生存的植物群落或动物种群，在景观上存在明显的地域差异，如热带雨林、常绿阔叶林、针阔混交林、针叶林、苔原植被、荒漠植被等各种植被类型在景观上迥异，和其他自然旅游资源或人文旅游资源配合可以形成独具吸引力的旅游资源，特别是生存在特定环境条件下的生物或生物群落，具有珍稀性和独特性，能对旅游者产生吸引力。

（二）人文旅游资源的形成条件

人文旅游资源是指古今社会人类活动所创造的具有旅游吸引力，能为旅游业所利用，能产生经济、社会、生态效益的物质和精神财富，它是历史现实与文化的结晶。任何旅游资源都有其客观的发生、发展的前提、条件和过程，人文旅游资源的形成不仅受历史遗存、文化地域差异、宗教、市场需求、意识形态等因素的制约，而且还受自然环境的深刻影响。

1. 历史遗存

在人类历史发展的进程中，不同的历史时期，有着与之相适应的生产力水平和社会生活方式，形成了许多反映时代特点的历史遗迹，如遗址、建筑、雕塑、壁画、文学艺术、陵寝等，凝聚着人类的智慧，成为今天最重要的人文旅游资源，也成为人类历史长河中宝贵的精神财富。

2. 社会文化差异

在自然因素和人文因素的影响下，各地区的社会文化差异相当明显。从某种意义上说，这种社会文化差异导致了旅游者在不同地域上的流动。不同地区、不同民族的人在长期适应环境、改造利用环境的过程中，形成了具有自己特征的文化，表现在生产方式、生活习俗、节日庆典、民间娱乐、宗教信仰、建筑风格、城镇布局、审美观念等方面，呈现出迥异的地域文化，满足了旅游者求新、求异的旅游需求。

3. 独特的社会文化现象

一些人类创造的具有较高艺术性及精神性的人类文化现象或实体，以及一些独特的社会文化现象，都具有普遍吸引力，可以超越时间和地域限制，成为人类审美对象的一个重要组成部分，同时也成为人们进行观赏、游乐、学习、研究的人文旅游资源，例如一些名建筑、雕像、博物馆、节日庆典活动、体育中心等。宗教是一种社会文化现象，也是一种社会意识。宗教圣地和圣物、宗教名山、宗教建筑、宗教园林、宗教活动和仪式等都已经成为重要的游览对象。

4. 游客市场的需要

由于旅游资源的广泛性，以及旅游者旅游动机和兴趣的多样化，旅游资源可以顺应旅游市场需求的变化，不断更新和再生其吸引力因素，亦即不断进行旅游产品的创新。随着旅游需求的日益多样化，为了满足各类旅游者的需要，可以创造人文旅游资源。这类旅游资源是在具备了游客市场的条件下，对其他地区一些建筑实体或游乐场所的仿制或是对历史遗迹的复原和历史事件、神话传说的再现，也可以根据当今游客的旅游偏好而进行设计、创造。此外，随着某一社会事件或人类对自然的多角度发现，原本已存在的某一些自然实体被赋予了新的社会文化价值，从而形成更新层次上的旅游景观资源。如电影《廊桥遗梦》的成功，而使得曼德逊大桥一时名声大噪，成为旅游热点。

5. 地理环境的制约

人类的生产和生活总是存在于一定的自然地理环境之中，他们对自然的适应与改造总是基于特定的自然环境，他们创造的文化背靠独特的自然与人文土壤，活动也总带有特殊的地域色彩。因此，人文旅游资源，虽然是古今人类文化活动产生的现象，但其形成和分布，不仅受历史、民族和意识形态等因素的制约，同样不可避免地要受到地理环境的制约。例如，古代建筑中凡高台、楼阁、宫殿、庙宇、园林的选址，均考虑到地质、地貌、气候、地下水等问题。

旅游资源的成因如图 2-4 所示。

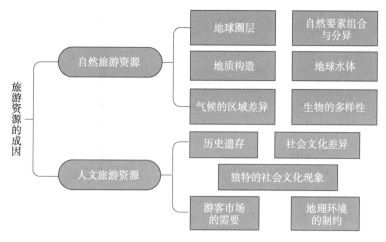

图 2-4　旅游资源的成因

第二节　旅游资源的分类

旅游资源的分类，是根据旅游资源的相似性和差异性进行归并、区分，划分出具有一定从属关系的不同等级类别（类型）的旅游资源体系的工作过程及相应的成果。对旅游资源进行科学分类是认识评价旅游资源、开发利用旅游资源的客观需要，是一项细致程度高、科学性极强的工作。旅游资源的分类是进行区域旅游资源调查评价和旅游资源规划开发的一项基础性工作，同时也是旅游学研究的重要内容之一。

一、旅游资源分类原则

旅游资源分类的原则应该是根据旅游资源的特征建立的，它既是旅游资源分类的指导思想，又是旅游资源分类的依据。只有遵循旅游资源分类的原则，才能保证旅游资源分类的科学性和实用性。

（一）旅游资源的景观属性原则

旅游业开发利用的旅游资源往往不是单独的某一要素或景象，而是由一定数量和特色的各种旅游资源在一定地域空间组合成的综合景观。因此，旅游资源的分类应从旅游资源的概念以及内涵出发，在确定旅游资源分类的范围和内容的前提下，以旅游资源景观属性、吸引价值和利用状况等作为主要指标，对旅游资源进行科学的分类。根据景观属性，首先是对旅游资源构成的景观的天然（自然）属性或非天然（如人工遗迹）属性的划分，它是旅游资源科学分类系统中的一级指标。

（二）旅游资源的特征分类原则

旅游资源范围、内容的广泛与复杂，决定了影响旅游资源的分类因素的复杂性和多重性。因此，旅游资源分类除了要突出旅游资源的景观属性等主导因素外，还应充分考虑旅游资源的成因、形态、年代等基本特征因素，对旅游资源的类型进行更细更合理的划分。

（三）旅游资源的差异性和相似性原则

旅游资源的形态、美学等各种属性必然存在一定的差异性和相似性，因此可以根据其差异性和相似性尽量地进行区分和归并。将纷繁复杂的旅游资源区分为具有一定从属关系的不同等级类别的系统，做到旅游资源分类的系统化和规范化，防止所划分的旅游资源类型出现相互包容和重叠的情况，做到分类体系简单明了。

二、旅游资源分类方法

旅游资源的内涵十分丰富，涉及自然、社会和人文等多个方面。目前国内外旅游学界对旅游资源尚未形成比较明确统一的分类方法，多数学者都是从多元化的角度进行划分。

按照不同的标准，旅游资源可以分为不同的类别，主要有以下几种。

（1）按照成因分类。成因是指旅游资源形成的基本原因、过程。例如，人文旅游资源是人为的原因形成的；自然旅游资源是自然界赋存，天然原因形成的。

（2）按照属性分类。属性是指对象的特性、特征，包括状态、动作、关系等方面。旅游资源的属性是指旅游资源的性质、特点、存在形式、状态等。例如，人文旅游资源中的历史古迹、古建筑、陵墓、园林、宗教文化、城镇、社会风情、文学艺术等，因为它们的属性不同，因而可以区分为不同的类别。

（3）按照功能分类。所谓旅游资源的功能是指旅游资源能够满足开展旅游活动需求的作用和效能。如观光功能、休闲功能、度假功能等。有的旅游资源可以满足开展多种旅游活动的需求，因而具有多种旅游功能。根据旅游资源功能的不同可以把旅游资源区分为不同的类别。例如，观光游览型、保健疗养型、购物型、参与型等旅游资源。

（4）按照时间分类。根据旅游资源形成的时间不同可以把旅游资源区分为不同的类别。例如，建筑类旅游资源依据其形成的时间不同又可以划分为古代建筑与现代建筑。

（5）按照其他标准分类。根据分类的目的和要求的不同，还可以有其他不同的分类依据。如开发利用状况、管理级别以及旅游资源质量高低等。

（6）2018年实施的《旅游资源分类、调查与评价》国家标准（GB/T 18972—2017），以旅游资源性质上的差异为依据分出8个主类，分别是地文景观主类、水域风光主类、生物景观主类、天象与气候景观主类、遗址遗迹主类、建筑与设施主类、旅游商品主类、人文活动主类；以旅游资源的性质、形态、功能特性、文化内涵等为依据进一步划分出31亚类和155类。旅游资源的分类见表2-1。

表2-1 旅游资源分类表

主类	亚类	基本类型
A 地文景观	AA 综合自然旅游地	AAA 山丘型旅游地 AAB 谷地型旅游地 AAC 沙砾石地型旅游地 AAD 滩地型旅游地 AAE 奇异自然现象 AAF 自然标志地 AAG 垂直自然地带
	AB 沉积与构造	ABA 断层景观 ABB 褶曲景观 ABC 节理景观 ABD 地层剖面 ABE 钙华与泉华 ABF 矿点矿脉与矿石积聚地 ABG 生物化石点
	AC 地质地貌过程形迹	ACA 凸峰 ACB 独峰 ACC 峰丛 ACD 石（土）林 ACE 奇特与象形山石 ACF 岩壁与岩缝 ACG 峡谷段落 ACH 沟壑地 ACI 丹霞 ACJ 雅丹 ACK 堆石洞 ACL 岩石洞与岩穴 ACM 沙丘地 ACN 岸滩

续表

主类	亚类	基本类型
A 地文景观	AD 自然变动遗迹	ADA 重力堆积体 ADB 泥石流堆积 ADC 地震遗迹 ADD 陷落地 ADE 火山与熔岩 ADF 冰川堆积体 ADG 冰川侵蚀遗迹
	AE 岛礁	AEA 岛区 AEB 岩礁
B 水域风光	BA 河段	BAA 观光游憩河段 BAB 暗河段 BAC 古河道段落
	BB 天然湖泊与池沼	BBA 观光游憩湖区 BBB 沼泽与湿地 BBC 潭池
	BC 瀑布	BCA 悬瀑 BCB 跌水
	BD 泉	BDA 冷泉 BDB 地热与温泉
	BE 河口与海面	BEA 观光游憩海域 BEB 涌潮现象 BEC 击浪现象
	BF 冰雪地	BFA 冰川观光地 BFB 常年积雪地
C 生物景观	CA 树木	CAA 林地 CAB 丛树 CAC 独树
	CB 草原与草地	CBA 草地 CBB 疏林草地
	CC 花卉地	CCA 草场花卉地 CCB 林间花卉地
	CD 野生动物栖息地	CDA 水生动物栖息地 CDB 陆地动物栖息地 CDC 鸟类栖息地 CDD 蝶类栖息地
D 天象与气候景观	DA 光现象	DAA 日月星辰观察地 DAB 光环现象观察地 DAC 海市蜃楼现象多发地
	DB 天气与气候现象	DBA 云雾多发区 DBB 避暑气候地 DBC 避寒气候地 DBD 极端与特殊气候显示地 DBE 物候景观
E 遗址遗迹	EA 史前人类活动场所	EAA 人类活动遗址 EAB 文化层 EAC 文物散落地 EAD 原始聚落
	EB 社会经济文化活动遗址遗迹	EBA 历史事件发生地 EBB 军事遗址与古战场 EBC 废弃寺庙 EBD 废弃生产地 EBE 交通遗迹 EBF 废城与聚落遗迹 EBG 长城遗迹 EBH 烽燧
F 建筑与设施	FA 综合人文旅游地	FAA 教学科研实验场所 FAB 康体乐休闲度假地 FAC 宗教与祭祀活动场所 FAD 园林游憩区域 FAE 文化活动场所 FAF 建设工程与生产地 FAG 社会与商贸活动场所 FAH 动物与植物展示地 FAI 军事观光地 FAJ 边境口岸 FAK 景物观赏点
	FB 单体活动场馆	FBA 聚会接待厅堂（室） FBB 祭拜场馆 FBC 展示演示场馆 FBD 体育健身馆场 FBE 歌舞游乐场馆
	FC 景观建筑与附属型建筑	FCA 佛塔 FCB 塔形建筑物 FCC 楼阁 FCD 石窟 FCE 长城段落 FCF 城（堡） FCG 摩崖字画 FCH 碑碣（林） FCI 广场 FCJ 人工洞穴 FCK 建筑小品
	FD 居住地与社区	FDA 传统与乡土建筑 FDB 特色街巷 FDC 特色社区 FDD 名人故居与历史纪念建筑 FDE 书院 FDF 会馆 FDG 特色店铺 FDH 特色市场
	FE 归葬地	FEA 陵区陵园 FEB 墓（群） FEC 悬棺
	FF 交通建筑	FFA 桥 FFB 车站 FFC 港口渡口与码头 FFD 航空港 FFE 栈道
	FG 水工建筑	FGA 水库观光游憩区段 FGB 水井 FGC 运河与渠道段落 FGD 堤坝段落 FGE 灌区 FGF 堤水设施
G 旅游商品	GA 地方旅游商品	GAA 菜品饮食 GAB 农林畜产品与制品 GAC 水产品与制品 GAD 中草药材及制品 GAE 传统手工产品与工艺品 GAF 日用工业品 GAG 其他物品

续表

主类	亚类	基本类型
H 人文活动	HA 人事记录	HAA 人物 HAB 事件
	HB 艺术	HBA 文艺团体 HBB 文学艺术作品
	HC 民间习俗	HCA 地方风俗与民间礼仪 HCB 民间节庆 HCC 民间演艺 HCD 民间健身活动与赛事 HCE 宗教活动 HCF 庙会与民间集会 HCG 饮食习俗 HGH 特色服饰
	HD 现代节庆	HDA 旅游节 HDB 文化节 HDC 商贸农事节 HDD 体育节

第三节 自然旅游资源

自然旅游资源又称自然风景旅游资源，指凡能使人们产生美感或兴趣的、由各种地理环境或生物构成的自然景观。它们通常是在某种主导因素的作用和其他因素的参与下，经长期的发育演变而形成。虽然在历史时期由于人类活动的影响，出现了一些人工构景物体，并带有特定时期历史文化的某些特征，但就构景的主体来看，依然具有自然景观的基本特点，所有人工构筑物仅起着衬托和点缀作用。自然旅游资源按其形态特征和成因归纳为以下几类。

一、地质地貌旅游资源

（一）地质旅游资源

地质旅游资源是在地球漫长的演化过程中，由于地壳构造变动、岩浆活动、古地理环境演变、古生物进化等因素而保存在岩层中的化石、岩体、构造形迹、矿床、地貌景观等景象，具有观赏、科学研究与普及教育价值，对旅游者产生一定的吸引力，主要分为岩石、化石、典型地层、构造形迹、地震遗迹等，具体见表2-2。

表2-2 地质旅游资源

类型	定义	典型例子
岩石	岩石是在一定的地质作用下，由一种或多种矿物组合而成。根据成因，可以分为三大类：由岩浆活动所形成的岩浆岩，由外力作用所形成的沉积岩，由变质作用形成的变质岩	黄山"飞来石""猴子观海"，普陀山"磐陀石""云扶石"，海南岛"天涯海角""鹿回头""南天一柱"
化石	由于自然作用在地层中保存下来的地史时期生物的遗体、遗迹，以及生物体分解后的有机物残余（包括生物标志物、古DNA残片等）等，分为实体化石、遗迹化石、模铸化石、化学化石、分子化石等不同的保存类型	恐龙化石珍品——黑龙江满洲龙、鱼龙化石之王——梁氏关岭鱼龙、世界海龙之王——黄果树安顺龙、矿物世界的奇葩——孔雀石
典型地层	地层是在某一地质年代因沉积作用以及岩浆喷出活动形成的地层的总称	天津蓟县中新元古界地层剖面保护区

续表

类型	定义	典型例子
构造形迹	在自然条件下地壳中的岩层或岩体,发生永久形变而造成的各种地质构造形体和地块、岩块相对位移的踪迹	台湾清水断崖、大连白云山庄莲花状地质构造地貌
地震遗迹	是指地震留下的疤痕,包括震毁、震损或地震影响区域内完好的建(构)筑物及地震活动产生的地质、地形、地貌变动的痕迹等。	黑色旅游遗址——汶川地震博物馆

(二)地貌旅游资源

地貌旅游资源是内外地质作用在地表所形成的具旅游价值的典型地貌景观。如构造地貌、剥蚀地貌、堆积地貌,山岳、丘陵、峡谷、高原、平原和盆地等地貌,河流、冰川、岩溶、风成、海成作用形成的地貌以及火山和重力作用形成的地貌,其是构成旅游资源的重要天然景观资源。以下介绍名山、名峰、峡谷、岩溶地貌等几类主要的地貌旅游资源,具体见表2-3。

表2-3 地貌旅游资源

类型	定义	典型例子
名山	富有美感的自然景观实体;在科学上具有典型的研究价值;拥有悠久的开发历史,丰富的文化遗产;自然和人文景观浑然一体	五岳(东岳泰山、南岳衡山、西岳华山、北岳恒山、中岳嵩山)、黄山、庐山
名峰	山峰是山地中高起的山顶,是伟大、胜利的象征。既有优美的自然风光,给游人以雄、奇、险、秀、幽、野等一种或多种美感,又有丰富的文化遗产	喜马拉雅山珠穆朗玛峰、九华山天台峰、泰山玉皇顶、峨眉山万佛顶、武夷山玉女峰
峡谷	一种狭而深的河谷,两坡陡峭,横剖面呈"V"字形,多发育在新构造运动强烈的山区,由河流强烈下切而成,以气势磅礴为总体特征,以"险、雄、幽、隐"为其主要美学特征	雅鲁藏布江大峡谷、长江三峡、金沙江虎跳峡、大渡河大峡谷、太行山大峡谷
岩溶地貌	水对可溶性岩石(碳酸盐岩、石膏、岩盐等)进行以化学溶蚀作用为主,流水的冲蚀、潜蚀和崩塌等机械作用为辅的地质作用,以及由这些作用所产生的现象的总称	云南路南石林、贵州荔波森林喀斯特、重庆武隆天生桥、地缝、天洞
干旱、风沙地貌	干旱地貌是指干旱气候区发育的地貌,风沙地貌是风对地表松散堆积物的侵蚀、搬运和堆积过程所形成的地貌。类型主要有沙漠、戈壁、雅丹地貌等	甘肃敦煌鸣沙山、酒泉沙漠公园、新疆罗布泊洼地、乌尔禾"风城"、将军戈壁"魔鬼城"
黄土地貌	发育在黄土地层(包括黄土状土)中的地形,黄土是第四纪时期形成的陆相淡黄色粉砂质土状堆积物,具有沟谷众多、地面破碎,侵蚀方式独特、过程迅速,沟道流域内有多级地形面等特征	陕西洛川、甘肃西峰、兰州九洲台等地
火山	由固体碎屑、熔岩、流或穹状喷出物围绕着其喷出口堆积而成的隆起的丘或山,可以形成火山锥、火山口湖、堰塞湖、温泉、熔岩洞穴、熔岩台地等地貌景观	意大利维苏威火山、日本富士山、美国夏威夷火山公园、黑龙江德都县五大连池

续表

类型	定义	典型例子
冰川地貌	由冰川作用形成的地表形态	陕西秦岭太白山拔仙台
丹霞地貌	由陆相红色沙砾岩构成的具有陡峭坡面的各种地貌形态	广东丹霞山、福建泰宁、江西龙虎山、湖南崀山
海岸、岛屿	海岸是邻接海洋边缘的陆地，由于波浪、潮汐、洋流的作用，在此可以形成海蚀穴、海蚀崖、海蚀拱桥、海蚀柱、海滩等特殊的海岸地貌；岛屿是指四面环水并在高潮时高于水面的自然形成的陆地区域	海南椰树海岸、浙江普陀岛、福建鼓浪屿、台湾澎湖岛

二、水体旅游资源

水体旅游资源按水体性质、基本形态、使用价值及潜在功能，划分为河川、湖泊、瀑布、泉、海洋等类型。

（一）河川风景

河川即河流，是地表线形集水洼地。陆地上河川纵横交织，不计其数。仅我国流域面积在1 000平方千米以上的就有1 580多条，大小河流总长度超过42万千米。众多的河川不仅给人们以灌溉和舟楫之利，而且有些河川通过自身成景或与其他景观相结合构成重要的河川风景旅游资源，吸引着众多的旅游者前去观赏或体验。目前，我国已列入国家级重点风景名胜区的河川有长江（三峡段）、鸭绿江、漓江、富春江、新安江、楠溪江、丽江、瑞丽江等（图2-5）。

漓江

富春江

图2-5　河川景观

（二）湖泊景观

湖泊是陆地表面洼地积水形成的比较宽广的水域。地球上的湖泊总面积占全球大陆面积的1.8%左右。我国是一个多湖泊的国家，目前湖泊面积在1平方千米以上的有2 600余个，面积合计为74 277平方千米，主要分布在东部平原、青藏高原及蒙新地区。湖泊具有灌溉、航运、养殖、旅游、调节河川径流、调节湖滨地区气候等功能，是一项宝贵的自然资源，是水体旅游资源的一个重要组成部分。湖泊通过其形、影、声、色、奇等因素吸引游人前往观赏探索奥秘，同时湖泊还可开展垂钓、驶帆、游泳、品尝水鲜等多种水上活动。我国可作为旅游资源开发的湖泊数量丰富、类型多样、各具特色。例如：无锡太湖，位于江浙两省交界处，长江三角洲的南部，为我国第三大淡水湖，以其优美的湖山风光和人文景观而闻名遐迩，是我国胜迹最多的湖。杭州西湖，位于杭州市西面，紧邻市区。西湖山水之胜、景色之美，自古扬名于海内外，为我国十大风景名胜古迹之一（图2-6）。

太湖　　　　　　　　　　　　　西湖

图2-6　湖泊景观

（三）瀑布景观

瀑布，是从河谷纵剖面岩坎上倾泻下来的水流，主要由水流对河流软硬岩石差别侵蚀而成。瀑布飞流直下，仪态万千，给人以充满活力的动态美感，因而是一种重要的水景旅游资源。依据瀑布的外观和地形的构造，瀑布有多种分类：据瀑布水流的高宽比例划分，有垂帘型瀑布、细长型瀑布；据瀑布岩壁的倾斜角度划分，有悬空型瀑布、垂直型瀑布、倾斜型瀑布；据瀑布有无跌水潭划分，有有瀑潭型瀑布、无瀑潭型瀑布；据瀑布的水流与地层倾斜方向划分，有逆斜型瀑布、水平型瀑布、顺斜型瀑布、无理型瀑布；据瀑布所在地形划分，有名山瀑布、岩溶瀑布、火山瀑布、高原瀑布。我国著名的瀑布有壶口瀑布、黄果树瀑布、九寨沟瀑布等（图2-7）。

黄果树瀑布　　　　　　　　　　九寨沟瀑布

图2-7　瀑布景观

(四)泉景

泉是地下水的天然露头。它不仅美化了大地,还给人们提供了理想的水源。许多泉水具有重要的旅游价值,是一种独特的水体旅游资源,而饮用矿泉水又是一种旅游商品资源。一般按照泉的化学成分、水的温度、水的渗透压、酸碱度、理疗作用等进行分类。主要有:①冷泉,著名的冷泉有镇江金山泉、杭州虎跑泉等;②矿泉,著名的有西安骊山温泉、台湾北投温泉等;③观赏泉,著名的有济南的珍珠泉、云南大理蝴蝶泉等,如图2-8所示。我国泉水资源非常丰富且分布广泛,粗略估计总数约有10万之多,是世界上泉水最多的国家之一。其中,水质好、水量大,或因而闻名遐迩的泉水也有上百处之多。目前不少泉已被开发利用,成为旅游热点。

杭州虎跑泉　　　　　　　　　　大理蝴蝶泉

图 2-8　泉景

(五)海洋

海洋是世界最大的水体,约占地表总面积的71%,它以浩瀚无际、深邃奥妙的魅力吸引着每一个旅游者。由于海和洋在水文地理环境上的差异,旅游资源的开发利用多限于大洋的边缘海部分,大洋旅游仅限于公海考察、探险等特殊旅游项目。目前,大量旅游活动都集中在大陆边缘的海岸带、岛屿群。如海洋风光观赏、海滨疗养及水上娱乐、海底观光探秘等。21世纪是海洋的世纪,作为水体旅游资源重要组成部分的海洋,开发利用前景广阔,如图2-9所示。

海南三亚　　　　　　　　　　厦门环岛路

图 2-9　海洋景观

三、生物旅游资源

（一）植物旅游资源

根据植物的美学特征，可将植物旅游资源分为观赏植物、珍稀植物、奇特植物和风韵植物四大类，具体见表 2-4。

表 2-4　植物旅游资源

类型	分类	典型例子
观赏植物	观花植物	中国十大传统名花：牡丹（万花之王）、月季（花中皇后）、梅花（群花之冠）、菊花（寒秋之魂）、杜鹃（花中西施）、兰花（花中君子）、山茶（花中珍品）、荷花（水中芙蓉）、桂花（金秋娇子）、君子兰（黄金花卉）
	观果植物	享誉世界的十大名果：榴梿（果中之王）、西瓜（瓜中上品）、中华猕猴桃（超级水果）、梨（百果之祖）、苹果（记忆之果）、葡萄（水晶明珠）、柑橘（美味佳果）、香蕉（长腰黄果）、荔枝（果中皇后）、波罗蜜（微花巨果）
	观叶植物	一品红、变叶木、米兰、吊兰、芦荟、万年青、朱蕉、龙血树、富贵竹、文殊兰、文竹等
	观枝冠植物	冲天柏、垂柳、美国白杨、雪松等
珍稀植物		世界八大珍稀植物：神奇的莲中王——王莲、活化石——水杉、热带雨林巨树——望天树、蕨类植物之冠——桫椤、奇异的长命叶——百岁兰、中国的鸽子树——珙桐、最重量级椰子——海椰子、稀世山茶之宝——金花茶
奇特植物		世界著名的植物奇观：洗衣树——普当、灭火树——梓柯树、气象树——青冈栎、变味果——神秘果、大胖子树——波巴布树、绿色水塔——纺锤树
风韵植物		（1）叶之风韵：坚贞——松柏、高尚——松、竹、梅； （2）花之风韵：高洁——梅花、门生——桃李； （3）果之风韵：思慕——红豆、寿考——桃； （4）枝之风韵：依恋——柳； （5）树之风韵：长寿——椿、潇洒——竹

（二）动物旅游资源

动物，在自然界中最具活力。与植物相比，动物能运动、会发声、通人性。不少动物的体态、色彩、姿态和发声都极具美学观赏价值。世界各地历来就有观赏动物的传统。

根据审美角度可将动物分为观赏动物和珍稀动物两大类，具体见表 2-5。

此外，根据动物旅游资源的构景可分为奇特动物、珍稀动物、表演动物。

1. 奇特动物

许多动物形态、生态、习性等方面，具有与众不同的一些奇特之处。这些奇特之处既是动物构景的重要因素之一，也是游人观赏动物旅游资源的重要内容。动物的奇特性主要表现在以下两方面。

第一，特殊的外形。动物的外形是指动物的形态、形体。例如，生活在热带的珊瑚，其形态呈圆筒单体或树枝状群体。由珊瑚骨骼形成的珊瑚礁，有的可做盆景，有的可雕琢

表 2-5　动物旅游资源

类型	定义	分类	典型例子
观赏动物	体态、色彩、运动和发声等方面的特征能引起人们美感的动物	观形动物	东北虎、雄狮、麋鹿
		观色动物	北极熊、黑叶猴
		观态动物	熊猫、孔雀、海狮
		听声动物	夜莺、八音鸟、鹦鹉
珍稀动物	野生动物中具有较高社会价值、现存数量又极为稀少的珍贵稀有动物	陆生动物	大熊猫、野牦牛
		水生动物	扬子鳄、白鳍豚
		其他动物	孟加拉巨蜥、大蝾螈

成首饰。最诱人的动物外形,在两栖类和爬行类动物中较多,例如蛙、蟾、蛇、大鲵、海龟、鳄、蛇、蟒等,形态奇特,富有观赏价值。哺乳类动物的形体,更是千姿百态。

第二,特殊的生态。许多动物有特殊的生态,即特殊的生理特征和生活习性,因而也引起游人的极大兴趣。例如,五色斑斓、金光灿灿、能飞善舞的蝴蝶,喜欢群聚,因而在一些盛产蝴蝶的地方,由于数十万乃至数百万以上蝴蝶的大量集聚,形成规模宏大的自然胜景。在云南大理有著名的"蝴蝶泉",福建、香港、台湾的高雄和屏东等地有迷人的"蝴蝶谷"。

2. 珍稀动物

"物以稀为贵"。一些特有的、稀少的,甚至濒于灭绝的动物,往往引起旅游者的极大兴趣。在我国就有许多珍稀的动物,例如大熊猫、金丝猴、白唇鹿、褐马鸡、黑颈鹤、黄腹角雉、扬子鳄等,为我国特有的异兽珍禽。大熊猫和朱鹮,是引起世人注目的濒危动物。此外还有东北虎、亚洲象、中华鲟、蜂猴(懒猴)、白鹤、野牦牛、黑骆驼等珍贵动物。对于珍稀动物必须加强保护,在保护中发挥其观赏、研究等价值。

3. 表演动物

动物不仅有自身的生态、习性,而且在人工驯养下,某些动物还会有模拟特点,即模仿人的动作或在人们指挥下做出某些技艺表演。如大象、海豹、猴、大熊猫等能做出可爱又可笑的模拟动作,有的鸟类也可模仿其他声音进行表演,如澳洲琴鸟,叫声如铜铃响,鸣声悦耳,它还能模仿马嘶声、牛哞声、狗吠声、锯木声等。画眉、鹦鹉、百灵等也能学舌。马戏团的各种动物表演,更是人们乐意观赏的内容。

四、气象气候旅游资源

(一)云雾景

在山区,云雾的积聚和流动,可以形成瞬息万变的云雾奇观,吸引游人观赏。例如"双峰插云"(西湖十景之一),"狮洞烟云"(蓬莱十景之一),"平安云海"(太白山八景之一),"罗峰晴云"(峨眉山十景之一)等(图 2-10)。庐山的云雾也很奇特,多沿秀谷,上下奔腾,谷中百花之香自然寓于其中。云南大理点苍山的玉带云和望夫云也很有名,每年夏末秋初,雨后天晴,常有乳白色带状积云,束在翡翠般的苍山十九峰半腰,长达百里,宛如玉带一般,故称苍山玉带云。在天气特别晴朗的秋冬季节,苍山玉带峰背后常有一朵朵白云,忽起忽落,上下飘动,如有所盼,故名望夫云。

双峰插云　　　　　　　　　　　平安云海

图 2-10　云雾景

（二）雨景

降雨不仅是地表径流、土壤水分的主要来源，而且还可以形成一定的自然美景，供人们观赏。自古至今，在我国许多地方都有雨景胜迹，在以八景、十景命名的古景中，不少就有雨景一项。例如以蓬莱阁观雨景而著称的"漏天银雨"（蓬莱的十景之一），著名的峨眉山雨景"洪椿晓雨"（峨眉山十景之一）。在广州市西泮塘附近，珠江两支流的大桥，因春天细雨蒙蒙，远看大桥似虹，形成著名的"双桥烟雨"（羊城八景之一），如图 2-11 所示。总之，雨景是人们生活中，特别是旅游中经常遇到的一种自然景观。其中江南烟雨、梅雨赏梅、巴山夜雨等，颇有名气。

洪椿晓雨　　　　　　　　　　　双桥烟雨

图 2-11　雨景

（三）云霞景

霞是日出、日落时天空及云层上因日光斜射而出现的彩色光象或彩色的云。霞光就是阳光穿过云雾射出的色彩缤纷的光芒。霞和霞光常与山地及云雾相伴随，更加美丽。主要形式有朝霞、晚霞、雾霞等。霞景瞬息万变，五彩迸发，对游人有极大的吸引力。鸡公山十景之一的"晚霞夕照"，江西彭泽八景中的"观客流霞"，贵州毕节八景中的"东壁朝霞"等都很有名。观赏落霞余晖是一种极易情景交融的美的享受。特别是日落前的晚霞夕照，在其他风物景致的配合下，常常给人以"夕阳无限好"的美好享受。

（四）日出日落景

观赏日出、日落是人们观赏大自然的一个重要部分，很多游客到泰山、黄山、华山、峨眉山、九华山以及海滨游览，观旭日东升的磅礴景色，观夕阳西下的万道彩霞，无不陶醉迷离。"旭日东升"是泰山四大奇观之一，每当凌晨，在日观峰举目东望，天际开始闪出鱼肚白光，不一会儿呈现出一条水平红线，渐渐扩张，忽红、忽黄、绚烂多彩。随后在红云之下忽现弓形旭日，随之呈半圆形迅速升起，一轮红日跃出海面。这时，天际的云霞光芒四射，再看近处的薄薄云雾，或动或静，环绕在峰峦之间，变化莫测，美妙无穷。夕阳西下也有难以道尽的妙处。例如济南的"江波晚照"，西湖的"雷峰夕照"，台湾的"平安夕照"，关中八景之一的"骊山晚照"等都美不胜收。

（五）冰雪景

雪是水或冰在空中凝结再落下的自然现象，可以形成壮观的雪景。冰雪作为旅游观赏内容，在我国有着悠久历史。我国大部分地区每年冬季都有一定时段的降雪，各旅游名山在雪的装点下，白雪与苍松翠柏相映构成一幅壮丽、晶莹、洁白、格外迷人的世界。如西安的"终南积雪"，燕京的"西山晴雪"，嵩山的"少室晴雪"，九华山的"平冈积雪"，西湖的"断桥残雪"等都是著名的雪景（图 2-12）。哈尔滨被称为"冰城"，每年冬季这里要举行为期两个多月的冰灯和冰雕活动，由能工巧匠精心制作的各种冰灯、冰雕，玲珑剔透，把冰城打扮成一个冰晶世界。每年都吸引着数以万计的国内外旅游者前往冰城，一睹为快。

终南积雪

西山晴雪

图 2-12 雪景

（六）蜃景

蜃景即海市蜃楼奇景。它是由于气温在垂直方向上的剧烈变化，使空气密度的垂直分布产生显著变化，从而引起光线的折射和全反射现象，导致远处的地面景物出现在人们的眼前的一种奇异景观。一般在海湾、沙漠可以看到。"海市"意为海上神仙的居所，"蜃"即蛟龙之属，能吐气为楼，故曰"海市蜃楼"。山东蓬莱仙阁是有名的观赏海市蜃楼之地，具体如图 2-13 所示。

海市蜃楼

山东蓬莱仙阁

图 2-13　蜃景

(七) 雾凇、雨凇景

雾凇俗称树挂，是在空气层中水汽直接凝华，或过冷却雾滴直接冻结在地物迎风面上的乳白色冰晶。有的似蜡梅，有的似水仙，有的似菊花，千姿百态，给人以天然艺术美的享受。我国吉林松花湖下的滨江两岸，由于气温低，多偏南风，空气湿度大，所以常常在行道树枝上结成洁白冰莹的雾凇，仿佛"忽如一夜春风来，千树万树梨花开"。

雨凇是超冷却的降水碰到温度等于或低于零摄氏度的物体表面时所形成玻璃状的透明或无光泽的表面粗糙的冰覆盖层。庐山雨凇很有名，一到冬季，常绿的松柏竹杉上，披着银装，人们称它为"玻璃世界"，与云海、日出、夕阳、宝光、蜃景，合称为"天象六景"。

雾凇、雨凇景观如图 2-14 所示。

雾凇

雨凇

图 2-14　雾凇、雨凇景观

第四节　人文旅游资源

人文旅游资源又称人文景观旅游资源，由各种社会环境、人民生活、历史文物、文化艺术、民族风情和物质生产构成。由于其各具传统特色，而成为旅游者游览观赏的对象。它们是人类历史文化的结晶，是世界各民族文化的载体，其形成离不开人的智慧与劳动。各种人文旅游资源都具备各自特有的文化属性，或物质文化或制度文化或精神文化，或几者兼而有之，其本质是文化的差异。

一、历史遗迹旅游资源

历史遗址遗迹是人类在发展过程中留下的历史遗迹、遗址、遗物，是古代人民适应自然、利用自然和改造自然的结果，是人类历史的载体和见证，反映了历史各个时代的政治、经济、文化、科技、建筑、艺术等特点和水平，具有重大的历史价值。我国的历史遗迹旅游资源主要分为古人类文化遗址、社会历史文化遗址、名人故居和活动遗址、革命遗址及革命纪念地等，具体见表2-6。

二、古建筑旅游资源

中国古建筑遗存十分丰富，类型多样，主要包括宫殿建筑、陵墓建筑、楼阁建筑、亭台建筑、军事防御工程、古代桥梁和水利工程等。

表2-6 历史遗迹旅游资源

分类	定义	典型例子
古人类文化遗址	从人类形成到有文字记载历史以前的人类活动遗址，包括古人类化石、原始聚落遗址、生产工具和生活用品等	渑池仰韶遗址、西安半坡遗址、山东泰安大汶口遗址、浙江余姚河姆渡遗址
社会历史文化遗址	人类有文字记载以来活动场所的遗址	古城遗址：楼兰遗址、交河故城；古道路遗迹：丝绸之路；古战场遗址：垓下古战场遗址
名人故居和活动遗址	有历史影响的人物的住所	宋庆龄故居、徐悲鸿故居、鲁迅故居、郭沫若故居、孔府孔庙
革命遗址及革命纪念地	革命斗争史所遗存的旧址及修建的纪念馆等	辛亥革命纪念地：广州黄花岗烈士陵园；抗日战争纪念地：侵华日军南京大屠杀遇难同胞纪念馆

（一）宫殿建筑

宫殿是帝王处理朝政或宴居的建筑物。作为我国古代建筑中级别最高、技艺最精的建筑类型，是帝王居所的专用名词，其规模之大、气势之宏、装饰之奢，无以类比。宫殿经过长期的发展，形成了一定的布局与陈设的形制。雄伟的宫殿建筑并未使历代封建王朝得以永存，朝代的更替也使这些宫殿建筑大部分被毁，目前保存较好较齐全的主要有北京天坛、沈阳故宫和布达拉宫（图2-15）。

（二）陵墓建筑

丧葬习俗虽无法开发为旅游项目，但同丧葬有关的历史遗存却成为重要的旅游资源。这是因为陵墓是人类历史的产物，是历史文化的积淀，可成为探索历史的有效手段，其陵墓建筑、陪葬文物、陵墓周围的优美环境、墓主效应都能构成古代陵墓的主要旅游吸引物（图2-16）。

北京天坛

布达拉宫

图2-15 宫殿建筑

明十三陵

秦始皇兵马俑

图2-16 陵墓建筑

（三）楼阁建筑

楼阁为两层或两层以上的古代木构建筑。二者在建筑形制上无多大差别，但使用功能不同，楼的用途极为广泛，阁的用途主要为珍藏图书、佛经、佛像和观景。我国古楼分布广泛，形制多样，多为明清建筑。如江南三大名楼，湖北武汉黄鹤楼、湖南岳阳楼、江西南昌滕王阁（图2-17）。供佛阁多分布于寺庙，规模宏大，气势庄严。北京颐和园佛香阁为我国形制最高阁，三层四重檐，内供佛像。建于明代的浙江宁波天一阁为我国古代藏书楼的典范。观景阁多于园林之中，或地势高突开阔之处。如鄱阳湖滨可览"落霞与孤鹜齐飞，秋水共长天一色"的滕王阁，山东蓬莱海滨山巅可赏海市蜃楼仙景的蓬莱阁等。

（四）亭台建筑

亭为我国分布最为广泛的古建筑类型，尤以园林中多见。柱间多不设门窗而设半墙或平栏，用于休憩、观景等。亭之造型最为丰富，平面、立面、亭顶、亭檐皆有多样变化，或简单或繁复，或高大或小巧，或古朴或堂皇，本身就是内涵丰富的游览对象。亭是最典

黄鹤楼

岳阳楼

图2-17　楼阁建筑

型的景观建筑，除景观亭外，还有纪念历史事件和人物的纪念亭、收存碑石的碑亭、文人雅士行曲水流觞之俗的流杯亭、宗教祭祀亭等。

台始于奴隶社会，如商纣的鹿台。春秋战国盛行筑台之风，一直流行于秦汉，绵延到魏晋。曹魏在邺城筑铜雀三台至今尚存。台的修建，可通神求仙、登高远望、观赏乐舞，亦可烽火御敌、观测天象等。中国历代皆有观象台的兴建，但现遗存不多。北京古观象台为明代建筑，是世界保存有原完整天文仪器的最古老天文台，如经纬仪、天体仪等。

亭台建筑如图2-18所示。

苏州沧浪亭

铜雀三台

图2-18　亭台建筑

（五）军事防御工程

筑墙护城，在中国有悠久历史，也得到了考古学的证明。到春秋战国时，城墙建筑已成为城市防御不可少的工程设施。明代在"高筑墙"思想指导下，作为城防工程的城墙可谓全国开花，多为砖砌或砖表土心，我国现存的城墙基本上都是形成于这一时期。为加强城防能力，城墙建筑十分完整。城墙外有护城河环绕，吊桥控制出入，城墙上有敌台、敌楼、角楼、垛口、射孔，城门为防御重点，设有瓮城、箭楼、城楼、屯兵洞、马道等。长城是我国最大的古代防御工程，修筑历时之长、规模之大、体系之全、保存之好，世界罕见（图2-19）。

长城

图 2-19　军事防御工程

（六）古代桥梁

桥梁是古代重要的交通建筑，具有高超的艺术成就，成为我国历史建筑的重要遗存，具有很高的科学技术价值、艺术鉴赏价值。

我国遗存古桥甚多，不胜枚举。北京永定河的卢沟桥、广东潮州韩江的广济桥、福建泉州的洛阳桥、河北赵州桥并称为中国四大古桥（图 2-20）。泉州的安平桥长达 2 070 米，为我国现存最长的古桥。另外还有悬索桥、悬臂木梁桥、廊屋桥等多种类型。

洛阳桥　　　　　　　　　　　　　　赵州桥

图 2-20　古代桥梁

（七）水利工程

中国的季风气候造成降水变率大、旱涝灾害多，所以自古以来我国就特别重视水利工程的修建。现存的古代水利工程，不仅可以继续发挥作用，也具有很强的旅游吸引力。这主要是因为：①许多工程已有悠久的历史，代表着人民的奋斗精神，成为中华文明发展的重要组成部分；②水利工程建设反映了古代人民的聪明才智和科学技术的发展，具有显著的科学价值；③工程设施构成独特的景观集合，与自然山水融为一体，颇具独特的观赏价值；④水利工程实施多创造出更加优美的环境景观，使其与大环境形成反差，对比性强烈。四川都江堰水利工程是我国现存最早的古代水利工程（图 2-21）。此外，灵渠、京杭大运河、坎儿井等，也是古代有名的水利工程。

都江堰

图 2-21　水利工程

三、民俗宗教旅游资源

（一）民情风俗旅游资源

所谓民情风俗旅游资源，是指那些突出表现了每个民族的特点和他们所居住地区地方性特征的因素，包括从显而易见的建筑、服饰、饮食、礼仪、节庆活动、婚丧嫁娶、文体娱乐、乡土工艺，到需要细心观察、深入体会的思维方式、心理特征、道德观念、审美趣味等。下面具体介绍民情风俗旅游资源中的传统服饰、岁时节令、居住民俗等，具体见表 2-7。

表 2-7　民情风俗旅游资源

类型	定义	典型例子
传统服饰	人们在有关衣服、鞋帽、佩戴和装饰等穿戴打扮方面形成的习俗，是反映过去时代文化和人们在地域环境影响下形成的文化标志之一	云南少数民族穿筒裙者居多，同时妇女多戴头饰，有银器、贝壳、发梳等物；福建惠安女着装"封建头、解放脚、经济衫、浪费裤"
岁时节令	岁时、岁事、时节、时令等事，是人们的社会生活中约定俗成的一种集体性习俗活动	春节、清明节、端午节、中秋节、重阳节
居住民俗	由于居住的自然环境、气候条件、生产方式及生产水平不尽相同，人们的民族民俗也各具特色	四合院、蒙古包、竹楼、木楼
婚姻生活礼仪民俗	是各民族、各地区人们在长期生活经历中形成的一种相对稳定的习俗，包括生活方式、生老病死、婚丧礼俗、禁忌等	苗族"游方""闹冲"，布依族"浪哨"，黎族"放寮"，傣族"碾房对歌""丢包"
游艺竞技	指世代相传的流传于民间的游戏、游艺、竞技、体育、工艺等方面的内容	舞龙、舞狮、走高跷、跑旱船、放爆竹、燃烟花、放风筝、看花灯、唱山歌、扭秧歌、打腰鼓
饮食民俗	指人们在筛选食物原料、加工、烹制和食用食物的过程中，即民族食事活动中所积久形成并传承不息的风俗习惯	我国北方以面食为主，南方大米是主食；八大菜系，"南甜北咸，东辣西酸"

(二)宗教文化旅游资源

宗教是人类社会发展进程中的特殊的文化现象,是人类传统文化的重要组成部分,它影响到人们的思想意识、生活习俗等方面。世界上流行的宗教很多,其中伊斯兰教、佛教、基督教被称为世界三大宗教。此外,还有许多流行范围较小的宗教,如日本的神道教、印度的印度教、中国的道教、以色列的犹太教等,称为地方宗教。我国是一个宗教国家,在我国影响较大的宗教是佛教、道教。由于佛教和道教长期传播,有许多佛、道教名山、石窟艺术和寺院古塔等宗教旅游资源。以下重点讲述佛教、道教的建筑特点和艺术成就。

1. 佛教文化旅游资源

佛教起源于公元前6世纪至公元前5世纪的古印度,距今已有3000多年的历史,由古印度迦毗罗卫国(今尼泊尔境内)的净饭王子悉达多·乔达摩创立,东汉明帝时经丝绸之路正式传入我国。佛教在我国较为盛行,是影响最广的宗教之一。佛教建筑遍布全国,主要包括寺院、佛塔、石窟等种类。

1)寺院

寺院是佛教的主要建筑,是供奉佛像、存放佛经、举行各种法事活动以及僧侣居住和修行的地方。寺院建筑受当地建筑风格和审美意识的影响,不同的教派其寺院建筑各具特色。我国的寺院建筑主要有汉地佛教寺院、藏传佛教寺院(喇嘛庙)和南传佛教等三大类型。

藏传佛教寺院一般由佛殿、扎仓、活佛住处、印经院、藏经阁、灵塔、僧舍等组成。建筑群体规模宏大,没有中轴线和对称的房屋布局,寺内文物众多,金碧辉煌。著名的有西藏的布达拉宫、大昭寺等。

南传佛教寺院主要分布在云南南部,一般由佛殿、佛塔、藏经室、僧舍四部分组成。其中佛塔建筑最具特色,其建筑形式与结构受缅、泰建筑风格的影响,屋顶高挑,塔形千姿百态。如云南德宏州的曼飞龙佛塔、版纳白塔等。

汉地佛教寺院是最常见的寺院,遍布全国。寺院的基本布局是院落式组群,在中轴线上布局主体建筑,由南向北依次为山门殿、天王殿、大雄宝殿、法堂、藏经楼等,正殿两侧是配殿、配屋。山门殿内塑有两大金刚像;天王殿正中供奉弥勒佛像,东西两侧塑四大天王像,弥勒佛背后塑守护神韦陀像;大雄宝殿是寺院的主体建筑,高大雄伟,大雄宝殿正中供奉佛祖释迦牟尼像,神态庄严肃穆。殿中供奉的佛像有坐、立、卧三种姿势,主尊佛也有一尊、三尊、五尊三种形式。

寺院具体如图 2-22 所示。

2)佛塔

佛塔,也叫"浮屠""浮图"或"佛图"等,最初是佛门弟子为分藏佛祖舍利和遗物而建造,由印度传入我国。中国佛塔由地宫、塔基、塔身、塔刹四部分组成。地宫是安放舍利的地方;塔基覆盖于地宫之上;塔身是佛塔的主体,塔的级数一般为单数,且多为7级,固有"救人一命,胜造七级浮屠"之说;塔顶上为塔刹。塔的造型、风格受中国古建筑中亭台楼阁的影响并与其相结合,类型丰富多样,造型美观,极具旅游魅力。著名的有西安大雁塔、小雁塔、应县木塔、开封佑国寺塔等(图 2-23)。

| 大昭寺 | 曼飞龙佛塔 |

图 2-22　寺院

| 西安大雁塔 | 应县木塔 |

图 2-23　佛塔

3）石窟寺

石窟寺源于印度，是利用天然峭壁或人工加工的石壁，在石壁上开凿洞窟，在窟内通过石刻、塑像、壁画等手法，塑造佛像人物，讲述佛教故事等，具有重要的历史价值和艺术价值。我国著名的佛教四大石窟是敦煌莫高窟、云冈石窟、龙门石窟、麦积山石窟（图 2-24）。

| 敦煌莫高窟 | 龙门石窟 |

图 2-24　石窟

2. 道教文化旅游资源

道教属于中国宗教，正式形成于东汉顺帝时期，尊老子为教主，以老子的《道德经》为主要经典。

道教建筑为宫观，是道教的活动场所。宫观在布局上采用院落式组群，一般由神殿、膳堂、宿舍、园林四部分组成，主体建筑分布在中轴线上。三清殿是宫观的主殿，内供道教的天尊三清像，正中为玉清境元始天尊，右为上清境灵宝天尊，左为太清境道德天尊。

宫观多建于名山胜境处，突出仙境，建筑依山随势，与周围秀美的自然风光融为一体，加上宫观内的书画、诗文、碑刻、壁画、联额等多种艺术品，既给人庄严肃穆之感，又使人能感受园林的清新优雅，具有较高的宗教吸引力和艺术感染力。因此，许多宫观成为旅游胜地。著名的有武当山真武道场、北京白云观、华山玉泉院、江西龙虎山天师府、四川青城山等（图2-25）。

北京白云观

龙虎山天师府

图2-25　道教建筑

四、园林建筑旅游资源

园林，在中国古籍里根据不同的性质也称作园、囿、苑、园亭、庭园、园池、山池、池馆、别业、山庄等，美英各国则称之为 garden、park、landscape garden。它们的性质、规模虽不完全一样，但都具有一个共同的特点，即在一定的地段范围内，利用并改造天然山水地貌或者人为地开辟山水地貌，结合植物的栽植和建筑的布置，从而构成一个供人们观赏、游憩、居住的环境。中国古典园林艺术是人类文明的重要遗产。它被举世公认为世界园林之母，世界艺术之奇观。在世界三大园林体系（中国、欧洲、阿拉伯）中，中国园林历史最悠久，内涵最丰富。中国的造园艺术，以追求自然精神境界为最终和最高目的，从而达到"虽由人作，宛自天开"的审美旨趣。

由于受不同自然环境、不同民族发展历史及社会经济特征等的影响，园林的风格、规模、结构、用途等也会有所不同。其类型如何划分，目前存在各种不同看法，以下介绍几种常见的划分方式。

（一）按园林的风格分类

1. 西方园林

西方园林也称几何图案式园林，是西方（欧洲）典型的古典园林形式。它讲究整齐一律、均衡对称的几何图案式空间布局。通过人工美追求几何形美，总体布局有强烈的对称轴线，道路大多是直线型，形成矩形或射线交叉。草坪和花圃被分割成各种几何形状。树木花卉也往往塑造成各种几何图形，如球形、圆柱形。西方园林以法国古典主义的花园为代表，如法国的凡尔赛宫。我国也有这种风格的园林，但多为近现代作品，如南京的中山公园。

2. 东方园林

东方园林也称自然山水式园林，我国的古典园林基本属于这一类型，以中国的苏式园林和北方的皇家园林为代表。苏式园林顺应自然方式，有曲折的水、错落的山，并以迂回盘绕的曲径把点缀在园林中的淡雅朴素的建筑和景点联系起来；北方皇家园林是吸取苏式园林的长处，以适应皇家的要求而设计的，在正门处常有宫殿布局，并保持一定的中轴线。我国现存的这类著名园林很多，如拙政园、网师园、颐和园、承德避暑山庄等（图2-26）。

拙政园　　　　　　　　　　承德避暑山庄

图 2-26　东方园林建筑

3. 中西混合式园林

中西混合式园林是上述两种风格都有、表现比例相当的园林，如北京中山公园、广州烈士陵园等。另外，中国式园林于18世纪传入英国，逐步形成了带有折中主义的所谓英国式园林，也可称为中西混合式园林。

（二）按占有者的身份分类

1. 皇家园林

皇家园林是专供帝王休息享乐的园林。现存皇家园林多为清代所建，如北京颐和园、承德避暑山庄等。其特点是规模宏大，真山真水较多；园中建筑色彩富丽堂皇，体现皇家气派；全面吸收江南宅院的诗情画意，在保持北国传统建筑风格的基础上，大量引进江南园林造园手法；复杂多样的象征寓意，尤其是反映帝王加强统治，极力宣扬纲常伦理及忠君思想更加明显，如圆明园石湖的九岛环列象征"禹贡九州"。

皇家园林建筑如图2-27所示。

2. 私家园林

私家园林是供皇家的宗室、王公官吏、富商等休闲的园林。现存著名私家园林如北京恭王府，苏州拙政园、留园、网师园，上海豫园等（图2-28）。私家园林无论规模、豪华富

颐和园　　　　　　　　　　　　　圆明园

图 2-27　皇家园林建筑

北京恭王府　　　　　　　　　　　上海豫园

图 2-28　私家园林建筑

丽程度均逊色于皇家园林。它追求精巧素雅、玲珑多姿的风格，以少胜多，以精取胜，并且主题特色明显、别具一格。

3. 寺观园林

寺观园林是佛寺和道观的附属园林，也包括寺观内部庭院和外围地段的园林化环境。特点是占地较广，空间环境容量大、变化多，景观的深度、广度和层次比较丰富。寺观本身是"出世"的所在，与其他园林相比更加淡雅、朴素，多追求肃穆、庄严、神秘的格调，广植松柏。

（三）按园林所处的地理位置划分

1. 江南园林

南方人口较密集，所以园林地域范围小；又因河湖、园石、常绿树较多，所以园林景致较细腻精美。因上述条件，其特点明媚秀丽、淡雅朴素、曲折幽深，有层次感，但究竟面积小，略感局促。江南园林的代表大多集中于南京、上海、无锡、苏州、杭州、扬州等地，其中尤以苏州为代表。

2. 北方园林

北方园林，因地域宽广、范围较大，又因靠近政治中心而形成众多中心性城市，所以建筑富丽堂皇。但因自然气象条件所局限，河川湖泊、园石和常绿树木都较少，所以秀丽媚美则显得不足。北方园林的代表大多集中于北京、西安、洛阳、开封，其中尤以北京为代表。皇家园林是北方园林的代表。

3. 岭南园林

因为岭南园林地处热带，植物终年常绿，又多河川，所以造园条件比北方、南方都好。其明显的特点是具有热带风光，建筑物都较高而宽敞。现存岭南类型园林以岭南四大园林最为著名，分别是东莞的可园、佛山的梁园、顺德的清晖园、番禺的余荫山房（图2-29）。

除了江南园林、北方园林和岭南园林外，还有巴蜀园林、西域园林等形式，各具特色。

综上，园林建筑的分类如图2-30所示。

东莞可园

顺德清晖园

图 2-29　岭南园林建筑

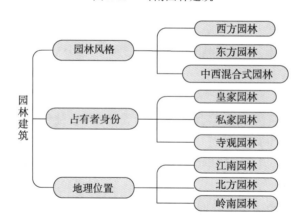

图 2-30　园林建筑的分类

知识库2-1

开放式旅游区将取代旅游景区

旅游产业的发展越来越受到社会各界的重视，旅游景区是旅游产业中受投资者关注的重点之一。很多投资者将大把资金投入旅游景区的建设中，但不少投资者获得的回报却不尽如人意。

决策者和投资者希望从景区直接获得旅游收入，认为应该吸引旅游者在景区内消费。在这种理念下，景区门票成为游客在景区的第一消费。为了增加景区的门票收入，最简单的方法就是把门票价格提高，因此不少景区门票价格越来越高。由于门票收入有限，于是推出了景区门票以外的消费，简称"二消"。在扩大景区"二消"的名义下，景区内的购物、餐饮、住宿、表演等各种收费项目越来越多。令一些景区管理方不解的是，很多景区的人数不增反降，景区的门票收入不增反降，景区的消费收入不增反降。景区的消费收入在旅游总收入中的占比并没有明显提高。

从旅游者的旅游消费习惯看，旅游景区不是旅游者消费的首选地。主要原因是：旅游者对景区消费普遍存在反感。人们对景区的认识是以观光为主；景区内消费的纠纷处理慢而繁，价高质次的各种负面报道很多；人们对于设置门票的景区一般去一次，重复前往某个景区的占比很少。各种原因使得旅游者进入景区后不愿再花钱消费。

出境旅游者经常发现在境外根本没有A级景区，甚至少有大规模的景区，只有一个个不大的景点。如果把国家公园也算在内，境外还算是有少数和国内景区规模相当的大景区。

我国境内的首批A级景区是按照1999年6月14日国家颁布的《旅游区（点）质量等级的划分与评定》标准，经过认真准备，于2001年召开的全国旅游工作会议上宣布的，当年有187家获得A级旅游景区，A级旅游景区从此出现。A级景区的建设在短时间内吸引了各地决策者和社会投资者的关注，对加快旅游产业发展起到了促进作用。但随着可利用旅游景区资源的减少，旅游消费市场的变化，旅游景区逐渐成为旅游消费的鸡肋。

与境内景区的普遍要求相比，境外只能算有开放式旅游区和旅游景点。开放式旅游区没有门票，旅游区内的很多旅游景点有门票。收门票的景点里面一般没有购物店、餐馆、宾馆等消费项目。旅游者进入景点之后，或是领略自然风光，或是欣赏文化建筑和艺术精品，或是浏览科学奇迹。旅游者进入的是没有被商业污染、没有市场嘈杂的另一个生态世界。

境内最具特色的是西湖（图2-31）。虽然西湖也称为景区，其实它更像是个开放式旅游区。到西湖游玩不需要买门票，西湖周边有餐厅、宾馆、购物街、娱乐设施、观光车等。当然，西湖也有收门票的景点，没有到过西湖的旅游者常常到收门票的景点看看。到过西湖的外地旅游者往往不去收门票的景点，只是去西湖坐坐船、喝喝茶、品品美食、到购物

图2-31 西湖

街逛逛，甚至住上几天。由此所产生的消费收入远大于将西湖封闭起来的消费收入，其景点门票收入也因旅游者的巨量基数而增加，这种开放式旅游区在境外已非常普遍。

有景点的开放式旅游区取代旅游景区之后，由于前者不设门票，旅游者数量容易上升，景点的门票收入不一定少。开放式旅游区由于没有了景区的约束，旅游者的消费心态放松下来，旅游服务的内容反而容易活跃起来。长期存在的，人们不愿意住景区里的宾馆、不愿意在景区里的餐厅吃饭、不愿意在景区里的购物店购物、不愿意在景区里娱乐等问题将随着景区的消失、开放式旅游区的兴起而逐渐解决。

在境外调研时笔者发现，设门票的旅游景区的消费收入与不设门票的开放式旅游区消费收入相差巨大，超出想象。消费本身就存在心理因素，作为激情消费代表的旅游消费更是受心理因素影响较大。旅游景区本身就让旅游者产生要小心消费的心理，景区门票又使旅游者产生强烈的不要在景区轻易消费的心理。景区建设虽然有利于快速打造旅游吸引物，评定A级景区虽然有利于加强景区管理和服务，但发展旅游产业需要符合旅游市场的需求，大部分景区逐步取消门票已经成为不可逆的趋势。景区的投资者和管理者无论从扩大景区收入，还是从满足旅游者需求的角度出发，景区内搞消费提升弊大于利。

境内的景区规模大小不一，景区的种类多种多样。名胜古迹、名山大川、宗教场所、特色小镇、文博馆院、商业街区、主题乐园等各类景区均有。一些定位为高A级景区的小镇，如果收门票，旅游者不满意，旅游消费少；如果不收门票，高A级景区的各种要求又使运营成本增加；而且，既然是景区，无论收不收门票，小镇都会被旅游者按景区对待，对小镇里的服务要求也像对景区的要求一样高。很多旅游者在高A级景区的小镇消费时小心翼翼，小镇里的餐饮、购物、体验、娱乐等即使明码标价，也常常由于景区这两个字而遭诟病。各地扶持景区，尤其扶持打造高A级景区，但从旅游消费的角度，限制了旅游消费的景区远不如开放式旅游区。

需要彻底改革景区的发展模式，需要将适合做开放式旅游区的景区改成有景点的、无门票的、氛围与景点匹配的、符合环境保护要求的、能够吸引大量旅游者的、旅游消费功能齐全的、适合旅游消费的开放式旅游区。还需要打造一批新的开放式旅游区。

由于开放式旅游区完全是市场化的，方方面面都需要符合市场的要求，运营难度也不小。有些景区即使改为开放式旅游区也不一定能够增加旅游人数和提高旅游消费收入。但目前景区的模式逐渐被市场排斥，境外开放式旅游区运营模式已经成功，只有探索将开放式旅游区取代大部分旅游景区，才有可能实现让旅游者满意、让投资者获得应得的回报、增加就业、促进当地社会和经济发展的目标。

资料来源：旅游圈. 开放式旅游区将取代旅游景区[EB\OL]. https://www.dotour.cn/146864.html.

问题：开放式旅游区的优点有哪些？缺点有哪些？所有的旅游景点都适合开放式旅游区的发展模式吗？

第五节　旅游资源的分区

一、旅游资源分区及其意义

旅游资源分区是根据旅游资源的区域差异及区域内旅游资源组合的相对一致性，将旅游资源分成不同的旅游资源区。旅游资源分区具有重要的意义，具体表现在以下几方面。

（一）有助于区域旅游资源的开发与保护

旅游资源分区揭示了同一旅游资源区内各要素的内在联系，并使区际的旅游资源差异凸显出来，有利于人们认识和把握各个旅游资源区的特点，并在此基础上，因地制宜地进行开发和保护，塑造一个具有鲜明特色的资源区整体形象，使区域旅游业获得持续发展。

（二）有利于不同的旅游资源区优势互补，形成联合效应

旅游资源分区后，各个旅游资源区在开发中按各自的特殊条件形成自己的优势。从宏观角度看来，有利于形成各区之间扬长避短、优势互补、功能耦合的旅游资源体系，促进旅游业的发展。

（三）促进旅游资源及其开发的深入研究

旅游资源分区向旅游资源及其开发工作提出了不少新的研究课题。如在同一旅游区内，旅游资源的相对一致性是如何形成、发展的，不同旅游区的差异又是如何演化的。针对区域旅游资源的不同特征，如何才能有效地开发与保护旅游资源等。诸如此类问题的提出，不断把旅游资源及其开发的研究引向深入，促进了这一方面的研究。

二、分区的原则

旅游资源分区是一项比较复杂的工作。划分的原则主要有以下几点。

（一）以利于旅游业发展为主，兼顾行政区域的划分

旅游资源分区的根本目的是能够因地制宜、更好地开发和保护旅游资源，发展旅游业。因此，在分区时，应该以有利旅游业发展为主要原则。

行政区域的划分是国家为了便于管理而作出的。它考虑了政治、经济、民族、自然、历史等方面的因素。由于旅游资源分区与行政区域划分的出发点有所不同，考虑的因素不完全一样，在旅游资源分区过程中，二者难免发生矛盾。这时，不能一味强调行政区划的完整性而影响旅游资源分区的科学性。否则旅游资源分区就偏离了它应有的方向而失去存在的意义。为了更好地发展旅游业，个别地方可以通过一定程序报上级部门批准，适当调整行政区划。

另外，我们也要认识到，旅游分区若与行政区划相统一，可为旅游资源开发和保护的宏观调控和管理提供许多有利的条件，客观上有利于旅游业的发展，因此旅游资源分区亦当兼顾行政区域的划分，尽可能不破坏现有行政区划的完整性。

（二）区内相对一致与区际差异明显

旅游资源分区时，同一旅游资源区内各组成要素要有密切的相关性，并且这些要素及其组合在成因的演化过程上具有相对一致性。另外，区域之间则有比较明显的差异。实施

这一原则时要注意对旅游资源进行综合分析，从中选取反映区域间内在联系的主导因素，作为确定区界的主要根据。

（三）多级划分原则

旅游资源分区时，由于旅游资源的相似性和特异性只是相对的，资源区域系统的划分应该多级设置，以此反映区域内部资源相似性的递增。也就是说从较高级到较低级，其内部的相似性越来越大。为了便于应用，分级的级次不宜太多，常见的一般为"三级法"或"二级法"，即设旅游资源大区、旅游资源亚区、旅游资源区或旅游资源大区、旅游资源亚区。其中旅游资源大区一般以旅游资源的宏观特征为划分依据，亚区及第三区以旅游资源的微观特征或相对比较具体的特征为划分依据。

三、我国旅游资源分区方案

近些年来不少学者对我国的旅游资源分区进行了探讨，并提出分区方案。如班武奇、韩景辉（1994）把全国分为 9 个旅游资源大区和 21 个旅游资源亚区；石高俊（1994）把全国划分为 10 个旅游资源大区和 40 个旅游资源亚区等。石高俊的划分主要是依据地貌、气候和人文旅游资源的宏观特征，并对各旅游资源区采用"三名法"，即地理位置（或地形单元名称）、宏观自然旅游资源（一种）、宏观人文旅游资源（一种）相并列的命名法，使各旅游资源区的特点一目了然。具体分法见表 2-8。

表 2-8　旅游资源分区

旅游资源大区	旅游资源亚区
东北北国风光名胜古迹旅游资源区	大兴安岭山林冰雪旅游资源亚区 东北北部山地林海雪原旅游资源亚区 东北中部平原景观名胜古迹旅游资源亚区 辽东半岛山地海滨风光旅游资源亚区
华北黄土景观名城古迹旅游资源区	京、津、冀古都胜迹旅游资源亚区 黄土高原景观革命遗存宗教建筑旅游资源亚区 关中中原古都胜迹旅游资源亚区 鲁东南名山胜迹古文化遗址旅游资源亚区 胶东半岛山海风光历史古迹旅游资源亚区 苏北皖北名城古迹旅游资源亚区
华东水乡风光名山胜迹旅游资源区	长江中下游平原水乡名城胜迹旅游资源亚区 江南丘陵丹霞风光名山胜迹旅游资源亚区 浙闽山地火成岩山地风光名胜古迹旅游资源亚区
岭南南国风情革命遗迹旅游资源区	闽粤花岗岩地貌革命遗迹旅游资源亚区 广西岩溶风光旅游资源亚区 雷州半岛玄武岩台地热带风光旅游资源亚区
东部海岛风光岛上胜迹旅游资源区	渤海海岛风光胜迹旅游资源亚区 黄海海岛风光胜迹旅游资源亚区 东海海岛风光胜迹旅游资源亚区 南海海岛风光胜迹旅游资源亚区

续表

旅游资源大区	旅游资源亚区
西南岩溶风光民族风情旅游资源区	秦巴山地高山风光生物景观旅游资源亚区 四川盆地红层盆地古城名胜旅游资源亚区 贵州高原岩溶风光民族风情旅游资源亚区 云南高原湖光山色民族风情旅游资源亚区
横断山地峡谷风光名胜古迹旅游资源区	藏东川西滇西峡谷风光高山景观旅游资源亚区 滇南热带生物民族风情旅游资源亚区
内蒙古草原风光蒙族风情旅游资源区	东部草甸风光蒙族风情旅游资源亚区 中部干草风光蒙族风情旅游资源亚区 西部荒漠风光蒙族风情旅游资源亚区
西北瀚海景观丝绸之路旅游资源区	北疆瀚海及山地景观旅游资源亚区 天山高山盆地风光旅游资源亚区 南疆瀚海及山地景观旅游资源亚区 河西走廊丝绸之路古城胜迹旅游资源亚区 阿拉善高原瀚海景观旅游资源亚区
青藏高原风光藏族风情旅游资源区	青东南、川西北江河源旅游资源亚区 昆仑——祁连山地风光旅游资源亚区 柴达木盆地风沙地貌盐湖风光旅游资源亚区 藏北高原湖泊野生动物旅游资源亚区 藏南谷地地热奇观藏族文化旅游资源亚区 喜马拉雅登山探险科学考察旅游资源亚区

用上述分区法分区后，在同一区域内，存在着相同或相似的景观特征，与相邻区域有着鲜明的差异。每个具体区划单位又都是一个连续的地域，这种划分不同于纯自然划分或行政划分，它是以开发旅游资源和发展旅游业为目的的。在可能的情况下，则注意到照顾行政单位的完整性，如"内蒙古草原风光蒙族风情旅游资源区"，即与行政区划相统一。有的区域，由于受到资源、区位、交通和民族等因素的影响，实行跨行政区划分，如"西南岩溶风光民族风情旅游资源区"，便跨了四川、贵州、云南等几个地区。但低一级单位又尽可能同行政区域界限相一致。

本 章 小 结

本章具体阐述了旅游资源的基本理论，对旅游资源的概念进行了界定，介绍了旅游资源的空间、时间、经济和文化特征以及形成机制。从适用性原则出发，有选择地介绍了旅游资源的分类方法。此外，本章还介绍了地质地貌、水体、生物、气象气候等自然旅游资源，历史遗迹、古建筑、民俗宗教、园林建筑等人文旅游资源的类型等。最后，本章介绍了旅游资源分区的相关内容。

复习思考题

1. 简析旅游资源的特征。

2. 简述旅游资源分类的基本原则和方法。
3. 简述自然旅游资源的类型、功能。
4. 民情风俗旅游资源的特点和旅游功能是什么?
5. 结合实际对某一区域旅游资源进行分类和功能分析。

即 测 即 练

自学自测　　扫描此码

第三章 旅游资源调查与评价

学习要点及目标

1. 掌握旅游资源调查的基本要求、类型、内容、程序和方法。
2. 了解旅游资源调查报告的编写。
3. 熟悉旅游资源评价的目的、原则、内容和方法。

第一节 旅游资源的调查

一个区域旅游业的发展,在一定程度上取决于该区域旅游资源的基本情况。旅游资源调查,是依照一定标准和程序针对旅游资源开展的询问、查勘、实验、绘图、摄影、录像、记录填表等活动,也是旅游景区(点)开发的第一步。调查成果的质量、准确性和科学性对旅游景区(点)的科学规划、合理开发和保护都有重要意义。通过调查,了解和掌握该区域旅游资源的类型、数量、分布、特征、成因、规模、结构以及开发潜力等基本情况,为旅游资源的科学评价奠定基础,为制定旅游规划与进行合理开发和保护提供客观科学的依据。通过调查,可建立和完善该区域旅游资源信息资料库,为区域旅游业管理、经营提供必要的信息。通过调查,可深入地了解区域旅游环境质量,发现存在的问题,为区域旅游环境质量监控提供准确、具体的信息,为制定旅游资源保护措施提供决策依据。

一、旅游资源调查的基本要求

旅游资源调查,应依据旅游业发展的基本规律,遵循一定的基本要求进行。旅游资源调查必须保证具有权威性、科学性、可信度、客观性和严肃性。要充分利用与旅游资源有关的各种资料和研究成果,完成统计、填表和编写调查文件等项工作。调查方式以收集、分析、转化、利用这些资料和研究成果为主,并逐个对旅游资源单体进行现场调查核实,包括访问、实地观察、测试、记录、绘图和摄影等,必要时进行采样和室内分析。

二、旅游资源调查的类型和内容

(一)旅游资源调查的类型

旅游资源调查类型多种多样,根据旅游资源调查的深度、规范等要求的不同,可以将旅游资源的调查分为旅游资源详查、概查、普查、抽样调查、重点调查等类型。根据国家标准《旅游资源分类、调查与评价》(GB/T 18972—2017),旅游资源具体分为"主类""亚类"以及"基本类型"3个层次,其中主类8个、亚类31个。

1. 旅游资源详查

旅游资源详查是为了解和掌握整个区域旅游资源全面详细的情况，按照全部既定调查程序等进行的旅游资源调查，包括调查准备、实地调查，要求对全部旅游资源单体进行调查，提交全部《旅游资源单体调查表》。

旅游资源详查首先要做好调查准备工作。调查准备包括成立调查组、进行技术培训、准备调查所需的设备和材料、进行资料收集等工作。调查组成员应具备与该调查区旅游环境、旅游资源、旅游开发有关的专业知识，一般应吸收旅游、环境保护、地学、生物学、建筑园林、历史文化、旅游管理等方面的专业人员参与。调查准备工作完成后，可展开实地调查工作。实地调查工作程序为：

1）确定调查区内的调查小区和调查线路

为便于运作和此后旅游资源评价、旅游资源统计、区域旅游资源开发的需要，将整个调查区分为"调查小区"。调查小区一般按行政区划分（如省级一级的调查区，可将地区一级的行政区划分为调查小区；地区一级的调查区，可将县级一级的行政区划分为调查小区；县级一级的调查区，可将乡镇一级的行政区划分为调查小区），也可按现有或规划中的旅游区域划分。调查线路按实际要求设置，一般要求贯穿调查区内所有调查小区和主要旅游资源单体所在的地点。

2）选定调查对象

主要针对具有旅游开发前景，有明显经济、社会、文化价值的旅游资源单体；集合型旅游资源单体中具有代表性的部分；代表调查区形象的旅游资源单体等进行重点调查。对明显品位较低，不具有开发利用价值的；与国家现行法律、法规相违背的；开发后有损于社会形象的或可能造成环境问题的；影响国计民生的；某些位于特定区域内的旅游资源单体暂时不进行调查。

3）填写《旅游资源单体调查表》

对每一调查单体分别填写一份《旅游资源单体调查表》。调查表各项内容填写要求如下。

（1）单体序号：由调查组确定的旅游资源单体顺序号码。

（2）单体名称：旅游资源单体的常用名称。

（3）"代号"项：代号用汉语拼音字母和阿拉伯数字表示，即"表示单体所处位置的汉语拼音字母—表示单体所属类型的汉语拼音字母—表示单体在调查区内次序的阿拉伯数字"。

如果单体所处的调查区是县级和县级以上行政区，则单体代号按"国家标准行政代码（省代号2位—地区代号3位—县代号3位，参见GB/T 2260—1999中华人民共和国行政区代码）—旅游资源基本类型代号3位—旅游资源单体序号2位"的方式设置，共5组13位数，每组之间用短线"—"连接。

如果单体所处的调查区是县级以下的行政区，则旅游资源单体代号按"国家标准行政代码（省代号2位—地区代号3位—县代号3位，参见GB/T 2260—1999中华人民共和国行政区代码）—乡镇代号（由调查组自定2位）—旅游资源基本类型代号3位—旅游资源单体序号2位"的方式设置，共6组15位数，每组之间用短线"—"连接。

如果遇到同一单体可归入不同基本类型的情况，在确定其为某一类型的同时，可在"其他代号"后按另外的类型填写。操作时只需改动其中"旅游资源基本类型代号",其他代号项目不变。

填表时,一般可省略本行政区及本行政区以上的行政代码。

(4)"行政位置"项:填写单体所在地的行政归属,从高到低填写政区单位名称。

(5)"地理位置"项:填写旅游资源单体主体部分的经纬度(精度到秒)。

(6)"性质与特征"项:填写旅游资源单体本身个性,包括单体性质、形态、结构、组成成分的外在表现和内在因素,以及单体生成过程、演化历史、人事影响等主要环境因素,提示如下:

①外观形态与结构类:旅游资源单体的整体状况、形态和突出(醒目)点;代表形象部分的细节变化;整体色彩和色彩变化、奇异华美现象、装饰艺术特色等;组成单体整体各部分的搭配关系和安排情况,构成单体主体部分的构造细节、构景要素等。

②内在性质类:旅游资源单体的特质,如功能特性、历史文化内涵与格调、科学价值、艺术价值、经济背景、实际用途等。

③组成成分类:构成旅游资源单体的组成物质、建筑材料、原料等。

④成因机制与演化过程类:表现旅游资源单体发生、演化过程、演变的时序数值;生成和运行方式,如形成机制、形成年龄和初建时代、废弃时代、发现或制造时间、盛衰变化、历史演变、现代运动过程、生长情况、存在方式、展示演示及活动内容、开放时间等。

⑤规模与体量类:表现旅游资源单体的空间数值如占地面积、建筑面积、体积、容积等;个性数值如长度、宽度、高度、深度、直径、周长、进深、面宽、海拔、高差、产值、数量、生长期等;比率关系数值如矿化度、曲度、比降、覆盖度、圆度等。

⑥环境背景类:旅游资源单体周围的境况,包括所处具体位置及外部环境,如目前与其共存并成为单体不可分离的自然要素和人文要素,如气候、水文、生物、文物、民族等;影响单体存在与发展的外在条件,如特殊功能、雪线高度、重要战事、主要矿物质等;单体的旅游价值和社会地位、级别、知名度等。

⑦关联事物类:与旅游资源单体形成、演化、存在有密切关系的典型的历史人物与事件等。

(7)"旅游区域及进出条件"项:包括旅游资源单体所在地区的具体部位、进出交通、与周边旅游集散地和主要旅游区(点)之间的关系等。

(8)"保护与开发现状"项:旅游资源单体保存现状、保护措施、开发情况等。

(9)"共有因子评价问答"项:旅游资源单体的观赏游憩价值、历史文化科学艺术价值、珍稀或奇特程度、规模丰度与概率、完整性、知名度和影响力、适游期和使用范围、污染状况与环境安全。

2. 旅游资源概查

旅游资源概查对旅游资源进行一般性面上的调查,资料收集限定在与相关项目有关范围的调查,适用于了解和掌握特定区域或专门类型的旅游资源调查,要求对涉及的旅游资源单体进行调查。工作程序可以简化,如不需要成立调查组,调查人员由其参与的项目组组织协调委派;资料收集限定在与专门目的所需要的范围;可以不填写或择要填写《旅游资源单体调查表》等。两种方法的比较如图3-1所示。

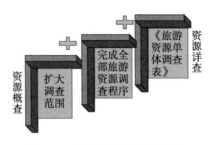

图 3-1　旅游资源调查方法对比

（二）旅游资源调查的内容

旅游资源调查是为了查明可供旅游业开发利用的资源状况，了解旅游资源的存量状况、开发利用的环境条件及客源市场动态等，这些是旅游资源调查的基本内容，如图 3-2 所示。

图 3-2　旅游资源调查的内容

1. 旅游资源存量状况调查

根据旅游资源美、特、稀、奇、古、名等特点，确定调查区的资源调查对象，并依据一定的旅游资源分类标准对区域旅游资源的类型、数量、结构、规模、级别、成因等基本情况进行具体的调查，形成旅游资源的文字、影像、专题地图等有关资料。

对于旅游资源类型的调查，一般是以中华人民共和国国家标准《旅游资源分类、调查与评价》（GB/T 18972—2017）为依据，对调查区域的地文景观、水域风光、生物景观、天象与气候景观、遗址遗迹、建筑与设施、旅游商品、人文活动 8 大类旅游资源分别进行具体调查，明确调查区内旅游资源的种类。同时，还要对区内各种不同类型的旅游资源的数量、分布范围、面积，以及资源级别的高低等内容做进一步调查。

旅游资源结构、成因调查，是指就调查区自然景观与人文景观、自然景观内部、人文景观内部的资源组合形式与结构；资源的形成原因、发展历史、存在时限、利用的可能价值，以及自然与人文相互依存的因果关系等内容开展的调查。

旅游资源存量调查还应就调查区旅游资源现在的开发状况、项目、类型、时间、季节、旅游人次、旅游收入、消费水平，以及周边地区同类旅游资源的开发比较、开发计划等现状进行调查。

2. 旅游环境条件调查

根据旅游资源的开发要求,对与其相关的自然、社会、经济环境条件进行调查。自然条件包括地质、地貌、气象气候、水文、动植物等;社会条件包括行政归属与区划、人口与居民、文化、医疗环卫、安全保卫、历史等;经济条件包括位置、距离、交通、电力、邮电通信、供水、食宿等,可附上一些要素的地图。

调查还包括影响旅游资源利用的环境保护情况,主要有工矿企业、生活服务等人为因素造成的大气、水体、噪声等污染状况和治理程度。

3. 旅游客源市场调查

旅游客源市场是旅游业发展的必要条件。客源的流向、流量、需求和消费水平直接影响着旅游发展的方向、规模和档次,同时也影响着旅游经营和管理的模式。因此,调查旅游客源市场,并对其进行正确、合理的定位,对调查区的旅游开发建设至关重要。主要通过对海外游客、国内游客、外地游客、本地游客的数量、所占比例、各自停留的时间、旅游动机、消费构成和消费水平,以及年龄、性别、职业、文化程度等基本情况进行调查,了解当地旅游市场的客流来源、游客的旅游需求,以确定市场定位。

此外,旅游资源调查还应该重视以下内容。

1. 交通沿线和枢纽点的调查

旅游资源开发后,交通会成为影响游客流量的最大限制因素之一。靠近交通沿线和枢纽点的旅游资源,游客的可进入性强,若旅游资源的特色鲜明,易开发为热点新景区。同时,交通枢纽点往往是一些大城市,不仅基础设施好,可形成旅游中心区,还保证了客源。

2. 已知旅游区及其外围资源的调查

在已知旅游区及其外围对旅游资源进行深入调查,充分挖掘原景区新旅游资源,提高其可观赏水平。同时,使新老资源在功能上互补,改善其功能,增加景区的吸引力,延长游客逗留时间。通过调查外围资源,扩大旅游区范围,增加客容量,形成规模更大、内涵更丰富的新景区。

3. 重点新景区普查

有些资源开发具有一定难度,但具有很高的开发价值,因此要用战略的眼光进行旅游资源的规划与开发。重点新景区普查要注意具有特色的大型景观,如湖南的张家界、四川的九寨沟等;注意适合科学考察和生态旅游的景观;注意特殊的人文景观,如云南丽江纳西族的东巴文化等。

三、旅游资源调查的程序和方法

(一)旅游资源调查的程序

旅游资源调查是一项复杂而细致的工作过程,无论采取哪种形式、进行哪方面的调查,都是一次有组织、有计划的行动,需要经过一定的程序,才能保证旅游资源调查工作有条不紊地进行,并提高工作效率和调查质量。调查的程序按调查内容繁简、调查任务要求、调查时间、范围和手段,以及调查人员的素质等具体条件而有所不同。一般而言,较为典型的旅游资源调查大体分为三个阶段,即旅游资源调查准备阶段、旅游资源调查实施阶段和旅游资源调查整理分析阶段。具体如图 3-3 所示：

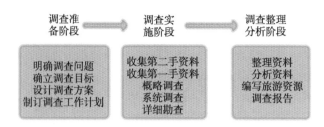

图 3-3　旅游资源调查程序

1. 调查准备阶段

调查准备阶段是旅游资源调查工作的开始，准备充分与否事关整个调查工作的成败。该环节主要解决四个方面的问题：明确调查问题、确立调查目标、设计调查方案和制订调查工作计划。

1）明确调查问题

通常情况下，旅游资源调查部门要针对出现的问题，或要解决的问题，提出一个大致的调查方向或意图，否则无法开展调查工作。因此，在开展正式调查前，必须首先按照调查的意图，进行初步的情况分析，弄清为什么调查、调查什么问题、要解决哪些问题。对于一时难以明确的现象，还需要在小范围内做探测性调查，以确立调查主题。

2）确立调查目标

调查目标是旅游资源调查所要达到的具体目的。并非所有的调查人员一开始就十分清楚调查目标，因为旅游活动和旅游资源与环境中出现的任何一个问题都可能受到许多因素的影响，如果把所有影响因素都列于调查之列进行调查，不仅造成人、财、物的浪费，而且未突出调查重点，冲淡了调查主题，导致的结果是不能解决问题。因此，在明确调查问题之后，必须使调查目标明确化、具体化，进一步研究调查应采用的方式、调查的具体内容及对象等，为下一步调查工作的顺利进行奠定基础。

3）设计调查方案

调查目标确定后，就需要设计符合实际、利于操作的调查方案。调查方案是对某项调查的总体设计，它是指导调查工作具体实施的依据。调查方案主要包括调查的目的要求、调查对象或调查单位、调查内容或项目、调查地点和范围、调查提纲或调查表、调查时间或工作期限、调查资料的收集方式和方法、调查资料整理分析的方法以及提交调查的形式与图表等。

4）制订调查工作计划

调查工作计划与调查方案各有不同的作用，一般来说，调查工作计划比调查方案的要求更细更具体。通常对于大型全面的旅游资源调查，需要分别制订调查方案和调查工作计划，而对于一些小型、要素单一的旅游资源调查，可以将两者合二为一，统一考虑为调查工作计划。制订调查工作计划，目的是使调查工作能够更有秩序、更有计划地进行，以保证调查方案的实现。因此，调查工作计划包括以下内容：对某项调查的组织领导、机构设置、人员选配及培训、完成时间、工作进度和费用预算等。通过调查工作计划将调查过程的每一环节作出规定,一方面可以指导和把握调查任务的进程;另一方面可以控制调查成本,以达到用有限的经费获取更大成果的目的。

2. 调查实施阶段

准备阶段的一切工作就绪以后,就进入旅游资源调查、资料收集实施阶段。这一阶段的主要任务是根据调查方案的要求和调查工作计划的安排,系统地收集各种资料数据,包括第一手资料和第二手资料,遵循先易后难、先内部后外部的原则,开展资料收集工作。

1)收集第二手资料

第二手资料是指为其他目的和用途而制作、收集的证据、数字、图件或其他现成的信息资料,但能为目前的旅游资源调查项目所利用。第二手资料是现有资料,获取速度快且节省费用,并有助于加强第一手资料的收集工作。收集渠道可以是旅游管理部门、旅游企业、旅游行业内部,以及相关部门的各种相关材料;可以是各种已经公开发表的旅游刊物、相关年鉴、报纸、杂志、专辑、学术研究资料;可以是有关国际或区域旅游组织和专业旅游资源调查研究机构的年报和其他相关资料;还可以是国际、国内、区域、局域计算机网络上的相关信息资料等。对于第二手资料的采集,必须认真考虑它的准确性和实用性,以及与本次调查目标的密切联系。

2)收集第一手资料

第一手资料又称实地调查资料,是调查人员为了目前的调查目的,专门收集的各种资料。尽管第二手资料是实地调查的基础,也可以得到实地调查无法获得的某些资料,并能鉴定第一手资料的可信度,但并不能取代第一手资料,必须收集一定数量的原始资料加以补充,互相取长补短,使整个旅游资源调查项目取得成功。

3)概略调查

借助第二手资料的报告、图表、航卫片和较大比例尺的地形图,对调查区的旅游资源有个初步全面的了解,大致掌握具有开发价值的旅游资源或适合开展的旅游项目,并将其标绘在1:5万到1:20万的地图上,划定远景区域,确定其分布状况和规律等。

4)系统调查

对概查划定的发展区域进行系统调查,加密调查点、线,对旅游资源的规模、质量、美感、客源等系统资料进行收集,将其结果标绘在1:2.5万至1:10万的地图上,并进行同类比较。

5)详细勘查

在概查和系统调查的基础上,筛选拟定具有开发价值的小区和项目进行详细调查,包括对调查区的自然、经济、技术、物资、能源、水源、交通、生活供应、环境质量等进行调查,对投资、客源、收益及旅游业的发展给区域的经济、社会、生态等带来的影响作出预测,以弄清资源成因、演变历史、现状、与相关因素的配套,比较在同类旅游中的特色所在,确定该区旅游发展的方向和重点项目,提出规划性建议,并将结果标绘在2:5 000或1:10 000图件上,同时注意数据记录,对重点问题和地段进行专题研究与鉴定。

3. 调查整理分析阶段

这个阶段主要将所调查的资料全部汇集,进行仔细的整理,再做认真的分析研究,最后完成调查报告和图件,呈送相关部门审阅。

1)整理资料

整理资料主要是把收集的零星资料整理成有系统的、能说明问题的情报,包括对文字资料、照片、录像片的整理,以及图件的编制与清绘等内容。首先,对资料进行鉴别、核对和修正,审查资料的适用性与准确性,剔除有错误的资料,并补充、修正资料,使其达到完整、准确、统一、客观。其次,应用科学的编码、分类方法对资料进行编码与分类,以便于分析利用。最后,采用常规的资料储存方法或计算机储存方法,将资料归卷存档,以利于今后查阅和再利用。

2)分析资料

经过整理后的资料、数据和图件,应能表示某种意义,只有通过调查人员的分析解释,才能对资料调查项目产生作用。一般需要借助一定的统计分析技术,才能测定调查项目之间的关系,认识某种现象与某个变化产生的原因,把握其动向与发展变化规律,探求解决问题的办法,最终提出合理建议。

3)编写旅游资源调查报告

提供一份完善的旅游资源调查报告,既是对调查主题的分析与总结,也是该项调查成果的反映。既为决策部门提供客观的决策依据,也体现调查项目的全部调查活动。调查报告的编写,力求观点正确、材料典型、中心明确、重点突出、结构恰当、层次分明。其内容一般由标题、目录、概要、正文、结论与建议、附件几个部分组成。

标题包括该调查项目的题目、调查单位、报告日期等;目录通常是报告部分的主要章节及附录的索引;概要应扼要说明调查目的、调查对象、调查内容、调查方式与方法等;正文是调查的主体部分,必须准确阐明全部有关论据,包括问题提出、论证过程、结论引出、分析研究方法等;结论与建议要撰写分析报告的主要目的、对正文内容的总结和解决问题的方案及建议;附件是对正文报告的补充或详尽说明,包括数据汇总表、背景材料、资源分布图和资源分析图表等。

(二)旅游资源调查的方法

调查方法的选择和技巧的运用直接关系到旅游资源调查结果的可信度。因此,调查旅游资源必须选用科学的方法。旅游资源调查内容极其繁杂,可以借鉴的调查方法众多,而目前用于旅游资源调查的方法主要有以下几种。

1. 现场勘查法

现场勘察法是最基本的旅游资源调查方法。调查人员可以通过路勘、测量、拍照和填绘等形式,直接获得旅游资源的第一手资料。

2. 文案调查法

文案调查法又称间接调查法,是通过收集旅游资源的各种现有信息数据和情报资料,从中摘取与资源调查项目有关的内容,然后进行分析研究的一种调查方法。这种方法常被作为旅游资源调查的首选方法。文案调查主要收集经加工过的次级资料,而且以文献性信息为主,既有动态资料,也有静态资料,尤其偏重于从动态角度收集各种反映旅游资料变化状态的历史与现实资料,包括超越时空条件限制的古今中外有关文献资料。但是文案调查获取的主要是历史资料，过时资料比较多，对现实中正在发生变化的情况难以进行及时的反映，而且往往与调查目的不能很好地吻合，数据对解决问题不能完全适用，需要调查人员进行合理的筛选和取舍。

3. 询问调查法

询问调查法是调查者用访谈询问的方式了解旅游资源情况的一种方法。应用这种方法可以从所在地的部门、居民与旅游者中，及时地了解没有记载的事实和难以出现的现象。通常可以采用设计调查问卷、调查卡片、调查表等，通过面谈调查、电话调查、邮寄调查等形式进行询问访谈，获取需要的资料信息。

4. 专家调查法

专家调查法一般通过多轮次相关专家的意见征询，对所研究的问题的影响因子体系按其权重值进行打分，渐次集中形成征询意见，从而对所调查研究问题得出结论的一种方法。

5. 问卷调查法

问卷调查法是一种获取旅游资源二手资料的方法，主要通过问卷的形式向被调查对象获取信息。问卷分为封闭式问卷和开放式问卷。

6. 观察调查法

观察调查法是调查者在现场对被调查事物和现象直接观察或借助仪器设备进行记录，以获得旅游资源信息资料的调查方法。这种方法是凭借调查人员的直感体验或音像等器材，记录和考察被调查事物和现象的现场事实。最大特点是能客观地反映被调查对象的实际行为，资料的真实性高，并且简便易行，灵活性强，不受历史或将来意愿的影响，只记录实际发生的事项，调查结果更接近于实际。但是，观察调查不能深入具体，只能说明事物现象的发生，难以了解事件发生的内在原因，易受到时空限制，所得资料往往具有一定的局限性。

7. 综合考察法

综合考察法是对旅游资源的各种属性进行分析、综合，并得出结论的一种方法。综合考察法也是旅游资源调查法中最常用的实地调查方法之一。

8. 遥感调查法

通过卫星照片、航空照片等遥感图像的整体性，全面掌握调查区旅游资源现状、判读各景区（点）的空间布局和组合关系的方法。进行旅游资源的主体观察和定量测量，实现景观信息的提取，特别是能对人迹罕至、山高林密及常规方法无法达到的地区进行旅游资源的调查。

9. 统计分析法

统计分析法是指通过对旅游资源的规模、速度、范围、程度等数量关系的分析研究，认识和揭示事物间的相互关系、变化规律和发展趋势，借以达到对旅游资源的正确解释和预测的一种研究方法。

10. 分类分区法

通过对旅游资源属性的相关数据分区后快速逐一扫描，获得频繁项集，并将它们归入若干个不同的类别,从而不需要扫描原数据库,便可有效地挖掘出其中的频繁项集,且不丢失重要规则。研究表明,该算法具有很好的可测量性。

四、旅游资源调查报告的编写

旅游资源调查报告应层次清晰、结构合理、论据充分、科学客观,并具备一定的研究性,对旅游资源管理、开发、规划具有指导意义。旅游资源详查和旅游资源概查的文(图)件类型和精度不同,旅游资源详查需要完成全部文(图)件,包括填写《旅游资源调查区实际资料表》,编绘《旅游资源地图》,编写《旅游资源调查报告》。旅游资源概查要求编绘《旅游资源地图》,其他文件可根据需要选择编写。

根据国家标准《旅游资源分类、调查与评价》(GB/T 18972—2017)的要求,各调查区编写的旅游资源调查报告,基本篇目如下。

前言;
第一章　调查区旅游环境;
第二章　旅游资源开发历史和现状;
第三章　旅游资源基本类型;
第四章　旅游资源评价;
第五章　旅游资源保护与开发建议;
主要参考文献;
附图:《旅游资源图》或《优良级旅游资源图》。

前言内容主要包括调查任务来源、目的、要求;调查区位置、行政区划与归属、范围、面积、调查人员组成、工作期限、工作量主要资料及其成果。调查区旅游环境内容主要包括调查区的自然、社会和经济环境状况。

第二节　旅游资源的评价

旅游资源评价是指在旅游资源调查基础上进行的深层次研究工作,选择调查区中的旅游资源、旅游环境及其开发条件作为评价对象和内容,采取一定的方法,对旅游资源的特点及其开发作出评判和鉴定,为调查区旅游资源的规划、开发和管理提供理论依据。

一、旅游资源评价的目的和原则

(一)旅游资源评价的目的

旅游资源评价是对区域旅游发展的基础性研究,其评价的科学性、准确性和客观性必然影响着区域旅游资源开发程度和旅游业的远景发展。因此,明确旅游资源评价目的,具有重要意义。

1. 规划目的

通过对调查区旅游资源、旅游环境及其开发利用的综合评价,为合理利用旅游资源,确定调查区旅游资源开发的重点、步骤等宏观规划研究提供理论依据;为旅游区域的中观规划提供发展定位依据;为旅游地的微观规划提供实践依据。

2. 开发目的

通过对调查区域旅游资源种类、组合、特色、结构、功能和性质的评价,确定调查区旅游资源的质量,在宏观规划指导下,为新旅游区具体旅游资源的开发利用方向和专项旅游建设项目提供论证,评估其在开发建设中的地位,为新旅游区的开发提供科学依据,为已经开发和部分开发的旅游区提供改造和延伸的依据。

3. 管理目的

通过对调查区域旅游资源质量、规模、水平的评价,为旅游资源的分级分类管理提供系列资料和判定标准。为合理利用资源,发挥整体效应、宏观效应提供经验;为确定不同旅游地的建设顺序准备条件。如具有地县级、省级、国家级乃至具有世界罕见的国际意义的旅游资源地,经申报批准后可作为相应的管理级别管理。具体如图3-4所示。

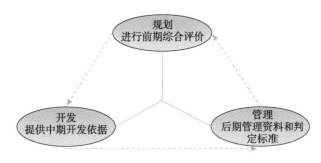

图3-4 旅游资源评价的三维目的图

(二)旅游资源评价的原则

旅游资源评价是一项重要而复杂的工作。旅游资源涉及生物、地理、气候、环境、经济、历史、科技、文学、艺术等多学科中的多个层面的知识。从不同的审美情趣判断,可能得出不同的评价结果。因此,旅游资源评价要尽量做到科学、客观、公正,便于开发利用,同时应遵循一定的评价原则。

1. 客观性原则

自然和人文旅游资源都是客观存在的事物,其价值表现、内涵、功能也就客观存在。评价旅游资源,要从实际出发,实事求是地科学评价它的价值高低、大小、好坏,充分应用地学、美学、历史学、地理学等多方面的理论知识,认识旅游资源的价值,做到既不任意夸大,也不无限缩小,力求进行客观评价。

2. 科学性原则

开展旅游资源评价时,要有科学的态度,符合客观科学的标准,对旅游资源的形成、本质、属性、价值等核心内容,作出科学的解释和准确的评价。不能随意冠以神话传说,杜绝封建迷信,要给旅游者正确的科学知识和浓郁的地方文化,寓教于游、寓教于乐。可在采用科学技术手段的同时挖掘积极向上的民间故事,以提高旅游资源的趣味性,适应大众化的旅游审美。

3. 系统性原则

旅游资源的价值和功能是多方面、多层次、多形式和多内容的。就旅游资源的价值而言，有观赏价值、运动价值和特殊价值；就旅游资源功能而论，有观光、科考、娱乐、休憩、健身、医疗、探险、商务、会议和度假等。有些可直接通过其形状、体积、颜色、质量等外露，有些则是人类历史、文化、艺术等的结晶和浓缩，代表一定的社会风貌和社会发展状况，这就需要具备一定的知识，通过一系列科学技术及专业手段对其进行测验、分析和研究方可认识和把握。旅游资源评价时，要求综合衡量、全面完整地进行系统评价，准确地反映旅游资源的整体价值。除此之外，还需对其所处区位、环境、客源、地区经济发展水平、建设条件等作为开发利用因素纳入系统综合评价的范畴。

4. 效益性原则

评价旅游资源需要考虑三方面的效益。首先，经济效益，即能增加经济收入，开发资源能对当地经济发展起到促进作用。其次，社会效益，即能吸引游客，为其提供开阔视野、陶冶性情的场所；能提高就业率，能为地域文化的传播和发展提供平台等。最后，环境效益，即能美化和保护环境，为人们提供有利于身心健康的生态空间场所。进行旅游资源调查与评价是为地域发展和环境保护服务的。开发利用的目的是要取得一定的综合效益。这种效益不单是只用经济效益来衡量，还包括它的社会效益和生态效益，在某种程度上，区域旅游资源带来的社会效益和生态效益远远高于其经济效益本身的价值。因此，在进行旅游资源评价时要综合考虑投入资金后的经济效益、社会效益和生态环境效益，以确定适宜的开发程度。

5. 市场性原则

旅游供给与旅游需求是旅游市场的两个基本方面。旅游的空间组织，事实上就是旅游供给与旅游需求的空间特性、导致形成特定空间特性的内在规律及旅游供给与需求相互作用的空间格局。建立最适宜的旅游作用空间体系，必须同时考虑旅游供给与旅游需求两个方面，才能达到旅游作用体系的动态平衡，取得旅游经济、社会、生态效益三者的最佳组合状态。单方面强调旅游供给或旅游需求，而忽视供给与需求的衔接，都可能造成旅游体系的内部因素不协调，成为一个低效率、低效益的体系，使之变成旅游业发展的阻碍因素，产生供过于求或供不应求的现象，破坏旅游供给与旅游需求在空间上的均衡和秩序。

6. 动态性原则

评价旅游资源，需要以体验与认识作为基础，深入考察旅游资源的本质属性，了解旅游资源的长期趋势、变化特性与过程，使资源评价结果具有预见性。并针对不同条件修正结论，考察不同时间序列，以确定旅游资源所呈现的动态属性，这样方可发现其变化的规律性，为调节和控制旅游组织的空间格局指明方向。

7. 可达性原则

可达性是旅游产品的重要组成部分，也是潜在旅游资源转化为现实旅游资源的主要捷径，又是开发旅游资源、争取客源市场、提高旅游资源吸引向性的重要条件。任何品位高、内涵丰厚的旅游资源，缺少了必要的交通设施都很难发挥其应有的价值。因此，可达性是旅游资源评价必不可少的原则。

8. 稀缺性原则

针对同一客源市场，旅游资源的同构与泛化，是旅游资源价值与使用价值难以体现和延伸的重要问题。在评价旅游资源时，对于那些区域独有的，并能反映出地方特色和文化底蕴的旅游资源，应遵循稀缺性原则进行评价。

9. 定量与定性相结合原则

总的来说，旅游资源评价可分为定性评价和定量评价。在资源评价方法日臻完善的今天，为了避免主观色彩、个人感情的影响，必须坚持定性与定量评价相结合的原则，既从理论方面进行深入全面的论证分析，又要根据一定的评价标准和评价模型，将各种评价因素进行客观的量化处理，把定性描述用定量关系来表示，使旅游资源的评价更具科学性与客观性。

二、旅游资源评价的内容

旅游资源涉及范围非常广泛，结构十分复杂，种类及性质又千差万别，文化背景、社会阶层以及评价者的审美观差异导致其很难有一个统一的评价标准。综合当前国内外学者的研究成果，本书将旅游资源评价的内容归纳为以下三个部分：旅游资源质量评价、旅游资源环境评价和旅游资源开发条件评价。如图3-5所示。

图3-5 旅游资源评价的内容

（一）旅游资源质量评价

旅游资源评价，首先要对旅游资源的质量进行评价，旅游资源的质量应从区域旅游资源的特色、价值、功能、数量、密度和结构等方面进行判断。

1. 旅游资源的特色

旅游资源或景区（点）所具有的超群出众的个性特征，是吸引旅游者前往参观游览的主要因素，具有极大的开发潜力。因此，必须尽可能挖掘那些具有独特性的旅游资源，分析评价也就主要针对旅游资源的地方色彩的浓郁程度，即奇特、珍稀、古老、优美、体量等个性的强弱、艺术造诣的高低和景观的优劣等方面去进行。

2. 旅游资源的价值和功能

旅游资源的价值是指旅游资源在该区域旅游业中的作用。这个作用的大小是由区域旅游资源的观赏性、历史性、科考性及社会文化性等特性所决定的，是旅游资源质量和水平的反映。例如特别优美的自然风光，由于美学特征突出，因而具有很高的观赏价值；某些历史悠久的珍贵文物古迹，或已进入世界文化遗产名录，或是国家重点文物保护单位，因而具有很高的历史文化价值。区域旅游资源能够满足开展旅游活动需求的各种作用的组合就是旅游资源的功能组合，它是旅游资源价值的具体体现。旅游资源的价值越高，旅游意义越大；旅游资源的功能结构越复杂，提供开展旅游活动的形式就越多。旅游资源的价值和功能评价，就是对区域旅游资源的美学价值、历史价值、科学研究价值、艺术价值，以及可供开发利用的特殊功用的分析评价。

3. 旅游资源的数量、密度和结构

区域旅游资源的多少（主要指景物、景点的数量）、旅游资源的集中程度（单位面积内旅游资源的数量），以及区域旅游资源的分布和组合特征，能进一步说明旅游资源的吸引功能，是旅游资源评价的主要内容之一。在一定区域内，旅游资源数量大、类型多、分布集中，且搭配协调，形成了一定规模的旅游资源，才具有较高的旅游价值。不同性质或不同风格的旅游资源可以相互补偿、开展多种旅游活动，有利于扩大客源市场；区域旅游资源的分布集中则有利于集中开发，减少开发中的投资。一些独立的旅游资源，即使有特色、价值较高，但开发前景不一定好。

（二）旅游资源环境评价

旅游资源的形成、发展、功能和特色等，都与其所在地理区域的环境条件有关。构成旅游资源环境的因素多种多样，对旅游资源环境评价的内容也复杂多样。旅游资源环境评价的主要内容包括：对旅游资源所在区域的自然环境、经济环境、社会环境、环境容量等方面的分析评价。

1. 旅游资源的自然环境

地质、地貌、水文、气候、土壤、动植物等自然要素所构成的自然环境对旅游资源的开发利用前景影响很大。自然环境是构成旅游资源所在区域整体感知形象的一个因素，是旅游活动的重要外部环境条件之一。自然环境对旅游资源的质量、时间、节律和开发有着直接的决定作用。首先，不少自然环境的组分本身就是旅游资源不可分割的一部分，直接影响旅游资源的质量与品位。其次，旅游自然环境的某些因子，直接决定着旅游开发效益。例如，气候既是重要的旅游资源，同时又与旅游资源的开发程度、规模、利用季节有直接关系。因此，旅游资源的自然环境评价要求对自然环境及其各组成要素进行综合评价分析，并根据环境要素的作用机理和影响范围、深度、速度等，预测自然环境的演化状况和后果。

2. 旅游资源的社会环境

由旅游资源所在区域的改革开放程度、社会治安与稳定、医疗保健、政府及当地居民对发展旅游业的态度，以及精神文明状态等共同构成的社会环境，直接影响旅游资源开发利用的需求、速度、质量和总体规模，因而也是分析评价的重要内容之一。一个地区政治局势和社会治安稳定与否，直接影响旅游者的出游决策。良好的外部社会环境能够促进旅游业的快速发展；社会治安差的地方，即使有品位很高的旅游资源，旅游者也不愿前往旅游。社会环境的另一个重要构成要素是政府的政策导向。我国旅游业发展走的是社会主义市场经济的道路，这意味着旅游资源开发也必须在政府的宏观调控和法律约束的范围之内进行。此外，旅游资源开发的实践表明：如果当地的文化传统比较开放，人民热情好客，旅游地卫生保健状况较好，就能够吸引旅游者的到来，使旅游者有宾至如归的感觉，也会对旅游资源开发有积极的促进作用。

3. 旅游资源的经济环境

旅游资源的经济环境是指能够满足游客开展旅游活动的一切外部经济条件，包括经济发展水平、人力资源状况、物资和产品供应条件、基础设施和专用设施等。旅游开发实际上就是经济开发。社会经济需要，地区经济实力，直接决定和影响着旅游资源的开发。资金和人力资源条件直接关系到旅游资源开发利用的深度、广度、进度和开发的可能性；基础设施和旅游专用设施的容纳能力直接影响到旅游资源的可进入性和旅游服务质量；而城镇的发展和居民的收入水平，则直接关系到旅游产品的提供和旅游市场的大小。

4. 旅游资源的环境容量

旅游资源的环境容量，是指旅游资源所在区域在一定时间条件下旅游活动的容纳能力。它是旅游资源构成的景区（点）规模和效率的总标志。旅游资源环境容量对旅游资源的开发规模往往具有限制性作用，主要受旅游资源的自然特性、旅游功能、旅游活动方式及旅游者偏好等多种因素影响，涉及旅游者心理需求、旅游资源保护、生态平衡、旅游经济社会效益等。旅游资源在一定时间、一定范围内并非接待的旅游者数量越多越好，超过了合理的旅游环境容量，最终只会得不偿失。在实际操作中，旅游资源的环境容量一般用容时量和容人量两方面来衡量。超过旅游资源的环境容量，旅游活动就会受到影响，旅游资源及其环境就会受到一定的破坏。

（三）旅游资源开发条件评价

旅游资源的根本意义在于它可以被开发为旅游产品，用于旅游开发是旅游资源评价的最终目的。而旅游资源开发是一项涉及社会、经济、文化、环境等各部门、多领域的系统工程。旅游资源本身条件固然重要，但旅游资源开发仍要受到许多外部客观条件的影响和制约，因此，对旅游资源开发条件的评价不容忽视。

1. 旅游资源的区位条件

旅游资源所处的地理区位、交通区位和客源区位的优劣，往往影响到旅游资源的吸引力、开发规模、线路布置和利用的方向。旅游资源的开发成功与否，不仅取决于资源本身，还取决于资源所处的空间位置、与邻近区域资源的组合结构以及交通区位状况。一般情况下，处在交通枢纽或交通沿线附近的旅游资源有利于开发利用。反之，地处偏僻、交通不便的旅游资源，由于可进入性差，即使资源价值较高，也难成为热点旅游地。旅游资源与其邻近区域旅游资源的组合结构，决定着旅游资源开发利用的前景。如果，与其邻近区域旅游资源的等级相当、类型相似，则呈现相互替代的状态，造成游客的分流，旅游市场将会受到影响；相反，则呈现互补状态，产生集聚效应，可以连片规模开发，起到提携作用，能够更多地吸引旅游者，开发前景乐观。

2. 旅游资源的客源市场条件

旅游资源开发必须以客源市场为依据。客源市场大小决定着旅游资源的开发规模和开发价值。没有一定数量的游客保障，旅游资源的开发就不可能产生良好的经济效益。客源数量通常与旅游开发地的腹地大小、腹地经济发展程度关系较大。因此，通过对旅游资源开发后所能吸引的客源范围、客源层次、客源特点的分析研究，确定和揭示主要的客源市场，有针对性地进行规划开发，有利于促进区域旅游业的发展。

3. 旅游资源的投资条件

资金是旅游资源开发的必要条件。资金来源是否充裕，财力是否雄厚，直接关系到旅游开发的深度、广度以及开发的可能性。任何区域旅游资源的开发都需要大量的资金，或吸引国内外的投资。投资者就国家政治局势、地区社会治安状态、地区政策、经济发展战略、投资优惠政策等相关投资环境会做全面的分析评价。营造良好的投资环境，有利于增强投资者投资积极性，提高旅游资源开发利用价值。

4. 旅游资源的施工环境条件

旅游资源的开发必须要有一定的施工现场，这种现场主要用于建设游览、娱乐设施和各种接待、管理设施。因此，旅游资源评价还应该考虑开发项目的难易程度及其工程量情况等施工环境条件。评价施工环境条件的关键是权衡经济效益。

表 3-1 是对怒江州旅游资源进行总体评价，对区域旅游资源的评价着重考虑旅游资源的吸引向性、开发潜力级别和开发限制型三个方面。

表 3-1　怒江州旅游资源总体评价

旅游资源名称	旅游资源吸引向性			旅游资源开发潜力级别			旅游资源开发限制型		
	国际	国内	地方	一级	二级	三级	A型	B型	C型
怒江大峡谷	√	√		√					√
雪山雄姿	√	√		√					√
独龙江流域	√	√		√					√
澜沧江峡谷	√	√			√			√	
丹霞地貌		√	√		√				
福贡石月亮	√	√	√					√	
溶洞			√			√	√		
自然保护区	√	√	√					√	√
高山冰蚀湖		√	√		√				√
矿泉温泉	√	√	√						
山间瀑布									
典型地质构造	√	√	√	√					
民族节庆	√	√	√						
民族风情	√	√	√						
地方民俗	√	√		√					√
宗教文化景观	√							√	

续表

旅游资源名称	旅游资源吸引向性			旅游资源开发潜力级别			旅游资源开发限制型		
	国际	国内	地方	一级	二级	三级	A型	B型	C型
口岸风光		✓	✓	✓				✓	✓
特色村寨	✓	✓	✓		✓				
古人类遗址		✓				✓	✓	✓	✓
军事遗址	✓	✓			✓		✓		
革命纪念地		✓	✓			✓	✓		
休闲公园			✓		✓		✓	✓	
现代风貌			✓						
其他			✓			✓			
备注：旅游资源开发限制型三种类型说明	A型：旅游景点较分散，景点范围较小			B型：旅游功能单一或功能较小			C型：有的景点，旅游交通不太便捷，较偏远等		

资料来源：http://www.ynnj.gov.cn/travel/zhiyuan/qulvyou.htm。

三、旅游资源评价的方法

旅游资源评价的方法主要有定性评价法和定量评价法两种，此外还有国家标准规定的综合打分评价方法，具体如图3-6所示。

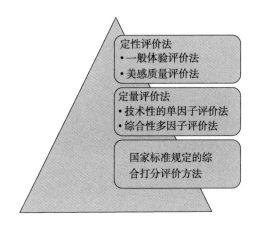

图3-6　旅游资源评价方法示意图

（一）旅游资源定性评价法

1. 一般体验评价法

一般体验性评价是由体验者根据自己的亲身体验对一个或一系列的旅游资源就其整体质量进行定性评估。对于一系列旅游资源进行一般性体验评价，其结果可以形成一个评价序列。常用方式是旅游者在问卷上回答有关旅游资源的优劣顺序，或由各方面专家讨论评价，或统计在常见报刊或旅游书籍、旅行指南上出现的频率等。一般体验性评价的项目很简单,只要求就旅游资源进行整体质量评价,或在问卷上按表示质量优劣的序号填上评价者认定的旅游资源即可。这种方法常局限于少数知名度较高的旅游资源开发地,无法用于一般类型或尚未开发的旅游资源。

2. 美感质量评价法

旅游资源美感质量评价一般是基于对旅游者或专家体验的深入分析,建立规范化的评价模型,评价的结果多是具有可比性尺度或数量值。关于自然风景质量的视觉评估,目前较为公认的有专家学派、心理物理学派、心理学派和现象学派四大学派。

(1)专家学派。专家学派认为,凡是符合形式美原则的风景(皆指自然风景)就具有较高的风景质量。因而,对风景的分析基于其线条、形体、色彩和质地四个要素,强调多样性、奇特性、协调统一性等形式美原则在风景质量分级中的主要作用。专家学派的风景质量评价方法,突出表现为一系列的分类分级过程,其依据除了形式美原则外,还有生态学原则。

(2)心理物理学派。心理物理学派把风景与风景审美理解为一种刺激——反映的关系,将心理物理学的信号检测方法引用到风景质量评价中,通过检测公众对风景的审美态度获得一个反映风景质量的量表,然后将该量表与风景组成成分之间建立起数学关系。心理物理学派的基本思想是:①人类具有普遍一致的风景审美观,可以将这种普遍的、平均的审美观作为风景质量的衡量标准;②人们对于自然风景质量的评估(审美评判),是可以通过风景的自然要素来定量表达的;③风景审美是风景(客体)和人(主体)之间的一种作用过程,风景质量评估实质是指建立反映这一作用关系的定量模型。

评价模型操作可以分以下四个步骤进行:一是测量公众的平均审美态度,以照片或幻灯片作为工具获得公众对所展示风景的美感平均;二是确定所展示风景的基本要素;三是建立风景质量与风景的基本成分间的关系模型;四是将建立的数学模型应用于同类风景的质量评估。

(3)心理学派。心理学派又称认知学派,该学派把风景作为人的生存空间、认识空间来研究,强调风景对人的认识作用在情感上的影响,试图用人的进化过程及功能需要来解释人对风景的审美过程。20世纪70年代中期,环境心理学家卡普兰夫妇以进化论为前提,从人的生存需要出发,提出了风景信息的观点。他们认为,人在风景审美过程中,既注重风景中那些易于辨识和理解的特性,又对风景中蕴藏的具有神秘感的信息感兴趣。因此,具有这两种特性或信息的风景的质量就高。

(4)现象学派,又称经验学派。该学派把人在风景审美评判中的主观作用提高到了绝对高度,把人对风景的审美评判看作是人的个性和其文化历史背景、志向与情趣的表现。其研究方法,一般是考证文学艺术家们关于风景审美的文学、艺术作品,考察名人的日记等,以此来分析人与风景的相互作用及某种审美评判所产生的背景。另外,也通过心理测量、调查、访问等形式,记叙现代人对具体风景的感受和评价。

(二)旅游资源定量评价法

1. 技术性的单因子评价法

技术性的单因子评价,是评价者在评价区域旅游资源时,集中考虑某些典型而又关键的因素，并对这些起决定性作用的因素进行适宜性或优劣评价。这种评价方法对于开展专项旅游活动，如登山、滑雪、游泳等非常适用，一般只限于对自然旅游资源的评价。

2. 综合性多因子评价法

综合性多因子评价方法是在考虑旅游资源所在区域的特定区域空间的多因子的基础上，运用一些数学方法，通过建模分析，对区域旅游资源及其环境和开发条件进行综合评价。评价的结果为数量化的指标数值，便于对不同地区旅游资源的评价结果进行比较。现有的综合性多因子评价方法很多，以下就指数表示法和中国观赏性旅游地评价模型做相关介绍。

1）指数表示法

首先，调查分析旅游资源的开发利用现状、吸引能力及外部区域环境，调查要求有准确的统计定量资料；其次，调查分析旅游的需求量、旅游者的人口构成、平均逗留时间、旅游消费趋向、旅游需求构成以及旅游需求的节律性等旅游需求要素；最后，总评价的拟定，建立表达旅游资源特征、旅游需求与旅游资源之间关系的若干量化模型。

2）中国观赏型旅游地评价模型

对于旅游资源所在地的综合性评价，主要着眼于旅游资源的整体价值评价，或资源所在地开发价值的评价。楚义芳（1989）建立的中国观赏型旅游地评价模型，就旅游地的旅游资源、区位条件和区位特征三部分进行了综合评价。

（三）国家标准规定的综合打分评价方法

依据"旅游资源共有因子综合评价系统"赋分。评价系统设"评价项目"和"评价因子"两个档次。评价项目为"资源要素价值""资源影响力""附加值"。其中"资源要素价值"项目中含"观赏游憩使用价值""历史文化科学艺术价值""珍稀奇特程度""规模、丰度与几率"和"完整性"等5项评价因子；"资源影响力"项目中含"知名度和影响力"和"适游期或使用范围"2项评价因子；"附加值"含"环境保护与环境安全"1项评价因子。

评价项目和评价因子用量值表示。资源要素价值和资源影响力总分值为100分，其中："资源要素价值"为85分，分配如下："观赏游憩使用价值"30分、"历史文化科学艺术价值"25分、"珍稀奇特程度"15分、"规模、丰度与几率"10分、"完整性"5分；"资源影响力"为15分，其中："知名度和影响力"10分、"适游期或使用范围"5分；"附加值"中"环境保护与环境安全"，分正分和负分；每一评价因子分为4个档次，其因子分值相应分为4档。具体的旅游资源评价赋分标准见表3-2。

根据对旅游资源单体的评价，得出该单体旅游资源共有综合因子评价赋分值。依据旅游资源单体评价总分，将其分为五级，从高级到低级为：

五级旅游资源，得分值域≥90分；

四级旅游资源，得分值域为75～89分；

三级旅游资源，得分值域为60～74分；

二级旅游资源，得分值域为45～59分；

一级旅游资源，得分值域为30～44分；

未获等级旅游资源，得分≤29分。

表 3-2　旅游资源评价赋分标准

评价项目	评价因子	评价依据	赋值
资源要素价值（85分）	观赏游憩使用价值（30分）	全部或其中一项具有极高的观赏价值、游憩价值、使用价值	30-22
		全部或其中一项具有很高的观赏价值、游憩价值、使用价值	21-13
		全部或其中一项具有较高的观赏价值、游憩价值、使用价值	12-6
		全部或其中一项有一般观赏价值、游憩价值、使用价值	5-1
	历史文化科学艺术价值（25分）	同时或其中一项具有世界意义的历史价值、文化价值、科学价值、艺术价值	25-20
		同时或其中一项具有全国意义的历史价值、文化价值、科学价值、艺术价值	19-13
		同时或其中一项具有省级意义的历史价值、文化价值、科学价值、艺术价值	12-6
		历史价值、或文化价值、或科学价值、或艺术价值具有地区意义	5-1
	珍稀奇特程度（15分）	有大量珍稀物种，或景观异常奇特，或此类现象在其他地区罕见	15-13
		有较多珍稀物种，或景观奇特，或此类现象在其他地区很少见	12-9
		有少量珍稀物种，或景观突出，或此类现象在其他地区少见	8-4
		有个别珍稀物种，或景观比较突出，或此类现象在其他地区较多见	3-1
	规模、丰度与几率（10分）	独立型旅游资源单体规模、体量巨大；集合型旅游资源单体结构完美、疏密度优良级；自然景象和人文活动周期性发生或频率极高	10-8
		独立型旅游资源单体规模、体量较大；集合型旅游资源单体结构很和谐、疏密度良好；自然景象和人文活动周期性发生或频率很高	7-5
		独立型旅游资源单体规模、体量中等；集合型旅游资源单体结构和谐、疏密度较好；自然景象和人文活动周期性发生或频率较高	4-3
		独立型旅游资源单体规模、体量较小；集合型旅游资源单体结构较和谐、疏密度一般；自然景象和人文活动周期性发生或频率较小	2-1
	完整性（5分）	形态与结构保持完整	5-4
		形态与结构有少量变化，但不明显	3
		形态与结构有明显变化	2
		形态与结构有重大变化	1
资源影响力（15分）	知名度和影响力（10分）	在世界范围内知名，或构成世界承认的名牌	10-8
		在全国范围内知名，或构成全国性的名牌	7-5
		在本省范围内知名，或构成省内的名牌	4-3
		在本地区范围内知名，或构成本地区的名牌	2-1
	适游期或使用范围（5分）	适宜游览的日期每年超过300天，或适宜于所有游客使用和参与	5-4
		适宜游览的日期每年超过250天，或适宜于80%左右游客使用和参与	3
		适宜游览的日期每年超过150天，或适宜于60%左右游客使用和参与	2
		适宜游览的日期每年超过100天，或适宜于40%左右游客使用和参与	1
附加值	环境保护与环境安全	已受到严重污染，或存在严重安全隐患	−5
		已受到中度污染，或存在明显安全隐患	−4
		已受到轻度污染，或存在一定安全隐患	−3
		已有工程保护措施，环境安全得到保证	3

注：根据国家标准《旅游资源分类、调查与评价》（GB/T 18972—2017）表2制作。

其中：

五级旅游资源称为"特品级旅游资源"；

四级、三级旅游资源被通称为"优良级旅游资源"；

二级、一级旅游资源被通称为"普通级旅游资源"。

四、旅游资源调查与评价成果提交要求

全部文（图）件包括：

①《旅游资源调查区实际资料表》；

②《旅游资源图》；

③《旅游资源调查报告》；

④《旅游资源调查区实际资料表》的填写；

调查区旅游资源调查、评价结束后，由调查组填写。按照国家标准附录规定的栏目填写，栏目内容包括：调查区基本资料，各层次旅游资源数量统计各主类，亚类旅游资源基本类型数量统计，各级旅游资源单体数量统计，优良级旅游资源单体名录，调查组主要成员，主要技术存档材料。本表同样适用于调查小区实际资料的填写。

⑤《旅游资源图》的编绘。

知识库3-1

旅游资源评价体系的创新构建

传统的旅游资源评价，一般是指从资源本体角度出发，以《旅游资源分类、调查与评价》（GB/T 18972—2017）为标准，对资源本身的观赏游憩使用价值、历史文化科学艺术价值、珍稀奇特程度、规模丰度与几率、完整性、知名度和影响力、适游期或使用范围、环境保护与环境安全作出评分评级。然而，在旅游者对旅游资源的认知正发生巨大转变的自主旅游时代，如果资源评价的视角仍旧局限于资源本身，无法"跳出资源看资源"，所得出的评估结论势必会与真实的资源价值存在差距。

因此，新时期旅游资源评价的技术思路需要充分顺应市场趋势，结合开发条件及投资状况，从资源本体的细分维度、市场认知维度及开发投资维度等视角，对评价体系进行创新与完善，为旅游资源的开发规划及管理决策提供可靠依据。

一、基于资源本体维度的评价体系创新

在旅游新资源观的基础上，资源内涵不断丰富，不同类型的旅游资源体现出不同的主体价值，它是资源质量和品位的反映。

人文旅游资源评价体系创新。人文旅游资源不同于自然旅游资源，文化类旅游资源的形成和变迁往往与所在地域的经济、政治发展、代表人物及文化成就等多个方面都有着不可割舍的内在关联。因此，对该类资源的评价一定要建立在全方位的分析视角上，才能得到客观、准确的判断。

产业旅游资源评价体系创新。对于现代旅游业而言，某些特色产业具有其与众不同的

吸引力，也可以作为旅游资源。产业资源价值的影响因素有很多，诸如发展实力（品牌影响力、产业规模、产值等）、产业文化、与旅游的结合度（参与度）等，且不同产业的发展侧重点也有所差异，因而对产业资源评价维度的确定就显得尤为关键。

二、基于旅游市场维度的资源评价体系创新

在旅游市场需求趋于个性化、定制化的今天，资源本身的价值与其市场接受度不一定完全等同，一些承载悠久历史和丰富文化价值的旅游资源并非能受到大众的喜爱，另一些从传统意义上讲价值并不出众的旅游资源却可能获得更高的人气和青睐。因此，旅游项目的资源评价也应充分对接实际旅游市场需求而展开，包括明确旅游资源对各层次游客的关注度、认知度和吸引力，寻找资源对应的目标客群、潜在市场并分析其特征，确定其市场影响的范围等。

三、基于开发投资维度的资源评价体系创新

在旅游项目开发中，需要通过对旅游资源的交通条件、管理情况、地块条件和开发现状等方面的研判，作出投资条件的评估，为旅游企业、投资商、开发商等市场主体提供相应资源分析更加准确、专业的旅游开发引导。

投资视角的资源评价体系应从交通状况、开发程度、管理情况、基础及配套设施、地块条件与开发建设情况等维度，进行综合评估，并以评估结果为依据，将旅游资源划分为核心资源（高市场价值+高/中品级资源+未开发资源）、重要资源（高市场价值+高/中品级资源+已开发资源）和推荐资源（中级市场价值+高/中品级资源+半开发资源）三个级别，为后期优先开发和利用给出有效的指导。

具体如图3-7所示。

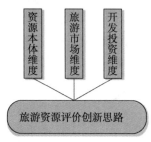

图3-7 旅游资源评价创新思路

资料来源：绿维文旅规划设计 绿维文旅：旅游资源评价体系的创新构建[EB\OL].(2020-05-06) https://baijiahao.baidu.com/s?id=1665907854543178207&wfr=spider&for=pc.

案例3-1

海南生态旅游资源调查与评价

一、海南生态旅游资源分类

（一）自然生态旅游资源

1. 自然风光

海南森林最大亮点是拥有中国唯一的岛屿热带雨林生态系统。海南山地热带雨林区是海南主要河流的发源地，南渡江、昌化江、万泉河等海南主要的十多条河流均发源于该地区。该地区还有象征海南的五指山、神秘的"千龙洞"、奇特的"皇帝洞"、绚丽的"地下宫"、著名的五指山大峡谷、原始黎族的母亲河、形态各异的潭、湖及飞瀑，舒适的气候环

境、纯净的天然氧吧、奇特的热带气候天象。

2. 植物景观

海南山地热带雨林区内的植物种类繁多，随着海拔高度的不同，天然植被有明显的垂直地带性，由山顶苔藓矮林、热带山地雨林、沟谷雨林、常绿季雨林、半落叶季雨林等植被景观带组成。

3. 野生动物

海南山地热带雨林区野生动物中，有兽类76种、鸟类1 000多种、爬行类104种、两栖类37种。国家重点保护的野生动物有黑冠长臂猿、水鹿、猕猴、孔雀雉、云豹、黑熊、穿山甲、猕猴、短尾猴、巨松鼠、水獭、银胸、巨蜥等60多种，均属珍稀动物之列。

（二）人文旅游资源

1. 历史遗迹

1）遗址

海南山地热带雨林区内的历史遗址主要有白沙县新村遗址、什才遗址、白沙起义遗址、琼崖纵队司令部遗址、琼崖革命公学遗址等。

2）题刻

在海南岛中西部雨林区，至今还遗留着元、明、清等朝代的摩崖石刻。主要的石刻有尖峰岭南麓的"大元军马下营"、东方市东河镇"大元军马到此"、五指山东麓"手辟南荒""百越锁钥""巨手擎天""一手撑天"等石刻。

2. 浓郁的风情文化

1）黎族织锦

约在三千年前，海南岛的黎族同胞已开始织锦。宋代以前黎族妇女就会纺织布，她们织出的彩色床单锦布，特别是"崖州被"，远销中原。黎族的纺、织、染、绣四项工艺都有自己的特色。

2）黎族跳柴舞

黎族民间传说，建茅屋时，竹竿不断从屋顶滑下，人们为避免打脚碰头刺脸，便不断地跳呀跃啊。这情形颇具趣味，人们就逐渐模仿和改进，便形成了"跳柴舞"。

3）黎族、苗族的婚礼

黎族、苗族人民的古老的传统婚礼仪式则沿袭至今。婚礼多姿多彩，富有生活趣味。

4）传统佳节"三月三"

每年农历三月初三，是黎族人民纪念祖先、喜庆新生、赞美生活的传统节日。"三月三"也逐渐成为黎族青年男女对歌相邀意中人、互诉钟情的节日。

二、旅游资源评价

（一）评价要素的确定

海南热带雨林生态旅游资源风景质量划分为森林景观、山岳景观、水域景观、生物景观、天象景观、人文景观和环境质量7类；把开发条件划分为地理位置、外部交通、旅游协作、服务设施、游人规模和知名度6类。为体现各类景观的不同权重，又按其景观要素细分为若干个项目。这样，海南山地热带雨林生态旅游资源评价要素就由2大部类、13个类目、20个项目所组成。

（二）评价要素权重的确定

根据旅游资源结构、分类和开发建设条件，按照聚类分析方法，合理确定各类目的权重及每个项目的等级评分标准。以海南热带雨林生态旅游资源总分为100分，景观质量占70分，其中林景20分、山景10分、水景10分、生物景10分、天象景5分、人文景5分、环境质量10分；开发条件占30分，其中地理位置、外部交通、旅游协作、服务设施、游人规模、知名度各5分。为便于操作，每个评价要素分别按1、3、5分三级制定评价标准。

（三）评价分值的确定

为了使评价的结果具有合理性、代表性和科学性，在资源调查的基础上，通过采用百分评价法，结合咨询专家意见、业界人士意见和旅游者问卷调查进行综合评分。表3-3为海南热带雨林生态旅游资源评分表。

表3-3　海南热带雨林生态旅游资源评分表

项目序号	评价因素	二级评价因素	评价标准	评价分值
1	林景	森林覆盖率	森林覆盖率在85%以上	5
		林相	植物群落复杂，异龄混交林，林相丰富	5
		季相	季相变化多样，景色丰富，可四季赏景	5
		古树名木	珍稀树木众多，有20株以上	5
2	山景	山体形态	以中山为主，绚丽多姿，相对高差200~1 000米	3
		景观特征	造型美观，有奇峰、怪石、险崖、溶洞等胜景	3
3	水景	水体形态	有天然湖泊或人工水库，水面50~300公顷	3
		景观特征	动态水景流量大，落差大，奇特壮观	5
4	生物景	森林植物	植物种类1 000种以上，珍稀濒危植物种类较多	5
		野生动物	野生动物200种以上，珍贵野生动物10种以上	5
5	环境	大气质量	大气质量达到国家一级标准	5
		水体质量	地面水质达到国家一类水、生活饮用水标准	5
6	天象景观		天象美丽动人，在当地远近闻名	3
7	人文景观		无或仅有一般的古迹遗址或传说	3
8	地域位置		距省会城市100公里以上、地级市50公里以上	1
9	外部交通		距铁路和国道，省道公路10~5公里，并有三级公路直达森林旅游地	3
10	旅游协作		周边50公里以内，有省、市级森林公园或其他旅游点	3
11	服务设施		服务设施较全，有大众化服务的宾馆、饭店等	3
12	游客规模		年接待游人达10万人次以上	5
13	知名度		知名度高，国内闻名，国外有影响	5

（四）评价结果分析

1. 评级标准

根据百分评价法的评级标准：评分大于75分为A级旅游区，说明该旅游区极具开发价值，可开发成国内闻名、国际知名的旅游目的地；60~75分为B级旅游区，说明该旅游区开发潜力较大，可以建成为国内重点旅游区；45~60分的为C级，说明该旅游区具有地方性吸引力，可以建设成地方性旅游地；45分以下的为D级，说明该旅游区只可建成当地居民休闲的旅游目的地。

2. 综合评价

通过对海南山地热带雨林生态旅游资源的总体评价，得出评价分值为80分。根据百分评价法的评级标准，海南山地热带雨林旅游资源评价级别为A级。这说明海南山地热带雨林旅游资源总体质量较好，开发价值特别高。如果能充分合理利用资源优势，它不仅可以开发成为我国闻名的旅游胜地，还可以发展为世界知名的科学考察、游览观光和休闲度假胜地。

问题：结合案例，谈谈你对旅游资源调查与评价的理解

本章小结

本章介绍了旅游资源调查的基本要求、类型和内容，阐述了旅游资源调查的程序和方法，对旅游资源调查报告的编写进行了分析。从旅游资源评价的目的和原则入手，讲述了旅游资源评价的内容，包括质量评价、环境评价和开发条件评价三个主要构成部分，重点介绍中华人民共和国 GB/T 18972—2017 国家标准规定的旅游资源评价体系和基本方法。本章重点是对旅游资源评价国家标准规定方法的掌握。

复习思考题

1. 简述旅游资源调查的步骤。
2. 试述旅游资源调查的方法与内容。
3. 简述旅游资源评价的步骤。
4. 试述旅游资源评价的主要内容。
5. 按照国家标准，举例说明旅游资源评价的方法。

即测即练

自学自测　扫描此码

第四章 旅游资源开发与保护

学习要点及目标

1. 了解旅游资源开发的概念、内涵及理念。
2. 掌握旅游资源开发的模式、条件及开发程序。
3. 认识旅游资源开发中的利益相关者问题。
4. 掌握旅游资源损坏的原因及旅游资源保护的对策。
5. 明确旅游资源开发与可持续旅游的关系。

第一节 旅游资源开发

一、旅游资源开发的目的与意义

（一）旅游资源开发的目的

旅游资源开发的目的就是以当地的旅游资源为依托，以市场效益为导向，发掘资源的潜在内涵，充分利用当地特色和优势，选择经济效益、社会效益、生态效益最佳的开发方向，以此增加旅游吸引力，满足各种类型的旅游者需求。在旅游者的需求日趋个性化、多样化的今天，只有对旅游资源进行合理、科学的规划与开发，才能不断满足旅游者的需求，推动旅游业的持续发展，如图 4-1 所示。

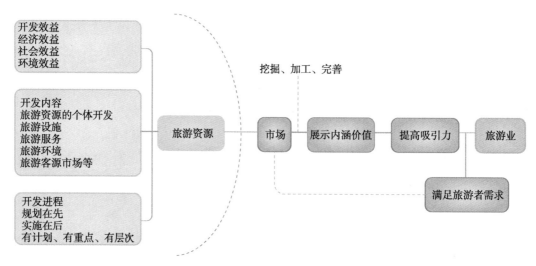

图 4-1 旅游资源开发目的

（二）旅游资源开发的意义

1. 满足旅游者的需要方面

1）缓解旅游压力

由于旅游地理的集中性和季节性，每逢节假日，大量游客涌入各旅游热门目的地，造成当地旅游接待力严重不足。2021年五一假期，八达岭长城景区5月1日、2日、3日网络购票游客人数已达4.875万人次，达到疫情防控最大限制游客量，5月1日11时，八达岭长城景区已经发布了游客流量红色预警信号。由交通运力不足、景区承载力有限且难以控制而人流量与日俱增所导致的拥堵、混乱等局面不仅给当地居民的正常生活造成了困扰，增加了环境破坏的可能性，也降低了旅游者的旅游满意度，不利于旅游目的地的可持续发展。而通过开发新的旅游吸引物和提高已成熟景点的综合接待能力，可缓解由于旅游者数量不断增多而产生的旅游接待地超负荷的矛盾，在满足旅游者不断多样化需求的同时，减小拥堵、混乱等"假期病"带来的不利影响。

2）丰富旅游内容

随着旅游逐渐成为一种日常的生活计划，越来越多的旅游者会精心设计和选择自己的旅游行程。旅游者需求的多样性和新增的旅游模式都对旅游目的地的创新提出了新挑战。随着人们精神生活和物质文化生活层次的提高，旅游者外出旅游的目的，已不再单纯是观光、猎奇，更多的是追求文化品位、增长知识和休闲娱乐等多重目的，其消费习惯和生活方式表现为注重享受和自我发展，追求时尚与形象展示，对旅游产品的需求逐渐向休闲化、个性化和参与性变迁，人们开始追求新颖独特、具有丰富个人经历和感受的旅游活动。旅游需求正在由概念阶段逐渐向实质内容延伸，观光旅游的主题与深度、休闲旅游的健身与轻松、乡村旅游的人文景观与人文关怀和追求野趣与奢华等多样化需求渐成时尚。低碳概念促进生态旅游发展，倡导生态旅游方式，反对资源掠夺性开发和使用，已成为旅游业可持续发展的主题。通过对旅游资源进行纵向开发，挖掘老经典的文化内涵，或者再次开发，创建具有新型吸引因素的新经典，可满足现代旅游者的新需求。

3）提高生活质量

经过改革开放40多年的发展，我国的综合国力和人民群众的生活水平有了显著提升，2021年，我国的GDP超过了114万亿元大关，继续稳坐着世界第二大经济体的位置。按照2021年的平均汇率折算，我国的年GDP总量相当于17.7万亿美元，人均GDP约为1.25万美元。而美国2021年的GDP总量是23.04万亿美元，两者之间的差距已经缩小至5.34万亿美元。旅游需求快速增长，旅游业进入大众化发展的新阶段。几个标志性的数字可以充分说明这一点：新冠肺炎疫情之前的2019年，我们已经形成了60.06亿人次的国内旅游市场规模，位居世界第一；出境旅游人数已超过15 463万人次，中国成为全球第一大出境旅游客源国，中国出境旅游对世界旅游市场的贡献率超过7%；入境过夜旅游人数2019年已达到6 573万人次。国务院批准发布国民旅游休闲纲要，提供更好更多的旅游产品选择，引导全社会树立健康、文明、环保的休闲理念，更好地满足广大人民群众旅游休闲消费需求，提高国民生活质量，反映了执政理念和发展理念的重大变化，显示了国家对民生福祉的关怀和时代发展的进步，具有重要的现实意义。

2. 国家旅游业和经济的发展方面

旅游资源是一个国家和地区旅游业赖以生存和发展的基础，而旅游业的发展又会对一个国家或地区的经济造成很大的影响。旅游资源开发的主要目的就是发展旅游业。旅游产业涉及"吃、住、行、游、购、娱"各方面，具有很强的关联效应和带动效应，可以有效地创收外汇、扩大就业、调整产业结构，进而有力地促进区域经济发展。

旅游资源开发还可以促进国间际、地区间和民族间的经济技术合作与交流，是绝大多数国家和地区目前主要发展方向之一。我国中央政府以及地方各级政府对发展旅游业高度重视，这就需要通过旅游资源开发使潜在的旅游资源变为现实的旅游资源，通过对旅游资源进行科学、合理的开发，有效地为旅游业利用，其价值才能充分体现出来，从而形成国家或地区的竞争优势。

3. 历史文物保护和生态环境的改善方面

有人说，"开发的本身就意味着破坏"，这种说法不无道理。我们可以看到，许多经典景观的开发反而加重了环境破坏和污染，很多人类文明遗产也在开发利用的过程中遭到了损坏。因此，我们所说的开发，是要科学、合理、统筹、有序地进行开发，开发的内涵就包括对旅游资源和生态环境的保护。在开发的过程中经过周密的规划和完善的设计，将破坏因素减至最低。例如，为了保护濒临灭绝的珍稀物种，设立了自然保护区，使其在被开发和利用的同时也受到保护。厦门鼓浪屿岛上不准机动车行驶，原则上不再批准新建与原有建筑不协调的高层、现代建筑及保留岛上道路原状，不进行道路拓宽等，在一定程度上起到保护的作用。所以现代旅游资源开发应致力于将开发、利用旅游资源与生态环境的保护相互协调统一，寻求资源的永续利用和环境条件的改善。旅游资源开发意义如图4-2所示。

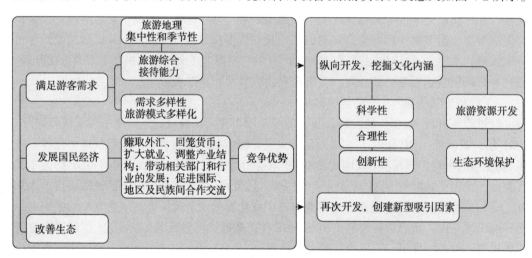

图 4-2　旅游资源开发意义

二、旅游资源开发的概念与原则

（一）旅游资源开发的概念

狭义的旅游资源开发指单纯的旅游资源利用的技术。广义的旅游资源开发是指在旅游资源调查和评价的基础上，以发展旅游业为目的，以市场需求为导向，有组织、有计划地对旅游资源加以利用，发挥、改善和提高旅游资源对旅游者的吸引力，并使旅游活动得以实现的综合性技术经济过程。包括以下四层含义：①旅游资源开发要以资源调查和评价为基础；②旅游资源开发的目的就是发展旅游业；③旅游资源开发要以市场需求为导向；④旅游资源开发是一项综合性的系统工程。

一般来说，旅游资源开发包括三方面的内容：一是开发尚未被旅游业所利用的潜在旅游资源，使之产生效益；二是对现实的、正在被利用的旅游资源进行再生性开发，延长其生命周期，提高综合效益；三是凭借经济实力和技术条件，人为地创造旅游资源和创新旅游项目。

（二）旅游资源开发的原则

1. 保护性原则

保护性原则是旅游资源开发的首要原则。无论是自然天成、历史遗存还是现代创造，旅游资源都具有脆弱性，不但会受到自然界各种力量的破坏，也会在被利用于旅游业的过程中不断损耗，而且许多旅游资源不具有再生性，一旦被毁就难以复原。因此，旅游资源开发的保护性原则包括两个方面：一是保护旅游资源本身在开发中不被破坏，限制资源的损耗，将人为损耗降低到最低点，并延缓其衰退的自然过程；二是保护旅游环境，旅游资源的开发既要适应自然环境，控制污染，维持生态平衡，又要适应社会环境，遵守旅游地的政策法规，不危及当地居民的文化道德和社会生活。

2. 特色性原则

特色是旅游之魂，而旅游资源的特色是发展特色旅游的基础，是构成旅游吸引力的关键因素。特色性原则要求在开发过程中，不仅要保护旅游资源的特色，而且要对其进行充分的揭示、挖掘和发展。具体来说，要按照原始性、民族性和创意性的要求进行旅游资源开发。即对于自然风光和历史遗留物，要尽量保持其原有风貌，体现其原始特色；在旅游项目设置上要充分展示当地的民俗文化特色和民族风情；同时不断创新旅游资源开发的形式和内容，以满足旅游者多样化的需求。

3. 经济性原则

旅游业是经济产业，旅游资源开发也同样属于经济活动范畴，必须遵循经济效益原则。因此旅游资源开发应建立在投入-产出分析的基础上，对旅游资源开发项目的市场情况、可进入性、投资规模、建设周期、旅游吸引力、资金回收周期进行深入细致的分析。统筹规划、分清主次，有重点、分阶段地进行旅游资源开发，不断增添新项目、配套设施及服务，最终形成完善的旅游设施和服务体系，坚决禁止不加选择地盲目开发和不分先后地全面开发。

4. 体验性原则

随着旅游业的深入发展，旅游者对旅游活动中体验性要素的需求日益增长。体验化原则要求在旅游资源开发过程中为旅游者创造更多的自由活动的空间和机会。可以采用渗入、延伸或扩大视野等方法，将各种旅游服务设施置于旅游资源所处的大环境中，为旅游者在整个旅游活动过程中提供广阔的自主活动空间、近距离接触大自然的机会及充分展示自我的环境，真正体验人与环境协调统一、和睦相处。

5. 市场导向性原则

市场导向性原则即根据旅游市场的需求内容和变化规律，确定旅游资源开发的主题、规模和层次。这是市场经济体制下的一条基本原则，要求旅游资源在开发前一定要进行市场调查和预测，准确把握市场需求及其变化规律，结合资源特色，寻求资源条件与市场需求之间的最佳结合点。市场导向原则要求根据旅游者需求来开发旅游资源，但是并不意味着要迎合旅游者的一切需求。旅游资源开发必须在国家法律法规所允许的范围内进行。例如，属于绝对保护范围的自然资源和文物古迹或有害于旅游者身心健康的旅游资源，就应该限制或禁止开发。

三、旅游资源开发的内容与理念

（一）旅游资源开发的内容

旅游资源开发是一项综合性和全面性的工作，主要内容除了对各类旅游吸引物进行选择、布局、优化、创新以外，还包括旅游基础设施、市政工程、公用事业设施兴建，管理、接待机构的建立和旅游地从业人员的培训等。一般而言，旅游资源的价值大小直接受到旅游开发是否科学合理、旅游资源是否充分利用的影响。一些尚未被利用或部分被利用的旅游资源，可以通过加强吸引力的深度和广度来提高综合使用价值。具体的开发内容可以归纳为以下几点。

1. 重点旅游景区（点）建设

旅游资源的开发利用就是将资源吸引力显性化的过程，例如将旅游资源转化为各式旅游产品。而旅游景点是旅游区域划分中最小的单位，往往是由两个以上的景物组成，其景观美学特征突出，旅游活动较为单一，并有相应的旅游服务设施。如九寨沟的诺日朗瀑布景点、厦门市鼓浪屿风景名胜区的菽庄花园景点。由于旅游景点是旅游区划中最基本的组织，所以，一个旅游景点景区的吸引力和旅游效益主要取决于景点的开发程度和管理水平。一般来说，一个旅游景区都不止一个景点，在开发上也有先后和侧重，但首先应该抓好重点旅游景点的建设。在硬件建设上，首先要确定景点资源的类型，然后有针对性地对景点进行相应的开发，如充实自然景色、提炼主题、人工造景、协调环境、烘托中心景物、兴建景点建筑等，让景点的特色更集中、更突出地体现出来，使其内容更加丰富。在软件建设上，要求管理部门和人员必须具有较高的专业技术水平，包括旅游业的总体知识和经济领域的相关经验。尤其应当注意的是，这里的资源开发是一种强调保护性的开发，将可持续发展的理论运用于资源开发是十分必要的。

2. 旅游地的交通安排

旅游活动具备异地化的特征，旅游者通过旅游交通从客源地到达旅游目的地。因此，如何合理地安排旅游地的外部和内部交通是旅游开发中的又一个重要内容。这里的交通安排包括交通线路的设计、旅游交通设施的配套、交通工具的选择等方面。现代旅游活动中旅游者对舒适度和效率的交通要求越来越高，往往要求旅途的时间尽量短而且舒适，旅游的过程相对长而且参与性强，在对旅游交通进行规划时要充分考虑旅游者的这些要求。因此，在旅游地交通安排中尽可能采用交通环线。

3. 旅游地辅助设施的建设

旅游辅助设施包括的内容很广，涉及旅游的食、住、行、游、购、娱等方面。这些设施不仅能提升旅游者的感受，还对当地社会的发展和人们生活质量的改善有极大的帮助。因此，旅游开发还包括对旅游所需的旅游辅助设施进行统筹规划和建设，完善旅游地的硬件环境。

4. 旅游市场的开拓

旅游开发要取得预期的经济、社会和环境效益还应密切关注旅游市场的需求及其变化。只有尽力满足旅游市场的需求，自身的利益才能得到满足。因此，旅游开发应该依据本地旅游资源的特色和优势进行旅游市场需求的预测与拓展规划，对现实市场和潜在市场的需求进行规模、数量、客源地、吸引半径的动态预测，并制定相应的扩大客源地和开拓旅游市场的营销策略。

案例4-1

理塘"出圈"！丁真带火的远方，你想去吗？

20岁的藏族小伙儿丁真来自四川省甘孜藏族自治州理塘县的一个小山村。2020年，一名摄影师在短视频平台上发布的一则短视频，让丁真一夜走红。他清澈的眼神、灿烂的笑容、身后的雪山与草原，戳中了万千网友渴望田园牧歌式生活的内心，在社交网络上掀起一股"丁真热潮"。如今，人们通过丁真，不仅看到了一方诗意的净土，还看到了我国艰苦卓绝的减贫事业和无数默默付出的人。社会的发展，交通、电力、通信等基础设施的不断完善，为"丁真们"铺就了通往更广阔世界的道路，为他们打开了了解外界的窗户。当地通过老城区改造等一系列措施，打造出著名景区"千户藏寨"，包括勒通古镇、仁康古街、长青春科尔寺等，集中展现了理塘的历史文化魅力。

12月7日，四川省甘孜州理塘县在重庆举办了一场旅游推介会。尽管丁真没有到场，但每一名参会嘉宾都得到了一份与他有关的特别礼物：印有丁真大头照片的旅游手册。

这是丁真首次以旅游形象大使身份出现在家乡的旅游宣传册上。丁真，正式成为理塘的一张名片。

推介会上，和丁真一起"亮相"的还有理塘的特色旅游产品：理塘千户藏寨手绘地图、最野赛道路线图、牛粪精酿啤酒、咖啡、藏香、牦牛奶香皂、藏药浴……

理塘县国资集团公司董事长张玺说："丁真本真，理塘的旅游资源也是一个真字，我们会把最真、最纯、最美、最野的旅游资源和风土人情带给大家。"

理塘"出圈"，只是开始。自丁真走向"顶流"，2020年2月刚刚脱贫的理塘，旅游"行情"应声而起。携程数据显示，"理塘"热度从2020年11月20日起大涨，到11月最后一周搜索量猛增620%，比国庆翻4倍。

第四章 旅游资源开发与保护

理塘"出圈",谋划已久。理塘县文旅体投资发展有限公司总经理杜冬冬说:"地处偏远,海拔高,交通、物流运输不便,发展旅游才能突围。"

"现在,理塘有了一些知名度,但市场转换率还很低。"张玺说。

如何让大家把指尖的热情化为足下的行动?理塘这两年苦练内功,今年开始涉足旅游产品开发和市场对接,开启"理塘旅游元年"。

为了将流量变现,丁真的家乡正在憋大招!为了巩固脱贫成果,中西部偏远地区跃跃欲试!

对此,中国旅游研究院长江旅游研究基地首席专家罗兹柏说,贫困地区往往是原生态的生态旅游资源富集地区,应该在保护生态环境的基础上,加紧完善基础设施,同时利用各种宣传手段,打造引人入胜的"诗和远方"。

"旅游目的地需要形象代言,但要坚决避免宣传'买家秀'、消费'卖家秀'。"中国旅游研究院院长戴斌说,互联网时代旅游需要"眼球效应",但无论是打造网红,还是制造话题,底线、红线都必须要明确。降价促销、网红推广也是必要手段,但旅游消费的核心是紧跟市场变化,用新需求牵引供给创新。

新时代,文旅融合正在"变"与"活"。如何将看客变游客,让流量转化为持续的文旅消费力?

"重要的是供与需相匹配。"罗兹柏表示,景区应加大旅游公共服务力度,特别是在基础设施、商业环境、公共管理、安全生产等方面下功夫;同时,依托"互联网+"深耕内容,注重文旅"软开发",推出沉浸式旅游情景体验,保持网红推广带来的持续热度。

待到春暖花开,理塘会火吗?

资料来源:北晚新视觉网. 理塘"出圈"!丁真带火的远方,你想去吗?[EB\OL]. (2020-12-08) https://baijiahao.baidu.com/s?id=1685473170219499735&wfr=spider&for=pc.

问题: 从丁真的例子,我们可以总结出旅游目的地形象代言人需要具有哪些特征才能取得较好的效果?

(二)旅游资源开发的理念

1. 可持续发展理念

可持续发展理论是20世纪70年代末80年代初由于人们对发展经济和环境保护的认识进一步深化而提出的。可持续发展概念的明确提出,最早可以追溯到1980年由世界自然保护联盟(IUCN)、联合国环境规划署(UNEP)、世界野生动物基金会(WWF)共同发表的《世界自然保护大纲》。1980年国际自然保护同盟的《世界自然资源保护大纲》指出,必须研究自然的、社会的、生态的、经济的以及利用自然资源过程中的基本关系,以确保全球的可持续发展。1981年,美国布朗(Lester R. Brown)出版《建设一个可持续发展的社会》,提出以控制人口增长、保护资源基础和开发再生能源来实现可持续发展。1992年6月,联合国在里约热内卢召开的"环境与发展大会",通过了以可持续发展为核心的《里约环境与发展宣言》《21世纪议程》等文件。随后,中国政府编制了《中国21世纪人口、资源、环境与发展白皮书》,首次把可持续发展战略纳入我国经济和社会发展的长远规划。如图4-3所示。

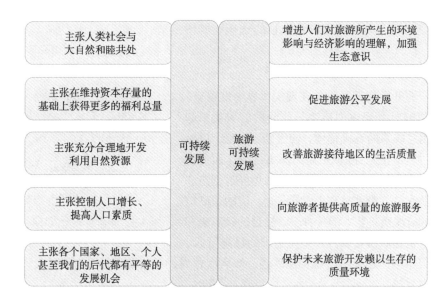

图 4-3 可持续发展和旅游可持续发展的内容

因此,在旅游资源开发中,要以可持续发展理论作为建设的依据之一,保持人类享受利用资源的公平性,严格控制急功近利、重开发轻保护,甚至只开发不保护的现象。对于旅游资源的开发,应进行科学的论证,只有在技术和资金到位的前提下才能进行,否则应继续等待开发时机。旅游开发中还要注意旅游区的环境问题,不能一味追求经济效益。

2. 经济理念

旅游资源开发是旅游资源转化成旅游产业的一个技术过程,同时也是一种反映市场调研——资源开发——产品设计——项目建设——设施配套——产品形成、经营和管理的旅游经济的活动过程。在这一过程中,开发应遵循经济学的一般原理,既要建立或完善不同大小区域内完整的旅游产业体系,遵循旅游供求规律,满足旅游者的需求,更要求有一定的经济效益,考虑旅游资源和服务设施的开发、建设、利用、保护、改造的经济原则。从经济学的角度看,旅游资源开发必须进行产业投资机会分析,研究投资效果。

3. 空间布局理念

旅游资源开发是空间上的活动,其实质是旅游业务及其各产业部门在一定地域的布局、配置过程,必须考虑空间布局和空间组织优化问题,因此必须进行区位因素的分析。旅游区位论是研究旅游客源地、目的地和旅游交通的空间格局、地域组织形式的相互关系及旅游场所位置与经济效益关系的理论。德国地理学家鲁彼特(Ruppert)和麦伊尔(Ma-ier)从旅游地与旅游市场间的距离关系来探讨旅游地的区位、规模和形态。许多西方地理学家还提出过类似"杜能环"的旅游空间模式,认为旅游推销的区域重点层次是位于旅游区周围的最大利润带。由于旅游活动的空间组织是在多种因素(资源、地理、经济、政治和宗教等)相互作用下进行的,不可能将某一因素看成是决定因素,故旅游区位理论不能机械地套用其他区位理论,还要考虑到空间布局的理念。旅游资源开发的空间布局研究应侧重于以下几个方面:旅游资源开发的区位选择、旅游交通与路线布局、选址与规模结构确定、不同地域空间组合结构确定以及位址的选择。如图 4-4 所示。

4. 美学理念

旅游资源开发的任务就是在现实世界中发现美，并按照美学的组合规律创造美，使分散的美集中起来，形成相互联系的有机整体，使繁杂、粗糙、原始的美，经过"清洗"，除掉附着的不美部分，而变得更纯清、更精致、更典型化，使易逝的美经过创造和保护而美颜永驻、跨越时空、流传久远。美的最高境界是自然的意境美、艺术的传神美、社会的崇高美和悲壮美，这也是旅游资源开发中所追求的最高目标。

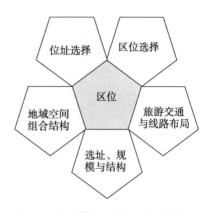

图 4-4 旅游资源开发区位研究内容

空间景物美学特征越突出，观赏性越强，知名度越高，对旅游者吸引力就越大，在市场上的竞争力也就越强。

旅游资源开发就是创造出人间优美的空间环境和特色众多的景物，使旅游者在美好事物面前受到感动和激励，得到美的陶冶和启迪，使视野更加开阔、品格更加高尚、灵魂更加纯洁，在精神上得到最大的满足和愉悦。旅游美学有其自身的特点，即"二度的审美构成"。一度审美，是指旅游资源开发时在设计和建造中对景观美目标的追求，其间有一个审美的设计要求和建造过程，使资源转化为产品。二度审美是指游览观赏中旅游者的美感冲动和情感创造。旅游景观是旅游地的旅游开发者的审美文化作品，但同时应注意遵循因地制宜的原则，利用当地特色和优势进行实事求是的开发，结合资源特性和针对性的利用方式，创造旅游资源的旅游美价值。

5. 系统理念

系统论的核心思想是系统的整体观念，其基本思想方法就是把所研究和处理的对象，当作一个系统，分析系统的结构和功能，研究系统、要素、环境三者的相互关系和变动的规律性，并优化系统观点看问题，世界上任何事物都可以看成是一个系统，系统是普遍存在的。在生产力高度发展的现代社会中，旅游业已是一个从资源、环境、经济和社会中分离出来的新的结构复杂、功能综合、因素众多的产业系统。这一大系统由市场系统、通道系统、接待系统和支持系统组成，它既具有经济、社会和环境综合统一效益，又具有复合性特点，社会各部分只要达到美的境界，都有可能成为旅游业的一部分。旅游系统由旅游客源市场子系统、旅游目的地吸引力子系统、旅游企业子系统以及旅游支撑与保障子系统四个部分组成，是具有特定的结构、功能和目标的综合体，具有整体性、层次性、复杂性、开放性、动态性、地域性等特征。

旅游资源开发必须从建立旅游系统工程出发，坚持整体性原则、结构性原则、层次性原则、动态性原则、模型化原则和最优化原则，综合考虑旅游资源的价值、功能、规模、空间布局、开发难易程度、社区状况、市场状况等诸多因素，合理配置，系统运作，使之产生最佳的综合效益。同时要使旅游资源与旅游服务设施相配套协调发展，使资源的功能与旅游者需求紧密结合，做到系统内各要素之间相互支持、相互配合，系统与外部环境协调一致。如图 4-5 所示。

6. 竞争合作理念

区域旅游合作的深入发展已成为当今世界旅游市场的一个显著特征。打破简单的行政区划，整合旅游产品，优化配置区域内旅游资源，通过旅游产品的多样性、灵活性、特色化满足不同兴趣爱好的游客需求，延长旅游地和旅游产品的生命周期，才能有效避免旅游资源的重复开发、低质量开发，构建更具吸引力的区域旅游品牌。区域旅游合作异质互补能够为区域整体的协调发展注入勃勃生机与活力。各地区旅游资源分布不均衡，旅游市场化水平不均衡，同时旅游资源的富集度与旅游经济发展也有不对称的方面。在各地区加强旅游区域合作可弱化旅游资源分布的不均衡性，避免资源的重复开发建设，减少社会经济发展水平造成的不利影响，增强区域互通性，促进旅游经济协调健康发展。

图 4-5　系统理论方法指导原则

（三）旅游资源开发的区域特色

旅游资源开发与其他类型的产品开发有许多共同之处：以现有资源为基础，以市场为导向，考虑产品的供需关系，分析产品开发的投入与产出比等。

1. 地域性

地域性是指旅游资源分布具有一定的地域范围，存在地域差异，带有地方色彩。旅游资源的地域性是由以下两方面引起的。首先，由于地域分异因素（纬度、地貌、海陆位置等）的影响，自然环境因素如气候、地貌、水文、动植物呈现地域分异，从而导致自然旅游资源出现地域性。如赤道雨林景观、温带大陆内部的荒漠景观、南极的冰原景观等分别出现于不同的地表区域。其次，由于人文景观与自然环境有紧密的联系性，这种联系性在农业社会及其以前的历史时期，甚至表现为强烈的依赖性，自然景观的地域性也导致了人文景观的地域性。当前，旅游资源地域性也受到挑战，尤其是人文景观的地域性正在削弱。科学技术的发展，使得大工业生产中的标准化、规范化受到重视，而地方知识、地方技能、地方价值观遭到忽视。从全球范围来看，随着经济全球化、一体化浪潮的掀起，人文景观正在经历景观趋同、特色消失的过程，因此，保护现有富含人类历史信息和地方信息的特色景观资源迫在眉睫。

2. 层次性

旅游开发空间由范围大小不同的区域、层次叠加的景区和景点组成，因而在开发规模、开发内容与开发标准上有不同的要求。就开发区的资源而言，旅游层次结构本身就已存在着内在联系，但其外在表现杂乱无章，要从中抽提出有序的东西，组合成能体现资源特点的旅游功能群，其工作是细致而艰巨的。因此，只有了解旅游资源开发具有多层次性这一特点，才能从中发现突出的东西，才能摸清其内在联系，达到开发出单点价值明显、组合价值高的资源开发利用目的。

3. 综合性

旅游资源的综合性首先表现为旅游资源多是由不同的要素组成的综合体。如山岳景观是由高耸挺拔的山体与林地、云雾等组成；峡谷景观是由谷地、河水及林地组成；一些气象、天象景观更是多种因素共同作用的结果，如彩虹、夕阳、佛光等，都是阳光光线与一定质量的大气作用的结果。由于这些景观形成因素都有相对不确定性，因此对其开发利用应注意不同因素作用条件的满足。人文旅游资源也具有综合性的特点。如古村落作为一种旅游资源，它是由多种物质或非物质要素共同作用下形成的，概括起来可称为生态、物态、文态、情态要素。生态要素是指影响村落与环境的关系的要素，如风水、地貌、水文条件等；物态要素指村落的建筑物和构筑物体系，如牌楼、民居、宗祠等；文态要素指形成古村落的文化艺术及思想内容，如牌匾、绘画、雕刻等；情态要素指村落社会生活的各个方面。以上四方面在古村落整体景观的形成上缺一不可，某一方面的破坏，可能导致整个景观的破坏。旅游资源的综合性还表现在旅游资源开发上。由于单一资源的开发往往对旅游者的吸引力有限，在实践过程中，常将不同类型的旅游资源结合起来共同开发，以形成互补优势。

4. 永续性

综观旅游的发展史，人们不难发现大多数旅游资源具有无限重复使用的价值。永续性表现在，大多数旅游资源具有无限重复利用和不断再生的特点，如作为旅游资源主体的观光、度假、特种和专项旅游资源本身是旅游者带不走的，旅游者带走的只是对它们的各种印象和感受。尽管有部分旅游资源，如狩猎、垂钓、采集、购物、品尝风味等，会被旅游者消耗掉，需要自然繁殖、人工饲养、栽培和再生产来补充，但是多数旅游资源是不会被游客消耗掉的，如参观展览、泛舟、滑冰、海水浴、太阳浴等，都具有永续性的特点。旅游资源的开发要保证资源的永续利用，让后代也能享受同一资源。

5. 文化性

旅游是旅游资源与文化资源、旅游经营与文化经营、旅游消费与文化消费的综合，既是经济性很强的文化事业，又是文化性很强的经济事业。所以，如果从文化的角度理解旅游，可将其定义为人们以体验异国他乡文化风情、丰富阅历、满足精神享受为主要目的而暂时离开定居地的一种特殊生活方式。在实现这种生活方式的过程中，旅游者、旅游资源、旅游企业都受到不同民族的不同文化心理和不同文化风格的影响和制约。因此，我们需要从研究旅游客源文化、提升旅游资源文化、提供旅游服务文化三个方面来贯彻文化性原则。

旅游客源文化研究主要是根据客源市场的文化背景来掌握不同类型旅游者的不同文化心理和文化需求，有针对性地开发适销对路的旅游产品。对于旅游资源，要充分研究其类型和特征，把握其文化意蕴和文化内涵，形成具有民族特色"唯我独有"的资源垄断性，提高竞争力。对于旅游服务，则应尽可能使旅游营销文化人情化、旅游起居文化乡土化、旅游饮食文化风味化、旅游交通文化体验化、旅游导游文化艺术化、旅游娱乐文化多彩化、旅游购物文化特色化。

四、旅游资源开发的模式与条件

(一)旅游资源开发模式

1. 根据旅游资源的类型划分

1)自然风景类开发模式

自然风景类旅游资源普遍具有观光游览、科学考察和教育的功能。此外,地质地貌类旅游资源具有康体健生、登山探险、运动休闲等功能;水体类旅游资源具有保健疗养、漂流(潜水)探险、参与性游乐等功能;植物旅游资源具有保健、美化环境、食用等功能,动物旅游资源具有驯养、表演、食用、药用等功能。

自然风景类旅游资源以其特有的天然风貌和淳朴本色,对旅游者有着天然的旅游吸引力。因此旅游资源开发的主要内容是布设交通线路、配套基础设施和旅游专用设施,开发规模和建筑设计风格要与环境相适应,避免趋同化倾向。另外,自然风景类旅游资源具有生态脆弱性,一旦被破坏或污染就无法或很难恢复,因此开发时要特别注重环境保护。自然风景类旅游资源可以开展以游览、观赏为主的传统旅游项目,同时也能开发一些新型旅游项目,如休闲度假、体育探险和科学考察等。如图4-6所示。

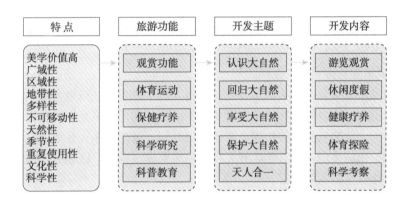

图4-6 自然风景类旅游资源的开发模式

2)文物古迹类旅游资源开发模式

我国是拥有五千年文明历史的东方古国,文物古迹类旅游资源极为丰富。这类旅游资源是我国旅游业发展的优势所在,某种程度上代表了我国在世界上的旅游形象,开发价值极大。

文物古迹类旅游资源可供游人观光游览、参观瞻仰、怀古抒情;也是考古研究、访古探幽、历史教育、学习考察的活教材;同时还具有文化娱乐的功能,可以在深入挖掘其历史文化内涵的基础上开展形式多样、参与性强的旅游活动,如书画临摹、工艺制作、乐器演奏等。因而,其开发模式应注意以下几点。第一,文物古迹类旅游资源的历史性和时代性特点决定了其开发必须尊重历史事实、符合时代背景,应按照"修旧如旧"的原则,力争真实地再现历史,并通过形式多样的开发方式从不同角度深入、全面地展示文物古迹的历史、社会、科学、艺术等文化内涵。第二,文物古迹类旅游资源一般都与历史文化名城相伴而生并以其为依托,因此在开发上应着眼于对文物古迹的修缮、整理和保护,并与城市建设规划相结合，使历史文化名城既保持其历史性和文化性，又能满足现代社会发展的需要。第三，文物古迹类旅游资源往往具有明显的民族特色和地域特征，在开发时必须突出民族文化特色，做到特色鲜明、主题突出。第四，文物古迹类旅游资源是在漫长的历史长河中逐渐形成的，具有不可再生性，因而在开发中必须坚持"保护第一，可持续利用第一，在开发中保护，在保护中开发"的原则。

文物古迹类旅游资源的艺术观赏价值决定了其可以普遍采用参观展览的开发方式。其他深层次的开发内容和项目还包括：一是打造较高层次的专题旅游项目，如科学研究、考古探秘、寻根祭祖、修学旅游、历史专线旅游等；二是开发多种单项旅游活动，如作坊文物复制、模拟考古挖掘、书画艺术鉴赏与学习、仿古乐舞欣赏等。如图4-7所示。

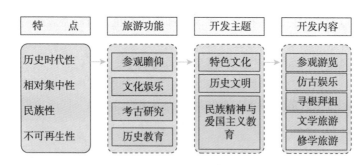

图4-7　文物古迹类旅游资源的开发模式

3）社会风情类旅游资源开发模式

社会风情类旅游资源是以人为载体的，通过人的生产生活、行为习惯以及人际交往关系等方式表现出来，所以可参与性是其首要旅游功能。此外，该类旅游资源还具有观光游览、愉悦体验、文化交流等旅游功能。我国疆域辽阔、民族众多，各地区、各民族人民的生产生活方式、民俗风情习惯各异。开发社会风情类旅游资源，已成为丰富旅游活动、提高旅游产品文化品位的重要举措。

社会风情类旅游资源的开发首先强调参与性、动态性和体验性，要提供各种机会和途径使旅游者参与到旅游地的社会活动和民俗仪式中去，通过与旅游地人民的交流获得切身的体验和经历。其次，社会风情类旅游资源具有更加浓郁的民族地方色彩，因此在开发时必须突出其民族性和地方性，注重对各种非物质文化遗产的传承和保护，避免现代化、标准化、商业化的包装方式。最后，由于社会风情类旅游资源以人的行为活动为载体，具有自在性，即使没有外出的目的地也可以照常进行，因此不一定需要大规模投资，只要宣传到位、组织得力、安排周全，就可以产生很强的旅游吸引力。

对于社会风情类旅游资源，首先可以开发供旅游者参观游览、进行社会考察的旅游项目，如民居、博物馆、民俗村、特色街巷等。还可以开发多种参与性、娱乐性的旅游活动，如学习方言、访问家庭、举办民族婚礼、品尝地方美食、购买土特产品、参与民间节庆、参加各类民族民间艺术体育活动等，如图4-8所示。

4）宗教文化类旅游资源开发模式

宗教是人类精神文化的重要内容，宗教文化类旅游资源自然成为旅游资源的重要组成

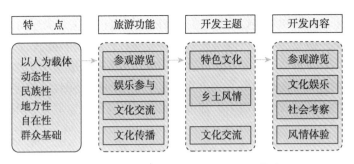

图 4-8 社会风情类旅游资源的开发模式

部分,主要包括宗教圣地、宗教建筑、宗教艺术和宗教活动等。

宗教文化类旅游资源通常有观光游览、朝拜祭祀、猎奇探秘、参与游乐、文化体验等旅游开发方向。宗教文化类旅游资源开发时,一是要挖掘和展示其历史内涵和哲学理念,营造浓厚的宗教氛围,突出其参与性和神秘性;二是要重点展示宗教的活动特点、艺术特色、建筑物特征以及空间布局,开发时要留足宗教活动的空间场所;三是必须在国家法律法规允许的范围内进行开发,尊重信徒的信仰和习惯,禁止封建迷信及邪教活动。

宗教文化旅游资源可用以开展宗教寺观参观、宗教节日参与、宗教仪式观瞻与体验、宗教文化学习与考察等专项旅游活动,如图 4-9 所示。

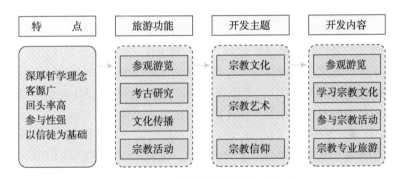

图 4-9 宗教文化类旅游资源的开发模式

5)消遣娱乐类旅游资源开发模式

消遣娱乐类旅游资源指能使旅游者愉悦身心、寻求刺激或消除疲劳的娱乐性质的旅游资源,主要指可用于旅游开发的现代人工吸引物,如主题公园、都市风貌、体育赛事、文艺活动及各类休闲娱乐场所等。

消遣娱乐类旅游资源一般可用于开发观光游览、演艺体验、休闲疗养、康体健生、参与性娱乐等旅游项目。用以开展消遣娱乐旅游活动的现代人工旅游吸引物是随着现代经济和科技的发展而出现的新兴旅游资源。这类旅游资源的开发特别适用于旅游资源贫乏,但经济发达、交通便利、人口密集、客源丰富的地区,因而具有投资规模大、建设周期长、对经济发展水平要求高的特点。开发建设前,必须首先在地点选择、规模体量、产品定位、市场分析等方面进行深入细致的调研。

同时,由于旅游者对消遣娱乐类旅游活动的消费心理和需求取向十分多样且变化较快,

第四章 旅游资源开发与保护

这类旅游资源的生命周期相对较短，因此在开发时必须以市场需求为导向，不断推陈出新。此外，消遣娱乐类旅游资源与现代经济和科技的发展有着最为密切的联系，从而要求开发时必须提高科学技术含量，以满足旅游者追求新奇、刺激、娱乐及享受的心理需求。

消遣娱乐类旅游资源多用以开发大众化、富于参与性和娱乐性的旅游活动和项目，常见的开发形式有主题公园观览及游乐、都市观光旅游、高雅艺术欣赏、体育赛事参与等，如图 4-10 所示。

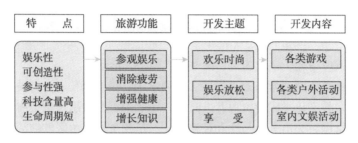

图 4-10　消遣娱乐类旅游资源的开发模式

2. 根据旅游资源开发的主体划分

1）政府主导型开发模式

政府主导型开发模式是运用政府的行政力量，对旅游资源开发进行宏观管理、规划审批和资金投入。这种开发模式一方面多见于公共性旅游资源的开发，如世界遗产、国家重点文物保护单位等，通过政府的紧密规划、监督和规范，实现资源的保护和可持续利用；另一方面常见于跨区域旅游资源开发和旅游区域的基础设施建设，如跨区域交通道路、大型能源工程、机场、码头等建设，其他投资主体无力完成，往往采用政府主导的开发模式，尤其适用于旅游资源待开发区域和经济欠发达地区的旅游开发。

2）市场主导型开发模式

市场主导型开发模式是以市场需求为出发点，依托广阔的客源市场和区位优势，而获得成功的旅游资源开发模式。这种开发模式将客源市场分析作为一项重要的内容，对资源基础的要求不高，关键在于创造性地开发，如主题公园、旅游度假区等。因而适用于经济发达、交通便利但旅游资源天然禀赋较差的区域，如我国的深圳、上海等旅游城市，多采用市场主导型的旅游资源开发模式。

3）资源主导型开发模式

资源主导型开发模式是依托资源优良的天然禀赋，主要通过完善配套基础设施和服务设施而形成旅游空间地域的旅游资源开发模式。适用于自然及人文旅游资源丰富且具有一定的经济社会发展水平的地区。这种开发模式对资源的禀赋要求比较高，依靠旅游资源本身的价值和品位产生旅游吸引力，开发工作则主要在于配套建设基础设施和旅游服务设施，以满足旅游者吃、住、行、购等方面的需求。

（二）旅游资源开发条件

1. 旅游资源的区位条件分析

区位条件是指拟开发的旅游区的地理位置与客源地和中心城市距离，交通可达性和相邻旅游区的关系。区位条件对开发区的吸引力有加强或减弱的作用。

1）客源地的距离

旅游资源开发的目的是吸引大批旅游者进入，旅游者进入数量的多少决定着经济效益的高低。旅游资源吸引力半径是随距离延长而衰减的。旅游景区（点）与客源地的距离，特别是大、中城市的距离，是区位条件的重要因素之一，在评价时应予以充分考虑。

2）中心城市的距离

中心城市是指在一定区域内和全国社会经济活动中处于重要地位、具有综合功能或多种主导功能、起着枢纽作用的大城市和特大城市。它往往是附近新开发的旅游地的依托中心。因此新的旅游区开发和发展同依托中心城市的经济和旅游业的发展相联系。例如，上海和周庄旅游区，上海的游客前往周庄以及经上海到周庄的游客在上海各大车站均可直接到达周庄，交通四通八达，游客进得来，随时可出得去，因此是旅游区开发的一大优势。旅游区同中心城市距离近，旅游业发展较快。

3）交通的可达性

旅游区域客源之间的距离是客观存在的，也是相对稳定的，而交通可达性则是后天的，可以人为改变。但是，这个改变需要一个过程，需要依赖经济的整体发展。交通条件，即旅游者到达旅游地的便利程度，是旅游资源开发和发展的前提条件。若一个拟开发的旅游区交通可达性差，即使资源品位再高，也难以发展起来。我国西部旅游业发展相对滞后，不是旅游资源短缺，也不是旅游品位不高，其重要原因除经济欠发达外，交通的可达性也在制约旅游业的发展重要瓶颈。

4）相邻旅游区的关系

一个拟开发的旅游区要考虑与相邻旅游区的关系，如果开发的旅游资源类型和旅游项目不同，会形成补充关系；如果相同，则会形成竞争关系。因此，在进行旅游资源开发时，一定要突出自己的特色，与相邻旅游区形成互补，在旅游网络中发挥整体效应，相互促进，共同提高。例如，在鲁中泰山——曲阜——邹城旅游线上，泰山主景是山，曲阜是"三孔"，邹城是"四孟"，三点距离都在1小时左右。由于泰山、曲阜两个景区差别最大，旅游者凡到泰山，大多到曲阜；而曲阜与邹城资源类型相似，且邹城"四孟"的建筑规模、档次都逊于曲阜"三孔"，旅游者游完曲阜后即返回济南。由于曲阜和邹城两个旅游区旅游项目的这种相似关系，使得邹城年旅游者人数不足曲阜的1/3。

2. 客源市场分析

客源应包括本地与外地两个方面。一定数量的客源是维持旅游经济活动的必要条件，游客数量与旅游经济效益是直接相关的。再好的旅游资源，若没有一定量最低限度的游客来支持，旅游资源开发也就不会产生良好的效益。旅游资源的客源条件可以从以下两方面进行分析。

1）从空间方面分析

从空间方面分析，主要是分析旅游资源所能吸引的客源范围，最大辐射半径、吸引客源的层次及特点。在从空间方面分析时，一般应考虑的因素有：主要客源地有哪些；与主要客源地的距离及交通条件；主要客源地的人口特征及其社会经济文化状况；被开发区的旅游资源与客源地的旅游资源的关系等。

经过对以上因素的合理分析，应得出一级客源市场的城市或地区，二级、三级客源市场的城市或地区；以上各城市或地区的出游率；出游人员可能进入被开发区的入游率，从而得出被开发区的基础年游人量。

2）从时间方面分析

从时间方面分析，主要是分析因客源季节变化而可能形成的旅游淡旺季。从时间方面，主要应考虑的因素有：旅游开发地的气候特征；景观的季相变化及节假日对旅游区需求的影响。

在对以上条件分析的基础上，确定出被开发的旅游区各月游人量变化规律、日最大游人量、月平均最大游人量等指标。

旅游资源的类型、等级不同，其客源市场指向亦不同。根据旅游资源价值和意义大小，客源市场有国际性、全国性、区域性之分，评价时应实事求是地给予说明。评价客源条件需与旅游资源的价值、区位条件、交通条件等因素结合起来综合考虑。

3. 旅游环境容量分析

旅游环境容量也称旅游容量、旅游承载能力，是旅游规划中一项重要的内容，尤其是在旅游地和旅游点的规划中更为重要。旅游环境容量的实际意义体现在两个方面：一是旅游地和旅游点的规划和管理方面，可作为一种强有力的工具，用以保护旅游环境免遭退化或破坏；二是作为一种管理工具使用，在客观上保证了旅游者在游览时的旅游质量。旅游环境容量是一个概念体系，而不是一个一般化的概念。旅游环境容量包含许多种具体的容量，根据各种容量的属性，可以将旅游容量分为基本容量和非基本容量两大类，后者是前者在时间和空间上具体化和外延的结果。

4. 社会环境条件分析

社会环境条件主要是指旅游资源所在地的政治局势、政策法令、社会治安、政府及当地居民对旅游业的态度、医疗保健状况、地方开放程度以及风俗习惯等。社会治安差的地方，即使有品位很高的旅游资源，旅游者也不愿前往旅游。如果政府领导重视，政策倾斜于旅游业，那么人们旅游的积极性就高，多方面的资金就会投向旅游业，从而使旅游经济效益更为显著。医疗保健状况较好的旅游地更能吸引旅游者的到来。如果当地居民的文化水平和个人素质较高，人民热情好客，对旅游业有正确的认识，能使旅游者有宾至如归之感，就会对旅游资源开发及旅游业发展有积极的促进作用。

5. 开发效益分析

旅游资源的开发效益评价，必须从三个方面分析，即分析生态效益、社会效益和经济效益。经济效益指旅游资源开发利用后可能带来的经济收入，对旅游资源开发后的经济效益进行评估，不仅估算投资量、投资回收期等直接的经济指标，而且还应评估因关联带动作用由乘数效应带来的综合经济效益。社会效益指旅游资源开发利用对人们智力开发、知识增长、眼界开阔、思想教育、科技文化交流、友好往来等方面的作用。生态效益是指旅游资源开发和利用对环境的影响作用。旅游开发会带来城市绿化、环境美化、交通顺畅、自然保护区建立、珍稀动植物得到保护等积极影响。但旅游业也会给环境带来不良影响，如景区超负荷接待导致资源破坏、生态环境恶化。因此，对旅游资源开发的环境效益进行评价也十分必要。如果旅游资源开发与环境保护存在较大矛盾，则应以保护环境为重，如图 4-11 所示。

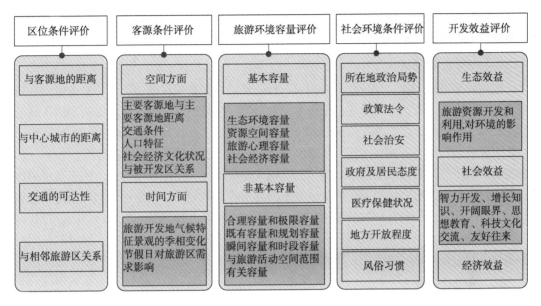

图 4-11　旅游资源开发条件

五、旅游资源开发程序

旅游资源开发是一项复杂的系统工程，开发程序具体可分为旅游资源的调查与评价、制定旅游规划和具体实施计划三个步骤，如图 4-12 所示。

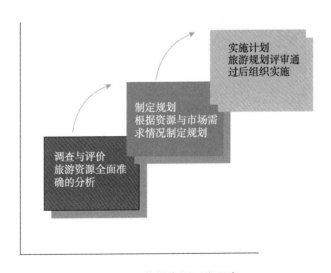

图 4-12　旅游资源开发程序

第四章　旅游资源开发与保护

（一）调查与评价

对旅游资源的全面研究和准确的分析评价，是旅游资源开发的前提。其目的是了解旅游资源所在区域的资源类型、数量、分布、规模及开发利用现状，以及交通、通信、水、电等基础设施和住宿、餐饮、娱乐、购物等与旅游相关的配套服务设施现状，从而较为全面的分析、掌握区域旅游资源的优劣势、区域环境和开发条件。

（二）制定规划

旅游资源通过调查、评价作出开发可行性论证后，就要根据旅游资源开发的原则和市场的最新动态，以及当地开发旅游的基本条件，设计旅游资源开发方案，即确定该区域旅游开发的总体规划、控制性详细规划和修建性详细规划。总体规划包括旅游开发的目标、对象、规模、等级、方式、时间、步骤、配套设施及总投资估算、具体程序等。控制性详细规划以城市总体规划或分区规划为依据，确定建设地区的土地使用性质、使用强度等控制指标，道路和工程管线控制性位置以及空间环境控制的规划。修建性详细规划是以总体规划、分区规划或控制性详细规划为依据，制定用以指导各项建筑和工程设施的设计和施工的规划设计。合理科学的规划，有助于确定旅游业发展类型、数量、地点和时间，同时又能为旅游地带来良好的经济、环境、富裕、交流等效应。

（三）实施计划

旅游资源开发设计的总体方案制定并通过评审之后，旅游资源的开发进入实质性开发过程。进入开发阶段最重要的是制订好实施开发的具体计划，并严格按计划有步骤地进行开发。具体内容包括：①确定开发范围和目标；②根据已有资料，提出项目的模式、土地使用要求等；③制定建筑总体规划；④资金来源及财务预算；⑤进行项目具体设计，画出施工图纸；⑥投标及施工；⑦反馈与评估。

第二节 旅游资源开发中的利益相关者

一、利益相关者理论

利益相关者一词真正起步于20世纪60年代，是由美国斯坦福研究院的学者们提出的，20世纪70年代后管理学界接受了利益相关者理念，从而使其得到了进一步的发展。至今对利益相关者的定义很多，达到20余种之多。为许多学者所认知的是美国经济学家弗里曼（Freeman）于1984年在他的著作《战略管理》中，对利益相关者做出定义："任何能影响组织目标实现或被该目标影响的群体或个人。"它指出了各个组织同利益相关者存在相互作用的关系，并将研究主体从企业开始向政府、城市、社区、社会团体发展，同时延伸至与之相关的政治、经济和社会环境等方面。

二、旅游资源开发中各利益相关者

旅游资源的利益相关者主要由政府部门、旅游企业、社区居民、旅游者等方面组成。

由于各个利益相关者在旅游资源开发中的利益诉求是不同的，在共同的经营活动中各自追求自身的利益，必然会发生矛盾和冲突。若要试图协调好各方利益，维护和谐共生的平衡状态，就必须研究它们之间的利益冲突的表现及引起冲突的原因，并从经济效益、社会效益和生态效益三方出发，寻找各利益主体的均衡点。只有这样，才能探索一条各利益相关者都能互惠互利的和谐开发模式，使旅游资源开发朝着和谐稳定、可持续的方向发展，如图 4-13 所示。

图 4-13　旅游资源开发的利益相关者

（一）政府

各级政府通过立法、税收和行政管理等形式对景区的开发及经营行为提出严格要求。如在环境问题上，全国人大常委会先后通过了清洁生产促进法和环境影响评价法，把全程控制的环保模式以国家法律的形式确立下来，确保其贯彻实施，为防止因重大决策失误而造成对环境的破坏提供法律保障，有利于防止景区规划中的短视行为，减少景区开发过程中生态环境遭破坏的可能性。然而，在实践中，地方政府往往未能有效保障当地良好的旅游行业环境，造成了旅游企业的不满；地方政府在旅游规划和开发过程中忽视了社区居民的利益，将其排除在外，引起了居民的不满和抵制；地方政府为获得短期的经济效益，追求地方政绩，对地方的生态环境保护不够重视，造成了对环境的严重破坏，制约了旅游业的可持续发展。

（二）旅游企业

从事旅游服务业的企业也是旅游开发区的利益相关者，它们包括从事景区开发与管理、旅游交通、住宿餐饮以及娱乐购物等相关企业，其中与旅游开发区关系最为密切的开发公司及其经营管理，它们利益诉求的重要目标就是追求经济利益，同时它们也给旅游开发区带来了收益。旅游企业在旅游资源开发过程中应当考虑当地居民在旅游决策中的作用，如果它们之间的关系协调不好，会造成矛盾和冲突，影响旅游开发区的健康发展。

在旅游资源开发的实践中，旅游企业往往过度追求经济效益，忽视了对社会责任的承担，随着旅游资源开发和旅游经济活动的深化，大量游客的不断涌入，相应配套设施大批建设，有限的空间同时被多个主体占有，给当地居民的日常生活带来不便；旅游企业为追求经济利益最大化，不惜违规地开发资源，与自然资源的可持续发展产生冲突。

（三）社区居民

已有研究表明，旅游地若能充分考虑居民要求并使其受益，则居民表现出支持旅游进一步发展的倾向，并以更积极的姿态继续介入。在社区参与旅游发展决策中，最重要的是参与旅游发展规划。旅游规划是旅游业发展的重要组成部分，旅游规划的可行与否，实施的可能性大小，除了与政府、法制、财政金融等的支持密切关联外，还与当地社区的态度密切相关。社区参与旅游规划的制定，一方面使居民的意志得到体现，有利于培养居民的东道主意识，使之更积极主动地参与旅游；另一方面可使旅游规划与社区因素更加紧密结合，具有更强的可操作性。同时，可使社区居民参与旅游发展并公平合理地分享发展带来的收益。

在旅游资源开发的实践中，社区居民的不良行为往往会破坏当地的旅游经济和生态环境，这完全违背了当地政府的初衷；社区居民因利益得不到保障，从而与旅游企业和旅游者之间产生冲突；社区居民面临市场参与、社区收益和文化原生态的冲突。

（四）旅游者

旅游者是旅游活动的主体，旅游开发区景观的真实性与完整性，旅游门票价格以及旅游产品是否物有所值都是旅游者关注的问题。旅游者利益的核心是旅游经历的"质量"和"满足感"，即他们在旅游消费中获得的效用。随着游客素质的提高，越来越多的旅游者开始关注风景区（点）的生态效益和社会效益。

然而，在旅游资源开发的实践中，旅游业的发展带给当地居民的不仅是经济收入的增加，还有思想、观念、风俗习惯等许多方面的冲击，这种冲击很大程度上会加速当地文化体系的分崩离析，产生种种社会问题；旅游者出游的目的主要是放松身心、缓解压力、享受高质量的旅游体验，而高质量的旅游体验需要旅游企业提供高水平的硬件设施、软件设施，特别是高质量的旅游服务，从两者的主体和追求目标不同的角度来看，两者之间存在着必然的矛盾和冲突。

三、旅游资源开发中各利益相关者冲突成因

（一）过分强调经济效益

旅游资源作为一种客观存在的事物，通过开发和利用可以为人类带来身心上的放松和享受，它的存在价值和生态价值是首要的价值体现，其次才是经济价值。当前经济价值和潜在经济价值是旅游资源经济价值的两种类型，由于资金上的短缺以及当前旅游资源的经济效益发挥不充分，地方政府将旅游资源开发和景区经营权转让给旅游企业，其目的就是试图让旅游企业挖掘出这些资源中蕴含着的巨大经济潜力，从而获取更多的经济效益。然而在当前经营权转让问题上，不管是当地政府还是旅游企业，对旅游资源的经济潜力和生态社会价值重视不足，过分强调资本投入的回报，却很少注重对社会成本和环境成本的补偿。

（二）缺乏资源开发的透明度

我国对旅游资源经营权转让的研究还较欠缺，在实际运作中也缺乏足够的实践经验，在理论和实践上的条件均不成熟，同时国外也不涉及相关研究和工作，因此，旅游资源经营权转让就显得极不规范，缺乏严谨的科学性。旅游企业在正常的招投标程序中并没有得到公平竞争的机会，且旅游资源的经营主体也没有选择自主权，在整个运作过程中，政府部门扮演着至关重要的角色，往往拥有直接指定经营者的权力。在对旅游资源价值进行评估方面，当地政府或有关部门做不到科学严谨和公正公开，甚至存在收受贿赂、以权谋私的腐败现象，因此经营权的出让价格很大程度上受到人为因素的影响，如转让价格过低造成国有资产流失等现象时有发生。

(三)忽略社区居民利益

从利益相关者的角度出发,社区居民群体对旅游地的发展起着重要、长远的作用。当前的旅游资源开发模式主要为政府主导模式或市场主导模式,它们对当地居民的利益关系缺乏足够的认识,采取了对居民不公平的分配机制,有些地方甚至用低价征用居民土地后,就把居民排除在资源开发行列之外,居民享受不到旅游带来的实惠,怨恨和怒气自然就要发泄到旅游企业和旅游经营活动中去。

当地社区与当地自然历史和文化资源关系最为密切,它们的参与对于社区旅游发展的成败具有决定性的作用。当地居民不仅是受影响最大的利益相关者,同时也是景区环境管理工作最大的影响施加者。当景区项目发展能够给当地居民带来经济利益时,旅游景区环境保护的工作将得到当地居民极大的支持和帮助,但当居民与旅游项目的发展产生利益冲突时,则会对环境保护造成负面影响。因此,景区要想获得可持续发展,就必须在诸如环境管理工作上采取适当对策以尽量避免消极因素的出现。为了真正使当地社区成为我国社区旅游发展中的核心,需要真正将其纳入社区旅游的决策、管理和利益分配体系中来;大部分人的利益和需要都得到了最大限度的代表;维护当地社区的平衡,提高社区凝聚力,而且获得的收入能够用于改善当地的基础设施。

(四)监督管理体制不健全

一是国家层面监督不到位。旅游资源归国家所有,但是因体制的关系,国家并没有完全履行所有权,而是委托给地方政府和其他各级职能部门行使。这样,旅游资源的产权管理就被资源的行政管理所替代了,对产权追逐资源利用效率的动力结构也造成了直接的破坏,造成政府降低了在旅游资源管理过程中的积极性,致使政府的监督作用无法充分发挥。对地方政府及各级职能部门方面,国家缺乏强有力的约束监督机制,很多政策无法得到执行,而且由于旅游资源数量庞大、分布在全国广阔的领土上,要实现全面的监督管理,耗费的成本将十分巨大,因此国家很难对各地的旅游资源开发做到高效管理。部分区域缺乏有效的监督,存在违规开发和不规范管理,引发与社区居民的冲突在所难免。

二是行政管理协调不到位。当前旅游资源隶属于不同的行政部门进行管理,由于各部门在制定资源的开发和利用规划时,往往仅站在本部门利益角度考虑,致使各个行政部门之间在旅游资源的开发和保护的监督管理方面,很难做到统一、协调。正是这种部门分割、各自为政的旅游资源管理体制,在很大程度上削弱了政府对于开发商的有效监督,给旅游企业攫取过多的不正当利益制造了可乘之机,没有完全履行自身应当承担的社会责任,在我国旅游资源保护的进程中形成了不小的体制障碍。

三是地方政府意识不到位。地方政府出于政绩的考虑,为了增加地方劳动就业、提高经济发展水平、增加地方生产总值,这就要求对本行政区域的经济利益实现最大化。这种经济利益的诉求,就与旅游资源的开发利用主体具备了共同的经济利益导向,从而忽视了对资源和生态的保护。所以,近些年来,随着旅游业的发展,各地旅游资源大量开发,旅游企业资本源源不断涌入,无论是世界遗产,还是各级风景名胜区,都存在过度开发和利用的现象,如果继续恶化,就会造成更大的资源质量下降和环境破坏,这必然引起当地居民的不满,对旅游业的发展产生负面影响,这一结果无不与政府监督管理职能的失效紧密相关。

四、旅游资源开发中利益协调的途径

(一) 协调保障

1. 协调各利益相关者

只有从利益协调的源头去进行制度安排和制度创新,才能根本性地发挥各利益相关者在旅游目的地发展中的应有作用,合理的体制往往能引导各利益相关者合理选择利益目标、自觉调整利益需要、正确选择利益行为、科学处理利益关系,从而最终实现和谐互促的利益格局和利益秩序,达到利益的相对均衡。关于利益均衡,经济学家帕累托(Pareto)提出了"帕累托最优"的概念,意即在资源配置过程中,当没有谁可能在不损害他人福利的前提下进一步改善自己的福利时,此时群体的资源配置达到帕累托最优,也就是处于一般均衡状态。对于旅游资源开发,帕累托最优指的是这样一种状况——达到旅游企业、各级政府、相关部门、社区居民和旅游者等利益相关者的总福利最大,当其中一方想获得更多的福利时,就必然会损害第三方的利益。

显然,在现实的旅游资源开发中,利益相关者的利益均衡并不一定是帕累托最优的,个人理性和集体理性可能存在着矛盾和冲突,进而引发各利益相关者之间的非合作博弈。因此,为了尽可能减少旅游资源开发中的各种利益矛盾和冲突,应遵循利益均衡原则,寻找一个利益各方都能接受的方案。坚持权利本位原则,秉承利益协调的原则与价值取向,在承认各利益相关者利益合法性的前提下,通过竞争、体谅、妥协、合作等方式实现综合契约的制度化。一方面通过正式的制度安排确保每个利益相关者参与旅游发展及受益的机会;另一方面通过适当的投票机制和利益约束机制将各利益相关者的利益诉求理性地保持在合理的限度内,在利益相对均衡的基础上有效地激发利益相关者的权利意识和旅游参与的积极性、主动性。

案例4-2

历史街区的商业化之争:该商还是去商?——来自日本长浜街区的经验

伴随着历史街区的旅游活化,不可避免地会进行商业经营与旅游商品贩卖。在我国的大多数古镇与历史街区,总体而言商业化开始的形式不外乎原住民参与与外来商家引入这两种方式,且以外来商家主导的居多。一方面商业化的介入成为保存古迹、维持街区运转与招徕游客的必要方式;另一方面由于过分追求商业利益、不懂得如何布局商业形式而造成的过度商业化、同质化、庸俗化成为影响许许多多街区持续发展的短板所在。

笔者认为,学界和社会诟病的都是过度商业化,"去商"去的是过度商业化,不管是历史街区还是古镇,商业化都是其旅游发展的必须,从历史传统来讲,在大多数历史街区与古镇的形成过程当中商业集聚是其形成的重要原因;从遗产保护角度来讲,商业化在促进资本流动过程中成为遗产保护的重要助推,一方面商业化为遗产保护带来了资金流入,另一方面正是看到了历史街区的商业价值才会有动力去继续保持风貌；从利益协调方面来讲，商业化是提高原住民生活水平、丰富就业业态等的重要途径。因此历史街区"该商"！但是到底该怎么更好地商业化、更好地发挥商业化的价值才是最该关注的问题。通过在日本长浜街区的考察，笔者提出以下三点思考。

1. 回归商业化的"生活互商功能本质"

当一个街区将商业化的市场对准游客，千方百计地去进行"成功模式复制"，带来的必然陷入同质化的泥潭，而旅游本质是一种异地生活方式，是对异地生活原真性的追寻。在这一理念下，商业化回归生活互商功能的本质是破除同质化的根本途径，也是维持历史街区历史存续感的必然要求，将游客看作是来融入当地生活的原住民而非"待宰的肥羊"，往往会比只着眼于盈利带来更好的效果。在长浜街区除街道两侧改造后的店铺，路中央在周末和节假日还会有成排的帐篷摊贩，摊贩都由当地居民组成，每个摊位悬挂编号与家庭住址和责任人，每个摊位的业态各不相同，各具特色，这些店铺和摊贩打造的本意便是为居民提供一个交流互市的集市，结合街区旁的旧车站、寺院、黑壁广场、diy手作体验等，意想不到地成为游客乐于到访且进行购物体验的热门景点。

2. 从"社区参与"到"社区增权"的理念跨越

过去我们常常提在旅游发展过程当中要注重"社区参与"，要关注社区的意见和需要，而在社区旅游的发展实践当中，学界又提出"社区增权"的理念，这一理念简而言之是指"减少无权感"的过程，关注社区在旅游开发方面的控制权、利益分享权和强调社区在推动旅游发展方面的重要性，使社区居民从被动参与转向主动参与，在长浜街区的发展实践当中，当商业化回归了"生活互商功能本质"，通过摊位的方式将社区的参与与街区发展牢牢结合，居民的利益分享权、旅游参与度都得到了提高，社区参与方式也从"自上而下"向"自下而上"转变。

3. "一家一品"与"地域特质"是对去同质化的努力

破除同质化的泥潭，挖掘"地域特质"必不可少。在长浜街区的店铺当中没有千篇一律的旅游商品，长浜街区的店铺有许多特色的日本工艺品、瓷制品、筷子、古玩、特色美食等，店铺虽不能算得上可圈可点，但也是精致有趣。较为值得称道的是街区中间的摊位，中国过去发展经济有提出"一镇一品"的产业特色集聚，而在长浜街区的摊位，摊主是附近社区居民，每户人家都拿出或拿手的工艺品，或特色的小商品，或废物改造的工艺品，或美食，可以称得上是"一家一品"的特色发展，丰富了商业的业态，给游客耳目一新与琳琅满目的感觉，从而不会给游客造成同质化、庸俗化的体验。

资料来源：月明. 历史街区的商业化之争：该商还是去商？——来自日本长浜街区的经验[EB\OL]. https://www.dotour.cn/36322.html.

2. 保障各利益相关者权利

1）保障利益相关者的经济权利

经济权利是一定主体依法享有物质利益的权利，是特定主体实现其基本权利的物质保障，其内容一般包括财产权、劳动权、劳动者的休息权、物质帮助权等。旅游资源开发中各利益相关者的权利首先表现为追逐经济利益的权利，经济权利的保障与维护是前提，其他权利都可看作是经济权利的派生。各利益相关者无一不是经济利益的追逐者,他们为了各自的利益纷纷展开对社会增量利益的争夺。只有通过制度对各利益相关者之间的经济权利及由此形成的利益关系进行重新定位,对人们利益行为范围进行重新划定,才有利于实现利益协调,顺利地促成各利益相关者的持续合作。

2)保障利益相关者的政治权利

政治权利是一定主体依法享有参与国家政治生活、管理国家以及在政治上表达见解和意见的权利。在旅游资源开发中,各个利益相关者作为拥有法人资格的"人",应在决定旅游资源的使用与利益分配、选择公共权利的行使者、监督与制约公共权利的行使等方面拥有相应的政治权利。这是影响乡村旅游社区发展进程的政治因素,必须予以保障。

3)保障利益相关者的文化权利

文化权利是一种涉及身份认同、各利益相关者保存其特定文化的权利。文化权利一般包括:文化认同的权利、参与文化生活的权利、接受教育和培训的权利、信息权、文化遗产权、创造性活动和知识资产的权利、参加文化策略的制定、执行和评估的权利。旅游资源开发既是一个物化的、商业化的过程,也是一个"文化"的过程,是各种文化特别是目的地文化与客源地文化交织、融合的过程,文化对旅游资源开发有能动的反作用。而且,目的地文化与客源地文化交融过程中,目的地文化往往作为弱势文化处于极不利的地位。保障旅游开发所在地的政府、居民的文化权利对社区的良性发展就显得尤为重要。

(二)多元治理

在传统的旅游管理体制中,政府大多被认为是完全理性的,并且代表了社会的整体利益,但实际上,政府的理性是有限度的,它们不可能完全地代表真正的公共利益,因此,将所有期望系于唯一的政府权力中心是危险的。正因为如此,一些学者提出了完全由社区主导的旅游社区发展模式及私有化、市场化的旅游社区发展模式。应该倡导多元化、分权与参与相结合的现代治理理论,该理论为我们提供了一个值得借鉴的制度框架和管理模式。

和谐的旅游资源开发模式应该构建包括政府、旅游企业、旅游者、社区居民等在内的多元化治理模式。它是指旅游资源开发中各利益相关者共同管理旅游发展事务诸多方式的总和,是协调各利益相关者之间关系并采取联合行动、以实现旅游业可持续发展为目的的制度安排。它强调以下三个方面的特征:其一,其利益主体是多元的,包括相关政府及管理机构、旅游企业、社区、旅游者等多个中心;其二,其运作方式是各利益相关者共同参与、相互合作并协调、整体认同;其三,其目的是在兼顾多方利益的前提下实现旅游业的可持续发展。

多元化和谐治理模式的本质特色在于其治理并不完全依靠政府或其他某一方的权威、独裁,而是在承认各利益相关者各自不同的利益目标的前提下,鼓励彼此之间在参与公共政策制定和执行过程中的互惠与合作,进而依靠多种主体互相发生的影响来实现治理的目的,各利益相关者在平等的基础上通过沟通交流、对话合作、谈判协商达到利益的整合及和谐社会的构建。依据各利益相关者的不同角色定位及利益特征,这一多元化和谐治理模式的运行理念是政府引导、社区参与、企业管理及多方协作。各利益相关者的均衡点在于旅游目的地的整体发展和收益提高,这样才能使可分配的资源更多,更多的利益相关者受益，即通俗所说的"只有把蛋糕做大，每个人才能分到更多的蛋糕"，并且尽可能在各利益相关者之间建立一种平衡关系和制约机制，达到经济、社会和环境的和谐统一。

（三）永续理念

我国现有旅游发展模式的目标是追求高的经济指标和高的增长率等经济方面的目标，追求局部的繁荣和政府部门的短期政绩。传统的自然景区发展模式表现出来的是重开发轻保护、重物质资源轻非物质资源、重经营轻管理、重经济效益轻生态文化社会效益、重眼前利益轻长远利益、重外来投资者轻本地居民、重少数人的利益轻大多数人的利益的特征。现有的发展目标是单一的、片面的、不可持续的，最后的发展结果往往是以生态环境的恶化和传统文化的异化换取一时的经济繁荣，损害了当代绝大多数人和后几代人的巨大利益。

因此我国旅游资源开发应该追求新的可持续发展要求——经济、社会文化和环境协调发展。旅游资源开发追求的不是单个经济或社会或环境目标的发展，应该追求的是长期利益，是在不影响后代人或其他人利益的基础上的帕累托最优，是系统的、全面的和可持续的，最终目标是经济繁荣、社会公平、生态友好，经济效益、社会文化效益和环境效益的"三效共生"。

（四）健全法规

目前我国有关旅游资源保护的法律主要有《文物保护法》《环境保护法》《森林法》《风景名胜区条例》等，但这些法律、法规只是关于旅游资源一部分的立法，还没有形成一套系统的旅游资源保护的法律体系。

完善旅游资源开发的特许经营制度。采取特许经营权委托的方式或股份制方式开发旅游资源，是将旅游资源或某一项目的特许经营权推入市场，资源主体不直接进入市场，旅游规划权和资源的监督管理权仍掌握在资源主体——国家手中，政府将经营权特许给企业，有关社会发展、环境质量等公益性方面的要求和监管责任仍然在政府。特许经营权一般通过公开的市场途径取得，既可以保证社会合理运用公共资源的权利，又可以使企业取得较好的经济效益，政府部门应作为中立方，积极协调不同主体之间的利益冲突问题。

此外，在相关法律、法规中加入社区参与的内容以及利益分配的问题，将社区参与的权利内化到旅游规划的各个环节，使社区参与的权利合法化、具体化。总之，通过法律法规和制度的形式来保障社区居民参与旅游开发并从中受益的权利，使其有足够的代表性去影响旅游开发决策。

（五）政企分开

虽然我国旅游景区现在已经进行了政企分离，但实际上，景区的管理部门对企业还是有很大的管理职权。旅游发展公司或者旅游集团等仍处于景区的管理之下，造成了政府对企业的经营方面干涉过多，不利于企业的发展。政府对旅游景区的管理应以宏观调控为主。另外，企业对景区内资源的利用没有法律的限定，没有详细地规定哪些资源可以利用、可以怎样利用等。我国景区管理没有真正做到政企分开。据有关资料表明，美国国家公园管理局的资金来源和资金支出当中，经营性的收入如门票只占国家公园管理局资金来源的很小的一部分，而资金支出主要集中在设施的运营和维护41%，为游客提供服务32%，资源的维护17%，公园管理10%，经营性企业和管理分开，并且美国国家公园在经营方面采用特许经营的制度，较好地限制了企业在国家公园内的行为，对国家公园资源保护和环境维护方面起到很好的效果。

（六）尊重社区

1. 尊重社区居民的传统权益

从许多旅游资源纠纷案例中我们深切感受到，一项旅游资源的形成离不开原住地农民的贡献。如一些旅游景点曾经是一些家族的家庙和祖庭，虽然现在已经构成历史文物的一部分，并成为景区标志性的旅游资源，有的家族后裔提出分享相关权益（如门票收入等），这在本质上与一般的财产权利继承要求并没有很大的差别，其展出的收益应该返还部分给他们的后裔。无视原来的所有权人利益，一味强调文物资源的国有性质，无异于一种财产的剥夺。随着都市环境恶化、人们向往自然田园风光，远离都市的深山幽谷及原住民简陋的生活方式都会成为稀罕物，也蕴藏着巨大的商机和利益，我们绝不能把他们都"请"出去。远离都市的居民既然在现代化过程中承受了分享现代社会福利的差距，当补偿机会到来之际就理所应当地有分享资源收益的权利。

2. 吸纳社区居民参与旅游业

在资源利用过程中，为了保障当地居民利益，应让他们成为旅游资源开发的受益者。调动当地居民参与旅游资源开发的积极性，使旅游资源地居民真正成为旅游资源的利益主体之一，旅游开发企业可以采取给予当地居民家庭和当地村集体适当的股份来保障居民家庭和社区或村集体的公共利益。在某种意义上说，进入域内开发旅游业的公司企业，应该保有原住民的权益股份，这种股份的取得可以看作是对他们长期保留资源完整性的一种补偿，也可以看作是吸纳原住民劳动力入股参与收益分配的方式。但首先必须尊重居民的切身利益，不能打着各种开发旗号变相掠夺其权益。开发旅游业需要大量的服务人员，完全可以吸纳资源地民众参与旅游业的营运，如有经营能力的应该允许其以"农家乐"的形式独立从事相应的旅游业务。没有经营能力的，可以在旅游企业中从事餐饮住宿、卫生清洁、揽挑行李货物、旅游产品的生产销售等服务工作，使他们在参与收益分配的同时，吸收外界新知识，从而不断开阔视野、更新自我，在旅游资源开发中逐渐脱贫，走上小康文明之路。

3. 合理安置居民

旅游是一个文明互动的过程，游客带来都市文明的各种信息，原居民则保留了一份远离喧嚣的宁静，他们举手投足之间都透着一种纯朴气息，是旅游资源重要的文化内涵和要素之一，是旅游区一道重要的文化景观，是都市游客孜孜以求的田园式的生活方式。但是，一些地方政府为了保护环境、统一规划，便于整体开发，将原居民迁出资源地，而引进旅游企业进行开发利用，实际上是对资源的整体环境的破坏，也是对原居民生活方式和生活条件的一种剥夺。通过吸纳原住民的劳动力甚至保留部分资源股份，确立他们在社会变迁中的物质基础。可以鼓励原居民支持和参与旅游资源开发，只有如此，国家、地方政府与社区居民之间的资源纠纷之争，才能得到妥善处理，各方利益才能协调一致，资源保护与资源可持续利用也就建立在团结和睦的社会基础之上，这也是构建和谐社会的重要环节。

（七）利益分配

旅游企业是旅游资源利用与经营的主体，作为企业就要求经济利益最大化。就旅游企业经济利益的调整问题，政府应主要关注下列两个问题。第一，在旅游资源授权企业开发之前，政府必须明确"资源有价"的原则，对旅游资源进行科学公正的估价基础上进行经营权出让，避免造成"开发前资源低价，开发后产品高价"，使旅游企业不当获利。第二，由于存在资源投入的边际收益与社会边际收益的不一致，而市场本身又不可能自动对那些资源投入较大、个别边际收益较小的旅游企业加以补贴，政府就必须通过某些经济调控手段尽可能实现旅游企业之间的合理利益分配。政府对旅游企业的补偿一般可以分为两类，即直接补偿和间接补偿。直接补偿是指政府以财政补贴或价格优惠形式直接给予旅游企业以利益，如增加财政拨款、实行减税免税，使之减少损失、增加收入。间接补偿是指政府以信贷或其他形式为旅游企业的生产经营创造条件，如发放低息小额贷款、提供技术指导培训等，使这些旅游企业能够通过自己的生产经营活动减少损失、增加收入。鉴于旅游企业在旅游环境保护方面应承担的责任，政府可考虑将补偿与企业履行责任的积极性相挂钩，促使旅游企业在旅游社区的经济发展和环境保护两方面同时发挥"发动机"的作用。

（八）监督体系

我国市场经济尚不成熟，必须建立统一完整的监管体系。在旅游资源的开发中政府要有效监管，同时还应借助社会公众与舆论、行业协会和社区内部组织的力量，形成"四位一体"的监督体系。

1. 政府监管

作为行政主体，政府要对旅游开发企业和社区居民的行为进行监管。将企业规划中对社区承诺的内容作为考核的重要方面，在企业经营合同期满后，对获得特许经营权的企业重新审核，以确保企业行为符合规制合同的要求，审核通过后才可续签合同；对于经营过程中严重违规操作的企业要及时叫停，并进行严厉处置。同时政府相关部门应保持密切合作并进行协商，保证社区参与旅游开发过程中政策的可操作性。旅游资源开发在一定程度上会导致价值观的冲突，因而，政府监管可以实现权利的制衡、利益分配、参与和决策机制的建立。政府拥有有力的工具来影响社区旅游的发展：立法、规范(包括获取收入和分配收入)、监督管理政策、项目与基础设施等。

2. 行业协会指导

随着政府职能转变，逐渐由管理型政府向服务型政府转变，为了对各利益主体利益协调的需要，以及旅游企业和社区居民出于行业代表、行业服务和行业协调的需要，行业协会日趋发挥着行业助推器的作用。政府应鼓励有关行业协会的建立，敢于放权，对属于社会管理的职能应委托给有关行业协会承担，强化行业协会在旅游社区中的职能。例如，旅游行业协会结合区域旅游业发展方向，以智慧旅游为主题，在智慧管理、智慧服务和智慧营销方面加强旅游资源和产品的开发与整合，促进以信息化带动旅游业向现代服务业转变。同时，旅游行业协会还可以继续巩固现有客源市场，大力开发新兴客源市场，并在旅游淡季加大行业培训力度，促进旅游业健康发展。

3. 舆论监督

社会舆论监督具有迅速的公开性、广泛的覆盖性、强大的心理震慑力和社会道德约束力等特征和功能。通过强化以新闻媒介为主的舆论监督作用，有利于发现、揭露、批判、消除旅游社区内的不和谐因素，为旅游者营造良好的空间氛围。充分运用报纸、杂志、电视、广播等中介媒体营造生态旅游资源开发的社会舆论，引导旅游者形成绿色消费理念。同时，政府还可持续开展一些旅游资源开发与保护宣传活动，有计划地对各级干部和旅游企业经营管理人员进行以环境和资源保护法律、法规、环境标准和清洁生产等为内容的生态环境保护培训，提高其正确处理生态环境保护与经济社会发展关系的能力，并且在学校等教育机构中普及绿色消费理念的教育，最终使旅游消费方式和绿色生活方式深入人心。

4. 社会公众监督和社区居民内部监督

社会公众包括新闻媒体、学术机构、社会公民等方面。社会公众对旅游开发的影响，主要体现在对旅游开发的关注与监督上。这种关注和监督力度，将促进旅游开发决策者在选择经营模式时，必须考虑经济效益、社会效益和环境效益的关系，公共利益和旅游业的关系，长远利益和近期利益的关系，开发公司利益和游客及社区居民利益的关系，进而采取保护与开发相协调的发展方式。因而，为了发挥社会公众监督和社区内部监督的作用，可以构建投诉平台，便于社会公众对旅游开发进行监督，使旅游者在旅游区游览过程中出现的问题能够及时得到反映。同时，社区内部组织，代表社区居民与旅游开发企业博弈的作用，为了维护自身的利益，它们除了发挥社区维权的职能外，还应充分发挥对各利益主体行为的监督作用。

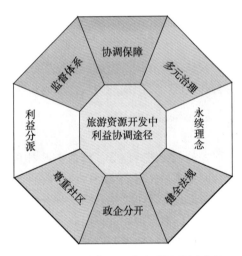

图 4-14　旅游资源开发中利益协调途径

旅游资源开发中利益协调途径如图 4-14 所示。

第三节　旅游资源保护

旅游资源保护是指维护资源的固有价值，使之不受破坏和污染，保持自然景观和人文景观的原有特色，对已遭损坏的旅游资源进行治理。旅游资源保护包括保护旅游资源所形成的景物、景观、环境和意境。旅游资源是旅游开发的必备条件之一，是构成旅游产品的重要组成部分。没有旅游资源，也就没有旅游业存在和发展的基础。而旅游资源是脆弱的，常常会受到不同程度的破坏，有些是可以在一定时间后自行修复，有些则会造成无法挽回的损失，减弱和毁损旅游目的地的吸引力。保护旅游资源就是保护旅游业的发展。旅游资源涵盖的范围十分广泛，既包括自然界赋予的自然旅游资源，也包括人类活动中所创造的人文旅游资源。其中，前者是生态环境的重要组成因素，后者则是重要的文化遗产。保护旅游资源对实现生态环境的保护和旅游地文化的保护起到决定性的作用。

一、旅游资源损坏的原因

旅游资源，无论是自然形成的还是人工创造的，都是大自然的一部分。大自然的发展、变化都会影响旅游资源的变化，使之受到破坏，如地质灾害（地震、火山、水火灾害等）、气象灾害（风蚀、水蚀、日照等）和生物灾害（鸟类、白蚁等），这就是旅游资源的自然衰败。旅游资源除了因自然的不可抗拒力量造成的破坏性影响外，人为因素是导致其破坏的主要因素，有时超过自然力的破坏程度，甚至是毁灭性的。旅游资源破坏的人为因素主要体现在以下几方面。

（一）开发理念

在旅游景区（点）的开发建设过程中，由于缺乏科学的指导和有力的管理措施，在宾馆、电力、供水、通信、交通道路、商业点等进行设施建设时，对旅游景区（点）环境造成的不同程度的破坏。主要包括在景区内乱砍滥伐、开山取石，从而破坏景观，并造成水土流失；在景区内大兴土木，修建各种设施，侵占风景区；新老建筑布局不合理，风格不同，质量、色调不协调，破坏原有景观，影响视觉效果。科学正确的开发理念的缺失，必然导致两个结果：一是因规划不合理或缺乏统一规划，旅游资源开发中的重复建设问题严重；二是因盲目追求经济效益，忽视风景区（点）建设的长远目标。上述两个结果都会在很大程度上造成旅游资源的人为破坏。

（二）规划设计

旅游资源开发是以旅游规划为基础和依据，旅游规划不当也会造成旅游资源开发实践中的旅游资源损失，进而破坏生态平衡，影响旅游景观，失去旅游资源特色。例如，云南某地由于规划不当，导致旅游资源开发中曾一度因片面考虑古城石板地面不利旅游车行驶，将石板路改为柏油路，与古城风貌格格不入，破坏了古城的特色。河北某国际旅游岛由于规划不当，导致数十个项目中，除了少数项目还在缓慢进展中，大多数均陷入停滞状态。这些投资动辄上亿元的项目，有的施工进行一部分后停工，有的在圈地完成后就没有了下文，还有一部分则湮没在荒草之中，甚至连项目具体位置也难以寻觅，造成旅游资源破坏严重。

（三）开发建设

旅游资源开发者以及相关工业企业在大量的工程兴建中、在日常经营活动中，所产生并排出的含化学物质的废水、废气，这些污染使原本清澈的河（湖、海）水浮上一层厚厚的水藻和油污，水生物无法生存，植被和动物的生存也受到影响，严重破坏了生态系统的平衡。此外，不当的乡村旅游开发，砍伐树木、乱采滥挖等，严重破坏景区（点）周边环境和旅游用地资源。研究表明，现在每年大约有 10 000 个物种消失，灭绝的速度是史前时期的 100～1 000 倍。预计未来 30 年，我们将失去 5%～10% 的热带雨林，随之将有 60 000 个植物品种，甚至更多的脊椎动物和昆虫灭绝。因此，无序的工业、农业生产建设对旅游资源的破坏不可忽视。

（四）经营管理

旅游资源是诱发旅游者出游动机的主要吸引物因素。按照我国的法律，土地归国家所有，国家是旅游资源的主人，即旅游资源的所有权归国家所有。但由于长期实行的条块分隔的资源管理模式，几乎每一个部门和地方政府都对旅游资源拥有或大或小的管理权和使用权。目前吸引大多数旅游者的旅游景区（点），包括国家级风景名胜区、自然保护区和森林公园、历史文化名城、全国重点文物保护单位等，它们分别归属建设部、林业部、国家环保局、国家文物局等部门管理。一些寺庙道观等则分属国家宗教协会管理。在一些乡村地区，风景资源及其所在的山体、水体、土地、森林等属于乡村所有。因此，在经营管理中，各部门往往各自为政，缺乏系统科学的规划理念，出现了破坏旅游资源的不良现象。

（五）游客行为

人类对旅游资源的破坏主要包括两个方面："内源性"破坏和"外源性"破坏，主要表现为：大量旅游者的介入，加大了旅游区的承载负荷，游客的不良行为和保护资源意识的淡薄也是导致旅游资源破坏的主要因素。比如旅游者在参与旅游项目如乘船、划船、漂流时不经意间对水资源造成的污染，部分游人的不文明行为如往水里乱扔废弃物、随意排泄以及毁林开荒所造成的水流失等。任意采集花草，破坏树木，部分素质低下的游客对文物古迹乱刻乱画造成的资源破坏，使旅游区的生态环境受到严重威胁。交通工具和游客的不断踩压，使土壤板结，影响植物生长；景区的超负荷接待增加了生活垃圾对环境的污染。另外，由于人文旅游资源所具有的文化性，开发会带来外来文化的冲击，这可能是对旅游资源的毁灭性打击。尽管旅游者与资源所在地的交流和影响以及两种文化的作用是相互的、双向的，但事实上，外来文化、外来旅游者对旅游地的冲击和影响远大于它们所受到的资源地的影响。对人文旅游资源而言，旅游活动的开展也会导致人文旅游资源的差异性和特质的消失。例如旅游者的高消费、衣着方式等现代生活习惯，会同化边远地区的民俗风情，致使地方文化和民族文化逐渐失去个性等。

旅游资源损坏的原因如图 4-15 所示。

图 4-15　旅游资源损坏的人为原因

二、旅游资源保护的必要性

（一）旅游产业发展的需要

旅游资源是旅游开发的必备条件之一，是构成旅游产品的重要组成部分。没有旅游资源就没有旅游业的生存和发展。然而，旅游资源在经过开发成为旅游产品后，会受到不同程度的影响和破坏，从而降低或失去自然资源的美学特性及观赏性，使人文旅游资源丧失历史文物价值及文化内蕴"重复使用性"的时限，严重地影响旅游业的发展。旅游产业的发展直接影响到社会经济总量和社会就业情况，因此，从这一角度上讲，保护旅游资源就是保护旅游产业，具有重要的经济意义和社会意义。

（二）生态环境保护的需要

旅游资源是指能够吸引旅游者的各种自然及人文客体、劳务或其他因素。从这一概念可知，旅游资源的涵盖面十分广泛，它既包括自然界的山川、河流、湖泊、动物、植被等自然旅游资源，也包括人类活动所创造的宏伟建筑、文物古迹、历史文化等人文旅游资源。保护旅游资源就是保护以上诸资源，从而实现对旅游地生态环境和文化的保护。2001年在对全国100个省级以上自然保护区的调查结果显示，已有82个保护区正式开办旅游业，年旅游人次在10万以上的保护区已达12个。但是在具有众多生态旅游资源的县级城市，生态旅游由于受到旅游市场的冷落、缺少推介和宣传，并没有提升旅游经济，更没有具体展示资源的机会。2021中国国际生态旅游博览会，就提供了这样的一个平台，用于展示国内丰富的生态旅游资源，并把它与会奖旅游结合起来，走一条独特的展示之路。

（三）区域文化传承的需要

民族文化传承与旅游资源开发的关系，至少涉及三大层面的问题：一是民族地区也主要是西部地区，反映的是经济欠发达地区旅游发展的现状与规律。这些地区旅游业整体发展水平较低，但却是我国旅游资源开发和旅游业发展的后劲所在，所反映的不仅是东西部旅游发展的关系、先发地区与后发地区的关系，也是一个局部与整体的关系问题。二是民族文化是旅游资源的重要组成部分，它在西部地区是一个主体性的资源，如何开发好这些资源，既有一个如何借鉴发达地区的成功经验的问题，也有一个怎样结合西部实际的问题，即经验推广与发展创新的问题。三是旅游产品的结构优化问题。20世纪90年代初，旅游业界就开始关注这个问题，官方提出了从观光转向"观光+度假+专项"的发展思路，学术界有了旅游产品类型划分的一系列观点。其中，就涉及民族文化类的旅游产品，它们到底是单一的还是复合的，是观光为主还是参与为主，如何开发利用比较科学，都还缺乏比较充分的总结和概括。因而，合理开发旅游资源，可以有效地保护区域文化传承。

三、旅游资源保护的对策

综上所述，旅游资源的衰败和破坏是多方面的原因造成的，其中主要是人为破坏，但也不乏自然衰败，所以旅游资源的保护对策也应该多元化。主要有以下几方面对策。

（一）旅游资源保护的管理对策

旅游资源的破坏大多是由于管理不当所造成的。潜在旅游资源、开发中的旅游资源和利用中的旅游资源需要采取不同的管理对策。在管理思路方面，坚决避免重走"先污染后治理"的传统老路；在管理方式方面，旅游资源开发利用过程，应统筹考虑旅游地人口、社会、经济、环境和资源的现状及发展趋势，充分考虑环境与资源对旅游业发展的承载能力，严格限制旅游景区（点）的游客容量，科学合理地制定旅游可持续发展规划，使旅游设施的布局和游客流量的设计建立在环境和资源可承受的能力之内，并在制定区域环境保护规划时，应考虑旅游区的特殊功能，保证旅游区的环境质量；在管理手段方面，加强旅游景区（点）建设的环境论证，促进人工设施与自然环境、区内环境与周边环境的和谐统一。

（二）旅游资源保护的法制化对策

不少旅游资源的破坏都是由于法制不健全，人为原因造成的，所以为了旅游业的可持续发展，必须通过立法手段来加强其资源的保护，对破坏行为实行强制干涉和惩罚。中华人民共和国成立之后，我国先后颁布了不少直接或间接与保护旅游资源有关的法律法规，如文物保护法、环境保护法、风景名胜区管理暂行条例等，它们已经在对旅游资源的保护中起了一定的作用。另外，法律手段还要与行政和经济等强有力手段有机结合，消除外部因素对旅游区环境与资源的污染和破坏，从而保障旅游与环境的协调发展。

（三）旅游资源保护的建设对策

绝大多数旅游资源，一旦遭到破坏，就很难恢复了。也有一些古建筑，文化价值和旅游价值都很高，虽然已经衰败和破坏，甚至不复存在，但仍可以采用培修和重建恢复其风采；有的旅游区的环境和资源受到了一定程度的污染和破坏，我们也可以通过污染治理和生态建设继续发展旅游业；而对那些珍贵文物类旅游资源，则应尽量减慢其自然风化的速度。

（四）旅游资源保护的宣传对策

加大宣传力度，提倡文明旅游，杜绝旅游污染。在宣传工作上，要认识到旅游资源的保护意识，并不是一朝一夕所能建立起来的，需要长期的宣传教育工作。宣传教育活动的形式应该是大众所喜闻乐见的，譬如可以利用相声、小品等艺术表现形式使群众在哈哈一笑之中不知不觉地接受了旅游资源和环境保护的教育。还可以在旅游食品包装上，印上"请别随便抛弃我，我要回家"之类轻松活泼的保护性口号以防止旅游垃圾污染。更可以在景区增加一些趣味性强、造型精美的垃圾箱，引导游客将垃圾丢入箱中。

旅游资源保护的对策如图 4-16 所示。

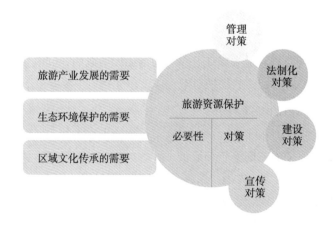

图 4-16　旅游资源保护的必要性及其对策

第四节　旅游可持续发展

一、旅游资源开发的环境效应

环境是人类生存和发展的基本空间，它包括自然生态环境、社会政治环境等，它是一个具有广泛意义的概念。旅游资源是环境构成的一部分，旅游资源开发是在特定的环境中的旅游开发。良好的环境对发展旅游业具有不可低估的推动和促进作用，而旅游资源开发又能促进环境的保护。具体表现为：一是通过资源开发，一些古建筑、古遗址、具有历史纪念意义的纪念馆得以修复和修建，如江西南昌滕王阁，通过旅游资源开发，被赋予新的时代内容，成为旅游吸引物；二是通过资源开发，一些自然资源得到很好的保护，如非洲肯尼亚、坦桑尼亚等国的野生动物园，在"发展旅游赚取外汇，必须保护旅游资源"的约束下，得到了妥善的保护。此外，旅游资源通过开发而获得的旅游经济收入，也是进行环境保护的重要资金来源。但不容忽视的是，旅游资源开发不当，也会为环境带来消极影响和负面效应，这种不利影响主要表现在以下几方面。

（一）旅游资源开发与土壤

旅游资源经过开发投向市场后，必然要吸引一定的旅游者前来旅游。众多游客反复践踏，往往会引起土壤板结，使土壤结构发生变化，进而影响植被的生长，一些旅游风景区植物的死亡直接与之有关。休闲体验、度假享乐型旅游活动往往带来一些白色污染，使得当地土壤很难进行降解；地质地貌类旅游资源还具有康体健身的功能，但是如果不能很好地保护，可能会给地面带来破坏。

（二）旅游资源开发与水

水是人类生活必不可少的物质，也是旅游业发展至关重要的资源。旅游资源开发引起旅游者数量的增加，必将加大对水，尤其是淡水的需求。一些淡水资源不是十分丰富的地区可能会面临缺水问题；旅游者带来的大量生活垃圾，未经处理就直接排入河流、湖泊及海洋之中，这些垃圾除直接污染各种水质外，还会因为多种营养物质进入水体而破坏水体中的生态平衡。

（三）旅游资源开发与植被

许多植被本身就是珍贵的旅游资源，而旅游资源开发可能会对这些植被造成不同程度的破坏。如黄山在修建云谷寺至白鹅岭索道过程中，仅在白鹅岭就砍伐林木面积达4.84公顷；太白山的索道修建也不例外，使大面积太白红杉林遭到破坏；旅游者在旅游活动中，任意采摘各种花卉、攀摘树枝和果实、随意砍伐树木做取暖或搭帐篷之用等，这些行为都不同程度地对植被有一定的破坏。

（四）旅游资源开发与动物

大多数野生动物是不与人类接触并亲近的，而打猎、观赏、为野生动物拍照等，是与野生动物直接有关的旅游活动。人类的旅游活动不可避免地影响了动物的生活和生存环境。

最为严重的是一些拥有野生动物资源地区的人，为了满足旅游者购买纪念品和赢利的需要，肆意捕杀野生动物，导致野生动物数量越来越少，一些稀有物种濒于灭绝。

（五）旅游资源开发与大气

旅游活动的实现要借助飞机、轮船、汽车、火车等交通运输工具。这些交通方式都对大气产生污染，尤其是汽车对城市旅游地的污染更为严重。由于车辆的增多，明显地使旅游区原本清新的空气遭到不同程度的污染。

案例4-3

邂逅诗与远方，国内多地何以成为避寒避霾的康养度假"新宠"？

近年来，每年都有数十万人飞往马尔代尔、泰国、中国三亚等旅游景区度假，飞往南方避寒过冬的老人们，被称为"候鸟老人"。然而，对于热衷于晒太阳的成都人来说，没有太阳的冬季也很难熬。但想象中的浪漫沙滩，变成了人山人海的拥挤，物价走高，一票难求而不打折的机票……让老人们只能望而却步。

夏天到眉山七里坪的森林里避暑、冬天到米易太阳谷的阳光中避寒。对于成渝以及外地游客来说，相比三亚，四川米易却成了冬季避寒度假的优选地：旅游成本低，足不出川就能享受温暖的阳光和康养度假。

成渝康养"后花园"区域价值凸显

2019年冬季，米易县温暖的天气，吸引了众多成都、重庆等地的市民到此旅游度假，特别是春节假期最为火爆，甚至出现"一房难求"的景象。据米易县相关负责人介绍，2019年春节期间，最高峰时每天有2.2万辆自驾车涌入米易县城，为缓解住宿紧张，去年以来县城及周边增加各种酒店、民宿等床位2000~3000张。除此以外，米易县城的政府机关、公共场所等将对外开放场地，保障游客临时停车。另外，对全县的初中、高中等学校宿舍，按照酒店标准进行布置，设置了多个临时接待点备用。阳光康养，已成为米易的一张闪亮名片。当前，为持续擦亮这张名片，米易县正按照"养身、养心、养智"的思路和"全域全时全龄"的康养定位，深入推进农文旅融合发展，建设国际阳光康养旅游目的地，塑造阳光康养精品，推动高质量发展。

避霾游成"刚需" 北京消费者预订最踊跃

近年来，空气质量带来的健康问题正日益受到人们更多关注。目前躲避雾霾、到空气清新的地方自由呼吸，正成为很多人秋冬季出游的首要原因。

从途牛旅游网截至目前的预订情况看，京津冀地区成为避霾游最大客源地。这些地区往往是雾霾"重灾区"，每到冬天，越来越多的消费者除了"等风来"，更倾向于赴一场清新的"洗肺"之约，避霾游日益成为"刚需"。

此外，上海、长沙、重庆、武汉、长春、哈尔滨、南京等地居民预订"避霾游"产品人次近半个月来同样明显增长。其中，湖南气象系统近期发布多个雾霾预警信号，提醒长沙、湘潭等地出现雾霾天气，空气污染程度渐趋严重。近年来，长沙预订"避霾游"产品人次增长显著。

国内避霾旅游爱南下　海南、云南人气高

国内游方面，前往南方逃离雾霾的趋势依旧明显，热门旅游目的地包括三亚、丽江、厦门、桂林、海口、西双版纳、贵阳、张家界、稻城、北海。可以看出，上榜目的地也均以空气环境质量佳著称。以广西桂林、北海方向为例，用户可预订途牛"南宁—巴马—百鸟岩—百魔洞—长寿村—北海银滩—涠洲岛双飞6日游""桂林—漓江—阳朔—银子岩—世外桃源—古东瀑布—冠岩双飞5日游"等热门产品，前往空气质量较优的目的地呼吸新鲜空气。

此外，在"清肺"的同时泡一泡温泉，也成为秋冬避霾养生旅游新趋势，游客通过途牛"云南—腾冲—瑞丽—芒市5日自助游"等产品，不仅可以感受我国边境城市腾冲、瑞丽的清新环境，还可在腾冲享火山热海泡温泉的独特体验。

"随着国人消费水平的进一步升级，旅游、健康、养老等需求迅速增加，避霾旅游需求也迅速膨胀。"途牛旅游网相关负责人表示，预计随着各地陆续进入雾霾高发期，预订避霾旅游产品的人次将持续增多。从预订客群来看，很多消费者对空气污染带来的健康威胁越来越敏感，对雾霾的忍耐正在逐渐消失，有小孩的家庭、患有呼吸道疾病的人群，以及健康意识强的白领避霾游需求最旺盛。

资料来源：新浪财经，邂逅诗与远方，"米易太阳光"何以成为避寒避霾的康养度假"新宠"？2020-12-28；旅游圈．途牛《2017—2018冬季避霾游消费预测》.https://www.dotour.cn/31623.html.

（六）旅游资源开发与噪声

大量旅游者涌入旅游地，人为地制造了许多噪声；而且各种交通工具的运行也产生噪声污染。从生理学观点来看，凡是干扰人们休息、学习和工作的声音，即不需要的声音，统称为噪声。当噪声对人及周围环境造成不良影响时，就形成噪声污染。旅游噪声主要包括机动车辆、船舶、地铁、火车、飞机等的交通噪声。此外，游客和商户的喧哗也是噪声污染的重要来源。

（七）旅游资源开发与旅游地居民生活

旅游资源开发外部收益与私人收益的巨大反差造成的供给不足可能导致纯粹的市场机制很难启动旅游市场、满足旅游需求，从而形成资源浪费。而外部成本与私人成本的巨大反差引起的过度利用则可能导致旅游资源价值的毁灭，发生所谓"公地的悲剧"，都会在很大程度上影响旅游地的环境和居民的生活。此外，旅游资源开发将会带来大量旅游者的涌入，可能会使旅游地变得拥挤不堪，可能导致旅游地物价上涨、污染加重，使当地居民的生活空间环境变得相对狭小，在很大程度上给居民的生活带来不便，如图4-17所示。

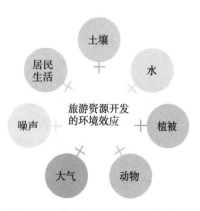

图4-17　旅游资源开发的环境效应

案例4-4

太古里"成都案例",真香!

2019年12月16日,成都市建设国际消费中心城市大会召开。太古里作为成都重要商业地标之一,如何参与和助力城市商业发展?会上,成都远洋太古里总经理伍玉珊发表了她的观点。

"以人为本"的公共空间 助力城市核心的可持续发展

"人与人之间的关系、互动与交流是城市发展的重要元素,而街道就是促进这些互动交流的平台。当我们要设计出一个人性化的城市空间时,我们需要更多以人为本的街道。"伍玉珊表示,成都远洋太古里,正是这样一个以人为本的城市公共空间。

伍玉珊表示,立足于大慈寺片区的历史文化特性以及春熙路商圈的传统形态,对成都的城市发展以及当地人的生活消费习惯进行了全面深入的研究后,太古里最终决定根植于城市原型,把过去的公众生活空间、文化历史的资产、公园一般的环境,升华为街巷的氛围,并转化为商业运营活力,从而助力城市核心的可持续发展。

在设计过程中,研究了旧城地图,努力恢复昔日的街区布局,希望成都远洋太古里成为市中心的步行交汇网络,而非一个独立自足的封闭个体。因此,这个空间需要具有很强的内部人流动线设计及外部连通性。

在内部动线方面,保留了该区域原有的街道脉络,将30栋以创新现代的建筑设计演绎川西传统建筑风格的独栋新建筑,融入6栋妥善修复的保留建筑及院落,并沿原有的城市肌理展开,实现该区域历史资产的保育活化、新旧资产的融合,以及城市中心的有机更新。

国际品牌立足成都 把这里作为中国战略的前线和重心

据伍玉珊介绍,成都太古里另辟蹊径,基于对成都开放包容的城市性格以及快慢相宜的生活方式的理解,原创了"快里与慢里"的零售概念,将它植入开放式的街区,去规划丰富的业态组合、主力店引进以及多元化的生活、消费场景的打造。

同时,太古里与品牌的关系可以称之达成"愿景协同"。品牌在成都远洋太古里的入驻,并不仅仅是开店销售,更是以成都远洋太古里所打造的面向未来的商业模式和平台为契机,尝试开设具有示范效应的全新概念店铺,与消费实力强劲的年轻一代建立直接的沟通和交流,同时也探索品牌在中国发展的更多可能性。

实际上,在零售领域,很多国际品牌已经开始将成都作为其中国战略的前线和重心。各大国际奢侈品牌,作为零售品牌投资的风向标,也开始视成都为一个极具特色的潜力市场。"这也是为什么我们可以积极响应成都市进行零售创新和发展首店的号召,集中吸引到国际品牌重量级的资源投入,通过激发品牌自身的创新能力,将品牌自身特点和商场的开放式形态、独栋建筑风格相结合,设计出独有的概念店或旗舰店,为消费者提供全新的消费场景。"据了解,成都远洋太古里成为众多国际品牌进驻成都市场的首选合作伙伴。自2015年开业以来,成都远洋太古里已累计引入西南或全国首店超过230家,其中2019年前9个月新入驻西南或全国首店的重要品牌达37个。

前沿消费体验 把年轻人引回线下场景

成都太古里的成功是如何运营的？伍玉珊提到，他们选择以在地文化和情感为纽带，和消费者共建一种"归属感"和"拥有感"，通过不断提供新鲜的、有价值的内容和体验，以现象级的国际品牌资源和丰富精彩的文化艺术活动输出，持续打造一个国际都市中心的前沿消费体验，最终把年轻人引回线下场景并产生消费。

同时，太古里也关注其公共空间所凝聚的人文内涵与城市精神，致力于参与构建城市愿景并将之付诸现实。这样的运营理念与实践，延展了传统商场的定义，对城市空间的改造和城市中心的发展方向进行了全新的探索。

"我相信通过成都市加快建设国际消费中心城市的步伐，将激发成都新的经济活力、提升成都市中心的创造力和国际化水平，以及提供更加优化的营商环境，从而也能为春熙大慈商圈、锦江区以及成都市的商业发展带来更大的机遇，成都市的国际影响力也将不断攀升。"

资料来源：成都全搜索新闻网. 太古里"成都案例"，真香！[EB\OL]. (2019-12-17). http://culture.newssc.org/system/20191217/001017687.html.

二、旅游业实现可持续发展的途径

（一）旅游业可持续发展内涵

1. 可持续发展与经济增长的关系

可持续发展直接关系着人类社会的延续和发展，是直接参与国家最高决策的不可或缺的基本要素。可持续发展要求合理开采和利用旅游资源，提高旅游资源利用效率，坚决杜绝浪费，并尽量减少进入环境的各种污染，减轻环境的压力。逐渐摒弃以往以高能源、高资源浪费为代价来换取旅游经济的粗放式开发模式，取而代之的是低消耗、高效率的集约型旅游经济增长方式。可持续发展不是否定旅游经济增长，而是增大旅游经济效益。

2. 可持续发展与资源保护的关系

生态旅游资源是构成大自然和生态环境的一部分，因此必须保护好自然和生态。人类的发展与经济的增长总是在特定环境中进行，只有控制环境污染，改善旅游环境质量，保护地球生态的平衡性，使人类的发展保持在生态环境的承载力之内，方能实现旅游资源的可持续开发。旅游业可持续发展以保护自然、保护生态为基础，强调与环境、与资源承载力相协调，强调可持续性。

3. 可持续发展与社会进步的关系

可持续发展的目的是满足人类不断增长的需要，提高人类的生存质量。尽管世界各国、各地区经济发展水平不尽相同，但发展的内涵均包括改善人民生活质量、提高健康水平、促进社会进步，使人类生活在平等、自由、具有人权和受教育权利以及物质生活相对丰富的社会之中。可持续发展以满足人类需求、提高生存质量为目标，与社会进步相适应。

4. 可持续发展是对立统一体

经济、社会、生态持续发展是衡量可持续发展的主要指标，这三者缺一不可。单纯追求某一方面的持续发展都不可能促进可持续发展。其中，生态持续是基础，经济持续是条件，社会持续是目的。三者之间相互关联、相互协调是旅游业可持续发展的必要条件。

（二）旅游业实现可持续发展的途径

1. 宣传教育

旅游是一种以人为中心的综合性活动，旅游业对环境的破坏主要是由于人的活动而引起的。因此，要实现旅游业可持续发展，必须对包括旅游者、旅游业从业人员和旅游地居民在内的人进行旅游业可持续发展及环境保护重要性教育，使他们在涉及旅游的各种活动中，都能自觉地恪守旅游业可持续发展的准则。

对于旅游者而言，能否获得高质量、高品位的旅游经历，则取决于自然、人文旅游资源以及旅游环境的受保护程度。对旅游者进行宣传教育，除传统的教育方式，如利用幻灯片、录像片等外，更行之有效的是通过潜移默化的方式，将旅游业可持续发展的观念渗透到旅游者的头脑之中，培养他们自觉保护环境的意识。

对旅游从业人员进行可持续发展理念教育，是旅游地成功开发和未来发展的关键。如对从业人员进行岗位培训或在职教育，使员工不仅具有环保意识，而且能够自觉地通过各种方式对旅游者及旅游地居民进行宣传教育。

对旅游地居民进行教育，是实现旅游业可持续发展的不可缺少的环节，同时也是一个长期的、持续的过程。对旅游地居民进行教育，可以通过电视、报刊、印制宣传品、出版旅游期刊等方式进行，力求最大限度地帮助旅游地政府提高对旅游业可持续发展重要性和迫切性的认识，以获得当地政府的最大支持。

2. 法律保障

由于旅游资源开发行为既是企业市场行为又是政府经济行为，存在着市场失灵和政府监管失灵双重失灵的可能性，因此，在旅游资源开发的过程中加强政府的法律监管有其必要性和合理性。由于对旅游业可持续发展认识不足，旅游资源开发方式较为粗放，出现了诸多过度旅游资源开发的现象，集中地表现在以下三个方面：一是超越旅游资源的游客容量进行开发；二是超越旅游资源的环境容量或者生态系统承载力进行开发；三是虽然没有超越旅游资源的游客容量和生态环境承载力，但对旅游资源开发缺乏科学的市场评估，违反旅游资源规划盲目进行跟风开发。结合对相关地区的调研结果来看，这种掠夺式、粗放型的旅游资源开发模式已经对我国旅游业的可持续发展构成了严重的挑战。导致我国旅游资源过度开发的原因有很多，其中政府法律监管职能的缺失就是较为重要的一点。

因而，必须强化法治功能的发挥。旅游资源相关法律目标的实现又集中地体现于经济利益主体法律责任的规定，因此，完善法律责任制度是遏制破坏我国旅游资源的有效行为。根据环境权理论以及我国法律的相关规定，破坏旅游资源的行为主要应承担民事责任。从破坏旅游资源行为的民事责任形式来看，主要有停止侵害、排除妨害、消除危险、恢复原状和赔偿损失等，其中赔偿损失是最主要的形式。然而，我国目前的环境损害赔偿制度严重不足，这种以实际损害赔偿为原则，很难遏制破坏旅游资源的行为。面对我国旅游资源开发环境状况持续恶化的形势，应适当扩大破坏旅游资源的民事责任。

3. 环境评估

环境影响评估原是美国进行成本-收益分析的一部分，后来逐渐应用到各行业中。环境是旅游产品的载体，旅游环境质量的优劣直接关系着旅游产品的质量，将环境评估引入旅游资源开发中，能够对旅游业发展的自然环境、社会文化的冲击和影响等作出准确的评价和估计，以评估结果作为理论依据，可以帮助旅游投资商、旅游开发商、旅游地的旅游管理部门减少或取消对一些严重破坏环境，且发展潜力小的项目的投资，避免资金的浪费。环境影响评估是环境管理的有效工具，是一套对环境问题进行识别、分析和评估的综合系统，是实现旅游业可持续发展的必要手段。

具体而言，在单项指标评价基础上的定量评分按权重累加形成一个综合得分是生态型旅游资源开发的环境影响定量分析评价的主要方法。某生态旅游区环境变化的综合评价得分是各个评价因素的评价值与其相应权重的乘积总和，而各个评价因素的综合评价分值又是其所属的特征评价指标的分级评分与其权重的乘积总和。旅游对环境综合影响评价的模型为

$$A = D_i J_i \tag{4-1}$$

式中，A 为某一旅游区的各评价单元综合评价得分，具体是各个评价指标的评价值与其相应权重乘积的总和；D_i 是第 i 个评价因素的统一综合评价分值；J_i 则是第 i 个评价因素的统一综合权重。

4. 转变模式

旅游资源开发模式的转变需要摒弃传统的粗放的旅游资源开发模式，以及片面单纯追求旅游经济增长的开发方式，以可持续发展的理论思想为指导，提高旅游资源利用率，走集约化发展旅游经济的道路。在旅游资源开发的实践中，许多旅游资源及其环境管理不当和低效使用都是由于市场障碍、市场扭曲和市场缺乏所致。因为在这些情况下，市场决策的价格不能真实反映资源利用的社会成本和效益，扭曲价格传递了错误的资源稀缺信息，对资源保护、管理和有效利用难以产生足够刺激。这在一定程度上鼓励了牺牲环境、透支未来收益换取旅游经济增长模式，导致了掠夺性开发旅游资源、粗放型发展旅游业模式的形成，旅游与环境之间的矛盾日益突出。这种做法已严重地制约了旅游产业规模的进一步扩大和产业结构的升级与优化。

新型的旅游资源开发模式首先明确旅游业经营者的单一市场身份，剥夺其行政管理职能，也就是说，要在旅游业中彻底实现政企分开。其次，逐步明晰旅游资源的产权，在时机成熟时完成对旅游企业的产权改造，强化资源所有权，建立配套的、合理的、多样化的、多层次的旅游资源产权体系；实行所有权与使用权的分离，建立资源有偿使用和转让制度；建立有效的权力实施机制，避免彼此利益侵占、职责不明的现象，同时通过资源产业化来健全旅游资源的供给与保障体系，扩大资源存量和供给。最后，通过资源价值化完善资源价格体系和成本核算制度，将旅游资源消耗核算和生态环境损失核算纳入旅游经济成本核算体系；通过对旅游产品成本构成的重新界定，及时、真实地反映旅游企业经营过程中对环境资源的利用和破坏的程度，并在此基础上适当提高旅游开发成本和均衡价格，以此对珍稀旅游资源的需求和消费加以约束，同时也是对新的可替代资源的发现、保护和高效。如图 4-18 所示。

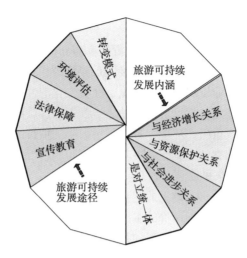

图 4-18　旅游可持续发展内涵及其发展途径

本 章 小 结

本章首先阐述旅游资源开发的基本概念,包括目的、意义、原则、内涵、理念、开发模式、开发条件及开发程序;其次,对开发过程中的利益相关者问题进行剖析,针对其利益冲突成因提出解决建议;再次,针对旅游资源损坏的情况及原因分析,提出旅游资源保护的措施和管理对策;最后,针对旅游热点——旅游可持续发展,得出旅游业实现可持续发展的途径。

复习思考题

1. 旅游资源开发的理论基础有哪些?
2. 请分别阐述旅游资源开发的模式及条件。
3. 旅游资源开发中各利益相关者的利益冲突有哪些?
4. 旅游资源损坏的原因有哪些?

即 测 即 练

自学自测　　扫描此码

第五章 旅游规划理论与方法

学习要点及目标

1. 掌握旅游规划的基本理论。
2. 了解旅游规划的基本类型。
3. 认识旅游规划的方法。
4. 明确旅游规划的研究及发展趋势。

第一节　旅游规划概述

一、旅游规划的对象

旅游规划作为从国民经济与社会发展规划、城乡发展规划和国土规划、产业规划中剥离出来的专类规划或分支规划，遵守区域规划、产业规划的一般要求，同时围绕不同的规划对象又形成具有专业特点的、自成体系的规划体系，在实践中慢慢形成了旅游规划的专属领域和技术范畴。因此，旅游规划对象的研究是旅游规划的起点，不同的对象有着不同的规划要求，形成不同的规划技术标准。一般来说，旅游规划的对象涵盖了不同类型的旅游资源、不同管理范畴的旅游区（点）、不同尺度的旅游目的地，以及具有不同地域特点的旅游产业。

（一）旅游资源

根据前文分析，旅游资源是现代旅游活动的吸引源和主要载体，是保护、开发与规划的主要对象。根据2018年实施的《旅游资源分类、调查与评价》（GB/T 18972—2017）这一国家标准，旅游资源主要是指"自然界和人类社会凡能对旅游者产生吸引力，可以为旅游业开发利用，并可产生经济效益、社会效益和环境效益的各种事物和因素"。从此概念出发，旅游资源的本质属性在于对旅游者产生吸引力，旅游资源的范畴包括各种自然资源和人文资源，旅游资源开发与规划的目的是获取特定的效益。

（二）旅游区（点）

依托于各种旅游资源，经过系统开发与规划，形成具有不同功能和服务设施体系的特定管理区域并转化成为旅游景区（点），它是旅游规划设计的主要领域。

根据《旅游区（点）质量等级的划分与评定》（GB/T 17775—2003），旅游区（点）主要是指"具有参观游览、休闲度假、康乐健身等功能，具有相应旅游服务设施并提供相应服务的独立管理区；该管理区应有统一的经营管理机构和明确的地域范围"。旅游区（点）

作为以旅游及其相关活动为主要功能或主要功能之一的空间地域，是一个相对独立的、具有独特旅游功能的地理单元，是由旅游资源、旅游设施以及相关其他社会文化要素所组成的旅游综合体。

从管理范畴来看，规划中的旅游区（点）包括不同等级的旅游度假区、风景名胜区、森林公园、自然保护区、地质公园、水利风景区、动物园、植物园、城市绿地或公园、主题公园或游乐园、湿地公园、纪念园、古城、古镇、古街区、园林，以及工业旅游点、农业旅游点、购物旅游点、科普教育旅游点、爱国主义教育旅游点、宗教文化旅游点、大型工程设施参观点、大型节事旅游点等。

（三）旅游目的地

从市场角度看，旅游目的地是指旅游者开展观光、游览和其他旅游活动的首要到访地，是旅游消费的发生地，也是旅游产品的生产地。旅游目的地是一个相对性的旅游终端概念，即相对于出游地来说，它是旅游者的首要到访地，相对于中转地来说它是旅游者的主要逗留地。

从空间角度上看，旅游目的地是各种旅游资源、旅游区（点）集中存在的，由各种旅游接待设施、旅游基础设施和其他旅游环境要素所组成的，能够自成体系的旅游区域。一般来说，有的旅游目的地依托于独立的行政区域而存在，分为省市级、地市级、县市级、乡镇级和景区级旅游目的地；有的旅游目的地则依托于某一约定俗成的文化区域、经济区域、地理区域而存在，如丝绸之路旅游带、大香格里拉旅游区、长江三角洲旅游地、沿苏州河水上旅游带等。

（四）旅游产业

旅游产业，一般也称为旅游业，是凭借各种旅游资源和设施，专门或者主要从事招徕、接待游客，为其提供交通、游览、住宿、餐饮、购物、文娱等多个环节的综合性行业，其中旅游资源、旅游设施、旅游服务是旅游业赖以生存和发展的三大要素。与其他产业不同的是，旅游产业不是一个单一产业，而是一个更丰富的产业群，包括了景点服务业、旅行社、住宿服务业、餐饮服务业、交通客运业、文化娱乐业等。

从狭义视角来看，旅游产业主要是指旅行社、旅游饭店、旅游景区（点）、旅游车船公司以及专门从事旅游商品买卖的旅游商业所组成的旅游服务业；从广义视角来看，旅游业除专门从事旅游业务的部门以外，还包括与旅游相关的各行各业，形成了所谓的泛旅游业。现代意义上的泛旅游产业是一个超出观光、休闲、度假等传统旅游概念的更加泛化的旅游产业概念，它是为人们提供具备观赏性、趣味性、艺术性、知识性、刺激性等不同体验消费的一系列产业的总成，涵盖了会展、运动、康体、娱乐等，产业链延伸到餐饮、运输、商业、农业、工业等，融合之后的产业结构将形成更高的附加值和溢出效应。

当前规划中的区域旅游产业已经呈现上述特征，通过提供具备综合吸引力的体验内容结构，吸引当地居民（休闲）、外来游客聚集，从而产生极大的消费聚集效应和经济带动作用，往往会带动一个区域的城市化进程，形成不同等级的游憩区、度假区、会展区、娱乐区、步行街区、购物游憩区以及旅游小城镇等旅游聚合体，从而推动区域性旅游房地产和商业房地产的发展。

旅游规划对象如图 5-1 所示。

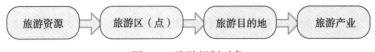

图 5-1　旅游规划对象

二、旅游规划的概念界定

针对不同特性的旅游规划对象，旅游规划有着不同的技术要求。同时，旅游规划作为区域规划、城乡规划、产业规划的重要分支，有着自己的专业范畴。因此，只有明确旅游规划的对象，明确旅游规划在上位规划中的使命，才能更好地理解旅游规划的内涵与外延。

（一）旅游规划

规划是对未来活动或发展方案的系统筹划过程，一般具有两种含义：一是描绘未来，是人们根据现在的认识对未来目标和发展状态的构想；二是行动决策，是为了实现未来发展目标或愿景而制订的一系列行动步骤和计划。

相应地，旅游规划就是对上述不同类型的旅游资源、不同范畴的旅游区（点）、不同尺度的旅游目的地和不同内容的旅游产业进行规划。从旅游规划的认识过程来看，不同学者对旅游规划有不同的理解。

墨菲（Murphy，1985）认为旅游规划是"预测与调整旅游系统内的变化，以促进有秩序的开发，从而扩大旅游开发所产生的社会、经济与环境效益"。它是一个连续的操作过程，以达到某一目标或平衡几个目标。盖茨（Gstz，1987）认为旅游规划是"在调查研究与评价的基础上寻求旅游业对人类福利及环境质量的最优化贡献过程"。冈恩（Gunn，1992）从满足游客的需要出发，结合大卫杜夫和雷纳（Davidoff and Reiner，1962）的定义，认为旅游规划是"经过一系列选择，决定合适的未来行动的过程"。肖星、严江平等（2000）认为旅游规划是对旅游业及相关行业发展的设想和策划。其目标是尽可能合理而有效地分配与利用一切旅游资源以及旅游接待能力、交通运输能力和社会可能向旅游业提供的人力、物力和财力，以使旅游者完美地实现其旅游目的，从而获得发展旅游业的经济效益、社会效益和环境效益。马勇、李玺等（2006）认为旅游规划是在旅游系统发展现状调查评价的基础上，结合社会、经济和文化的发展趋势以及旅游系统的发展规律，以优化总体布局、完善功能结构以及推进旅游系统与社会和谐发展为目的的战略设计和实施的动态过程。

根据上述来自不同视角的理解，本书从旅游规划对象发展的共性出发，认为旅游规划是根据规划对象的特性，结合旅游市场的需求，筹划未来旅游发展蓝图，并对整个旅游系统进行优化配置和科学部署的行动计划。一般来说，旅游规划以旅游资源为基础，以旅游市场为导向，以旅游产品或旅游项目为核心，对旅游系统要素进行优化配置，以实现旅游发展的综合效益。

（二）旅游规划与旅游开发的关系

与旅游规划的界定有所不同，旅游开发更多的是一种行为过程。

马勇、李玺等（2006）认为旅游开发一般是指为发挥、提升旅游资源对游客的吸引力，使得潜在的旅游资源优势转化成为现实的经济效益，并使旅游活动得以实现的技术经济行为。王德刚（2007）认为旅游开发是为吸引和招徕旅游者而进行的旅游设施建设、培育旅游环境等综合性的社会和技术经济活动。高峻（2007）则从旅游资源开发的狭义和广义入手，指出狭义的旅游资源开发是指单纯的旅游资源利用，而广义的旅游资源开发是指在旅游资源调查和评价的基础上，以发展旅游业为目的，以市场需求为导向，有组织有计划地对旅游资源加以利用、发挥、改善和提高旅游资源对旅游者吸引力的综合性技术经济工程。

从上述概念来看，旅游开发实质上是对旅游资源的加工过程、对旅游景区的建设过程、对旅游产品的包装与推广过程，也是对旅游地服务环境的改善、对旅游市场的开拓过程，以追求旅游发展的经济、社会、文化与环境效益为目标，是一个综合性的开发建设过程。而对上述旅游开发、建设过程的科学安排与部署，就形成了旅游规划的核心内容。因此，旅游规划是旅游开发的蓝图。

三、旅游规划的意义

旅游资源是旅游活动的客体和旅游业的基础。它同其他资源一样，必须经过开发才能为人所识、为人所用。旅游资源的价值直接受到开发是否合理、利用是否充分的影响，由此可见，旅游规划对旅游地的建设乃至整个旅游业的发展都具有十分重要的意义。

（一）旅游资源吸引力

一方面，旅游资源的吸引力来源于其自身的"美、古、名、奇、特、用"，但这种吸引力往往带有隐藏性和原始性，因而必须通过一定的开发予以发掘、加以修饰，才能突出其个性特征；另一方面，旅游资源的吸引力在很大程度上受旅游者心理的影响。然而，随着旅游业的快速发展，旅游者的需求品位越来越高，旅游资源要保持持久的吸引力，就必须常变常新，因而旅游资源的规划显得很有必要。

（二）旅游目的地形象

一个良好的旅游目的地，除其自身资源优势外，还必须有良好的可进入性，以保证旅游规模和开发深度适宜，充分体现资源的意义和价值；对区域内各种旅游资源的组合适当，和谐地体现各种资源的美学价值；注重环境保护，以确保旅游业的可持续发展。总之，一个良好的旅游目的地要使旅游资源优势得到充分的转化和利用，让游客游有所值、游有所得。切实可行的规划，不仅能让旅游资源身价百倍，而且能协调好旅游业内部以及旅游业与其他行业之间的关系，从而达到形成良好旅游目的地的目标。

（三）旅游业三大效益

旅游业的三大效益是指经济效益、社会效益和生态效益。在我国旅游开发的实践中，普遍存在未经认真考察和科学分析（旅游规划）便匆匆实施开发的现象，这往往容易导致对旅游资源的破坏性开发。同时，缺乏旅游容量的限制而导致旅游资源的超负荷利用，以及旅游管理工作中的一些失误，也会严重破坏旅游资源，降低环境质量。因此，要使旅游业的经济、社会和生态三大效益协调发展，旅游规划是必不可少的。

（四）旅游业可持续发展

旅游规划，首先应明确旅游资源的开发方向和客源市场，并且对地区旅游业的发展阶段、发展规模、发展定位、发展目标以及所采取的手段等作出总体规划，从而指导旅游业的有序发展。所涉及的行业和部门，包括交通、通信、能源、信息、教育、科研、工农业生产、对外贸易、环境保护等，可以有力地推动整个地区旅游业的可持续发展。

旅游规划的意义如图 5-2 所示。

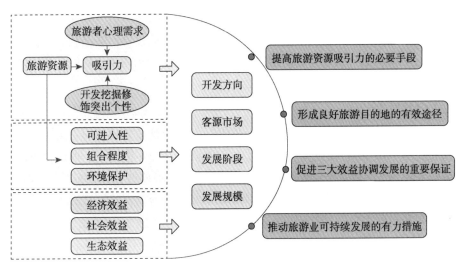

图 5-2　旅游规划意义

四、旅游规划的原则

旅游规划是对已科学评价过的各类旅游资源作出全面系统的安排。其目的是更加合理有效地开发利用旅游资源，使潜在的旅游资源转化为可为旅游业利用的现实旅游景观和产品。开展旅游规划必须重点考虑两个方面的问题：一方面是旅游者的需求；另一方面是旅游资源本身的特点及其所处的环境条件。规划要确保旅游资源开发后能实现经济、社会、生态环境三个效益的统一。旅游规划应遵循以下的原则。

（一）形象原则

通过开发，创造出鲜明的旅游形象，这是旅游规划的基本要求。旅游形象要有自己的特色、鲜明的主题、无穷的魅力，才能吸引众多的旅游者，增强旅游地的竞争力。在旅游规划中，切忌模仿、抄袭，否则就没有新意，不能引起游客的兴趣。

（二）市场原则

市场条件是进行旅游规划所要考虑的主要问题之一。有源源不断的游客前来观赏，旅游景点才能长盛不衰。而旅游市场客源受许多因素制约，如游客的动机和需求，风景的吸引力，旅游资源的种类、性质、数量、地理位置，自然环境，交通条件，经营水平等。这就要求我们在对旅游资源进行综合开发时必须灵活地适应旅游市场和旅游地的发展需要。

(三)美学原则

旅游资源之所以具有吸引旅游者的功能,其重要原因就在于它自身具有美的魅力。因而旅游规划应尽量体现旅游资源的美学特征。在开发中,任何人工建筑物的体量、造型、风格、色彩等都应与相应的自然环境和旅游气氛融为一体,体现自然美与人工美的和谐统一,体现旅游资源的时空结构特色,合理发挥旅游资源的神韵美。

(四)效益原则

旅游资源开发的目的是充分挖掘旅游者的潜在价值,追求经济、社会和环境三方面最大的综合效益。在进行旅游规划时要选准突破口,尽快收回投资,获取利润。在取得经济效益的同时,还要注意社会效益,更应注意生态环境的保护和建设,从而使旅游区真正能够实现可持续发展。

(五)保护原则

凡具有价值的旅游资源都必须妥善加以保护。某些自然景观如山岩、溶洞、古木,往往位于高山深谷、人烟稀少的脆弱生态带,一旦遭到破坏便不能再生,即使付出巨大代价予以恢复,如仿造,其意义也大不相同。从这种意义上来说旅游资源是不可替代的。因此,在进行旅游规划时应坚持"保护第一"的原则,并划出相应的保护区域、类别和等级,切实采取有效措施使旅游资源的保护工作落到实处。

旅游规划原则如图 5-3 所示。

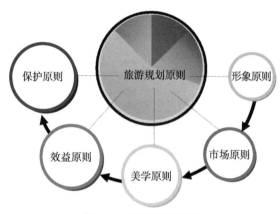

图 5-3　旅游规划原则

五、旅游规划的步骤

任何一类旅游资源都具有鲜明的特色,与所处的地理环境联系密切。因此,在对旅游资源进行规划时,要结合自身的特点及所处的环境条件,着眼于它固有的生存规律,有计划、有步骤地进行。

(一)旅游资源调查

旅游规划首先要做的工作是对旅游资源进行调查。要开发旅游资源,就必须对旅游资源的历史状况、赋存状况和结构特征进行了解。如果对资源缺乏了解或了解不全面,就不可能作出科学、合理的规划。旅游资源调查的内容，涉及面很广，但主要包括两个方面：一是对旅游资源种类、特色、成因、结构与分布的调查；二是对旅游资源所在地的区位条件、社会环境、经济结构以及历史沿革等因素进行调查。

（二）旅游资源评价

旅游资源评价是根据旅游资源调查的结果，对该地旅游资源的质量、品位、等级、价值、开发等方面内容做出全面的综合评价，然后提出评价报告，为后期的旅游规划完成提供依据。

（三）旅游开发可行性研究

一个企业或政府部门在兴建旅游项目之前，须首先进行可行性研究，可行性研究的实质是论证开发项目能否取得较好的经济效益和社会效益。可行性研究的内容包括以下三点。

（1）对旅游资源评价结果进行全方位的再研究。

（2）对开发项目的客源市场需求和发展趋势以及项目所在地的经济发展状况等外部条件作出科学预测与调查分析。

（3）对开发规划项目的经济效益、生态效益和社会效益作出综合评价。

（四）旅游规划的制定

在旅游开发的可行性确定后，关键问题就是制定旅游开发规划。规划可以只由一个规划机构或专家小组来承担，也可以同时或先后由几个规划机构或专家小组进行，分别提出规划的方案，从中选出最优方案。规划承担者应及时与项目的投资或主管部门沟通，不断修改和完善规划，最后提出规划文本和必需的图件资料。

案例5-1

重庆工业文化博览园

重庆工业文化博览园位于大渡口区，依托重钢原型钢厂部分工业遗存建设而成，总规模14万平方米，由工业遗址公园、工业博物馆及文创产业园三部分构成，以工业文化遗址为内核，形成一体化的新产业格局。

重钢集团是一家有着百年历史的大型钢铁联合企业，其前身是1890年中国晚清政府创办的汉阳铁厂，该钢厂的百年历程不仅是一个企业的发展演变史，更是中国钢铁工业坎坷前行的缩影和写照。2011年，因环保搬迁，其大渡口老区钢铁生产系统全部关停，随后便被改造成了重庆工业文化博览园（图5-4），博览园集"文旅商"于一体，通过文旅的带动，促进商业的发展，让片区焕发新的活力。

工业遗址公园场地内有1905年英国谢菲尔德公司生产的8 000匹马力双缸卧式蒸汽原动机等珍贵工业设备展品，多座主题雕塑、装置艺术和工业先驱人物雕像，体现了工业文化与公共艺术的完美结合。

图 5-4　重庆工业文化博览园

工业博物馆由主展馆、"钢魂"馆以及工业遗址公园等构成，着力打造具有创新创意、互动体验、主题场景式的泛博物馆。

文创产业园将泛博物馆与文创产业有机结合，包括产业办公、体验式商业、运动休闲、精品酒店、公共空间休闲交流区等多个空间。

自从 2019 年开园以来，已新晋成为网红打卡地，许多游人慕名而往。不论是国外还是国内，工业遗存都不是冰冷的钢铁和砖石，而是工业文明的见证，承载着一个城市的文化与精神。当时代的车轮滚滚向前，这些工业遗存不应该被城市遗弃，而是需要通过合理的开发改造，重新激活这些文化载体。

资料来源：中旅联. 变废为宝，从废弃钢厂到文旅胜地！[EB\OL]. (2021-05-18). https://baijiahao.baidu.com/s?id=1700056561732587111.

（五）旅游规划的评审

制定出旅游规划之后，由规划委托者聘请有关的专家组成规划评审委员会，对规划进行评审。若方案通过，应根据评审委员会的建议加工修改，以形成最终的规划；若未通过，则应责成原规划组或聘请新的规划小组重新规划。若规划方案不止一个，在选定一个方案，以其为基本框架的同时，可吸取其他方案的长处，博采众长，形成最为理想的方案。

旅游规划步骤如图 5-5 所示。

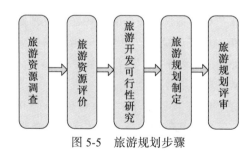

图 5-5　旅游规划步骤

第二节　旅游规划的基本理论

从学科性质上看，旅游规划属于边缘交叉学科，是旅游学科与规划学科结合的产物，同时又涉及经济学、社会学、管理学、地理学、生态学、心理学等诸多相关学科。因此，旅游规划所依托的理论体系既包括横向的经济、环境、人文社会和规划四大板块，也包括纵向的关于旅游系统及其发展的理论、旅游规划与开发的理论、旅游规划实施的理论以及旅游规划研究方法的理论。本节从旅游规划的不同视角出发，重点介绍四大基础理论，即旅游系统理论、旅游空间理论、旅游产业理论和旅游可持续发展理论。

一、旅游系统理论

（一）旅游系统的内涵

系统论认为，系统是由相互联系的各个部分和要素组成的具有一定结构和功能的有机整体。构成整体的各个局部成为子系统，子系统下面包括更低一级的子系统，最低级的为组成系统的各要素。系统论的基本思想有两点：一是把研究和处理的对象看成是一个系统，从整体上考虑问题；二是要特别注重各个子系统之间的有机联系，把系统内部的各个环节、各个部分，以及系统内部和外部环境等因素，都看成是相互联系、相互影响、相互制约的。

从系统论角度来看，旅游活动就是一个具有高度复杂性与开放性的系统。美国旅游规划专家冈恩（Gunn，1988）率先提出了旅游系统的概念，指出旅游系统是由需求板块和供给板块两部分组成，其中供给板块又由交通、信息、促销、吸引物和服务等部分构成，这些要素之间存在强烈的相互依赖性。

国家旅游局人事劳动教育司在《旅游规划原理》（2019）中指出，旅游系统是一个以旅游目的地的吸引力为核心，以人流的异地移动性为特征，以闲暇消费为手段，具有较稳定的结构和功能的一种现代经济、社会、环境的边缘组合系统。

综合上述定义，从系统论的本质出发，旅游系统应该是伴随旅游活动的发生、进行到完成而形成的，由游客系统、出行系统、接待系统和支持系统所组成的具有一定结构和功能的现代经济、社会、环境综合体。

（二）旅游系统的构成

根据对旅游系统内涵的不同理解，形成了不同的旅游系统结构观。例如，吴必虎（2000）认为旅游系统是由旅游市场子系统、旅游者出行子系统、旅游目的地子系统和旅游发展支撑子系统四个部分构成；而马勇（2002）认为，旅游系统是由旅游客源市场子系统、旅游目的地吸引力子系统、旅游企业子系统以及旅游支撑与保障子系统四个部分组成，具有特定的结构、功能和目标的综合体。

综合来看，旅游系统应该包括以下四个部分。

（1）客源市场：主要是由构成游憩活动主体的旅游者及其背景、需求、行为等因素所构成的一个子系统。

（2）旅游交通：主要是由保证或促使旅游者出门旅行、前往目的地的基本因素所构成一个子系统,包括运移游客的交通设施(公路、铁路、水上航线、空中航线、缆车、索道、游径及乘坐设施等),由旅行社提供的旅行服务(咨询、票务预订等),政府、旅游目的地或旅游销售商向旅游者提供的信息服务,以及旅游宣传、促销等因素。

(3)接待服务:主要是指为已经到达目的地的游客提供游览、娱乐、食宿、购物、科普教育以及休闲体验等多种因素所构成的综合体。上述每个环节都要对游客提供高质量的服务。

(4)支持保障:主要是指在客源市场系统、出行系统和目的地系统共同组成的内部系统之外形成一个由政策、制度、环境、人才等因素组成的子系统,它并不能独立存在,而是依附于其他三个子系统,并对三个子系统同时或分别发生重要作用。

旅游系统结构如图5-6所示。

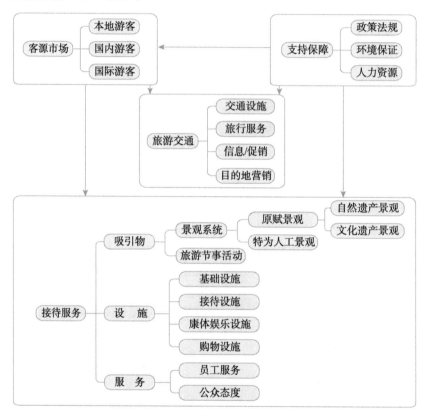

图5-6 旅游系统结构

(三)旅游系统论在旅游规划中的应用

1. 综合全面要素

对于规划中的任何一个旅游景区(点)或者一个区域的旅游业,它们都可以被认为是一个多层级、多要素组合而成的系统,涵盖了区位、资源、环境、设施和项目、游客、社区、经营要素等。因此,根据系统论的一般理念,在旅游规划过程中必须全盘考虑构成旅游系统的上述要素。

一方面，全盘考虑系统要素之间的关系，即围绕旅游活动的开展，旅游规划要认清组成旅游系统的各个关联要素，特别是要厘清各个系统要素之间的关系，偏颇于一些要素而忽视另外一些要素是不可取的，要整体考虑，才能协调发展。

另一方面，综合配置各种资源与要素，保持要素之间合理的匹配关系，保证旅游系统结构的最优化。在明确各种要素之间关系的基础上，根据旅游资源的质量、旅游项目的优劣、地区的集散程度、开发的难易程度、投资的规模、客源市场的保证程度以及开发后的效益等方面，对旅游要素进行综合配置，优化旅游系统结构，以最少的投入产出最大的综合效益。

2. 区域旅游合作

任何一个地区的旅游业都是一个开放的系统，只有与系统外部的环境不断进行客源、物质、信息、资金、技术等交换，才能保证本地区旅游业的良性发展。区域旅游系统是一个由低级到高级、由无序到有序、由不平衡到平衡的动态发展过程，旅游系统结构的不断调整、优化与升级都是建立在系统不断输入外部因素的基础上。因此，任何一个区域的旅游业规划都应该既着眼于本区域的旅游要素，同时以更广阔的视野考虑本区域旅游业与其他邻近区域旅游业的合作与交流，努力在合作中谋发展，在交流中求进步，共同实现区域旅游业的快速发展。

3. 动态修正规划

旅游规划不仅是一个分析和决策的过程，也是一个信息加工和处理的过程，它遵循着系统的信息反馈与修正原理。即在旅游规划编制过程中会不断发现新的问题、新的矛盾，这就需要根据反馈回来的信息不断对规划进行修改与完善，甚至重新编制。专家在评审阶段往往会发现旅游规划的一些不足和不完善的地方，进而提出修改意见和要求，对规划进行调整。同样，在旅游规划实施时，也会出现一些难以预测的新情况、新问题和新现象，这也需要对规划进行修订，以适应旅游发展的需求。

旅游系统论在旅游规划中的应用如图 5-7 所示。

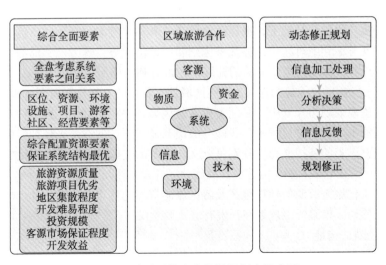

图 5-7　旅游系统论在旅游规划中的应用

二、旅游空间理论

（一）区位理论

区位是人类行为活动的空间，它不仅包括行为活动的地理位置，而且还包括行为活动与各种地理要素之间的相互联系和相互作用。与此相对应的，区位理论是关于人类活动的空间分布及其空间中的相互关系的学说。具体地讲，是研究人类经济行为的空间区位选择以及空间区内经济活动优化组合的理论。

1. 区位理论的发展

从 18 世纪下半叶早期区位理论思想的产生到现在，区位理论已经有了近 300 年的发展史，最早是为了解决生产的最佳布局问题。较系统地提出区位论的是 1826 年德国农业经济学家杜能（J.H. Thunen）创立的农业区位论，1909 年德国经济学家韦伯（A.Weber）又创立了工业区位论。

到了近代，区位理论的研究从生产布局的成本最小化转到了生产布局的市场范围最大化，开始注重商业（市场区位论）、贸易、城市（中心地理论）、交通（运输区位论）等领域的研究。1933 年德国经济地理学家克里斯泰勒（Walter Christaller）创立了中心地学说，1940 年德国经济学家廖什（A.Losch）创立了市场区位理论。第二次世界大战以后，区位理论研究的特点主要表现在对多种成本因素的综合分析，既包括各种经济性成本要素，也包括其他非经济性的成本要素，如制度、文化、心理、军事等要素。

2. 区位理论在旅游规划中的应用

1）区位分析选择

根据区位理论，旅游规划中区位分析与选择主要考虑以下几方面。

首先，分析旅游区域的地理位置。旅游区的地理位置是旅游规划首要考虑的因素，它主要包括地域范围、区域外部交通和内部交通等问题，其他还要考虑的因素包括区域位置所在的自然环境条件、经济发展条件和历史文化条件等。

其次，选择旅游区域的区位优势。区位优势是旅游规划中一个必须考虑的因素。在各种区位因素分析与比较的基础上，选择区位优势，必须既考虑到有形区位优势又考虑到无形区位优势，既考虑到绝对区位优势又考虑到相对区位优势，既考虑到局部区位优势又考虑到全局区位优势，才能为旅游活动的开展确定最有利的场所。

最后，提出发挥区位优势的对策。不同区域拥有独特的自然旅游资源和人文旅游资源，因而，在旅游资源规划与开发中，必须突出区位优势，并在此基础上提出针对性的对策。例如，在长期的生产和斗争过程中，我国少数民族地区不仅创造了光辉灿烂的物质文化，而且创造了丰富多彩的精神文化。开发民族文化旅游的实践已证明，这些民族文化不仅是我们旅游资源的重要组成部分，也是少数民族地区开发利用价值最大的一种"富矿"。因此，研究我国民族文化旅游资源的地理分区及各区旅游资源的特点和优势，并提出旅游资源开发对策，对民族地区旅游资源规划与开发有着重要意义。

2）旅游项目的选址

区位优势的选择，可以为旅游项目的选址提供依据，以选择最佳的旅游设施和景观点建设场所。旅游项目的选址一方面是方便为游客服务，另一方面是为了保护旅游资源，提高土地的利用率。因此,根据区位理论,将旅游活动中的"食、住、行、游、购、娱"等要素在空间上合理地组织布局,尽量做到人流通畅、功能合理、使用方便、景观和谐。

3)旅游线路的设计

旅游线路设计主要包括两个方面的内容:一是区域性旅游线路的设计,二是旅游区(点)游览线路的设计。区域旅游有周游型和逗留型两种类型,其线路设计有所不同,其中周游型线路一般是环线模式,由于其旅游的目的是观赏,因此旅游线路应尽可能经过更多的游览点;逗留型的旅游目的是观光、度假和娱乐等,快速便捷的交通线路是十分重要的。旅游区(点)游览线路设计需要考虑的因素包括安全、便捷、路过更多的观赏景点等,其线路类型包括步行小径、缆车、车道,但一般以游步道为最主要的类型。

(二)增长极理论

增长极理论从物理学的"磁极"概念引申而来,认为受力场的经济空间中存在着若干个中心或极,产生类似"磁极"作用的各种离心力和向心力,每一个中心的吸引力和排斥力都产生相互交汇的一定范围的"场"。这个增长极可以是部门的,也可以是区域的。该理论的主要观点是,区域经济的发展主要依靠条件较好的少数地区和少数产业带动,应把少数区位条件好的地区和少数条件好的产业培育成经济增长极。

1. 增长极理论的发展

"增长极"的概念最早是由法国经济学家弗朗索瓦·佩鲁(F. Perroux)于20世纪50年代提出的,他认为经济空间是不平衡的,其发展中存在着极化作用,即经济空间中会存在一些中心或极,这些中心或极的作用就类似于磁铁的磁极。这些中心或极在对外部因素起着吸引作用的同时,还在相互之间起到吸引和排斥作用,并产生向心力和离心力,这些向心力和离心力相互之间会形成一定范围的"场",于是佩鲁把"场"的中心定义为增长极。

一些学者在佩鲁研究的基础上进行了更深入的研究。如法国经济学家布代维尔(Boudeville)将增长极与具体的经济区域联系起来,提出了区域增长极的概念,即在区域经济发展过程中,由于其不同区域经济发展的不平衡性,使得资金、信息、人才会流向经济发达的地区,从而使其成为区域经济增长极。现代的增长极是指围绕主导产业部门而组织的一组具有活力的高度联合的产业综合体,它不仅本身迅速增长,而且通过乘数效应带动其他经济部门的增长,又称发展极、发展中心。

2. 增长极的构成与效应

根据上述认识,增长极体系有三个层面:先导产业增长、产业综合体的增长、增长极的增长与国民经济的增长。同时,增长极在形成与发展过程中会产生极化作用和扩散作用。

1)极化作用

极化作用类似于磁极对磁铁的吸引作用。由于增长极有着优越的交通、资源、政策等优势,从而吸引了区域内的资金、物质、信息、能量、人才等生产要素向增长极集聚,使得增长极的生产力水平和生产效率大幅度提高,进而迅速发展。与此同时,区域内其他地区则发展相对缓慢、缺乏动力,造成了区域经济的不平衡发展。

2)扩散作用

扩散作用与极化作用完全相反。扩散作用有助于增长极周边地区的发展。区域经济发展初期，区域内各生产要素向增长极集聚使得增长极得以迅速发展，但由于增长极承载的优势是有限度的，随着增长极发展的规模达到饱和状态甚至超负荷状态，增长极的某些优势开始丧失，增长极内部受此影响的一些资源开始向区域内其他地方转移扩散，从而促进其他地区经济的发展。扩散作用有利于区域经济的平衡发展。

3. 增长极理论在旅游规划中的作用

1）点轴式开发

点轴开发模式最早由波兰经济学家萨伦巴和马利士提出，在旅游规划中应用较为广泛。"点"是增长极，"轴"是区域内的交通干线以及在其基础上所形成的产业带。一般而言，点轴式开发首要在区域内选择若干旅游交通干线作为发展轴进行重点开发；其次在这些发展轴上根据景点分布情况和区位因素确定开发潜力较大的旅游中心城镇，即增长极；最后依次按照重要程度集中力量发展重点和次重点的增长极和发展轴。

2）网络式开发

网络式开发指的是在已有点轴式开发的基础上进行延伸，它是区域旅游开发的高级阶段。网络式开发以区域内发达的交通网络为基础，大力提高区域内各级点——轴之间的关联度及各种要素交流的广度和密度，同时通过网络的延伸加强与周边地区旅游业的合作和交流，在更大的范围内对旅游要素进行合理配置与组合，以实现区域旅游一体化发展以及跨区域旅游大发展和大繁荣。

三、旅游产业理论

（一）竞争力理论

1. 竞争力理论的内涵

竞争力是通过参与者双方或多方的角逐或比较而体现出来的综合能力。20世纪80年代以来，随着经济全球化的深入、市场竞争的加剧，人们开始对竞争力的研究加以重视。

世界经济论坛和瑞士国际管理与发展学院认为，竞争力是指一国或一公司在市场上均衡地生产出比竞争对手更多财富的能力。竞争力使资产和生产过程结合在一起，其中资产指固有的（如自然资源）或创造的（如基础设施），而生产过程是指资产转化为经济结果（如制造），然后通过该市场预测而得出的。

迈克尔·波特（Michael E. Porter）则认为，一个国家某种产业的国际竞争力主要取决于六个要素：生产要素条件，需求条件，相关与辅助产业的状况，企业策略、结构与竞争者，以及机遇和政府要素。这些要素共同构成了国际竞争力的概念，形成了评价国际竞争力的"钻石"模型。

2. 竞争力评价的方法

1）定性评价

对竞争力进行定性评价主要采用因子分析方法，即把影响竞争力的各种因素逐一地分离开来，对这些因素进行定性分析，从而判断其竞争力的大小。当然，因子分析法具有较大的主观性和随意性，评价的标准往往也各不相同。例如，我国在评价企业竞争力时往往采用这种方法，将其分解为五种能力：市场开拓能力、市场应对能力、质量竞争力、价格竞争力和非价格服务竞争力。

2）定量评价

对竞争力进行定量评价主要采用层次分析法和德尔菲法，即通过指标的选取和指标权重的确定，建立一套竞争力评价指标体系并利用该体系对竞争力进行综合评估的方法。该方法通常采用统一的评价指标体系，使得评价客体的竞争力之间可以进行比较，因而它具有很强的普适性。在定量评价中，雷达图法是竞争力结构评价方法中运用最广的一种方法。雷达图法最早是日本企业界为评价综合实力而采用的一种财务状况综合评价方法，因按这种方法绘制的财务比率综合图形状酷似雷达而得名。这种竞争力评价雷达图的方法一般是这样的：首先选取影响评价对象的若干项指标，画出同心圆，根据选择的指标从圆心引出若干条射线将圆平均分割，将这若干项指标的实际值按比例标在图中相应的射线上，再将实际值用直线连接起来，这样就绘制出了该评价对象的"雷达图"。

案例5-2

宁夏回族自治区各区域旅游业竞争力评价

学者贾菲和苗红（2019）采取旅游业竞争力评价指标和计算方法对宁夏回族自治区各区域旅游业竞争力进行综合定量评价。从综合排名结果来看，银川市名列首位，旅游竞争力综合得分为0.723 5分；其次是固原市、中卫市、吴忠市和石嘴山市，分列第二、三、四、五位。通过从需求竞争力、供给竞争力、社会环境竞争力、自然环境竞争力、经济环境竞争力和综合竞争力六个方面对宁夏区域旅游发展竞争力进行定量对比，得出区域旅游发展的比较优势和比较劣势。如图5-8所示。

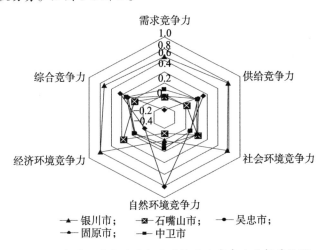

图5-8 宁夏回族自治区各区域旅游业竞争力分析雷达图

由图5-8可知，银川市的综合得分高于其他区域，作为全区的首府城市，银川市的其他竞争力处于明显的优势地位。主要原因可能是银川市的经济基础较好，交通便利，基础服务设施较完备，多年来旅游人数和旅游收入都持续增加并处于领先地位，在宁夏旅游业发展中处于核心位置。固原市和中卫市的旅游竞争力综合排名分别为二、三，紧跟银川市之后，可以看出该区域具有较强的竞争力。其原因可能是固原市的乡村旅游模范村数和非物质文化遗产数均居全区首位。中卫市沙坡头属于 5A 级景区，有着较高的知名度和较强的游客接待能力。吴忠市和石嘴山市的所有指标得分都较低，原因在于区域内缺乏知名度较高的景点，旅游资源竞争力偏低。

资料来源：贾菲，苗红，拓星星，孔云霄. 基于因子分析的宁夏区域旅游竞争力评价研究[J]. 宁夏大学学报（自然科学版），2019, 40(1): 67-73.

3. 竞争力理论在旅游规划中的应用

1）为旅游竞争力分析提供工具

随着旅游市场竞争的加剧，一个旅游区的旅游产业在旅游市场中的竞争能力日益受到人们的关注，当前旅游规划的目标之一就是提升规划对象在市场中的竞争力。因此，在确定旅游发展目标和方向时，必须运用一般竞争力理论分析规划对象在旅游市场中的竞争状况。可以说，旅游竞争力分析已经成为旅游规划编制中的一个重要组成部分。同时，旅游地竞争力理论的提出还大大丰富了旅游规划的内涵，创新了旅游规划的观念。

2）为旅游发展战略的制定提供依据

旅游发展战略是以提升旅游地的市场竞争力，实现旅游地经济、社会、环境效益与可持续发展为导向的，确定旅游地今后发展道路的总体指导。这就要求战略的制定必须依据于旅游竞争力分析的结论，必须找出旅游发展的差距所在，明确其制约因素，调整规划目标与重点，最终提升旅游区或旅游产业的竞争力。

（二）旅游地生命周期理论

1. 旅游地生命周期理论的发展

旅游地生命周期理论是描述旅游地演进过程的一种理论。早在1963年克里斯泰勒就提出了旅游地生命周期的一般性概念，把旅游地普遍演进规律归纳为发现——成长——衰落。目前比较典型的旅游地生命周期理论主要有巴特勒模型和普罗格模型。

1）巴特勒模型

1980 年，巴特勒（Bulter）将旅游地的生命周期演变分为六个阶段，即探索阶段、起步阶段、发展阶段、巩固阶段、停滞阶段、衰落阶段或复苏阶段。

探索阶段指旅游地发展的初级阶段，此时旅游地的游客以零散、自发的为主，数量比较有限，当地没有或很少有旅游基础设施，只有原始状态的旅游吸引物，自然环境保持比较完整。起步阶段指随着旅游地逐渐被人们认识，到该地旅游的人数逐渐开始增多，当地居民开始修建一些旅游基础设施，为旅游者提供基本的服务，开始欢迎旅游者的到来，并参与旅游发展活动。发展阶段指旅游者的数量迅速增长，旅游者的数量开始超过当地的居民人数，当地有了明确的旅游客源市场，于是出现了大量的广告宣传，大量的外来资金投入旅游地的建设，旅游地的基础设施大大优化。此时，人造旅游景观开始出现，并逐步取代原先自然的或文化的旅游吸引物。巩固阶段指旅游者的增长速度开始减慢，但总量仍然很巨大，旅游目的地经济的发展与旅游业息息相关。当地居民充分了解了旅游业的重要性，但对日益增多的游客却产生一种仇视的情绪。停滞阶段指旅游者的人数大大超过了旅游地的环境容量，并使当地产生一系列的社会、环境、经济问题，旅游业的发展开始严重依赖回头客，面临着诸多方面的压力。当地居民对游客产生一种愤怒的情绪，并有驱逐游客的意愿。衰落或复苏阶段指由于旅游地发展的空间过于狭小，旅游地很难再吸引旅游者的到来，旅游业在当地国民经济发展中的重要性日益降低，旅游地不得不进入一种走向衰退或者获得重生的阶段。要进入复苏阶段，旅游地必须通过新的手段和方法创造新的旅游吸引物，如新建一些人造景观，开发未开发的自然旅游资源和人文旅游资源。

2）普罗格模型

1973年，普罗格（Plog）从旅游者的心理特征出发提出了旅游地生命周期的心理图式假说，即认为旅游地所处的生命周期阶段与旅游者的心理有关。其中，旅游者按照心理类型分为多中心型、近多中心型、中间型、近自我中心型、自我中心型五类。多中心型游客的特点是思维开朗，兴趣广泛多变，行为上表现为喜好新奇的事物，爱冒险，不愿随大流，喜欢与不同文化背景的人相处。与多中心型游客完全相反的类型是自我中心型，自我中心型游客往往较为保守，思想上谨小慎微，多忧多虑，不爱冒险，行为上表现为喜好安逸，活动量小，喜欢熟悉的气氛和活动。中间型属于表现特点不明显的混合型，近自我中心型和近多中心型则是分别介于两个极端类型与中间型之间，并且略倾向于极端特点的过渡类型。

普罗格的研究认为，旅游地生命周期的阶段发展实际上就是旅游地对不同类型旅游者吸引力变化的阶段。旅游地尚未开发时，多中心型的旅游者由于富有探险精神而来到旅游地，使旅游地的发展进入初始阶段；随着多中心型的旅游者日渐增多，近多中心型的旅游者也开始涌入旅游地，旅游地的基础设施开始完善，旅游接待服务也逐渐成熟，旅游地进入迅速发展阶段；随后旅游地优越的旅游设施和服务开始吸引大多数中间型旅游者，他们的加入使旅游地发展进入成熟阶段；当旅游地发展成为大众型的旅游目的地后，自我中心型和近自我中心型的旅游者开始参与到旅游地的旅游活动，而原先多中心型的旅游者将逐步放弃该旅游地，转而去寻求新的旅游地，这样该旅游地发展进入了衰落期。

2. 旅游地生命周期理论在旅游规划中的应用

1）预测旅游地发展走向

旅游地生命周期理论自产生以来就受到人们的关注，它的应用也从最开始描述和分析旅游地的历史演进过程推广到了预测旅游地今后的发展趋势，指导旅游地营销策略，从而达到延长旅游地生命周期的目的。作为一种计划工具，旅游地生命周期理论主要描述和分析了旅游地从起步到衰落的整个发展轨迹，可以使目的地管理和营销机构意识到旅游地的发展会随着时间的变化而变化，在不同发展阶段应该采取不同的旅游营销策略。

2）提供旅游规划调整依据

旅游规划在实施一段时间后往往要根据实施情况进行一定的调整，以更适应旅游地的发展。而旅游地生命周期理论则为调整性规划提供了很好的依据。在调整性规划中，往往要根据旅游地所处的阶段及时进行适应性的调整、开发、拓展与深入，以提高旅游地的接待能力，改善旅游地的服务设施，进而延长旅游地的生命周期，实现经济、社会、环境效益的最大化。

3）指导旅游产品创新开发

作为一种控制策略，旅游地生命周期理论有助于目的地管理和营销机构凭借旅游地已有的旅游吸引物来类推即将开发的新的旅游吸引物可能产生的绩效，以及旅游地是否有必要根据一些典型的迹象来开发新的旅游吸引物，这些迹象包括旅游者数量是否稳定、旅游者增长数量是否稳定、旅游者的重游率是否高等。因此，旅游地生命周期理论可以为旅游产品的创新开发提供指导，成功的旅游产品创新可以为旅游地的新发展注入动力和活力，有助于旅游地在稳固已有客源市场的基础上，开发新的客源市场，从而创造新的利益。

四、旅游可持续发展理论

（一）可持续发展的原则

1. 公平性原则

公平性原则指人类机会选择的平等性，主要表现在三个方面：一是指同代人之间的横向公平性，同代人应该有相同的机会满足自身发展需求以获得美好的生活；二是指代际公平性，这就要求任何一代都不能处于支配地位，即各代人都有同样选择的机会空间，每一代人都应该有机会和前一代人、后一代人享受同样满足其需求的机会；三是指人与自然、其他生物之间的公平性。我们人类作为地球的一分子，与其他动物同样生活在同一个地球，地球的资源是有限的，不能因为人类的自身利益而损害了其他生物赖以生存的环境。

2. 永续性原则

永续性原则是指生态系统受到某种干扰时保持其生产率的能力。资源的持续利用和生态系统可持续性的保持是人类社会可持续发展的首要条件。可持续发展要求人们根据可持续性的条件调整自己的生活方式。在生态可能的范围内确定自己的损耗标准。因此，人类应做到合理开发和利用自然资源，保持适度的人口规模，处理好发展经济和保护环境之间的关系。

3. 共同性原则

鉴于世界各国历史、文化和发展水平的差异，可持续发展的具体目标、政策和实施步骤不可能是唯一的。但是，可持续发展作为全球发展的总目标则是应该共同遵从的。要实现可持续发展的总目标，就必须采取全球共同的联合行动，认识到我们的家园——地球的整体性和相互依赖性。从根本上说，贯彻可持续发展就是要促进人类之间及人类与自然之间的和谐。

4. 需求性原则

人类需求是由社会和文化条件所确定的，是主观因素和客观因素相互作用、共同决定的结果，与人的价值观和动机有关。可持续发展立足于人的需求而发展人，强调人的需求而不是市场商品，是要满足所有人的基本需求，向所有人提供实现美好生活愿望的机会。

旅游可持续发展的基本原则如图 5-9 所示。

图 5-9　旅游可持续发展的基本原则

（二）旅游可持续发展的目标

1990年在加拿大温哥华召开的旅游国际大会上首次提出了旅游业的可持续发展纲领，该纲领指出旅游可持续发展的五个目标。

（1）增进人们对旅游带来的经济效应和环境效应的理解，强化生态意识。

（2）促进旅游业的公平发展。

（3）改善旅游接待地居民的生活质量。

（4）为旅游者提供高质量的旅游经历。

（5）保证未来旅游开发赖以存在的环境质量。

（三）旅游可持续发展的指标体系

旅游可持续发展指标体系的建立是评价地方旅游可持续发展水平、能力的基础工作，对制定和实施区域旅游可持续发展战略具有重要意义。旅游可持续发展指标体系分为总体层、系统层、状态层和要素层四个等级。

总体层表现为可持续发展的总体能力，它代表着战略实施的总体态势和总体效果。根据旅游效应的外部表现和可持续发展的要求，将旅游可持续发展的总体能力表达为四个系统层，分别为：产业支持系统、社会支持系统、环境支持系统和管理支持系统。根据系统的发展度、协调度和持续度的发展要求，将每一系统层又划分为发展水平和发展潜力两种状态。状态层能够反映某一系统在某一方面所处的水平，随着时间的变化，它们呈现动态的特征。在每个状态层中，采用可测的、可比的、可以获取的指标及指标群，形成要素层，对状态层的数量表现、强度表现、速率表现和发展潜力给予直接的度量。

（四）旅游可持续发展理论在旅游规划中的应用

可持续发展是旅游业发展的终极目标，旅游可持续发展理论对旅游开发与规划具有深远的指导意义，为旅游规划提供了一个全新的旅游承载力思维框架，即旅游开发要综合考虑旅游地的环境承载力和社会承载力，以实现旅游提高经济、社会和环境发展的综合效益。

其中，旅游承载力也称旅游容量，它是在一定的时间条件下，既定空间范围的旅游地所能容纳的最大旅游活动的能力，它是反映旅游地对旅游活动强度的承受能力大小的综合指标。旅游承载力强调了土地利用强度、旅游经济收益、游客密度等因素对旅游地承载力的影响，在内容包括了资源承载力、环境生态承载力、社会承载力等基本内容，一个旅游地的旅游承载力是这些承载力的综合反映。

同时，旅游可持续发展理论的运用可以有效地避免旅游开发过程中的低层次重复建设以及过度开发，对于旅游环境的保护和现实中没有条件开发的旅游资源的保护具有重大意义。此外，可持续发展理论要求旅游规划要有一定的弹性，不能盲目开发，为未来进一步开发保留一定的空间。

第三节　旅游规划的基本类型

一、按旅游规划的时空二维尺度分类

（一）按空间尺度分类

就空间范围与规模而言，旅游规划可分为国际协调规划、国家全面规划、区域综合规划、旅游地或旅游景点综合规划等。旅游规划中数量居多的还是区域综合旅游规划和旅游地或旅游景点的规划。

1. 国际协调规划

国际协调规划属于大尺度的规划类型，是指国家之间在旅游合作与竞争方面制定的战略安排。如欧盟各国间制定一个统一的旅游发展规划以及中国滇西南澜沧江—湄公河国际旅游区发展规划，这些属于国际协调规划的范畴。

案例5-3

"一带一路"旅游合作前景广阔

2019年11月26日至27日，世界旅游城市联合会中亚地区旅游会议在乌兹别克斯坦历史文化名城撒马尔罕州举行。这次会议由世界旅游城市联合会、撒马尔罕州政府及上海合作组织共同主办，主题为"'一带一路'——旅游合作与发展"。来自10个国家和地区的城市代表、旅游企业代表、投资机构及媒体代表共200余人参会。

这是世界旅游城市联合会第一次在中亚地区举办区域旅游会议，标志着中亚地区旅游发展已经成为国际旅游业界高度关注的地区之一。与会代表认为，"一带一路"沿线国家旅游合作前景广阔。

本次会议旨在加强"一带一路"相关国家及旅游城市之间的互动交流，推动中亚和世界各地旅游业的深度融合和共同发展，不断提升中亚地区旅游对世界旅游的影响力。

世界旅游城市联合会常务副秘书长李宝春在致辞中说，据中国社会科学院的数据显示，2018年中国游客到"一带一路"沿线65个国家双向旅游人数突破3 000万人次，比2014年增加了77%。"预计到2020年，中国与'一带一路'沿线国家双向旅游人数将达到8 500万人次，旅游消费将达到1 100亿美元。"李宝春表示，"举办这次中亚地区旅游会议的主要目的，就是要充分发挥中亚地区旅游资源优势，深度对接'一带一路'倡议，进一步提升中亚地区旅游在世界旅游体系中的知名度和影响力，把中亚地区打造成为世界最具吸引力的旅游目的地。"

与会代表围绕"中国出境游市场与旅游合作""旅游投资与区域发展"等主题，深入探讨了在世界旅游全球化发展背景下区域旅游市场的开发及交流合作问题，并针对中亚地区旅游发展中亟待解决的重大问题，提出了建设性意见和建议。

本次会议期间还举办了专题培训和旅游交易会及投资洽谈会，为城市和机构提供了资

源推介和产品推广的契机。

作为本次大会的主办单位之一，世界旅游城市联合会是由北京倡导发起，携手众多世界著名旅游城市及旅游相关机构，自愿结成的第一个以城市为主体的全球性国际旅游组织。现有会员218个，覆盖世界73个国家和地区及世界旅游全产业链。世界旅游城市联合会的核心宗旨是"旅游让城市生活更美好"，致力于推动世界旅游城市之间的合作与交流。

撒马尔罕是古丝绸之路的重要节点城市，也是世界旅游城市联合会的城市会员。作为中亚地区著名的文化古城和旅游交往中心，撒马尔罕州积极响应"一带一路"的倡议，以旅游为切入点，在经济、政治、文化等方面不断深化与"一带一路"沿线国家及地区的合作与交流，为中亚地区旅游融入全球旅游发展体系做出重要贡献。

作为这次会议的主办单位之一，上海合作组织积极推动世界和平与发展，在促进中亚地区国家和城市发展合作方面发挥了重要作用。上合组织成员国拥有丰富的旅游资源和巨大的旅游市场，近年来广泛参与世界旅游重大活动，为促进世界旅游多边合作做出积极贡献。

资料来源：人民网. "一带一路"旅游合作前景广阔[EB\OL]. (2019-12-01). https://baijiahao.baidu.com/s?id=1651708517491581461&wfr=spider&for=pc.

2. 国家全面规划

国家全面规划也纳入大尺度的规划类型，是指以国家为基本单位制定的旅游发展战略。如中国旅游业"十二五"发展规划纲要、印尼旅游发展规划、塞浦路斯旅游发展规划都属于国家规划的范畴。

3. 区域综合规划

区域综合规划属于中等尺度的规划类型，其对象通常为省、市、县、镇等。如福建省旅游发展总体规划、杭州市旅游发展总体规划、安陆县（现安陆市）旅游发展总体规划等都是典型的区域综合规划。

4. 旅游地或旅游景点综合规划

旅游地或旅游景点综合规划则属于小尺度的规划类型，规划涉及的范围较小，基本上以景区或者景点为规划对象，如鼓浪屿文化步行街规划、长江三峡库区旅游区发展规划。

（二）按时间尺度分类

旅游规划的期限是指规划产生效力的时间跨度，如区域（城市）总体规划的期限一般为20年，近期建设规划的期限一般为5年。旅游发展总体规划的期限则多为10~20年。就规划的期限而言，可以将旅游规划划分为：短期规划（1~2年）；中期规划（3~6年）；长期规划（10~25年）。例如，《西藏自治区旅游发展总体规划》（2005—2020），属于长期旅游规划的范畴。

二、按旅游规划的内容分类

从旅游规划的内容上来看，旅游规划可以分为两大类：一类是旅游综合规划；另一类是旅游专题规划。

（一）旅游综合规划

旅游综合规划是一个区域的规划概念，它指按照国家和地方旅游业发展纲要精神，结合国家旅游产业布局的要求，提出合理开发利用区域内旅游资源，促进旅游业可持续发展的总体设想。在该总体设想中不仅要有长远发展的目标，还应包括在综合分析了影响该区域旅游发展的国际国内旅游业形势及相关因素的基础上所提出的实施方案。它需要对区内旅游资源的赋存状况及特征进行系统分析和定性定量的评价，对影响区域发展的区位条件、区内外旅游因子及相关因素做全面的研究，对区域旅游的结构和功能进行深入的剖析，最后提出区域旅游发展的方向、发展规模和发展目标。

旅游综合规划还包括区域旅游发展战略的研究和制定。它主要研究该区域未来旅游发展的总体构想和战略布局。区域旅游发展战略的提出对于制定旅游区的综合规划、促进旅游业的持续发展及合理布局旅游生产力具有十分重要的意义，具有控制全局、统一认识，决定旅游区专题规划的内容、规模、性质、措施、实施步骤等重大作用。

（二）旅游专题规划

专题规划又被称为部门规划，是在区域旅游综合规划基本思想的指导下，针对旅游开发过程中的各个部门而提出的专题计划，主要是基础设施建设计划。旅游基础设施建设主要有旅游饭店、旅行社、旅游交通、旅游娱乐设施以及供电、供水、能源、通信等，基本上涵盖了旅游业的六大要素。其中，旅游饭店、旅行社、旅游交通和旅游景点是构成现代旅游业的四大支柱，是区域旅游业发展赖以生存的基本物质条件。这些基础设施建设必须根据区域旅游发展的地域分工，区域旅游的发展方向、发展规模，结合客源层次类型、游客的消费水平对各项基础设施建设进行科学定位，确定其建设数量、规模、档次和时间。

三、按规划的深度要求分类

从旅游规划所使用的技术方法和规划深度来看，旅游规划可以划分为旅游发展总体规划、控制性详细规划、修建性详细规划。这三类规划在技术要求和规划深度上逐步增强。

（一）旅游发展总体规划

旅游发展总体规划一般期限较长，为10～20年，主要目的是确定区域旅游发展目标和制定发展战略。旅游发展总体规划所需规划图件较少，一般仅附5～10张比例尺小于1∶50 000的规划图纸。如山东、海南、安徽、四川等省聘请世界旅游组织的专家编制的旅游发展总体规划都属于该类型的规划。

（二）控制性详细规划

控制性详细规划一般是针对规模适中的区域编制的规划。其目的在于控制区域中土地的使用，即将区域中的土地划分成许多地块，并规定每个地块的使用类型和方式。该类规划的年限较总体规划要短，约为10年。在规划图件方面，控制性详细规划较总体规划的要求高，需要大量比例尺为1∶20 000左右的规划图纸，其中包括土地利用现状图和土地利用规划图等。

(三) 修建性详细规划

修建性详细规划是旅游规划中最为基础的规划类型，其目的在于指导旅游工程建设。在内容上，修建性详细规划更为细致，涉及建筑的体量、材质以及外观，给排水、供电、交通、环卫、绿化等。规划图件更是该类规划的重要组成部分，从某种程度来说，规划图件较规划文本更为重要。一般的修建性详细规划包括90～100张比例尺为1∶500左右的规划图。图件除了给排水、供电、交通、环卫、绿化等内容外，还涉及建筑立面景观效果、景源视线分析、环境效果分析等。因此，修建性详细规划兼有旅游规划与建筑设计的特点，专业性更强。

四、按规划的权威等级分类

旅游规划具有一个显著的特点，即等级性。按照规划的等级性特点，旅游规划可以分为上级规划和下级规划。一般来说，规划的等级性具有相对意义。通常情况下，规划对象范围较广的规划具有较高的等级性。如国家级旅游规划比省级旅游规划的等级高，省级旅游规划又比市级旅游规划等级高。同样，长期规划比中短期规划的等级高。

而从规划的内容来看，综合性规划比专项性规划的等级高。如国民经济发展规划比旅游产业发展规划的等级高，因为旅游产业是国民经济产业部门中的一分子。在规划的等级制度下，下级规划必须服从上级规划，下级规划的编制也一定要以上级规划作为依据和指导，并与其中的内容保持一致。例如景区的规划要以县级旅游规划为依据，县级规划又要与省级规划和国家级规划的内容相一致。

除了上述规划的分类标准外，国内外的众多学者还提出了其他的众多旅游规划的分类标准，如发展、建设二分法，"4P"分类法，时空二维分类法，冈恩（Gunn）、因斯凯普（Inskeep）以及世界旅游组织提出的规划分类方法等。

旅游规划的基本类型如图5-10所示。

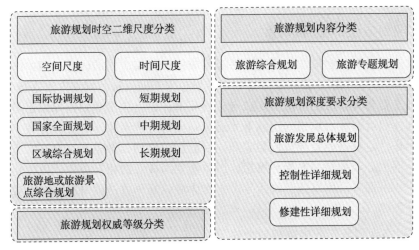

图5-10 旅游规划的基本类型

案例5-4

《"十四五"文化和旅游科技创新规划》

文化和旅游部近日发布《"十四五"文化和旅游科技创新规划》，明确了"十四五"文化和旅游科技创新发展的总体要求、重点领域、主要任务、保障措施，系统部署指导文化和旅游科技创新工作，描绘了文化和旅游科技创新工作蓝图。

规划提出强化科技为民理念，将科技创新贯穿文化和旅游发展全过程，坚持需求牵引，通过科技创新不断满足人民群众日益增长的文化和旅游需求，增强人民群众的获得感和满意度；提出将科技创新作为推动文化和旅游创新发展的根本动力和主要内容，以科技创新推动文化事业、文化产业和旅游业实现更高质量、更有效率、更加公平、更可持续、更为安全的发展。

规划描绘了科技在文化和旅游行业研究及应用的重点领域，提出了基础理论和共性关键技术、新时代艺术创作与呈现、文化资源保护和传承利用、文化和旅游公共服务、现代文化产业、现代旅游业、文化和旅游治理、文化交流和旅游推广等八个重点领域，为文化和旅游科技创新明确了主攻方向。

规划还提出了完善文化和旅游科技创新体系、强化文化和旅游科技研发和成果转化、推进文化和旅游信息化、提升文化和旅游装备技术水平、深化文化和旅游标准化建设、加强文化和旅游理论研究和智库建设、加强科技创新型人才培养等七个方面的主要任务，并以专栏的形式予以突出。

资料来源：新华社.文化和旅游部发布《"十四五"文化和旅游科技创新规划》[EB\OL]. (2021-06-12). http://www.gov.cn/xinwen/2021/06/12/content_5617315.htm.

第四节 旅游规划的方法

一、旅游规划方法的指导思想

许多自然科学和社会科学的研究方法都可应用于旅游规划的研究，国内外学者都对该领域做过研究，下面将主要以旅游规划指导思想为依据对旅游规划方法进行分类比较，并在此基础上对各类方法的特征及优缺点进行简单评述。旅游规划指导思想是编制旅游规划的基础，只有在核心思想的指导下才能编制出符合客观实际情况的方案，使规划方案具有可操作性，并进而指导我们的实践。目前旅游规划指导思想主要有以下几种，它们分别是：以生态观为核心的指导思想、以系统观为核心的指导思想、以文化观为核心的指导思想。下面将分别以这三种指导思想作为旅游规划方法的分类依据，对旅游规划方法进行分类比较。

（一）生态观指导下的旅游规划方法

旅游规划中以生态观为核心，即在旅游规划编制过程中引入生态学的原理，注重旅游产业的可持续发展，崇尚"天人合一"的思想，借助"巧夺天工"的优势，真正做到"以人为本"，并促进人与自然的和谐。

生态观指导下的旅游规划强调景观生态法的应用。景观生态法重在将景观与生态学原理相结合，以生态学原理为基础构建旅游规划的基本框架。国内外学者都非常重视"生态原理"在规划中的应用，将其作为构建和谐景观的基础，力图实现旅游产业的可持续发展。

（二）系统观指导下的旅游规划方法

"旅游系统"的提法已被学界所认同，旅游业是一个开发复杂的系统，从事旅游规划必须以系统化的观点为指导思想，由此产生了一些以系统观为指导的规划方法。

1. 综合法

该方法是在旅游战略规划中采用直接和间接的方法手段，利用二者的互补性，广泛考虑区域和环境的背景，而体现了综合集成的思想。指出应以"从定性到定量综合集成方法"作为指导旅游规划实践的方法论。从系统学的观点来看，可以用开放的复杂巨系统来描述，解决这类系统的问题是从定量到定性的综合集成方法，以及在此基础上上升的综合集成研讨厅体系，该体系由三个部分组成：专家体系、知识/信息体系和机器体系。综合集成方法实质是将专家群体、数据和各种信息与计算机有机地结合起来，构成一个综合体。

2. 系统法

旅游规划的系统法，其雏形是综合动态法。该方法引进了系统论和控制论的方法，并将其用于旅游规划中，通过制定旅游规划及其实施来控制旅游系统。旅游系统为了实现其有效的运行，需要经常与其所在的环境保持物质流、能量流与信息流的输入输出关系，即要经常与其所在的环境进行物质、能量和信息的交换。旅游系统是供给、需求以及相关支持产业组成的复杂巨系统，它包括游憩系统和支持系统，行业系统与管理系统，点、线、面与网络系统等。因此，旅游规划的系统法要从开放的复杂巨系统角度去考虑，避免会失之偏颇、造成"只见树木，不见森林"的缺陷。

3. 参与法

社区居民在旅游资源规划与开发中起到重要作用，社区参与把社区作为旅游发展的主体进入旅游规划、旅游开发等涉及旅游发展重大事宜的决策、执行体系中。社区参与的旅游发展是旅游可持续发展的一个重要内容和评判依据。社区参与法本质上是从系统观的角度来评判以往的旅游规划方法，发现它们缺乏对旅游目的地社区居民的关注。

（三）文化观指导下的旅游规划方法

文化应运用到区域旅游规划上，其意义在于为旅游规划师提供了一种重视文化的指导思想。它有两项重要工作要做，一是采用人类文化学研究方法中被称为"影响分析"的方法，将区域的政治、经济、社会、文化、环境等相关因素都放在一起考虑，对旅游地开发后可能出现的社会文化影响进行评估与分析；二是将社会文化目标融入旅游规划中，提出在旅游规划中对旅游的文化影响进行监督和调控的一种方法。

旅游规划方法的归类分析如图 5-11 所示。

图 5-11 旅游规划方法的归类分析

案例5-5

拈花湾旅游发展规划

作为无锡灵山集团无中生有、从零起步的成功案例,拈花湾非常具有分析价值。灵山小镇·拈花湾(图 5-12),世界级禅意旅居度假目的地,通过建设集旅游、观光、住宿、度假、体验于一体的旅游度假综合体,开创了特色文化旅游的新市场,与国内其他江南古镇形成显著区别,首创了国内以禅意文化为主题的特色小镇。自诞生以来,拈花湾就被外界广泛赞誉。众人皆赞拈花湾,一是小镇内亭台楼阁,无一不精良,可谓风格独特,与禅文化浑然一体;二是理念先进,力求游客沉浸式体验。2019 年拈花湾的客流量为 250.12 万人次,当年门票收入为 1.54 亿元,成为禅意包装之下的在整个长三角区域独一无二的风情小镇。

图 5-12 拈花湾小镇

拈花湾的出现，打破了无锡以往没有旅游目的地爆款产品的局面，不仅拈花湾房间一房难求，周边地区的农家乐、住宿、餐饮也全面被带动、激活。在从观光旅游向度假旅游转换的时代潮流中，拈花湾可谓是旅游小镇产品体系中的佼佼者。

拈花湾位于马山最西部的耿湾，项目规划面积1 600亩，建筑面积约35万平方米，于2015年11月14日开放。拈花湾功能定位是灵山佛教博览园的配套工程，主要为景区提供休闲养生配套，同时小镇还是世界佛教论坛永久性会址。因此，在功能方面，项目规划了主题商业街区、生态湿地区、度假物业区、论坛会议中心区、高端禅修精品酒店区五大功能区。

拈花湾的命名，一方面源于佛经中"佛祖拈花，迦叶微笑"的典故，同时也缘于它所在的地块形似五叶莲花的神奇山水。拈花湾通过三条主要交通道路和水系的组织，规划了"五谷""一街"和"一堂"的主体功能布局，并配以禅意的命名体系，形成以"五瓣佛莲"为原型的总平面。

"五谷"分别为云门谷、竹溪谷、银杏谷、禅心谷、鹿鸣谷，形似五瓣花瓣。云门谷是项目的游客中心、停车场、交通换乘枢纽，是项目唯一的入口。竹溪谷、银杏谷是项目中的禅居区。其中竹溪谷为独栋酒店式公寓；银杏谷位于项目中部，是当年周边自然村落的中心，保留了一些当地的历史遗存。禅心谷是世界佛教论坛的永久会址，主要布局有会议中心及专属病馆等建筑群。鹿鸣谷建设有高端禅文化艺术私人会所。

"一街"即香月花街，位于花心，是拈花湾的核心商业街区，起到连接"五谷"的作用。总建筑面积15.5万平方米，可供出租面积1.8万平方米，入住率96%。业态包含餐饮、娱乐、休闲服务及酒吧。品类则有茶馆、花店、佛教展示厅等，均提供类似于茶道、花道、抄经等体验项目。街道上有13家禅主题客栈，建筑风格不尽相同。

"一堂"即胥山大禅堂，特邀日本隈研吾大师操刀创作设计，是一座可以容纳千人同时参禅的"色空奇观"大禅堂，也是拈花湾的大型景区标志物。

资料来源：搜狐网. 解码拈花湾：从生存到运营，这种成功能复制吗？[EB\OL]. (2020-09-25). https://www.sohu.com/a/420836455_725908.

二、旅游规划方法的比较分析

通过以上三种分类方法，不难看出，指导思想不同，旅游规划选择方法也不相同，具体实施时所考虑的重心也不同。因此，在制定旅游规划之前必须明确目标、确定规划的指导思想，只有在这个大前提下，才能做出符合实践、具有高质量的旅游规划方案。

（一）旅游规划方法的特征分析

1. 生态观指导下的旅游规划方法的特征

1）生态化的规划目的

生态观指导下的旅游规划方法以保护生态为目的，生态效益重于环境效益，并力求在二者间寻找一个平衡点。开发与保护并重，以开发促进保护的力度，以保护来提升开发的可持续性，其规划的最终目的在于构建一个全方位的生态景区，人与人之间、人与自然之间和谐相处。

2）生态化的规划手段

生态观指导下的规划方法注重生态化规划手段的运用，在分析资源时也采用绿色指标，严格以生态化的规划目的为依据，开发工具的使用以不破坏旅游资源与环境为前提。

3）生态理念与方法体系

生态观指导下的旅游规划方法严格遵循"生态观"和"原真性"原则，需要分析旅游资源生态规划的特性，提出了一整套概念体系，明确了生态规划的本质，其提出的方法体系也有助于旅游生态规划的具体实施。

2. 系统观指导下的旅游规划方法的特征

1）系统观指导下的旅游规划方法的具体特征

系统观指导下的规划方法具有严格的全局意识，在规划过程中十分注重整体规划，寻求各方要素的整体效果，整体大于部分之和是规划的最终目的，要素只是为达到整体目标的手段。

2）该类别下的各种方法求同存异

系统观指导下的规划方法并不是指一种方法，只要是以系统观为指导思想的规划方法都可划归此类。它们都注重整体概念，力求实现各要素的优化整合，但是它们的侧重点仍有所不同。

3. 文化观指导下的旅游规划方法的特征

1）文化是旅游规划的灵魂

文化观指导下的旅游规划方法明确了文化因素在规划中起到的显著作用，更将"文化"视为旅游规划的灵魂，给予高度的重视，这有助于以后对文化资源的开发。

2）社区居民在文化传承中的角色

文化的产生与传承都与人息息相关，当地居民是文化的载体，甚至已融入文化，因此研究旅游规划时必须深入考虑当地居民利益需求。只有这样，才能使文化因素在旅游规划中的作用得到最大限度的发挥。

3）旅游过程中的"涵化"现象

"涵化"是双向的，既包括外来游客对当地居民的"涵化"，也包括当地居民对外来游客的影响。文化没有优劣之分，任何文化都有其独特之处，我们在保持自身文化的前提下吸收外来文化的优秀成果将有助于自身文化的提高。

（二）旅游规划方法的优缺点评析

1. 生态观指导下的旅游规划方法的优缺点

生态观指导下的旅游规划方法符合旅游业发展潮流，有助于环境保护，促进人类与自然和谐相处。其提出的一整套概念体系和方法体系有助于生态规划的发展。该类规划方法不足之处是较为复杂，其独特的概念体系在一定程度上影响不同学者的沟通。

2. 系统观指导下的旅游规划方法的优缺点

该类规划方法有着严格的全局意识，依此方法设计的规划方案操作性较强，有助于不利因素间的互补，减少冲突。该类规划方法不足之处在于其过度强调面面俱到，有可能在一定程度上忽略了重点区域的营造，使景区趋于平凡，缺少吸引游客的闪光点，这对一个景区的发展是不利的。

3. 文化观指导下的旅游规划方法的优缺点

该类旅游规划方法高度重视文化因子在旅游规划中的作用，有助于促进景区的人文价值，为旅游规划方法研究和旅游规划实践指明了新的方向。该类规划方法的不足之处是它目前尚未形成系统化的理论体系，国内外学者对文化的理解存在一定差异，尚未形成统一认识，也未概括出旅游规划中文化的本质。

不同类别的旅游规划方法比较分析如图5-13所示。

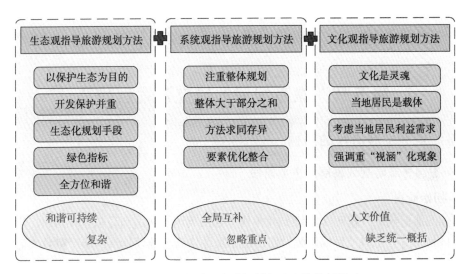

图 5-13　不同类别的旅游规划方法比较分析图示

三、旅游规划方法的选择

（一）明确目标

在旅游规划方法中，方法路线即方向和策略的综合是最上面、最概括的一个层次，实际就是以根据规划目的、原则所确定的规划指导思想来决定规划方法的总体取向，是具体旅游规划项目中规划方法的要旨。在贯彻规划要求的基础上，旅游规划的目的就是规划的实施，只有明确了旅游规划的目的，才能有针对性地选取正确的指导思想，并在此基础上选取符合实践的旅游规划方法。

（二）系统整合

旅游业系统为了维持其行业系统的正常运行，需要相关行业的支持和与相关行业协调发展，这时，与其相关的行业就构成了旅游行业系统的外部环境。旅游业系统在运作时，始终与其所在的环境进行着物质、能量及信息的交换。旅游系统涉及的行业众多，包括工农业、商业、制造业、建筑业、轻工业、金融、文化、教育、园林、科技、卫生、公安等众多物质和非物质生产部门。相应地，旅游规划方法并不是彼此孤立的，从事一项旅游规划不会简单采用一种规划方法，需要在一种主方法的前提下综合采用其他规划方法，这样制定出来的规划方案也更具操作性。

（三）创新理念

旅游规划理念是旅游规划方法的基础，只有不断接受新的思想观点才能不断创新并完善旅游规划指导思想。在区域旅游规划与开发的进程中，创新是推动旅游业战略性作用发挥的重要因素。旅游是一个充满创造力的产业，创新是旅游发展的重要动力，也是旅游产业相比于其他产业的鲜明特质之一。因为旅游就是要追求个性化、特色化、独特化。旅游的价值，仅仅依靠自然资源是不够的，要驾驭"游客的消费能力"，需要对人性的深刻理解，创造出适应游客多种需求的吸引物、游憩方式、旅游产品。旅游的创新不仅仅体现在线路的创新上，还包括产品创新与产业创新、政府管理创新与市场化创新、体制创新与机制创新等。

第五节　旅游规划的研究及发展趋势

一、旅游规划发展历程的回顾

（一）国外旅游规划发展的主要阶段

1. 初始阶段

国外的旅游规划开始于20世纪30年代中期的英国、法国和爱尔兰等国家，当时的旅游规划只是为一些旅游项目或旅游设施作出市场评估和场地设计，并非严格意义上的旅游规划。1963年，联合国国际旅游大会强调了旅游规划的重要意义，随后旅游规划在欧洲和美洲得到了进一步发展，并逐渐推广到亚洲和非洲的一些国家。

2. 过渡阶段

20世纪70年代后，随着旅游业的快速发展，在世界旅游组织的推动下，旅游规划也得到了众多国家的重视，并开始出现了比较系统的旅游规划指导手册和研究著作。1977年，世界旅游组织针对旅游规划的调查表明，在43个成员国中有37个国家有了国家级的旅游总体规划。之后，世界旅游组织还出版了《综合规划》（*Integrated Planning*）和《旅游发展规划调查》（*Inventory of Tourism Development Plans*），前者为发展中国家提供了必要的技术指导手册，后者汇集了118个国家和地区的旅游管理机构和旅游规划调查结果。1979年美国哈佛大学景观设计学博士冈恩（Gunn）出版了《旅游规划》，这是当时比较系统的旅游规划著作。由此，旅游规划开始进入较为正式的研究阶段。

3. 快速发展阶段

20世纪80年代后，旅游规划研究进入了快速发展阶段，各种旅游规划理论和方法都得到了极大的发展。墨菲（Murphy）于1985年出版了《旅游：社区方法》，盖茨（Getz）于1986年发表了《理论与规划相结合的旅游规划模型》，冈恩（Gunn）于1988年出版了《旅游规划》（第二版），道格拉斯·皮尔斯（Douglas Pearce）于1989年出版了《旅游开发》。在上述著作中，他们深入揭示了旅游规划的内涵，并达成共识，认为旅游规划是一门综合性极强的交叉学科，任何其他学科的规划均不能替代它。

在这一阶段中，相关的理论也开始得到整理和挖掘，譬如著名的门槛理论和旅游地生命周期理论等，社区方法和投入产出分析方法也被广泛应用到旅游规划之中，同时各类定量技术研究也得到迅速发展。在史密斯（Smith）、斯蒂芬（Stephen）所著的《旅游分析手册》(Tourism Analysis: A Handbook)中，介绍了多达36种重要的定量分析方法，并对每种方法用于与其他研究手段的关系以及可能产生的疏漏做了较好的阐述。此外，西方主要的旅游学术刊物如：《旅游研究记事》(Annals of Tourism Research)、《旅游管理》(Tourism Management)、《旅游评论》(Tourism Review)和《可持续旅游杂志》(Journal of Sustainable Tourism)等都发表了大量有关旅游开发和规划方面的研究论文。同时，世界旅游组织出版了《国家与区域旅游总体规划的建立与实施方法》，显示出世界旅游组织对旅游规划工作的重视。

4. 深入发展阶段

20世纪90年代初，美国旅游规划学专家爱德华·因斯克普（Edward Inskeep）为旅游规划标准框架的建立作出了巨大贡献。他的两部代表作《旅游规划：一种综合性的可持续的开发方法》(Tourism Planning: An Integrated and Sustainable Development Approach)和《国家和地区旅游规划》(National and Regional Tourism Planning)是关于旅游规划的理论和技术指导著作。与此同时，世界旅游组织也出版了《可持续旅游开发：地方旅游规划师指南》(Sustainable Tourism Development: Guide for Local Planners)及《旅游度假区的综合模式》(An Integrated Approach to Resort Development)等。这些著作的出版使旅游规划的内容、方法和程序日渐成熟。

同一时期，关于旅游规划实施监控和管理也受到了很大的重视，这在因斯克普（Inskeep）的著作中得到了体现，而由纳尔逊（Nelson）、巴特勒（Bulter）、沃尔（Wall）主编的论文集《旅游和可持续发展：监控、规划、管理》(Tourism and Sustainable Development: Monitoring, Planning and Managing)则着重于旅游规划的贯彻和实施过程方面的研究。

此外，1995年举行的首届世界可持续旅游发展大会颁布了《可持续旅游发展宪章》和《可持续旅游发展行动计划》，确定了可持续发展的思想方法在旅游资源保护、开发和规划中的地位，并明确了旅游规划活动需要对可持续发展的观念作出回应。

（二）我国旅游规划的发展进程

我国的旅游规划工作直到20世纪70年代末才开始起步，它以我国中央政府及地方政府设立旅游局为契机，以建设部门开始编制风景旅游城市规划和风景名胜区规划为标志。总体来看，我国的旅游规划进程可以分为四个阶段。

1. 资源导向阶段

20世纪70年代末期到80年代中叶，旅游业在我国兴起，旅游规划也开始起步。我国中央政府和许多地方政府于70年代末开始纷纷成立旅游局，1979年国家旅游总局讨论的《关于1980年至1985年旅游事业发展规划（草案）》是我国最早的旅游业规划，同时建设部门编制了风景旅游城市规划、风景名胜区规划，林业部门编制了森林公园规划等。这一阶段旅游规划的主要对象是各种旅游景区，是一种以资源为导向的开发规划，旅游景区的开发主要以旅游资源的档次和质量为依据，对客源市场的概念还很模糊。与此相应的，旅游规划工作也主要是在地理学家的引导下展开，侧重于对资源的利用与开发。

2. 资源与市场相结合的阶段

从20世纪80年代中后期开始，随着旅游产业地位的不断抬升，旅游规划也在逐步完善，并开始注重旅游市场的导向作用。1986年我国政府将旅游业确立为正式的产业部门，特别是进入20世纪90年代后，旅游业被各级政府定位为国民经济的新增长点甚至支柱产业，旅游规划工作也得到空前的重视。在这一阶段中，旅游规划的工作思路也开始出现转变，强调以资源为基础，以市场为导向，将市场与资源有机结合，在科学评估资源的同时，寻求与其相匹配的客源市场。同时，这一阶段的旅游规划侧重于风景名胜区、历史文化名城规划，园林、建筑、环境和管理等众多学科开始加入规划研究的团队中。

3. 游客导向阶段

自20世纪90年代开始，随着大众旅游的兴起，旅游规划不得不全面重视旅游市场的需求与行为，重视旅游形象的作用，由此也进入市场导向阶段。从1992年开始，一些学者尝试在旅游发展规划中引入游客需求与行为分析，重视游客的行为偏好与可进入性，重视旅游市场的开拓。特别是这一阶段中，旅游规划开始导入旅游形象策划，以增加旅游景区（点）在目标客源群体中的吸引力，扩大旅游知名度，提高旅游区域竞争力。

4. 综合规划阶段

进入21世纪以来，随着《国务院关于促进旅游业改革发展的若干意见》的发布和《"十四五"文化和旅游发展规划》的制定，旅游规划工作受到更大的重视，越来越多的地区为了发展当地旅游业、吸引更多的客源、扩大市场的影响力，纷纷编制旅游产业发展规划。同时，越来越多的研究机构和研究人员加入旅游规划的热潮中，这些来自不同学科的专家学者给旅游规划带入更多的视角，引入更多的方法，极大地扩展了旅游规划的知识体系，形成了旅游综合规划观。

在这一阶段中，建筑工程学专家引入景观规划、建筑规划的严谨体系；地理学专家们引入地理测算、资源调查的技术方法；生态学专家导入生态保护和景观安全理论；旅游学专家则强调旅游行为分析与旅游经济相关的理论。

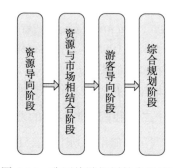

图5-14 我国旅游规划的发展进程

我国旅游规划的发展进程如图5-14所示。

二、旅游规划的发展趋势

旅游规划对于一个地方旅游资源的管理、保护与开发，以及地方旅游业的持续、健康发展具有重要的意义。随着未来学科的发展、技术的进步和政府管理水平的提高，旅游规划也将得到快速的发展，并呈现一些新的趋势与特点。

（一）规划编制的规范化

当前，全国许多省、市、县都纷纷聘请国内外专家编制地方旅游发展规划。在这种背景下，与之相关的各类旅游规划编制单位也大量涌现。但很多编制单位的规划成员构成具有一定的随意性，规划的技术标准也不统一，极大地影响了旅游规划编制的质量。随着未来政府对旅游规划编制的重视与相关规划管理条例、管理办法和技术标准的出台，以及旅游规划市场的竞争越来越激烈，旅游规划编制将更加地走向规范化，包括：①旅游的工作程序、技术标准将更加科学化、规范化与统一化；②旅游规划编制队伍更加专业化，规划人员的知识结构更为复合化，他们接受过旅游规划相关学科的专门训练，对旅游规划的各个领域与规划过程有深入的理解。

（二）规范技术的整合化

随着旅游业向其他产业的延伸，旅游服务要素构成也日益复杂，相应地，旅游规划涉及的学科门类也越来越多，涉及的行业知识也越来越广。由此旅游规划的技术要求也越来越高，需要整合更多的学科方法和现代技术，如旅游产业统计方法、生态影响评估方法、市场预测方法，地理信息系统（GIS）、遥感分析技术、数据库技术、图件制作、动画展示、虚拟技术等，它们的创新性发展与整合运用将快速提升旅游规划的水平。

（三）规划层次的有序化

随着各地方、各部门对规划的重视，旅游规划的编制、管理与监督也走向有序化，主要表现在以下三个方面：第一，旅游规划遵循自上而下的原则，即旅游规划是城乡总体规划下属的专项规划，要与国民经济发展规划、城乡总体规划、土地利用规划相适应；第二，旅游规划要与同一层次的相关规划做好衔接，如与交通规划、环境规划、商业规划等其他类型相互协调，避免重复性建设；第三，旅游规划自身层次的合理化，从内容上表现为"旅游策划——旅游总体规划——旅游详细规划"的技术体系，从空间上遵循"区域旅游规划——旅游区（点）规划——旅游项目规划"三级控制体系，下位规划必须以上位规划为总纲和依据。

（四）规划实施的协作化

由于旅游规划是一项跨行业、跨部门的综合行动方案，在实施过程中往往存在权责不明、缺乏协调机制等问题。为此，旅游规划在实施与监督中将更加强调相关部门的协同努力，加强部门之间的分工与合作，建立旅游发展协作机制，共同推动旅游规划的有效实施。现阶段，旅游规划实施的区域协作是在大合作区域内，围绕着旅游者的空间流动，合作各方采取各种措施促进资本、劳动力、物资和信息等生产要素的空间流动和优化配置，试图实现经济效益、社会效益和环境效益的最优。

旅游规划的发展趋势如图5-15所示。

图 5-15　旅游规划的发展趋势

本 章 小 结

本章对旅游规划的基本内容进行详细阐述，包括旅游规划的基本理论、基本类型、基本方法、研究发展趋势等，并以国外旅游规划案例进行辅助描述。

复习思考题

1. 旅游规划的基本理论包括哪些？
2. 旅游规划的基本类型有哪些？
3. 旅游规划的基本方法是什么？
4. 我国旅游规划的研究发展趋势是什么？
5. 试以案例说明旅游规划的基本内容。

即 测 即 练

自学自测　扫描此码

第六章 旅游规划与开发的导向模式

学习要点及目标

1. 掌握旅游资源开发的资源导向模式。
2. 掌握旅游资源开发的市场导向模式。
3. 掌握旅游资源开发的形象导向模式。
4. 掌握旅游资源开发的产品导向模式。

旅游规划与开发的发展过程在时间上大致可以分为几个不同的阶段。在各个不同的发展阶段中,人们形成了各异的旅游规划与开发理念。相应地,在这些理念的指导之下,旅游规划与开发呈现出不同的导向模式。总的来说,旅游规划与开发的发展经历了以下几个阶段:资源开发阶段、市场开发阶段、形象塑造阶段、产品开发阶段。

资源开发阶段是旅游规划与开发所经历的第一个阶段,此时人们对旅游规划与开发的认识还只是停留在过分注重旅游资源品质的层面上。旅游资源成为旅游规划工作者关注的焦点。在这一阶段,旅游规划与开发已明显地表现出旅游资源导向的特征,因而称之为资源导向型的旅游开发模式。市场开发阶段是旅游规划与开发演进到一定程度,人们对市场在旅游业中的重要性有了较高的认识之后出现的一个新阶段。在这一阶段,旅游规划工作者不仅注重旅游资源的开发,而且将更大部分的精力放在对旅游市场的分析上,以期能通过市场的开发来带动区域旅游业的快速发展。此时的旅游规划与开发模式可称之为市场导向型的旅游开发模式。在形象塑造阶段,人们形成了一种整体开发的理念。在这种整体开发理念的指导下,旅游规划工作者尤其注重旅游地整体旅游氛围的营造,突出旅游地的主题形象和特色,以便旅游地对外宣传营销和加深旅游者对旅游地的总体感知。该时期呈现出的即是形象导向型的旅游开发模式。产品开发阶段是指旅游业发展到一个较高的层次之后,人们不仅满足于简单观光型的旅游活动和旅游资源的浅层次开发,而且需要更具有吸引力的旅游项目和主题活动。该阶段中,这种强烈的市场需求迫使旅游规划工作者将规划的重点转向旅游产品及项目的开发和创意上。此时呈现出的就是产品导向型的旅游开发模式。

本章拟从上述四个发展阶段入手,对各个阶段的旅游规划与开发的导向模式逐一做简要的分析和介绍。

第一节 资源导向模式

一、资源导向模式产生的背景

（一）资源导向模式产生的社会背景

资源导向模式产生于旅游规划与开发的早期。此时，旅游还尚未成为人们生活中的重要组成部分，旅游活动的开展也并不普遍。这一阶段大致相当于我国 20 世纪 70 年代末改革开放之初的一段时期。由于该时期旅游活动的开展不频繁，对旅游规划与开发的研究不太为人们所重视，因而其研究还处于一个比较初级的阶段。从事旅游规划与开发的工作人员也不是纯粹的旅游工作者，大部分只是从与旅游相关或相近的专业转行而来的专家学者以及相关的开发者。这些学者和业界人士由于受到其专业的限制，在进行规划时难免会带上很深的本专业的烙印。严格说来，该阶段中对旅游地的旅游规划与开发是不全面的，甚至没有系统的规划内容在里面，充其量只能称之为旅游资源的开发。这就使得这一时期的旅游规划与开发只具备一种单一的开发理念，即只注重对旅游资源本身的分析和开发利用，而难以借鉴其他方面的先进经验。

（二）资源导向模式产生的实践背景

由于资源导向模式的局限性，使得地理学的一些相关理论成为旅游规划与开发初级阶段中唯一的也是最重要的基础理论。地理学是一门理论积淀深厚的基础学科。在我国旅游业发展之初，地理研究工作者运用地理学的理论对旅游资源进行了系统而广泛的研究，积极参加了全国各地旅游资源的普查和旅游规划与开发的一系列实践工作，并依据区域开发理论中的"地域综合体"的思想和当时正在兴起的"区域发展战略"的系列研究成果，对旅游规划与开发的基本概念和内涵提出了一些卓有成效的见解，从而形成了具有地理学特色的旅游规划与开发的基础理论。

二、资源导向模式的内容

（一）资源导向模式关注的焦点

旅游规划与开发的资源导向模式关注的焦点集中体现在旅游资源的调查、分类评价以及对这些旅游资源的开发规划等方面，这是由当时的旅游业发展水平及其在国民经济和社会发展中的影响决定的。

首先，旅游普及问题。我国在改革开放之初旅游还未成为人们生活休闲的一个重要组成部分。这一阶段我国的旅游业尚未独立出来，仅被当成外事接待活动来安排，完全没有经济性的目标。无论是从旅游者还是从旅游开发地来看都没有表现出多少开发热情和必要的需求。这样的环境当然无法激起旅游规划工作者的研究热情，因而其开发的目标和关注的焦点就只能集中在旅游资源上，对旅游者的需求和旅游开发地的各种利益很少加以考虑。

其次，旅游市场问题。如果旅游市场尚未形成，那么旅游者和旅游企业就不能成为旅游活动的主体。在缺乏"看不见的手"引导的情况下，旅游资源开发和合理配置的效率是十分低下的。此时，旅游规划与开发人员的市场意识也是十分淡薄的，难以从市场需求角度来寻求旅游资源开发的新思路，因而只能从研究者的专业角度出发来对旅游资源作出基本的评价和开发安排，可能导致旅游资源规划理论与实践的脱节。

最后，旅游规划问题。旅游规划与开发人才的缺乏也是导致该时期旅游规划与开发焦点仅能集中于旅游资源本身的原因。在旅游业发展的初期，一方面，旅游教育没有得到应有的重视，导致旅游专业人才的极度匮乏，使得旅游规划与开发的体系不够系统完整，很难对旅游活动中涉及的食、住、行、游、购、娱等方面进行统筹的开发规划，因而只能停留在旅游规划与开发的基础层面，即对区域旅游资源进行评价和开发方面。另一方面，对旅游规划的重视不足，早期的旅游规划过于强调资源导向特点。随着旅游资源开发的深入，这种以资源为导向的规划模式越来越难以适应市场的需要。例如，旅游度假区的规划，大都由城市规划设计部门完成，套用城市规划模式的痕迹重。这些规划侧重硬件建设规划，而对旅游地的定位、目标市场确定、市场需求预测、形象策划以及旅游影响等一系列旅游规划中的重要部分重视不够或完全忽略，结果出现了一些非常城镇化的度假区规划和建设。

图 6-1 资源导向模式关注焦点的原因分析

资源导向模式关注焦点的原因分析如图 6-1 所示。

（二）资源导向模式的规划思路

资源导向模式的一个重要学科理论基础就是地理学。在地理学的区域开发理论中，区域旅游是一个十分重要的概念。所谓区域旅游就是在旅游资源分布相对一致的空间内，以旅游中心地为依托，依据自然、地理、历史等条件和一定的经济、社会文化条件，根据旅游者的需要，经过人工的开发和建设，形成有特色的旅游空间区域。旅游规划与开发是发展区域旅游的基础，对区域旅游的发展具有十分重要的意义，它是从区域旅游整体的自然、经济、社会、交通和区位等条件出发，对旅游空间的各要素进行综合性的统筹开发规划。

旅游规划与开发在不同类型的旅游区域内，其规划的内容和重点是不同的。对于那些旅游资源赋存丰富、旅游业发展较为成熟，或那些具有潜在旅游发展条件的地区，其规划与开发必然会涉及对区域旅游发展战略的研究，必然要包括旅游发展的战略目标和相应策略的研究。毋庸置疑，在制定区域旅游发展战略时，必须以旅游资源结构为基础，充分考虑社会经济条件的影响，从而确定该区域的长期发展规划。因此，该导向模式下的规划思路就是从本地旅游资源的基础情况出发，制定适合本地旅游发展的开发计划和进行旅游业发展战略的研究。

（三）资源导向模式的特征

资源导向模式是旅游规划与开发的一种基础导向模式，它是以旅游资源的评价和开发为主要内容，在开发时从旅游资源的赋存状况入手，根据旅游资源的空间分布和类型结构的组合情况来确定其开发方式。具体而言，旅游资源导向模式具有以下几项特征。

1. 基础性特征

旅游资源是旅游业发展的基础性要素，在旅游资源导向开发模式中，旅游资源被置于十分重要的位置，旅游规划与开发工作都紧紧围绕旅游资源的分类、评价以及特色分析而展开。这样一种紧紧围绕旅游资源进行的旅游规划与开发模式自然也就体现出较强的基础特征。

2. 主观性特征

这里所谈到的主观性与一般意义上的主观性不同，并非指在旅游规划与开发的资源导向模式中人们想当然地进行开发。实际上，该模式的主观性特征是指旅游规划与开发仅从本地旅游资源的赋存情况出发，而不考虑旅游市场需求、周边地区的竞争与合作的关系以及优势互补的模式，实行的是从资源到产品的开发路线，而非现在的由市场到产品的模式，主观性的主体不是旅游规划者而是旅游地的实际情况。

3. 局限性特征

由于资源导向模式具有主观性的特征，因此，不可避免地显现出一定的局限性，该局限性主要表现在区域上。即对旅游资源过分深入细致的研究会导致旅游规划与开发时，以单个旅游资源类型为出发点来强调旅游产品的优化和组合，而忽略区域内各种类型旅游资源的综合开发以及区域外部的合作开发，缺乏整体综合开发和系统开发的理念。

三、资源导向模式的适用范围

虽然资源导向模式较为初级和简单，但在现实的旅游规划与开发工作中，还是具有一定指导意义的。

由于资源导向模式是以分析旅游开发地的资源特色和品质为主，而对市场、政策、开发配套条件等方面考虑相对较少。因此，资源导向模式主要适用于对旅游资源品位高、吸引力较强的传统旅游开发地。而这种区域由于旅游资源的品位较高而吸引了众多慕名而来的旅游者，即使没有经过开发，也往往具备较好的区位条件和基础设施条件。因此，这些旅游地规划与开发的重点就不仅在于旅游市场的选择、配套设施的建设以及旅游业人力资源的开发，而且在于通过何种方式深度开发旅游资源，使得旅游资源所蕴含的价值被最大限度地挖掘出来。

资源导向模式产生的背景、内容、适用范围如图6-2所示。

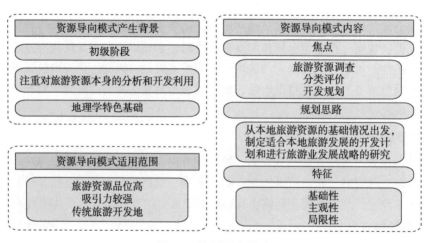

图6-2 资源导向模式

案例6-1

乡村度假胜地的核心卖点是什么？

湖州市是浙江省下辖地级市，借着得天独厚的交通、生态、文化、物产优势，大力发展乡村旅游、生态旅游，涌现出"上海村""洋家乐""渔家乐"等一批富有个性的乡村旅游产品，成为乡村旅游特色化国际化"湖州模式"。

湖州市德清县已营业的国际乡村旅游新业态"洋家乐"已达70余家，其中裸心谷、法国山居、后坞生活、隐居莫干、上物溪北、小木森森等远近闻名，在其间可以享受乡村宁静，也可体验到欧美风情。

湖州市长兴县集中了300多家农家乐，是远近闻名的浙北"上海村"。众多的农家乐中，富有特色的有顾渚农家、茅草屋、紫笋山庄、木家庄、恒德园林、水口天地酒店和芭堤雅度假村等。当地特色的八大碗让人流连忘返，地道的农家菜、特色的民宿让人心心念念。

湖州市安吉县聚集了以中国大竹海、江南天池、藏龙百瀑、天下银坑景区、董岭农家、山川风情为核心，集中了天文科普基地、户外拓展基地、影视基地、冬季野外滑雪场、溪涧漂流、旅游度假村、农家乐度假等多种产品。在这里能够感受竹海深处的美丽乡村，体验代代相传的耕读文化。

湖州风光如图6-3所示。

图6-3 湖州风光

资料来源：北京江山多娇规划院.世界十大乡村度假胜地的核心卖点是什么？[EB\OL]. (2019-07-26) https://www.sohu.com/a/329438296_100194724.

第二节 市场导向模式

一、市场导向模式产生的背景

（一）市场导向模式产生的社会背景

市场导向模式产生于旅游规划与开发的发展时期。在市场导向模式时期，旅游活动的开展日益频繁，国内和国际间的旅游和交往活动日益增多，旅游作为一种休闲生活方式已经走入人们的生活当中。旅游活动的巨大经济效益初步为人们所认识，旅游业已经成为世界上公认的新兴朝阳产业。随着旅游人数的增加，旅游市场也逐渐形成并达到一定的规模。

随着旅游业的迅速发展，人们对旅游业的关注程度逐渐提高，训练有素的旅游专门人才也开始大量涌现，参与旅游规划与开发的人员的专业背景也出现多样化趋势，旅游、地理、历史、经济、管理、工程等方面的专业人才都被融合进了旅游规划与开发的研究之中。在这样的背景下，旅游规划界研究的问题出现了一些变化，其中一个明显的变化就是研究问题的范围有了很大的扩展。该阶段研究的重点除了关注旅游资源的开发，还增加了对于旅游市场相关的问题的研究。研究范围的扩展极大地丰富了旅游规划与开发的研究内容，并且逐渐显示其重要性。旅游开发的市场分析与定位已成为旅游规划与开发必不可少的内容，市场导向成为这个时期规划与开发的重要特征。

（二）市场导向模式产生的实践背景

进入 20 世纪 90 年代之后，随着旅游业的发展，全国各地都意识到发展旅游业的必要性，特别是一些地方政府开始感到发展旅游业与增强地方的开放性和投资吸引力有着十分密切的关系。于是，一些旅游资源特色并不突出的地区也非常乐于发展旅游业。从理论上来讲，发展旅游业必须以一定的旅游资源特色为基础，进行综合开发，才能获得成功。然而事实上，一些地区尽管本身没有什么具有特别吸引力的旅游资源，但它们凭借自身拥有的区位优势和广阔的客源市场，通过创造性的开发，也获得了较大的成功。

这种与传统的主要依赖旅游资源优势大相径庭的旅游开发理念和开发模式的成功使人们开始提出疑问：旅游规划与开发真的必须依赖传统旅游资源基础吗？另外，经济的发展也进一步提高人们的市场意识，旅游规划与开发界也开始反思原有的规划理念和模式，探讨适应当前市场经济模式的旅游发展规划，认为它最原始的出发点应该是了解旅游市场的需求，其中潜在的需求可能比现实的需求分析和把握更重要。因而，对旅游市场中现实和潜在需求的研究及预测变成旅游规划与开发中不可缺少的组成部分。

因此，旅游规划方案不论是游览型旅游线路设计、人工游乐景观和旅游度假区的综合与深度开发，还是特种旅游与专项旅游活动项目，都是针对客源市场而规划设计的不同特色的旅游"产品"。客源市场的定位与游客的旅游需求分析是现代旅游规划中的一部分，而目标市场的选择一定要做到定位和规模的明确化，包括市场细分、客源量的分析与计算、淡旺季差别的研究、客源旅游活动组织等。旅游活动项目的开发设计一定要针对已经定位的客源市场游客的消费偏好、消费水平与消费方式。即针对既定的客源市场，要从分析其群体背景如经济发展程度、人口特征和政治制度以及个体特征如收入、职业、带薪假期、受教育水平、生活阶段、个人偏好等入手，这些需求特征，决定了旅游地开发的规模、结构和方向。

二、市场导向模式的内容

（一）市场导向模式关注的焦点

市场导向模式所关注的内容就在于旅游市场，并且整个旅游规划与开发都要以市场为研究的核心，一切规划都要以市场的需求分析为前提。尽管如此，旅游规划与开发并非只关注市场这一要素，而对其他要素置之不理。实际上，关注市场分析的基础仍然是注意本地的旅游资源赋存状况和特色，其规划与开发是将旅游市场的需求与当地的旅游资源相结合，针对市场上各种需求类型，开发出相应的旅游产品以满足不同旅游消费者的需要，以获取最大的经济效益、社会效益和生态效益。

旅游市场需求分析之所以成为旅游规划与开发关注的重点是由以下因素造成的。

一方面，市场经济的发展促使人们观念上发生转变。市场经济体制主体地位的确立使得价值成为衡量产品的关键性指标，而价值只有通过市场才能表现出来。在这种情况下，人们的思想关系有了较大的转变，他们认识到旅游规划与开发是一项经济性的社会活动，要想使旅游规划与开发获得较大的经济效益，必须满足市场的需求、得到市场的认同。因此，对旅游市场中的现实和潜在需求的分析就成为保证旅游规划与开发经济效益的前提条件。

另一方面，经济利益的驱动。市场经济条件下旅游市场中的主体，包括需求方和供给方，均为利益驱动型的"经济人"。需求方即旅游消费者要求自身需求被最大化地满足，或者说是效用最大化；而供给方即旅游规划与开发实际主持者与承担者则要求自己所生产的产品在市场上获得最大化的经济效益。于是，旅游规划与开发就要根据旅游者的货币选票，旅游消费者需要什么样的旅游产品，就为其设计和开发什么样的旅游产品。

（二）市场导向模式的规划思路

以市场导向模式为指导的旅游规划与开发的思路不是有什么资源便开发什么，而是市场需要什么便开发什么。于是，"客源市场分析"作为一项重要的内容出现在旅游规划的报告中。但是，要真正理解市场导向的含义，就必须在实际的旅游规划与开发工作中以市场需求为中心。然而，并非所有的旅游规划都能做到以市场为导向。目前有些规划往往是以市场导向为标签，在对旅游资源进行评估、分析时，仍然就资源论资源，缺乏对旅游资源的市场价值的评估，而游离于市场需求的边缘，甚至是旅游开发与市场分析形成两张皮，旅游规划与开发市场导向名不符实。而且，大多数的旅游规划与开发对旅游市场的分析过于概念化和简单化，缺乏对本地旅游市场的细分，更缺乏对旅游市场的定位。

所谓的市场导向模式主要体现在通过市场分析为旅游地提供开发方向，让旅游资源的开发与市场需求进行有效的对接。旅游地的规划与开发有了市场需求的引导才能最大限度地发挥区域规划的综合优势，通过满足旅游消费者的需要而获得最大的经济效益和实现区域旅游的可持续发展。

（三）市场导向模式的特征

1. 敏感性特征

市场导向模式是在对本地旅游资源进行科学认识的基础上，兼顾旅游市场需求的一种旅游规划与开发模式。因此，旅游市场的变化性决定了该模式不可避免地带上敏感性特征。在旅游市场中，变化是常态，多变的市场环境、市场需求决定了不同时期开发出的旅游产品是各异的，为了满足旅游消费者的多变需求，旅游规划与开发工作者必须对需求的趋势十分敏感。

2. 客观性特征

该模式的客观性特征是和旅游规划与开发的资源导向模式的主观性特征相对的。这里的客观性包括两层含义：其一是该模式下的旅游规划与开发工作仍然是在科学评价旅游资源的前提下进行的，其二就是旅游产品的设计和开发以客观实际的旅游市场需求为依据。

3. 组合性特征

市场导向模式对市场的强力关注决定了旅游规划与开发工作者的眼界比资源导向模式时期更为广阔。市场导向模式下的旅游规划与开发不仅注重了本地各种旅游资源的组合开发，而且对区域间的经济联动性有了一定的思考，规划时能将区域市场中的竞争与合作有机结合，在竞争中求合作，以合作促竞争。

4. 经济性特征

旅游消费者构成了旅游市场，市场分析是现代旅游规划中不可缺少的一部分。现代旅游规划成功的关键在于市场定位的准确，区位集聚效应分析基础上"出奇"和"抢先"制胜则是景点及酒店投资和创意策划的关键。制定市场规划，其中最主要的是处理好需求与供给的关系。细分旅游市场，需要考虑以下三方面内容：一是旅游市场的有形属性，包括市场的规模、地理位置、消费者人口特点（如年龄、性别、职业）等；二是消费者的行为特点，即游客旅游活动的行为特点；三是市场的质量，包括消费者的消费水平、消费偏好和消费态度等。由于各个旅游地提供的"产品"不一样，所以一个旅游地的形象只能吸引旅游市场中的一部分游客。一般一个旅游地规划都把市场划分为主体市场（目标市场）、第二市场和机会市场。因此，旅游企业首要的任务是选择本企业应吸引的细分市场，从远处来的游客所组成的细分市场较大，他们花费较多，因此能为旅游企业提供较高的经济效益。

市场导向模式产生的背景、内容如图6-4所示。

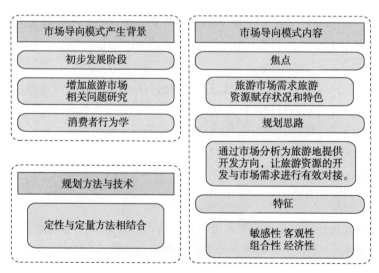

图6-4 市场导向模式

全方位服务福建文旅品牌建设

福建省委省政府为服务和打造"清新福建"全域生态旅游品牌,主导推出的国内第一个省级文旅专业电视频道:福建电视台旅游频道。作为国内最早尝试"文旅+广电"深度融合创新,服务地方文旅品牌建设的专业电视媒体,承担在国内外传播"清新福建""全福游 有全福"文旅品牌的重任。

2020年,面对新冠肺炎疫情对文旅行业造成的巨大影响,福建旅游频道积极发挥自身媒体资源优势,立足文旅特质,加强专属内容规划与创意创制,以"文旅+直播""网络+电视"的创制方式,深度展现福建全域生态旅游建设成果。

围绕福建文旅传播发展需要,根据互联网视频传播趋势,设定节目创制形态。主打节目《清新福建文旅报道》《主播旅行社》《你好,旅朋友》《清新微记录》等,以"文旅+直播""网络+电视"创新融媒体创制形式,实现高度互动、融合传播、便捷拆条。《清新福建文旅报道》节目获评2019年第九届中国电视满意度博雅榜地面文教栏目十强,年播出文旅资讯2 000多条、3 500多分钟。《主播旅行社》推出"遇见乡村""方言欢语""县长带你游"等系列真人秀节目,以网络直播+电视端播出方式,展现福建特色乡村风情、地域文化,传播效果显著。"遇见乡村"直播观看人数单期最高55万人次,微博话题#县长带你游龙岩#阅读量3 793.4万人次。

同时,还以短视频为突破点,建设融媒体传播矩阵,以创新优质内容,助力福建文旅行业推广。构建涵盖抖音、微信、微博、小红书、马蜂窝等顶尖流量平台在内的动态融媒体传播矩阵,实现短视频内容的网络同步分发。同时扩大电视平台覆盖,通过媒体合作,实现在江西、广东、广西等电视媒体落地,提升"清新福建"旅游品牌的对外传播。

由其发布的象鼻湾短视频,收获4 700万人次+播放,181万次点赞,6.5万条评论,成为2019年度抖音平台现象级爆款,带动平潭象鼻湾成为当地新晋的"网红"景点。精准把握旅游目的地"爆红"潜质,通过短视频创制优势,有效提升辐射力,全面服务福建文旅品牌传播。

随着互联网+营销的不断覆盖与升级,如何打通全渠道营销成为文旅融合不断尝试与突破的关键点。福建卫视依托文旅电视频道的专业性,用"文旅+直播""网络+电视"的深度融合方式,全方位打造"清新福建"的文旅品牌。无论是深入基层的电视节目,还是短视频为突破点的媒体合作,甚至是以公益带动文旅品牌并结合社交媒体进行线上线下同步传播的口碑活动等,都对文旅品牌全渠道推广营销具有相当大的启发。

"清新福建"不再是一句死板的口号,而是随着一条条视频、一次次互动、一个个热搜,成为游客心中有温度的文旅品牌。

资料来源:旅业链接.这些案例,唤醒了中国的文旅力量[EB\OL]. (2021-02-03) https://www.sohu.com/a/448558376_817998.

第三节 形象导向模式

一、形象导向模式产生的背景

（一）形象导向模式产生的社会背景

由资源导向、市场导向到形象导向，旅游规划与开发所包含的内容由简单到复杂，所参考的理论依据由单一到多元，参与规划编制的研究人员的学科背景同样呈现出复合型的趋势。总体说来，形象导向模式是旅游规划与开发进入演进发展阶段时开始出现的一种创新化的开发模式。

在旅游规划与开发演进发展阶段，大众化旅游的普及度越来越高，可供旅游者选择的旅游目的地数量也在增多，旅游市场上呈现出异常激烈的竞争态势。在这种激烈的市场竞争环境中，各旅游企业或旅游目的地均面临旅游增长乏力、经济效益不佳的困境，这一状况与世界旅游业的迅猛发展形成了鲜明的对比。面对这种状况，人们开始寻求旅游规划与开发的新模式来推动旅游业的可持续发展。

（二）形象导向模式产生的实践背景

在形象导向模式出现之前，旅游规划与开发的实践通常都是依靠高质量的旅游资源以及满足旅游者消费需求的旅游产品来进行的。但是，随着旅游规划的进一步发展，旅游规划工作者认识到，一流的旅游资源和符合市场需求的旅游产品，并不是处处可得的，而且他们发现旅游者对旅游目的地的选择并不总是决定于上述因素，旅游开发地的知名度、美誉度、认知度以及影响旅游地形象的某些因素可能更为重要。旅游规划与开发工作中应当优先解决待开发地区的旅游综合形象定位问题。为此，在进行旅游规划之前应研究旅游者对旅游目的地的认知状态，并设计出一整套能有效地传播旅游地目标形象的方案，只有这样的规划与开发才能适应不同类型旅游开发地的要求。正是在这种背景下，旅游规划与开发出现了新的变化，旅游形象定位和策划成为旅游规划与开发的重要内容，甚至在某些旅游规划与开发中形象策划与定位成为唯一目的。应该说，这一发展变化与当前世界上旅游规划的发展趋势是基本一致的。

此时，旅游规划与开发便进入了一个全新的时期，即以区域旅游形象为导向的规划与开发模式时期。

二、形象导向模式的内容

（一）形象导向模式关注的焦点

形象导向模式是从系统开发的角度，对旅游目的地进行整体的形象策划和旅游业发展规划，它通过对目的地旅游形象的塑造与提升来达到区域内旅游资源的有效整合和可持续开发利用的目的。该模式中关注的焦点问题包括旅游地的综合开发以及旅游地的整体形象塑造与提升。

1. 旅游地的综合开发

形象导向模式是将旅游地作为一个有机的系统来进行形象设计和推广。系统论认为，系统是由一组相互依存、相互作用和相互转化的客观事物所构成的具有一定目标和特定功能的整体。实际上，旅游就可以被视为一个系统，因为它是游客通过旅游媒介达到旅游目的的旅游活动系统，其构成要素有：旅游活动的主体——游客，旅游活动的客体——旅游产品以及为旅游活动提供各种服务的旅游中介组织。那么旅游地也就具有了一个完整的系统，即在一定的区域直接参与旅游活动的各个因子相互依托、相互制约而形成的一个开放的有机整体。这些因子都是相互影响、相互制约的，旅游地系统中任何一个部分的变化都会导致整个系统的变化。

因此，在旅游规划与开发时，规划工作者要关注如何将旅游地系统的各个组成部分综合起来共同开发，以实现协调发展，获得经济效益、社会效益和生态环境效益的目的。一般说来，旅游规划与开发是将旅游地系统的各个部分按照其内在的功能联系，组合而成为一个开发的整体，并对该旅游地综合体进行包括市场、资源、产品、形象、营销、环境、人力、资本等内容的全面综合开发，使旅游地的开发与其今后的经营和管理达成一致，并促进旅游地产业结构的调整和升级。这也是旅游开发地今后能够保持持续稳定发展的关键之所在。

2. 旅游主题形象的塑造与提升

从旅游心理学的角度来看，旅游者对旅游目的地的认识首先要通过感觉器官形成一定的初始印象，然后才有可能进一步进行考察和研究，进而选择其作为旅游目的地。可见，在旅游地的发展过程中，旅游者对旅游目的地的选择不是受制于客观环境本身，而是由于旅游地给旅游者认知形象的影响。因此，旅游规划与开发中要使旅游开发地取得良好的经济效益，就必须对旅游地的旅游主题形象进行统一的设计策划和传播规划，这是形象导向模式条件下旅游规划与开发工作中另一个需要关注的焦点。

旅游地的形象塑造是一项十分复杂的工作，它包括的内容十分繁杂，从形象塑造的工作程序来看，在进行旅游规划与开发时要着重关注以下方面的内容。

首先是旅游形象的调查。旅游形象的调查是旅游地形象设计和塑造的基础，旅游形象调查的主要内容是：旅游地形象的现状调查和识别，即在旅游者当中了解人们对该旅游地的认知情况，看旅游地在旅游者的心目中是一个什么样的旅游形象，由于这个形象是旅游者现存的心理认知，可以为未来旅游地整体形象的塑造提供依据和参考。在对旅游地形象的现状进行调查时主要从两个方面开展工作：其一是调查旅游开发地的现有旅游形象的构成要素；其二是调查旅游者获得对旅游地心理感知信息的渠道。这两项内容将提供塑造旅游地形象的元素和传播旅游地形象的途径。

其次是旅游地形象的设计和策划。旅游地主题旅游形象要依据上述调查的结果进行定位和开展具体的设计。形象设计的内容包括旅游地的形象识别系统，如旅游口号和旅游标志的设计以及旅游地旅游企业的形象策划、旅游地形象传播的途径和媒介策划等。

最后是旅游地形象的提升。即在完成初步的形象设计之后，对旅游地的各项资源进行整体的形象整合，整合和提升旅游地形象的途径主要是媒体的传播和各种旅游节庆活动的开展。通过形象整合使旅游者心目中产生一个清晰的、生动的、富有吸引力的旅游形象。

(二)形象导向模式的规划思路

在对旅游地的深入开发研究中,系统开发理论和综合开发理论成为指导旅游规划与开发的重要理念。它要求规划工作者从整体的角度对旅游地进行深入的思考,即将旅游地的资源评价、主题选择、形象塑造、市场定位、营销策划等作为一个有机的系统来进行,使上述部分围绕着一个共同目标而发挥作用。这样的一种旅游规划与开发的理念必然会使旅游地形成一个完整统一的旅游形象,并通过适当的渠道在旅游市场中传播。而鲜明的旅游形象将更能获得人们的关注。这样的旅游地也就能在激烈的市场竞争中占据有利的竞争地位,迅速摆脱低速发展的态势,进入新一轮高速增长的时期。因此,形象导向模式下的旅游规划与开发思路是以旅游地的综合形象来满足市场需求,走的是"资源—形象—市场"的发展思路。

(三)形象导向模式的特征

1. 系统性

形象导向模式的系统性特征主要包括如下两层含义。

首先,把旅游地的规划与开发作为一个整体系统来看待。开发的对象不仅集中于旅游资源,而且旅游地的企业和人力资源也是开发规划的对象,即在旅游规划与开发时,要对旅游地内为旅游活动提供食、住、行、游、购、娱等服务的旅游企业和部门进行统筹规划,为其发展制定一个中长期规划,同时为了保证旅游系统发展的可持续性,还必须对旅游地的旅游人力资源开发制定长期规划。可见,旅游地的规划与开发是一个繁杂的系统工程。

其次,旅游地形象的塑造具有较强的系统性。从形象的塑造上来看,旅游地形象塑造要综合考虑其历史形象、现实形象以及随着旅游地的发展可能出现的未来形象。并且旅游地主题形象需要一系列的辅助形象和活动予以支持,这些均体现了旅游地的形象塑造是一个系统化的工作。

2. 稳定性

旅游规划与开发对旅游地形象的塑造是在经过综合考虑,并充分分析区域内外环境之后进行的,因而其设计的形象要在规划期内通过适当的手段不断强化,并在今后的一段时期内努力维持并促进形象的提升。所以在形象导向模式中,旅游规划与开发所指定的旅游地形象塑造战略应该具有相对的稳定性。

3. 主题性

由于形象导向模式是从旅游地的主题形象塑造入手来进行旅游规划与开发的,因此主题性特征就成为形象导向模式的重要特征。该特征最为突出的表现就是在塑造旅游地形象时,要充分体现该旅游地的主题和特色,并在推广形象时紧紧围绕该主题形象,使旅游消费者能切实感受到其鲜明的旅游形象。

形象导向模式产生背景、内容如图 6-5 所示。

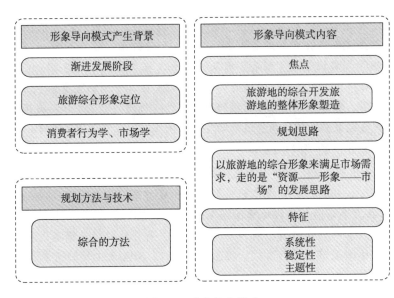

图 6-5　形象导向模式

成都宽窄巷子形象导向

　　形象是旅游目的地最有力的竞争法宝,在旅游市场供需双方发生根本变化的今天,旅游目的地的形象已成为影响人们外出旅游选择旅游目的地非常重要的因素之一。最近的研究认为,影响旅游者决策行为的不一定总是距离、时间、成本等一般因素,旅游地的知名度、美誉度、认可度或其他一些因素可能更为重要。旅游地通过形象设计,可以增加识别度,引起游客注意,诱发出行欲望。另外,旅游形象还可以使旅游决策部门的领导者从众多的旅游资源中,识别出最核心的部分,把握未来旅游产品开发和市场开拓的方向。对于旅行社来讲,其线路的组织和产品包装,与目的地形象的建立与推广也有着千丝万缕的联系。

　　成都平原素有"天府之国"的美誉。成都作为历史上的西南重镇、七朝古都,历时两千年名声显赫,历史古迹不计其数,文化底蕴雄浑浓厚。大慈寺、文殊院、宽窄巷子并称成都的三大历史文化名城保护街区,尤以宽窄巷子地位显著,成为老成都特殊的标志和永恒的记忆。

　　在成都全力打造"休闲之都"的发展背景下,2003 年成都政府启动了宽窄巷子历史文化街区主体改造工程,确定在保持老成都原貌建筑的基础上,形成以旅游休闲为主的、具有浓郁巴蜀地方特色和文化氛围的复合型商业街区。2007 年,成都市委市政府、青羊区政府联合整合资源,对商业功能进行了整体规划和开发,政府先后投资 6.3 亿余元,完成了核心保护区周边楼房及建筑风貌的综合整治。2008 年宽窄巷子改造工程全面竣工,作为成都市委市政府重点工程、成都市文化旅游名片项目和"5·12"地震后成都旅游业复苏的标志,6 月 14 日正式开街。2022 年春节期间,整宽窄巷子围绕"书香、大运、民俗"三大元素展开,以书为媒、以书为美,直播走街串巷咬文嚼字,品味宽窄年夜饭、打卡当代说唱俑艺术展，大运好礼全新设计首次亮相，享年俗、猜灯谜，和家人拍一张全家福。同时，宽窄巷子还亮相央视冬奥会开幕式前的热场环节，喜迎新春，喜迎冬奥。

正因为找准了"文化"与"经济"以及"传承"与"创新"的契合点，宽窄巷子才成功地成为成都的可观看、可享受、可消费的旅游资源。修葺一新的宽窄巷子由45个清末民初风格的四合院落、兼具艺术与文化底蕴的花园洋楼、新建的宅院式精品酒店等各具特色的建筑群落组成，为宽窄巷子梳理出更清晰的气质：闲在宽巷子，品在窄巷子，泡在井巷子。

宽巷子——老成都的"闲生活"

"宽巷子代表了最成都、最市井的民间文化；原住民、龙堂客栈、精美的门头、梧桐树、街檐下的老茶馆……构成了独一无二的吸引元素和成都语汇，呈现了现代人对于一个城市的记忆。"老人在老茶馆门口安详地喝茶摆龙门阵，猫懒懒地盘在脚下打盹儿，梧桐树投下斑驳的影子，院落里的树上挂着一对画眉。宽巷子主要开展以精品酒店、私房餐饮、特色民俗餐饮、特色休闲茶馆、特色客栈、特色企业会所、SPA为主题的情景消费游憩区。

窄巷子——老成都的"慢生活"

"窄巷子的特点则是老成都的慢生活。"成都是天府，窄巷子就是成都的"府"。一为收藏，一为丰富，改造后的窄巷子展示的是成都的院落文化。院落，上感天灵，下沾地气。这种院落文化代表了一种精英文化，一种传统的雅文化。宅中有园，园里有屋，屋中有院，院中有树，树上有天，天上有月……这是中国式的院落梦想，也是窄巷子的生活梦想。通过改造，窄巷子植绿主要以黄金竹和攀爬植物为主，街面以古朴壁灯为装饰照明，临街院落将透过橱窗展示其业态精髓。窄巷子主要开展以各西式餐饮、轻便餐饮、咖啡、艺术休闲、健康生活馆、特色文化主题店为主题的精致生活品位区。

井巷子——老成都的"新生活"

"井巷子的定位是成都人的新生活。"井巷子是宽窄巷子的现代界面，是宽窄巷子最开放、最多元、最动感的消费空间——在成都最美的历史街区里，享受丰富多彩的美食；在成都最精致的传统建筑里，享受声色斑斓的夜晚；在成都最经典的悠长巷子里，享受自由创意的快乐。井巷子主要开展以酒吧、夜店、甜品店、婚场、小型特色零售、轻便餐饮、创意时尚为主题的时尚动感娱乐区。

资料来源：绿维运营. 特色商业街的发展模式浅析[EB\OL]. (2020-12-04) https://www.sohu.com/a/436148467_120067661.

第四节 产品导向模式

一、产品导向模式产生的背景

（一）产品导向模式产生的社会背景

产品导向模式是旅游规划与开发演进到成熟发展阶段时出现的一种旅游规划与开发模式。该阶段旅游活动已经成为人们日常生活中的一个重要组成部分，并且成为人们休闲活动的首选方式。与此同时，旅游规划与开发意识也深入人心。在旅游资源丰富的地区，经过了旅游资源的初步开发，旅游区的建设已初具规模，面临的主要问题是如何提升该区域的旅游竞争力和旅游吸引力。而那些旅游资源赋存状况不甚理想的地区也出于发展的考虑，立足于制定起点较高的旅游发展规划。从旅游消费者方面来看，由于旅游活动已成为一种大众化的消费行为，旅游者对旅游活动的认识和要求都有了相应的提高，旅游消费行为也日趋成熟。人们不再满足于自然旅游资源的初级开发和陈列观光式的基础层面的旅游产品，他们需要具有一定主题的旅游产品和系列化的旅游活动，希望能通过互动式的相互交流和沟通来深入体验旅游活动所带来的乐趣。这是该阶段所表现出来的旅游者新的消费需求。

从旅游规划与开发的工作状况来看，在旅游规划与开发的成熟期，由于加强了对主题产品和旅游活动项目的设计，因而，一些系统科学的理论和工程规划专家介入到旅游规划与开发之中。旅游规划与开发出现了工程化的特征。此外，随着旅游产品项目创意设计的出现，项目投资分析等也成了旅游规划与开发必不可少的内容，这些旅游项目的投资策划分析为旅游地的招商引资提供了依据。

（二）产品导向模式产生的实践背景

在旅游规划与开发的实践过程中，有许多开发成功的旅游地都是依靠人造景观而获得成功的。例如美国著名的迪斯尼乐园，就是完全依靠人们创作的可爱的动画人物形象和高、新娱乐设施来产生巨大的旅游吸引力的。位于我国深圳市的华侨城控股集团也是精于发展人造旅游主题公园的企业，它们不仅在深圳开发出了举世闻名的世界之窗、锦绣中华、民俗村、欢乐谷等主题公园，还在外地协助其他开发商进行人造景观的规划与开发管理。

许多新型旅游产品及项目的兴起和成功开发带动了旅游业的蓬勃发展，与此同时也对旅游规划与开发的理念产生了一定的影响，促进了产品导向模式的形成和发展。

二、产品导向模式的内容

（一）产品导向模式关注的焦点

产品导向模式是从区域旅游资源状况和开发现状出发，规划开发出富有本地特色的旅游产品，并引导旅游者进行消费的一种开发模式。该模式与市场导向模式相比更具有主动性，旅游规划工作者将开发规划的主动权掌握在自己手中，通过自己的智力劳动创造出旅游产品，并通过一定的营销策划和市场推广介绍给旅游者。所以在该模式中，人们关注的焦点主要有三个：第一，本地旅游资源的可利用度；第二，开发的旅游产品的市场推广问题；第三，旅游产品及项目投资的投入——产出或经济效益分析。

首先，旅游开发地的资源可利用程度。由于产品导向模式是"供给——需求"模式。因而旅游产品的开发便成为一个关键的环节。在进行旅游产品开发时，对旅游资源的开发价值和开发条件就要给予极大的关注。因为开发价值的大小、开发条件的好坏会直接影响旅游产品开发的可行性以及开发出的旅游产品的类型。在产品导向阶段旅游产品的开发是具有较大风险的，决策不当就会导致旅游规划不但不能带给旅游开发地以良好的经济效益，反而会使旅游地陷入进退两难的尴尬境地。

其次，对开发出的旅游产品进行市场推广策划和营销规划是将产品推向旅游市场的另一个关键性环节。在产品导向模式下，不仅要有足够的实力将旅游产品推向市场，让消费者对旅游产品有所感知并选择它，而且如何针对目标市场中的消费者，选择适当的营销手段和营销工具进行市场开发和推广也十分重要，是关系到旅游规划与开发成败的关键，是产品导向模式中最需要关注的焦点之一。

最后，任何旅游地进行规划与开发都是要获得经济和社会、生态环境效益。因此，在以旅游产品为导向的开发模式下，对旅游项目的投资可行性分析是任何一个旅游投资商都看中的，旅游产品的投资可行性分析是必不可少的重要内容。同时，旅游资源开发不能以破坏周边环境为代价，因而，环境评价亦不可忽视。

（二）产品导向模式的规划思路

旅游规划与开发从单纯关注旅游资源的分析与评价，转向对旅游市场的需求重视，进而又转向以旅游产品为旅游规划与开发的关注点。特别是人工创造的旅游景点开发所获得的高额经济效益，使旅游规划与开发者和旅游投资商意识到，那些并不具备传统自然旅游资源与人文旅游资源优势的地区，通过精心的策划和开发市场需要的旅游产品，也可以获得从无到有的旅游收益，也可以发展成为旅游城市或旅游目的地。这个时期的旅游规划与开发偏重于旅游项目和产品的创意设计，其规划思路就是走"市场——资源"相结合的规划道路。

（三）产品导向模式的特征

1. 综合性特征

旅游地的开发需要旅游规划与开发工作者策划独具吸引力的旅游产品，而旅游产品的开发是一项综合性极强的工作。它既不同于一般工农业生产的物质产品，也不同于一般服务行业所提供的服务性产品，而是与这两类产品既有联系又有区别的特殊产品。旅游产品中既有有形的物质实体，也有无形的非物质的服务，而且它是一种主要以服务形式存在的消费品。人们购买它不仅得到物质上的享受，而且获得精神文化的满足，这就决定了旅游产品的独特性。从旅游者的需求角度来看，旅游消费者对于旅游的经历有各种不同的要求，这就决定了旅游产品的开发在横向和纵向上要有层次。如在横向上旅游规划与开发工作者要尽量策划出类型丰富的旅游项目和节庆活动；在纵向上规划者要注重不同层次旅游项目和活动的有机组合。从旅游产品的供给角度来看，旅游地在进行开发时会推出主导型的旅游产品、辅助型的旅游产品以及支撑型的旅游产品。因此，旅游规划与开发的产品导向模式体现出了较强的综合性特征。

2. 创新性特征

既然该模式是立足于本地资源实际开发旅游产品，那么在设计产品时必须与其他旅游地的旅游产品形成差异。如果每个旅游地开发出的都是同质旅游产品，则这些同质产品在市场上的认可度一定不高，因为旅游者追求的是旅游产品的个性化。例如，旅游产品导向可以通过旅游项目和旅游节庆活动的策划来达到吸引旅游者的目的，因此旅游规划与开发工作者在进行旅游项目和节庆活动设计时，创意要富有前瞻性，产品形式要不断变化，从而体现出旅游产品常新常异的特点，达到创造旅游需求、吸引旅游消费者的目的。因此，旅游规划工作者在对旅游地进行综合规划开发时必须注重创新，不断推出创新型的旅游产品，满足人们不断变化的需求。

3. 关联性特征

产品导向模式由于是与具体的旅游产品或项目相关联的，因此，必然会具有较其他规划导向模式更明显的关联性。这种关联性主要是通过对旅游项目的涉及行业分析来体现的。在具体的规划文本中，会包括各个具体旅游项目的投资领域、功能分区、预期收益等相关指标，这些指标涵盖旅游业的"食、住、行、游、购、娱"各个方面，并带动相关行业的发展。

4. 独特性特征

要把旅游资源转化成旅游产品，必须根据旅游资源特色，进行科学的旅游产品设计，把各种旅游要素组合成特色鲜明、适销对路的旅游产品，才能真正形成有市场竞争力的旅游产品。根据旅游产品的独特性特征，重视对旅游资源和旅游市场的调查和分析，并根据旅游市场需求及变化特点，充分发挥旅游资源的比较优势，突出旅游资源的特色和品位。同时与其他旅游要素有机组合，丰富旅游活动的内容，提升旅游产品的文化内涵，增强旅游者旅游过程的愉悦性、休闲性、体验性和参与性等，从而提高旅游产品的吸引力和竞争力。

产品导向模式的产生背景和内容如图6-6所示。

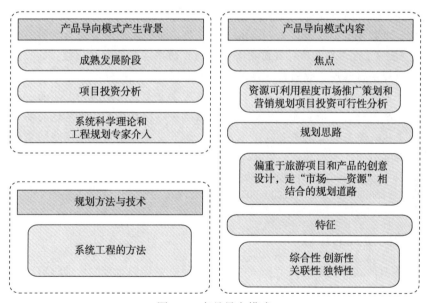

图 6-6　产品导向模式

夜间文化旅游产品

中国的夜间文旅消费群体是怎样的，夜游的发展空间在哪里，文化是如何有力地渗透到夜游体验中的？2022年4月15日晚，石家庄市夜经济在欢乐汇商业综合体如约开场。

当晚起，该市151家商贸企业延长夜晚营业时间，共涉及1 080家门店。这些门店涵盖夜购、夜食、夜练、夜读、夜娱、夜游等多种业态，将在严格落实常态化疫情防控措施基础上，为市民打造多元化的夜间新消费场景，充分满足消费升级需求。

年轻游客夜间旅游消费意愿更高。卫生安全、交通便利和体验的舒适性等成为夜间旅游消费决策的主要影响因素。目前市场上的夜间旅游产品，还不能很好地满足游客日益丰富的夜游需求，游客期待更多富有文化内涵的夜游体验，夜游市场仍有巨大的发展空间。历史文化氛围浓厚的古街、古城，是游客最喜爱的夜游景点类型。在20个最热门的夜游景点中，这类景点占据半壁江山。其中，成都锦里、丽江古城分别位列榜单第一位和第三位。此外，大唐芙蓉园、杭州宋城等众多以历史文化为主题的现代景点，也受到夜游人群关注。在夜游玩法方面，江河夜游和主题乐园夜场是年轻游客最爱的夜间玩乐。无论是乌镇、千户苗寨的民俗风光，还是重庆、上海等城市的都市夜景，均上榜最受欢迎的20个夜游玩法。上海迪士尼、深圳世界之窗、天津欢乐谷等知名主题乐园的夜游也是登陆该榜单。

夜经济是拉动经济增长的强劲动能，更是满足人民日益增长的美好生活需要的新方式。2021年以来，石家庄市着力加强特色商业街区建设，促进商旅文体等多业态融合发展，打造了万达火车头步行街、"石家庄国际啤酒节""滹沱印象音乐季"等一批叫得响的特色街区和夜经济品牌，民族路湾里步行街、火车头步行街等国家级、省级街区改造提升效果显著，城市品牌影响力明显提升，夜间消费活力持续迸发。

现阶段，日益丰富的夜游项目和夜游产品，仍不能满足中国游客的夜间消费需求，报告指出，有56.08%的游客表示对目前夜间旅游项目的丰富程度感觉一般。成长中的夜间旅游，未来在项目丰富程度、体验舒适度等方面还有较大的发展空间。中国旅游研究院院长戴斌也在公开讲话中提及，夜间经济不能仅仅满足于重大活动期间的大场面，也不能仅仅满足于培育几个网红打卡地，而是需要持之以恒地营造城乡居民流连忘返的高品质生活场景。希望未来传统剧目、文艺创作、美术展陈、学术讲座都能够成为城市的文化坐标，并在夜晚降临时吸引市民和游客的广泛参与。

资料来源：文旅规划设计联盟. 夜间文旅消费群体画像全解读[EB\OL]. (2021-04-23) https://www.sohu.com/a/462758198_120209902.

三、四种导向模式的比较

通过上述四种旅游规划与开发模式的分析和评价，我们对其内容应该有了一个比较清楚的了解。总的来说，资源导向模式、市场导向模式、形象导向模式和产品导向模式是旅游规划与开发的发展过程中不断产生的规划理念，它们是逐步演进、不断成熟和发展的。下面将对四种旅游规划与开发的导向模式的区别进行适当的归纳。如表6-1所示。

表6-1 四种旅游规划与开发的导向模式的区别

比较项目 \ 模式	资源导向	市场导向	形象导向	产品导向
核心概念	旅游资源的品质的把握	旅游市场需求的把握	旅游形象的整合与塑造	旅游产品与项目的把握

续表

模式 比较项目	资源导向	市场导向	形象导向	产品导向
基本分异点	注重旅游资源分类和评价	注重旅游市场分析与定位	注重旅游形象定位与推广	注重旅游产品与项目的策划
学科基础理论	地理学	地理学、消费者行为学	地理学、消费者行为学、市场学	地理学、消费者行为学、市场学、系统科学
规划方法与技术	定性方法	定性与定量方法的结合	综合的方法	系统工程的方法
文本内容与形式	资源评估+开发措施	资源评估+客源市场分析+开发措施	资源评估+客源市场分析+旅游地形象策划与传播方案+开发措施	资源评估+客源市场分析+旅游地形象塑造+项目策划与可行性研究+开发措施
发展阶段	起步阶段	初步发展阶段	渐进发展阶段	成熟发展阶段

案例6-5

"桐花祭"经历15年，为台湾休闲农业创造了数百亿的价值

1993年至2003年，台湾的经济增长乏力，结构单一，缺少新的增长点，经济发展逐步趋于稳定。但经济越低迷，休闲农业越有发展机会。当时又逢1999年台湾大地震，导致当时的台湾经济雪上加霜。在困局中庄锦华女士临危受命，被苗栗县和客家委员会委托策划一个项目来拉动经济。这就有了后来的"桐花祭"。

油桐树曾是客家人早年重要的经济作物，所以油桐树与客家人有深厚的渊源，经过两三百年"开山打林"的历史，台湾彰化以北山区、东部的花莲、台东，漫山遍野都是油桐树。每年春夏交替之际，台湾很多地方都可以欣赏到油桐花满山遍布的雪白美景。桐花祭以雪白桐花为意象，传递客家人敬天地、重山林的传统，更以桐花、山林之美为表，客家文化、历史人文为核心，展现客家绝代风华。油桐强韧的生命力，恰如客家人的强硬精神。

当时台湾有桐花旅游和桐花祭祀活动，但影响力很小。如何将"桐花祭"做大？庄锦华的桐花祭策划思路可以总结为"休闲农业铁三角"理论。如图6-7所示。

图6-7 "休闲农业铁三角"理论

只有将消费者分析、蓝海策略、落地内容三个维度进行全面思考，休闲项目才可能成功，不论是如桐花祭一样的大项目还是小型休闲农庄都适用，这个理论有很强的操作性。

第一，消费者分析。了解消费者就是了解未来的市场，所以一定要明白：

你的消费者是谁？你的消费者有哪些需求？通过哪些方式能够影响消费者？这是消费者需求中非常重要的三个问题。

在引进桐花祭消费客群时必须提到客家人概念。客家人与油桐树是密不可分的，油桐树三年即可成材，花朵茂密，客家人对油桐树非常喜爱。因此，桐花祭是非常具有颠覆性的——熟视无睹的事物，或许隐藏着巨大的商机。桐花祭目标客户的需求——马斯洛的需求层次理论。从事休闲农业的人需要有情怀。因为休闲农业的客户群，并不是为了满足最底层的生理需求与安全需求而来的，是为了尊重需要和自我实现需要。"桐花祭"这个品牌统合了当地的所有特色，也满足了游客对各个层次的需求。

第二，蓝海策略。蓝海策略——找到蓝海而不是红海。

当分析清楚客户，接着就要制定竞争战略，要用蓝海战略来提高自己的竞争力，找到差异化。精准定位：发现别人未发现的市场；降低成本，寻求价值体现；创意：不断用创意驱动发展。

桐花祭在蓝海战略指导下是如何制定自己的竞争战略呢？

重建市场边界，"桐花祭"活动将原先狭小的民宿、餐饮、观光、纪念商品等市场进行了边际重塑，整合为桐花祭这个节庆活动。发现了客户的整体需求，通过低成本的整合方式去实现。

通过桐花创意增加和拓展了需求，带动了产业发展，实现了超越现有需求。策略次序要正确，买方效益要第一。在"桐花祭"头几年，主打文化牌，之后再上创意产品牌。"桐花祭"中有大量的社团加入，典型的联合型组织，但是做到了精细化管理。

提高模仿障碍，适时不断创新。开放平台下引入更多的创意，集思广益，让大家实现了创意上的无法复制，不断增加吸引顾客的产品，实现永续。桐花祭是先做文化，再做产品。目前，台湾的文化已打破了一村一乡一镇的格局，形成区域化的品牌，大家共用才能做大。桐花祭成功的根本原因是定位正确，而且立体地实现了人们的需求。要知道精神需求大过物质需求，打造差异化很重要。

第三，桐花祭——落地内容。桐花祭是依靠落地的内容来实现蓝海策略。

目前很多休闲产业的状况是决策者很少花时间在用户分析与蓝海战略上，做投资不去想消费者是谁，从哪里来，如何影响，他们的需求是什么，竞争对手是否已满足了消费者的需求？不去做差异化分析，不做集合式整合，导致投资付诸东流，这种反面案例应该引起重视。因为没有花时间与资金去策划决策，会导致后期的投资运营成本非常高。决策成本越高，执行成本就会越低，而决策成本低，执行成本就高。尤其是休闲农业火热的今天，决策的定位错误会导致后期的执行困难。

落地内容也体现在细节上。做体验经济要做出精致感，要在细节上多下功夫，不在数量而在质量、包装，一定要让人有"哇"的感觉。比如台湾人将桐花蜜做得如香水一般精致。桐花祭目前已达到 400 种产品，以不同的供应链来做载体，形成了庞大的产业链，所以做休闲农业不能仅仅依靠单一的产品，要学会通过低成本运作将品牌价值做大。

资料来源：最农公社. "桐花祭"经历 15 年, 为台湾休闲农业创造了数百亿的价值[EB\OL]. (2020-12-27) https://www.163.com/dy/article/FU5KI3D50518QT12.html.

本 章 小 结

本章按照旅游资源规划与开发的导向模式的历史发展路径进行阐述，对旅游资源规划与开发的资源导向模式、市场导向模式、形象导向模式、产品导向模式等产生的背景、关注的焦点、规划思路、特点等内容进行清晰的系统概括，并以案例对旅游开发模式进行延伸。

复习思考题

1. 简述旅游规划与开发的资源导向模式的特征。
2. 简要说明旅游规划与开发形象导向模式的关注焦点。
3. 试比较分析旅游规划与开发的各导向模式之间的区别。

即 测 即 练

自学自测　扫描此码

第七章 旅游规划的实践

学习要点及目标

1. 了解旅游规划实施的相关要素、主要方法以及一般程序。
2. 掌握旅游规划与开发的可行性分析的主要内容及方法。
3. 熟悉旅游规划与开发的效益评估的内容及方法。
4. 了解旅游规划与开发的管理及评价。

第一节 旅游规划的实施过程

一、旅游规划实施的要素分析

现代旅游规划系统可分为规划编制系统和规划内容系统两大组成部分,旅游规划的参与者一方面包括规划编制系统所涉及的旅游规划编制方、旅游规划评审者和旅游规划管理者;另一方面包括旅游规划内容系统涉及的相关者,主要指政府部门、旅游企业、一般公众等。这些参与者都是影响旅游规划成功实施的重要因素。

(一)规划编制系统参与者

1. 旅游规划编制方

随着旅游业的快速发展,旅游资源开发的深度和广度进一步加大,旅游规划的需求越来越大,涉足旅游规划的单位和个人日益增多,既有科研院所、高等院校,也有旅游规划公司等机构。2013年10月国家颁布实施《中华人民共和国旅游法》,修订《旅游规划设计单位资质等级认定管理办法》等相关法规制度文件,提高市场准入门槛。明确规定旅游规划的编制必须由具有旅游规划资质的单位来承担,并对各等级的旅游规划资质单位可以从事的业务范围进行明确界定。实行个人行业准入资质认证制度,参考注册城市规划师等制度,推出注册旅游规划师认证制度。因而,旅游规划编制专家的确定,要多方对比、择优选聘,合理确定专家组专业结构,注重专家组专业水平和市场信誉,提倡旅游规划设计单位公开、公平、公正竞争选聘。

2. 旅游规划评审员

旅游规划的成果质量不仅依赖于规划编制方的态度、水平,也离不开规划委托方的监督管理,更与规划评审员的最后把关密切相关。其中,规划评审工作在提高规划产品质量方面起着举足轻重的作用。旅游发展规划的评审人员由规划委托方与上一级旅游行政主管部门商定；旅游区规划的评审人员由规划委托方与当地旅游行政主管部门确定。旅游规划评审组由 7 人以上组成。旅游规划评审人员应由经济分析专家、市场开发专家、旅游资源专家、环境保护专家、城市规划专家、工程建筑专家、旅游规划管理官员、相关部门管理官员等组成。其中行政管理部门代表不超过 1/3，本地专家不少于 1/3。规划评审小组设组长 1 人，根据需要可设副组长 1~2 人。组长、副组长人选由委托方与规划评审小组协商产生。各位评审组成员（专家）可以凭借委托方赋予自己的权力，对规划方案存在的问题提出修改意见和建议，甚至可以进行不予通过的评审，责令规划编制方重新进行规划编制，直到符合质量要求为止。

3. 旅游规划管理者

随着民主化、法制化的推进以及政府职能的转变，旅游管理也日趋社会化。旅游规划管理者的任务主要有四个方面：一是旅游规划考察、调研过程的管理，主要包括旅游规划考察、调研的内容、时间、人员和质量的管理等，委托方应对编制方严格要求，尤其应确保旅游规划考察、调研的足够时间，进行深入调研；二是旅游规划成果形成过程的管理，主要包括旅游规划大纲及重点部分，可以通过电话、信函、委派专人等形式进行检查，如果发现问题，需要做到及时修改和调整；三是旅游规划成果评审的管理，通过召集评审员（专家）对旅游规划成果进行评审，对其提出修改建议，确定是否通过；四是旅游规划实施过程管理，旅游规划成果评审通过后，协调旅游者、社区居民、政府部门、旅游企业等之间的关系，听取各方的利益诉求，确保旅游规划工作的成功实施。

（二）旅游规划的相关者

1. 政府

政府主要为旅游规划的成功实施提供法律法规保障，制订实施计划，管理监控规划过程；负责某些大规模的旅游开发活动，承担部分地区市场营销的职能；类似旅游交通这种公共类基础设施建设，也需要依靠政府来完成。

2. 旅游企业

旅游企业是能够以旅游资源为依托，以有形的空间设备、资源和无形的服务效用为手段，在旅游消费服务领域中进行独立经营核算的经济单位。随着旅游地成熟程度的提高，政府作为投资者的角色将渐渐淡化，仅保持基本的政策方针、法律法规制定、颁布和监管的职能，而企业则成为旅游开发的主要投资者。

3. 公众

公众普遍意义上包括旅游者和社区居民两部分。按照市场经济学的基本观点，规划成果作为一种产品，是否拥有潜在的或实际的用户以及用户接受这一产品的程度，是衡量规划可实施性的重要标志。由此可见，成功的旅游规划必须以满足公众需求为根本目标。另外，在规划的实施过程中，除了政府和委托方以外，公众也担任监督者的角色，引导公众参与可以增强规划实施的效果。

旅游规划相关者的三维示意图如图 7-1 所示。

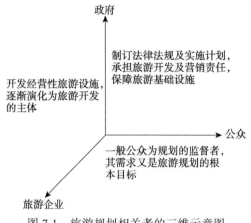

图 7-1　旅游规划相关者的三维示意图

（三）旅游规划实施效果的影响机制

旅游规划编制方是规划实施效果的中心影响因素，也是规划编制系统参与者的核心。包括政府部门、旅游企业、一般公众在内的规划内容系统参与者，内部存在很强的关联性，三者关系的处理是规划内容系统的核心。旅游规划编制方、评审员和管理者组成的规划编制系统，通过规划、评审、管理和实施，实现对旅游规划编制的反馈和控制；由政府部门、旅游企业和一般公众组成的规划内容系统，对旅游规划的实施也有着重要影响。

旅游规划实施效果影响机制如图 7-2 所示。

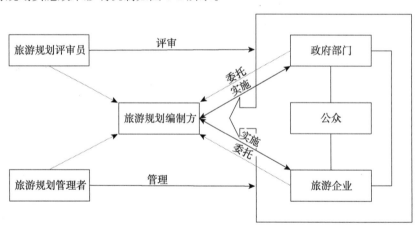

图 7-2　旅游规划实施效果影响机制

从实际上看，旅游规划实施过程就是要对这些参与者的权利和责任进行准确的评估、定位和公平合理的分配，各司其职，使规划系统达到动态平衡。只有建立此种合理的循环制约机制，才能真正提高旅游规划的实施效果。

二、旅游规划实施的主要方法

（一）顶层设计

影响旅游规划实施的重要因素之一是各旅游景区（点）的多头管理体制。旅游景区（点）

是旅游业的重要支撑点，由于历史的原因，每一个景区（点）往往由多个部门管理，涉及发改、财政、文化和旅游、园林绿化、公安、市场监督、生态环境、港口等。成立旅游发展委员会就是要对各景区（点）管理体制进行改革，对归属于文化和旅游、贸易、商业等多头管理的景区（点）体制进行整合，整合后的旅游发展委员会是一个权威的实体机构，这样就便于统一规划、统一领导、解决问题、谋求发展。

案例7-1

文化和旅游部的成立是大势所趋

2018年3月13日，国务院机构改革方案提请十三届全国人大一次会议审议。根据该方案，改革后，国家旅游局与文化部合并，组建文化和旅游部。不再保留原文化部、国家旅游局。

作为国务院组成部门，新成立的文化和旅游部其主要职责是，贯彻落实党的宣传文化工作方针政策，研究拟订文化和旅游工作政策措施，统筹规划文化事业、文化产业、旅游业发展，深入实施文化惠民工程，组织实施文化资源普查、挖掘和保护工作，维护各类文化市场包括旅游市场秩序，加强对外文化交流，推动中华文化走出去等。

国务委员王勇表示，调整旨在"为增强和彰显文化自信，统筹文化事业、文化产业发展和旅游资源开发，提高国家文化软实力和中华文化影响力，推动文化事业、文化产业和旅游业融合发展。"

北京大学文化产业研究院副院长、文化部国家文化产业创新与发展研究基地副主任陈少峰表示，文化旅游部门合并有利于壮大文化产业，在实践中，文化与旅游两个产业的重合度越来越高，文化产业领域越来越常见的一个词就是"文旅"，文化与旅游正成为同一个产业。现在越来越多的大型项目，既是文化项目也是旅游项目，很多文化产业目标必须与旅游相结合。文化与旅游部门的合并，有利于解决文化事业内生动力不足的问题。很多地方建设的文化类场馆，其实支撑不了内生式的增长，没法解决事业与产业兼顾问题，很多事业都是赔钱的，文化与旅游结合，既能利用旅游壮大文化产业，也能强化旅游中的文化体验和产业属性。

具体实施方面，文化部有文化事业和产业功能，文物局管理着有旅游潜力的文物保护单位和文化遗产。如果再加上旅游，将有利于增强做战略规划和实施大项目的整体性，促进协调管理、战略规划、资源互补、人才利用、延长产业链等。

在行政机构上实现文化与旅游的融合，将为文化旅游产业发展扫除机制障碍。文旅产业发展，涉及事业单位、文化机构和资源的配置，它们既有文化事业的目标，也有产业目标，成立新部门以后，两个领域可以联合行动。

文化旅游部门的融合，还将有望推动以更开放的眼光看待文化与旅游项目。而目前国内景区旅游门票收入普遍占比太大，这也是旅游项目缺少文化产品开发带来的弊端。文化与旅游部门组建以后，有助于加大文化产业挖掘力度，使得硬件为内容服务。

资料来源：专家解读文化和旅游部组建的深层意义[EB\OL]．（2018-03-14） https://www.sohu.com/a/225556907_478898.

（二）建立旅游规划项目数据库

旅游规划单位几乎没有"售后服务"，评审会一通过就大功告成，很少对旅游规划的执行和实施进行跟踪。建立旅游规划项目数据库的目的就是对旅游规划项目进行监测、反馈，并制定相应的规范，对远期旅游规划实行5年一次的修正，调整规划的内容，使之适应社会、经济、环境的现实要求。

（三）编制旅游规划实施指南

编制旅游规划实施指南即旅游规划实施行动方案，并将其作为旅游规划的一个必要组成部分。规划实施行动方案是协调规划单位、旅游目的地居民以及旅游管理机构之间关系的工具和媒介，可以衡量规划是否成功并对其进行及时的调整和修改。规划实施方案要通俗易懂，更强调实际操作性，对规划文本中明显学术化的文字表述予以修正，以便于地方上正确理解。由于旅游规划是一个动态发展的过程，因此，较短的分阶段发展不仅可以根据发展状况不断进行调整，完善旅游规划，而且也可以更有效地利用有限的资金。以3～5年为一个阶段，将旅游规划的总体目标分解，列出分期发展目标和具体的建设项目，指导地方旅游开发。

三、旅游规划实施的一般程序

（一）旅游规划审批

旅游规划需组织有关专家进行论证，旅游行政管理部门要全面审查规划文本、附件和图件，确认无误后，报经相关部门审批和备案，以作为全行业确定重点项目和重点线路的依据。旅游规划审批包括旅游规划的评审、旅游规划的报批以及旅游规划的修编。

1. 旅游规划的评审

1）评审方式

第一，旅游规划文本、图件及附件的草案完成后，由规划委托方提出申请。

第二，旅游规划的评审采用会议审查方式。规划成果应在会议召开前五日由旅游行政主管部门确定，在旅游规划评审前送达评审人员审阅。

第三，旅游规划的评审，需经全体评审人员讨论、表决，并有四分之三以上评审人员同意，方可通过。评审意见应形成文字性结论，并经评审小组全体成员签字，评定意见方为有效。

2）评审重点

旅游规划评审应该围绕规划的目标、定位、内容、结构和深度等方面进行重点审议，包括以下几方面。

第一，旅游产业定位与形象定位的科学性、准确性和客观性。

第二，规划目标体系的科学性、前瞻性和可行性。

第三，旅游产业开发、项目策划的可行性和创新性。

第四，旅游产业要素结构与空间布局的科学性、可行性。

第五，旅游设施、交通线路空间布局的科学合理性。

第六，旅游开发项目投资的经济合理性。

第七，规划项目对环境影响评价的客观可靠性。

第八，各项技术指标的合理性。

第九，规划文本、附件和图件的规范性。

第十，规划实施的操作性和充分性。

2. 旅游规划的报批

旅游规划文本、图件及附件，经规划评审会议讨论通过并根据评审意见修改后，由委托方按有关规定程序报批实施。

根据 2013 年 10 月实施的《中华人民共和国旅游法》第十七条规定："国务院和省、自治区、直辖市人民政府以及旅游资源丰富的设区的市和县级人民政府，应当按照国民经济和社会发展规划的要求，组织编制旅游发展规划。对跨行政区域且适宜进行整体利用的旅游资源进行利用时，应当由上级人民政府组织编制或者由相关地方人民政府协商编制统一的旅游发展规划。"《文化和旅游规划管理办法》(2019) 还规定："国家确定的重点旅游城市的旅游发展规划，在征求国家旅游局和本省（自治区、直辖市）旅游局意见后，由当地人民政府批复实施。国家确定的重点旅游线路、旅游区发展规划由国家旅游局征求地方旅游局意见后批复实施。"若调整旅游规划，应报原批准单位审批。

3. 旅游规划的修编

在规划执行过程中，要根据市场环境等各个方面的变化对规划进行进一步的修订和完善。

旅游规划审批流程如图 7-3 所示。

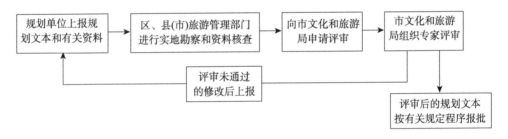

图 7-3　旅游规划审批流程

（二）实施制度和法律法规保障

旅游规划的实施理论上由政府挂帅、旅游行政主管部门牵头，但具体涉及文化和旅游、市场监督、住建等诸多部门的利益，对于风景名胜区、自然保护区、森林公园而言，还涉及各自不同的上级主管部门，各部门分工不明确以及彼此间复杂的利益关系导致旅游规划实施的权威性受到质疑。因此，为使政令畅通，各部门能通力合作，必须制定相应的法律法规为旅游规划的实施提供必要的保障。

旅游规划的保障主要有两个方面：一是旅游规划经过地方人大审议通过后，政府审议通过，赋予法律法则效力，使规划由一般意义上的"指导性文件"上升为"法律法则性文件"，政府各个部门必须以其为指导；二是制定相应的法律法规，以保障旅游规划的实施。我国目前经已出台了旅游规划的行政性法规、管理办法和国家标准，如总体的《中华人民共和国旅游法》(2013)、《文化和旅游规划管理办法》(2019)、《旅游规划设计单位资质等级认定管理办法》(2005)和《旅游规划通则》(2003)。

（三）资金筹措

项目经费的来源有很多种，主要包括政府投资、企业投资、个人投资和国际援助等。一般来说，大型的基础设施由政府出资建设，商业性设施则由企业投资或个人投资。不同功能类型的旅游项目适用的融资方式又各有不同。如观光型旅游项目紧密依托具有独特性和较高观赏游览价值的自然景观或人文景观，面向大众市场，一般都呈现出标准的旅游地生命周期，即经历探索、成长、成熟、停滞、衰退等完整阶段。适用的融资方式有招商引资、经营权转让、资本市场、银行贷款、旅游发展基金、财政拨款等。生态型旅游项目适用融资方式有财政拨款、公私合营、国债资金、外国政府与国际金融组织优惠贷款以及企业、个人和国内外民间组织捐助等。游乐型旅游项目则尤其适合开展项目融资和融资租赁。如图7-4所示。当然，一个旅游项目内可能同时包含多种类型的子项目，这时它主要融资方式的选择，应取决于该项目的主要建设内容、核心功能定位、投资额及建设期限等；也可以将各子项目分拆开来，各自采用不同的融资策略。

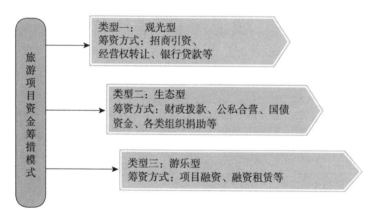

图7-4 旅游项目资金筹措模式

总之，旅游项目应遵循"谁投资、谁建设、谁管理、谁受益"原则选择投资主体和分配相应权益，使投资数量、投资方式与项目的经营管理权、收益分配权、剩余索取权相对称，从而确保投资各方的积极性。制定旅游规划时应根据具体项目特点，有针对性地广开融资渠道，组合运用各种融资工具，实现融资各方互利共赢，并注意节省融资成本和规避融资风险，综合优选最佳融资方式和融资结构。

（四）项目实施

项目的实施要进行可行性分析，可行性分析是指在旅游项目投资之前，对该项目的经营及经济收益进行评估，从而确定该项目在经济上是否具有可行性的一系列对相关市场的调查分析和预测活动。可行性分析是任何一个项目投资之前所必不可少的一个重要步骤，主要包括盈利能力评估、清偿能力评估、风险评估、环境影响评估和社会文化影响评估，然后制订年度工作计划。旅游规划可行性分析的具体内容及其过程如下。

（1）确定旅游规划与开发的目的。

（2）分析待开发旅游资源的赋存状况及其特色。

（3）调查拟开发旅游资源的市场情况。

（4）研究旅游规划与开发的投资环境、建设环境。

（5）研究旅游规划与开发的时间周期、开发的内容、建设的标准，主要设施的布局。

（6）研究旅游规划与开发过程中所需的资金数额、流动资金大小及其来源或筹措方式。

（7）确定旅游规划与开发的人力资源、原材料及其他资源的来源。

（8）研究旅游规划与开发对环境和周围地区的作用和影响，以及所应采取的相应措施来充分发挥旅游规划与开发所带来的积极作用，抑制和抵消旅游规划与开发所造成的消极的负面影响。

（9）研究旅游规划与开发的投资效果及开发后旅游业运营过程中的经济效益、社会效益及环境效益，投入资金和贷款的偿还方式和期限，并综合作出该资源开发项目可行或不可行的结论。

（五）追踪反馈

经过政府和人大审批的旅游规划，具有法律约束力。旅游的发展必须符合规划，各级旅游行政管理部门作为规划实施的负责人，必须经常检查、监督规划的执行情况。由于旅游市场的多变性，加之旅游产品本身也在发生变化，规划实施过程中需要不断进行动态修订，实施滚动发展。通常最需要修改的是重新评价市场发展趋势，考虑开发新的旅游产品及旅游业未来的发展方向等。当旅游目的地趋于成熟和饱和时，应采取有效的控制措施，并制订新的短期开发计划。

随着旅游项目发展到一定阶段，不断暴露出各种问题，还需要对旅游规划进行调整。此时的调整不同于一般意义上的原有规划的修编，其制定与实施过程实际上就是一个"明确问题—分析问题—解决问题"的过程。调整后的旅游规划报所在地人民政府及上一级旅游行政管理部门备案，但涉及旅游产业地位、发展方向、发展目标和产品格局的重大变更，须报原批复单位审批。

第二节　旅游规划与开发的可行性分析

旅游规划项目的可行性分析就是对拟定进行旅游规划与开发的地区的旅游业发展可行性和必要性进行综合分析论证，使决策机构可以系统、清晰地了解拟规划地区开发旅游所需的人力、物力和财力的投入，以及相应产生的经济、社会和环境效益。通过对旅游开发的效益与成本的估算对比，来决定是否立项进行旅游规划。关于旅游规划项目的可行性分析的内容，目前并无统一标准，这里就区位选择、主题设计、成本控制以及环境评估四个方面进行介绍。

一、区位选择

（一）旅游区位的概念

旅游区位是区位理论应用于旅游规划开发中而产生的概念。中心地学说的创始人克里斯泰勒（W.Christaller）研究了城市中心地和其周边旅游地的配置关系，认为"旅游必然会使边远区受惠，这种经济现象避开中心地，并避免工业的集中"。他把影响旅游活动的场所因素归为：气候、风景、体育运动、海岸、温泉和疗养地、艺术、古迹和古城、历史纪念碑和具有历史意义的地方、民间传说和节日庆典、文化节日、经济机构、交通中心和中心地等12类。因而，旅游区位应该看成旅游景点与其客源地相互作用中的相关位置，具有相对意义。它可以看成是一个旅游地（诸多景区、景点组成）对其周围客源地的吸引和影响，也可以看成一个客源地对其周围旅游点的选择性与相对偏好。

（二）区位选择的依据

区位选择最终结果还是要选定一个空间位置进行旅游开发。从上述的旅游区位的概念可以发现，旅游区位牵涉三个方面要素，一是客源地方面，二是旅游地方面，三是客源地和旅游地之间的相关位置，也就是旅游通道。对这三个方面的了解和分析，是旅游区位选择的基础。如图7-5所示。

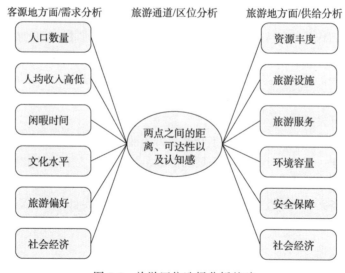

图7-5　旅游区位选择分析基础

1. 客源地方面

从客源地方面来看，包括人口多少、人均收入高低、闲暇时间、文化水平、旅游偏好、社会经济等因素。其中人均收入高低、社会经济、闲暇时间等因素可以从客源地公布的统计数据中获得，旅游偏好和文化水平在旅游市场调查中重点涉及，这里介绍若干常用的客源地人口分析指标。

1）区域人口

自然条件和人文地理条件的地区差异性，导致人口区域特征的差异性。不同区域的自然环境，历史发展阶段和社会经济条件相似，人口特征也必然相类似；反之，人口特征在地区间则会形成不同程度的差异。研究人口区域性特征，是为了认识人口特征在地区内部的相似性和地区间的差异性，以及形成这种相似性和差异性的原因，为旅游资源开发、旅游客源市场评价服务。区域人口分析主要包括客源地人口总数、人口结构、人口分布及城市化水平等。

2）有效人口

由于距离阻抗作用，区域内的总人口与资源区域之间具有出游比率衰减规律。美国有关研究表明，40英里（1英里≈1.61千米）半径为郊游区，占出游率的60%；125英里半径为周末旅游区，占出游率30%；超过125英里的旅游占10%。我国学者吴必虎提出中国大城市居民出游的空间规律：一个城市的旅游市场37%分布在距城市15公里的范围内，24%的市场分布在15～50公里范围内，21%分布在50～500公里范围内。500公里以外的广大空间，仅分割了城市出游市场的18%，其中500～1 500公里占12%，1 500公里以外占6%。也就是说，中国城市居民旅游和休闲出游市场随距离增加而衰减；80%的出游市场集中在距城市500公里以内的范围。

3）出游率与出游人口

主要考察客源地年平均出游率，出游率等于区域年出游人数与总人数的比率。如按各级政府的旅游统计预测数据，再结合本地相对水平，可以按下列公式求出更贴近当地实际的"出游人口"。

$$P_i = K_0 PI / I_0 \qquad (7\text{-}1)$$

式中，P_i 代表客源地出游人口；K_0 代表全国或地区人均出游率；P 代表客源地总人口；I 代表客源地人均年收入；I_0 代表全国或地区人均年收入。

根据区域中的人口状况、有效人口布局和出游率水平这三个方面的分析，可以得到主要客源地的布局、规模和排序，初步把握以资源地为中心的区域人口出游水平。

2. 旅游地方面

从旅游地方面看，包括资源丰度、吸引力、旅游基础设施、旅游服务水平、旅游环境容量、旅游安全保障及社会经济状况等。本部分内容主要通过当地的统计年鉴以及实地调查获取数据进行资料分析，具体的分析内容及工具方法在本书第四章已经进行论证。

3. 旅游通道

从旅游通道来看，主要涉及客源地到旅游地之间的空间距离、交通状况（可达性、通畅性、快捷性）及两者之间的认知程度等。潘竟虎、从忆波（2012）在研究中发现，全国4A级及以上景点的平均可达性时间为60.5分钟，63.29%的景点可达性在120分钟以内；所有4A级及以上景点的可达性在全国的分布差异显著，且其空间分布具有明显的交通指向性；人文景点可达性好的区域相对于自然景点更加集中。以上所有景点均呈强集聚格局。

（三）区位选择的方法

1. 传统的区位选择方法

目前区位选择的方法大部分是依靠人为实地考察和专家评估，通常是需要人员到备选旅游地进行详细的考察，收集旅游地、客源地以及两者之间的资料，进行仔细分析，结合专家评估意见，最后主观地、定性地作出最终选择。例如著名的地中海俱乐部在确定度假村建设地址时，都会让专门人员带上帐篷到候选地安营扎寨 6 个月，记录地质等各种条件数据，然后再带回总部。传统的区位选择方法虽然具有可行性，但毕竟很多地方不便于考察，另外专家的评估中人为因素也占了太大的比重。

2. 基于 GIS 技术的区位选择方法

20 世纪 90 年代以后，国内外研究学者们开始利用 GIS 这一新技术对区位选择进行研究。选址工程是旅游景区开发的一个重要的复杂系统，选址的科学与否直接关系到旅游景区开发建设的成败。景区开发的选址涉及投资商的营销策略、市场区的经济特征、交通特征，所选择区位的自然条件、历史文化背景、人文景观、政府决策行为、居民的态度等。GIS 在旅游景区选址应用中主要是辅助决策制定者来判别和评估参选场点的可行性。对于一个真正有利用价值的地理信息系统，它必须能通过分析和整合那些不同类型数据源，挖掘出新的有用的信息。空间分析包含确定地理数据特征类型。地理数据空间关系通常是用连通性、方向性、邻接性、密闭度来描述的。在这个复杂系统里，决策制定者要研究大量的自然、人文地理数据和社会信息。人解决复杂问题的思维能力是有限的，在旅游景区选址影响因素之间的相互矛盾、相互依赖的关系中，人的判断能力往往不足以合理解决问题。因此必须借助现代新技术地理信息系统，通过其强大的空间地理数据分析和表达能力，来辅助决策分析、决策制定。同时，还要结合专家知识、专家经验对影响因素的重要性进行鉴定，弥补地理信息系统在建模分析能力方面的不足。

案例7-2

基于 GIS 技术的区位选择的步骤

采用 GIS 技术进行旅游区位选择主要是利用 ArcGIS 软件平台中的 ArcMap、ArcScene 等组件，借助多种空间分析模块，并通过模拟地形和视角，对备选区域进行定量的比较，最终选择最佳方案的方法。利用 GIS 技术进行区位选择的步骤是：首先要设定选址目标。其次是确定影响该旅游地选址的影响因子，一般可以根据该旅游地的主题和主要功能来确定，比如度假村的选址影响因子有国家地方政策和区域规划、气候因素、坡度分析、坡向分析、景观视觉、交通条件、植被覆盖等。最后，选取备选区域，并对备选区域的选址影响因子进行相关的卫星图片、地形图、交通图、遥感解译图等资料的收集，同时利用 GIS 软件相关组件进行分析；确定评价体系并成立专家组；确定评价因子的权重；对各备选区域的软件分析结果进行因子比较，得出最佳位置。如图 7-6 所示。

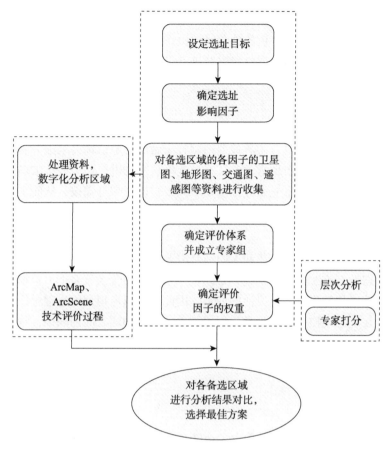

图 7-6　利用 GIS 技术进行区位选择的技术路线

二、主题定位

旅游目的地的规划和开发必须围绕一个明确的主题进行，它既是近期规划的核心，更是远期规划的指导。因此，旅游主题的设计、确定是旅游规划中需要重点解决的问题。根据《旅游规划通则》（GB/T 18971—2003），旅游区的主题确定是在分析和详细研究相关政策法规、考察旅游规划区的旅游资源、分析客源市场以及竞争力的基础上，对旅游区的主要功能、主打产品和主题形象的设计和确定。

（一）主题定位原则

1. 突出特色

旅游主题一定要能反映出旅游地最具特色的特点。这些特点一般可以从当地特色的自然资源、独有的历史人文中挖掘，或者从周边市场定位的缺口来挖掘。旅游主题越是特色鲜明，该旅游地越容易在众多旅游目的地中脱颖而出，越是容易被旅游者识别和记忆并且进一步产生出游兴趣。

2. 系统整合

整体系统原则要求旅游规划编制者在设计主题时，首先要立足于充分反映旅游地的地方资源特色，显示出该旅游地在更大区域内的旅游亮点，使得该旅游地同其他旅游区域优势互补、相互辐射，形成各具特色的旅游区域协作整体系统；再者是旅游地内的其他旅游相关设施、产品以及服务都要依据旅游主题进行设计和开展，使旅游地在整体上显得主题一致。

3. 面向市场

主题的设计必须立足于市场，既要考虑旅游市场的需求状况，又要考虑旅游市场的竞争状况。从市场需求状况来讲，旅游规划编制者应做好旅游市场需求细分的工作，根据分析结果确定主题所应满足的市场需求；从市场竞争状况来讲，如今旅游市场竞争激烈、手段多样，旅游规划编制者要事先做好市场竞争调查，以便知己知彼，从而采取相应的主题定位措施。

4. 动态调整

面对瞬息变化的社会经济形势和人们消费需求的多样化，旅游主题应是应时而调整的，具有一定的动态性。旅游主题要调整，必须在一些具体的营销策略上，根据市场需求的变化和竞争对手策略的变化而进行灵活的调整。因此，在制定规划的过程中，可以提出多种备选的方案。在动态调控中还应注意规划编制单位与规划区之间的联系，彻底改变目前规划单位编制文本、交付文本后与旅游区断绝联系，旅游区执行规划不与规划单位联系的各自孤立的局面，从而建立有效的调控机制。

（二）主题定位的依据

1. 区域特征

这里的文脉是广义上的含义，包含了地脉和史脉。具体来讲，既包括一定地域的地质、地貌、气候、土壤、水文等自然环境特征，又包括当地的历史、社会、经济、文化等人文地理特征，因而是一种综合性的、地域性的自然地理基础、历史文化传统和社会心理积淀的四维空间组合。对于旅游目的地而言，旅游主题的选取，离不开对当地文化沉淀、自然环境、历史沿革等方面的分析。主题的选择要尽量考虑与本地文脉的延续，与本地自然环境的和谐，并富于新意。

2. 市场需求

旅游规划的重要目的就是将一个旅游目的地推向市场，因而对于旅游市场的事先研究，成为旅游主题确定的重要依据之一。对于旅游市场的研究主要有两方面，一方面是对旅游市场的需求的分析，另一方面是对周边旅游市场的竞争状况的把握。需求的分析，可以让主题确定时更多地考虑到旅游者的需要；而对周边竞争状况的把握，则可以使主题确定时避免与周边有重复、相似的主题，从而使旅游地更加的突出、有特色。

3. 发展趋势

任何经济活动的发展都务必要考虑时代的背景，对于旅游主题的确定也要随时关注旅游发展的趋势。世界旅游组织预测了21世纪支配市场的旅游产品，包括自然与生态旅游产品、游轮、水上运动、地球极点旅游、沙漠和热带雨林等，其中生态旅游的优势最大，旅游中增加了自然的成分，又为保护环境提供了经济动力；人民网则预测了21世纪最受欢迎的旅游项目，包括上山、下乡、飞天、入海、观文化、走沙漠、游森林、进工厂等项目。这些旅游主题是当前或未来的一个趋势，过时的或与时代相悖的主题将被人们抛弃。

除了地方文脉、旅游市场、旅游发展趋势之外，旅游主题的确定还有其他可参考的依据，比如特色旅游资源、当地旅游基础条件以及当地的"人脉"（社区居民的参与以及其他利益相关者的意见）和"商脉"（适应居民和游客需求的商业供给）等，在实际应用中，可以结合具体情况，多方面充分地考虑。

（三）主题定位的步骤

旅游主题定位首先要确定目标；然后再对实现目标的工作任务进行相应的资料收集和研究分析，包括旅游规划区域的地脉、文脉、旅游市场、旅游发展趋势以及其他方面资料的收集和分析；在此基础上进行旅游主题的设计和定位；最后对该主题进行综合评价，以判断主题是否可行。如果可行，就提出相关建议，最终实现旅游主题定位。否则，则放弃先前的目标，重新设定目标再进行定位。如图7-7所示。

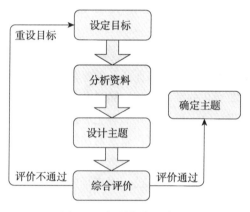

图7-7　主题定位的步骤

（四）主题定位的方法

1. 领先定位

领先定位就是强调在旅游景区（点）的规划中，使其规划项目在同行业或同类中其他形象定位中的领导性、专业性。在现今信息爆炸的社会里，旅游消费者对大多数旅游形象产品毫无记忆，但对领导性、专业性的形象品牌印象较为深刻，甚至还不自觉地帮忙宣传。

2. 比附定位

比附定位即通过与竞争品牌的比较来确定自身市场地位的一种定位策略，其实质是一种借势定位或反应式定位。借竞争者之势，衬托自身的品牌形象。在比附定位中，参照对象的选择是一个重要问题，一般来说，只有与知名度、美誉度高的品牌做比较，才能借势抬高自己的身价。目前，运用比附定位的激烈商战常常发生在网络软件和硬件供应商之间，也有向主题旅游形象定位中蔓延的趋势。

3. 逆向定位

逆向定位是用于有较高知名度的竞争对手和声誉来引起消费者对自己的关注、同情和支持，以达到在市场竞争中占有一席之地的广告定位效果。当大多数企业广告的定位都是以突出产品的优异之处的正向定位，采取逆向定位反其道而行之，利用社会上人们普遍存在的同情弱者和信任诚实的人的心理，反而能够使广告获得意外的收获。

逆向定位作为差异化营销策略的一种，它的成功关键是既找到与众不同的切入点，但又能迎合消费者的观念，即所谓"意料之外，情理之中"。只有把握了这个平衡点，才能取得成功。

4. 空隙定位

空隙定位是利用空隙开辟一个新的形象阶梯，即选择旅游市场上的空缺，树立自己的特色优势，做到人无我有。根据旅游市场的竞争状态和自然条件，分析旅游者心目中已有的形象阶梯类别，树立一个与众不同、从未有过的主体形象。例如，可以考虑在"孝"字上做文章，在城郊旅游景区（点）建立一个养老院，平时让老人钓钓鱼、散散步，周末家属必然来此地尽孝心，人员的流动将大大促进该地旅游的繁荣。甚至附近的"农家乐"也可以避免季节性的萧条，如果配以水车、农活体验等活动，童叟同乐的场面将是旅游目的地的又一特色。

5. 重新定位

即使品牌形象目前的表现极佳，但当面临新的竞争者或顾客偏好的改变时，企业便需重新定位品牌，以应对不断变化的环境。无论品牌在市场中定位多好，公司随后都可能会采取重定位决策，尤其是当竞争者继该公司品牌之后推出新品牌，争夺市场；或消费者偏好改变，使得该品牌需求减少时。重新定位就是对品牌形象进行再次定位，旨在获得新的增长与活力。品牌形象重新定位与原有定位有截然不同的内涵，它不是原有定位的简单重复，而是企业经过市场的磨炼之后，对自己、对市场的一次再认识，是对自己原有品牌战略的一次扬弃。

三、投资评估

旅游项目的投资评估主要是指对项目的投资成本及经营收益的估算，是旅游项目可行性分析中的一个重要环节，它是决定旅游项目是否可行的决定性因素。清晰而全面的成本估算对于整个项目的招商引资和具体实施有着重要的指导作用。

（一）投资估算

1. 投资估算内容

投资估算的内容应该包括从筹备到竣工验收、投入运行的全部建设费用。一般情况下，投资估算内容应包括征地费用、固定资产投资、无形资产投资、开办费用、铺底流动资金、不可预见费用等。其中，征地费用是通过划拨方式取得无限期的土地使用权而支付的土地补偿费、安置补偿费、青苗补偿及附着物费、迁移费等，作为待摊投资分摊计入建筑成本；固定资产投资由生产设备、建筑、安装费用、服务性设备等组成；无形资产投资是指投资人以拥有的专利权、非专利技术、商标权、土地使用权等作为投资；开办费包括景区项目建设期工作人员的工资、办公费、注册登记费等；经营性铺底流动资金也就是项目运行启动经费；不可预见费用是指考虑建设期可能发生的风险因素而导致的建设费用增加的这部分内容。

此外，根据资金来源情况，还可能要支付建设期投资贷款利息。建设期借款利息是指项目借款在建设期内发生并计入固定资产的利息。

2. 投资估算依据

投资估算的依据一般有以下三个方面。

（1）专门机构发布的建设工程造价费用构成、估算指标、计算方法以及其他有关的计算工程造价的文件。

（2）专门机构发布的工程建设其他费用计算办法和费用标准，以及政府部门发布的物价指数。

（3）拟建项目各项工程的建设内容及工程量。

除了以上三个方面的依据，投资估算还要依据行业经验以及当地的成本价格。如土地使用权转让费，不同地区、不同口岸的土地价格不同，不同用地性质的土地价格也不一样，这就必须依据当地标准。建筑造价既要依据国家标准，还要依据当地造价。建筑物所用材料不同，造价差异也很大。因此，在投资估算上，都必须根据实际情况来决定。

3. 投资估算步骤

投资估算在实施中可以分两步走：第一步，分别估算各单项工程所需的建筑工程费、设备及工器具购置费、安装费；第二步，在汇总各单项工程费用基础上，估算工程建设其他费用和基本预备费。如有需要，还要估算建设期利息。

4. 投资估算方法

旅游项目投资估算编制的主要方法有：采用投资估算指标、概算指标、技术经济指标编制投资估算；采用单项工程造价指标编制投资估算；采用类似工程概、预算编制投资估算；采用近似（匡算）工程量估算法编制投资估算；采用市场咨询价加系数法编制投资估算等。

1）征地费用估算

旅游区建设需要征用土地时，在投资估算中应该计入征地费。《中华人民共和国土地管理法》中明确规定，征用耕地的补偿费用包括土地补偿费、安置补助费以及地上附着物和青苗的补偿费，并且对每项费用的补偿比例做了详述。例如土地补偿费为该耕地被征用前3年平均年产值的6~10倍；征用耕地的安置补助费，按照需要安置的农业人口数计算，每一个需要安置的农业人口的安置补助费标准，为该耕地被征用前3年平均年产值的4~6倍，但每公顷被征用耕地的安置补助费，最高不得超过被征用前3年平均年产值的15倍。征用其他土地的土地补偿费和安置补助费标准，由省、自治区、直辖市参照征用耕地的土地补偿费和安置补助费的标准规定。被征用土地上的附着物和青苗的补偿标准，由省、自治区、直辖市规定。

2）固定资产投资估算

固定资产投资估算主要采用扩大指标估算法和概算指标估算法。结合旅游行业的特点，主要采用概算指标估算法。概算指标估算法也叫明细估算法，它是参照国家或地区性概算指标及有关定额，首先详细估算出单项工程费用、其他费用、预备费用，然后，经汇总计算出固定资产投资总额的方法。

3）无形资产投资估算

决定无形资产价格的因素不确定性较强且较多，如，买方使用无形资产可以获得的收益的大小，出让无形资产所损失的利润等，都是影响无形资产价格的因素。应按双方同意接受的数额确定无形资产的价值，同时还要有必要的文件作为处理依据。以无形资产进行投资，其投资额度按中国现行财务制度规定，不得超过企业注册资金的20%；情况特殊需要超过20%，则应经有关部门审查批准，但最高不得超过30%。

4）开办费用的估算

开办费用主要由项目管理部门审批手续费用、工商注册费用及项目筹建期间的管理费用构成。开办费用的估算一般应根据所评估项目的特点以及同类项目的经验数据进行。

5）经营性铺底流动资金

经营性铺底流动资金也就是项目运行启动经费。一般来说，在编制旅游区开发性规划投资估算时，必须要计算经营性铺底流动资金；在编制旅游区发展性规划和调整性规划投资估算时，一般也应该计算经营性铺底流动资金。与其他类型的建设项目相比，旅游区的形象设计与宣传工作显得特别重要，甚至可能在项目投入运营前就需要策划一些重大的活动以树立形象。为了完成这项工作所需要的经费应计入经营性铺底流动资金。

6）建设期利息估算

在实施旅游区规划项目时，如果必须依靠银行贷款来解决一部分资金，则应支付的银行贷款利息是投资估算中一个不可忽略的部分。在编制旅游区规划投资估算时，首先应确定贷款资金占初步估算总投资额的比例，计算出贷款金额。由于可能有一部分建设资金不需支付利息，而且整个旅游区建设是分期进行的，所以，不必要把整个规划建设期作为贷款期。在编制投资估算时，一般可以按照预计建设周期的一半作为贷款期，根据相应年期的利率计算贷款利息。在计算时应注意所采用的利率为编制投资估算时的银行贷款利率。由于银行贷款利率为年利率，因此，当计息期超过一年时，还应该计算复利。复利（不含本金）的计算公式为

$$R = P \times [(1+i)^n - 1] \quad (7-2)$$

式中，R代表利息总额；P代表贷款金额；i代表年利率；n代表计息期（年）。

5. 投资估算表格

投资估算一般最终都要以投资估算表格的形式进行表达。根据旅游规划类型的不同，受规划详细程度的限制，在实际编制投资估算表格时，可以不必细化到分部工程和分项工程，而是根据具体情况以单项工程或分部工程为基本估价单位。对一个旅游规划范围内的主要工程项目，特别是对于总投资规模影响较大的工程项目，可以先确定单位工程的投资估算，然后再逐层汇总成总投资估算。对于附属项目或次要项目，则可以简化为先确定单项工程的投资估算，然后直接汇总成总投资估算。一般来说，投资估算表最终应呈现出每一个分期的投资额度、主要单项工程的投资额和总投资额，见表7-1。

表 7-1 投资估算样表　　　　　　　　　　　单位：万元

费用类别		具体项目	投资估算	分期投资		备注
				近期	中远期	
项目工程	功能区划1	项目名称				
		项目名称				
		项目名称				
	功能区划2	项目名称				
		项目名称				
		项目名称				
	功能区划3	项目名称				
		项目名称				
		项目名称				
其他投资		土地费用				
		基础设施				
		开办费用				
		铺底流动资金				
		建设期利息				
		不可预见费用				
		其他				
合计			—			

（二）投资评价

投资评价则主要对于投资收益进行预测，根据若干关键性指标，来判断投资项目的盈利能力，进而决定该项目是否值得实施。为计算这些指标，首先要对总成本费用和收入进行估算。

1. 总成本费用和收入估算

总成本费用是指项目在投入运营过程中可能产生的成本和费用，一般包括运营成本、管理费用、营销费用、财务费用、折旧摊销、工资等。总成本费用中有的属于固定成本，有的需要用行业经验值来估算。例如管理费用通常按收入的 10%，宾馆类项目固定资产的使用年限为 20 年，固定资产的折旧率按 5%。住宿、餐饮成本根据市场价格及同行业经营水平估算，可取相应收入的 35%。

收入的估算是指对该旅游项目在未来规划期限内，结合每年的年度总收入进行估算。一般是先对该地区旅游人次的预测和人均旅游花费的估计，然后通过二者之乘积求得。例如，预测 2022 年该地旅游人次将达到 20 万人次，同时估计人均旅游花费为 300 元，则 2022 年旅游收入估算则为 6 000 万元。

2. 盈利能力分析

常用的几个指标有投资利润率、回收期、净现值（NPV）以及财务内部收益率（IRR）。

1）投资利润率

投资利润率是投资者每年能收回多少投资，获得多少净利润。投资利润率可用以下公式求得

$$投资利润率 = 年利润总额/投资总额$$

$$年利润总额 = 年销售收入 - 税金及附加 - 年总成本费用$$

通过将投资利润率与同行业平均投资利润率进行比较，可以判断项目单位投资盈利能力是否达到同行业水平。投资利润率越大，说明项目投资效益越好。

2）投资回收期

投资回收期是指项目的净收益（包括利润和折旧）抵偿全部投资（包括固定资产投资和流动资金）所需要的年限。它是反映项目投资回收速度的静态指标，一般从项目建设期开始算起，以年表示。投资回收期 P_t 计算公式为

$$P_t = \begin{pmatrix} 累计净现金流量开始 \\ 出现正值的年份数 \end{pmatrix} - 1 + \frac{上一年累计净现金流量的绝对值}{出现正值年份的净现金流量}$$

在投资评价中，将计算所得的投资回收期（P_t）与同行业的基准回收期（P_0）进行比较，当 $P_t \leq P_0$ 时，就表明项目投资在财务上是可行的。

3）净现值

净现值（NPV）是指同行业的基准收益率或假定的折现率，将项目整个计划期内各年的净现金流量折现到建设起点（项目开始建设年）的现值之和。它是反映项目获利能力的动态评价指标。计算公式如下。

$$NPV = \sum_{t=1}^{n}(CI - CO)(1+i)^{-t} \qquad (7-3)$$

其中，CI 代表现金流入；CO 代表现金流出；(CI - CO) 代表第 t 年净现金流量；i 代表基准折现率；n 代表建设期和生产服务期限的总和。首期投入计算时 $t=0$，投入后的第一年现金流量，$t=1$。通常在实际计算中，会采用相关的计算机软件进行快速和精确的计算。

净现值的大小体现了项目投资效益的优劣，净现值大于零则方案可行，且净现值越大，方案越优，投资效益越好。

4）财务内部收益率

财务内部收益率（IRR）也称预期收益率或内部报酬率，是指项目在计算期（包括建设期和生产期）内各年财务净现金流量现值累计等于零时的折现率。它是反映项目获利能力的一个常用的动态基本评价指标。

计算方法采用试差法或内部插入法，即试用两个相邻的高、低折现率的比例值来计算。其计算公式为

$$IRR = i_1 + (i_1 - i_2)\frac{|NPV_1|}{|NPV_1| + |NPV_2|} \qquad (7-4)$$

式中，i_1 为低折现率；i_2 为高折现率；NPV_1 为以低折现率计算的现值（正值）；NPV_2 为以高折现率计算的现值（负值）。

财务内部收益率可以直接计算一个投资项目的实际投资收益率,也可用于不同方案的比较。在实际的运用中,采用相应的计算机软件进行计算,更为方便快捷。

四、环境评估

在旅游规划与开发的可行性分析中,环境评估主要是对旅游环境承载力的评估。旅游承载力的定义目前在学术界并无统一定义,崔凤军认为,旅游环境承载力是指在某一旅游地环境(指旅游环境系统)的现存状态和结构组合不发生对当代人(包括旅游者和当地居民)及未来人有害变化(如环境美学价值的损减、生态系统的破坏、环境污染、舒适度减弱等过程)的前提下,在一定时期内旅游地所能承受的旅游者人数。旅游承载力是一个综合概念,它取决于根据不同的旅游环境要素内容划分的各个承载分量的大小,有学者认为其包括环境生态承载量、资源空间承载量、心理承载量以及经济承载量等。

旅游承载力的评估是对旅游承载力的各个分量的一个综合评价,评估的方法多种多样,这里介绍两种较常用的方法——加权算法和限制因素法。

(一)加权算法

加权算法是常用的承载力测量的方法,其算法如下。

$$I = \sum_{i=1}^{n} r_i w_i \qquad (7\text{-}5)$$

式中,n 是各个承载力分量的个数;i 代表承载力分量的序号;r_i 代表第 i 个承载力分量的具体数值;w_i 是第 i 个承载力分量的权重,并且满足公式

$$\sum_{i=1}^{n} w_i = 1 \qquad (7\text{-}6)$$

(二)限制因素法

该方法将"木桶原理"应用于旅游环境承载力的计算中,认为旅游环境承载力的大小是由最小的承载力分量所决定的。例如如果认为旅游环境承载力包括环境生态承载量、资源空间承载量、心理承载量以及经济承载量,则从理论上讲,这四类分量的承载力最小的那个即是旅游环境承载力,如果用 TEBC(Tourism Environmental Bearing Capacity)代表旅游环境承载力,分别用 EEBC、REBC、PEBC、DEBC 代表环境生态承载量、资源空间承载量、心理承载量和经济承载量,则用公式表达

$$\text{TEBC} = \text{Min}(\text{EEBC}, \text{REBC}, \text{PEBC}, \text{DEBC}) \qquad (7\text{-}7)$$

但是,学者崔凤军认为由于各分类对它的贡献程度不同,即每超出各承载量值的一个单位所引起的消极后果不同,各承载量最适合人数与极限人数的差值很大。因此,对于重要性程度较低的承载量应乘以一个大于 1 的系数,此系数应根据 AHP 专家调查或者社会取证等方法,针对各分量指数的具体内容来定,所以,旅游承载力的计算公式应为

$$\text{TEBC} = \text{Min}(x_1\text{EEBC}, x_2\text{REBC}, x_3\text{PEBC}, x_4\text{DEBC}) \qquad (7\text{-}8)$$

式中,x_1,x_2,x_3,x_4 代表作用系数。

第三节 旅游规划与开发的效益评估

区域内的旅游规划与开发必然导致所在地区社会、经济、文化、生态等环境的变化，这些变化有积极的，也有消极的，这也就是所谓的旅游规划与开发产生的效益。对旅游规划与开发的效益评估，意义在于正确评估旅游开发对当地产生的影响，以便于促进积极影响的发挥、抑制消极影响的作用。总而言之，是对旅游规划影响中积极部分的强化和消极部分的弱化。

一、评估原则

由于旅游规划与开发的效益评估涉及的预测内容繁多，需要充分翔实的研究和分析，因而这是一项复杂又艰难的科学工作。为了保证评估结果的有效性和指导性，在进行旅游规划与开发的效益评估时，一般需要遵循以下几个原则。

（一）客观性原则

客观性原则是保证评估结果准确的前提，而评估结果的准确性直接影响到旅游开发项目选定的成败。因此，评估人员必须严格坚持客观、公正的态度，一方面尊重实际情况，不能有太多主观性和随意性；另一方面，要拒绝任何不当利益的诱惑，否则评估的结果是不可信的、无意义的。

（二）科学性原则

对旅游开发效益的评估是一件艰难又严肃的科学工作，科学性原则是保证评估结果有效的前提。科学性原则要求评估人员在评估过程中要做到三点：首先要坚持科学严谨的态度；其次是采用科学的评估方法；最后是选用合适的科学设备。遵循科学性的评估原则，不仅让评估工作有科学依据可循，而且使评估工作在严谨的科学步骤中获取更为客观的结果，这同样也是对客观公正原则的一个支持。

（三）系统性原则

旅游业是一个关联性很强的产业，旅游规划和开发势必会对区域的经济、社会、环境等各个方面产生影响，由此而产生的效益也是多方面的。因此，对旅游规划及开发的效益评估，评估人员应该以全面系统的眼光对待，给出一个完整、综合性的评估结果。

（四）可操作性原则

旅游规划与开发的效益评估，需要做到可操作性。相比起定性评估，定量评估能给予更为精准和直观的评估结果。然而在实际工作中，旅游开发效益的评估常常是定性评价多，定量评价少，一方面由于评估方法的缺乏和落后；另一方面由于某些方面效益的评估不适用定量评估，如社会效益的评估。对于可以采用定量评估的方面，建议评估人员尽量采用定量评估的方法，以便获得更为直观和精准的评估结果。

二、评估的内容体系

　　旅游规划与开发的效益评估主要有经济效益、社会效益、环境效益三个方面的评估，其中每个方面都有积极效益和消极效益两个层面。而评估的内容主要是对每个方面的积极效益和消极效益进行客观、综合的评价，评估时往往会选取若干代表性的指标来衡量，而这些指标则构成旅游规划与开发的效益评估内容体系。

（一）经济效益的评估

1. 经济效益的内容

1）积极层面

（1）促进经济发展。毋庸置疑，旅游业的开发可以促进当地的经济发展。首先，对于当地政府来说，依靠旅游业的发展，引进发达地区的人流、物流和资金对当地进行改造和建设，同时吸引大量游客过来消费，增加当地的经济收入，实现地区 GDP 的增长；对于企业来讲，通过合理的规划和开发当地的旅游资源，获得了相应的经济效益和企业声望；对于当地居民来讲，游客的参观游览为居民提供了商业机会，对于提高居民收入和居民生活水平有着重要贡献。

（2）调整产业结构，带动其他行业发展。旅游业作为第三产业中的重要力量，在产业结构调整中起着重要的作用。通过发展旅游，带动相关服务业的发展，提高第三产业在国民经济中的比例。旅游消费涉及食、住、行、游、娱、购六大方面，为满足旅游者的消费需求，必然会促进当地相关产业的发展。除上述六大方面之外，旅游发展对于区域内的通信、金融等服务提出更高的要求，这也从另一方面促使该行业的技术升级和服务水平的提高。

（3）完善基础设施，改善投资环境。旅游的发展必然加强该区域对外的联系，拓展城市的宣传面，扩大城市影响力。道路交通、城市规划上的投入不仅改善了当地居民的生活，也提升了城市的投资吸引力。地区旅游业的发展提升的是城市的硬件和软件，对应的是城市实力的全面提升。

2）消极层面

（1）产业结构波动。旅游业能够在很大程度上促进经济发展，但同时也具有不稳定的一面。旅游业本身自我调节能力较差，容易受外界的干扰且波动较大。季节性旅游需求的变动、政治局势的波动、不可抗力因素的出现等都可能使该地区的旅游业的发展受阻。如果区域在经济发展上过于依赖旅游业，则很有可能由于旅游业发展的不确定性，给当地经济发展带来许多潜在的危机。旅游业涉及面广，旅游业发展的受阻很有可能影响到多个相关行业的发展，从而间接威胁区域经济的健康发展。

（2）物价上升。旅游者的大批涌入使得当地部分商品供不应求，导致物价上涨。旅游开发增加了对于土地的需求，使得当地的土地价格上涨，这对于并不从事旅游业的人们而言则毫无益处。当地居民必须承担更高的房租、物价水平。

（3）旅游业的盲目发展。旅游业的综合性决定了旅游的发展必须和国民经济发展水平相适应，要与当地的基础建设和发展水平相符合，只有在与旅游业相关的产业可以承受的范围内，旅游业才能得到科学的发展。作为综合产业的旅游业，依托于多行业基础上，例如交通运输、通信等，旅游业的发展受到多个行业发展水平的制约，但同时也影响多个行业的发展。

旅游业发展应该本着可持续发展的战略，过度的超前发展往往是有代价的，譬如对于资源的无限制开发、环境的无规划建设等。

2. 经济效益的评估内容

旅游开发的经济效益评估是对旅游开发所产生的积极效益和消极效益的综合评价，可以将其分为微观和宏观两个方面。

从微观方面来说，是对旅游企业的经济效益的评估，主要是对旅游企业在旅游开发过程中的总成本和有效产出之间的对比关系进行评估。旅游企业的旅游开发成本是指旅游企业在一定时期内为进行旅游开发而消耗的物质与劳动的货币表现，通常按照旅游企业费用的经济用途可以分为投资成本、营业成本、管理费用、财务费用等；旅游企业的旅游开发收入是指旅游企业在一定时期内，因旅游开发而获得的全部货币收入的总和，旅游企业收入可分为营业收入和营业外收入，其中营业收入又可分为主营业务收入和其他业务收入等，营业外收入是指旅游企业的固定资产盘盈和变卖所得的净收益、无法支付出去的应付账款以及其他非营业性收入等。所以，旅游企业的经济效益表现为旅游企业的收益与成本之差，即旅游开发的微观经济效益=旅游企业营业利润+投资净收益+营业外收入净额。

从宏观方面来说，是对整个当地的旅游开发经济效益评估，通常采取旅游经济活动对该地区的国民经济增长的贡献率、对国民经济产业结构调整的贡献率以及该地区旅游业发展的乘数效应这三个指标加以评估。

（二）社会效益的评估

1. 社会效益的内容

1）积极层面

（1）创造就业机会。旅游业作为劳动密集型产业之一，旅游的发展给当地创造了大量的就业机会，吸纳了相当数量的劳动者就业。在就业对象上，由于旅游行业性质的决定，女性就业机会较大。旅游业的季节性给当地居民以更多的就业机会。区域旅游业的发展也促进该地区其他行业的发展，从而间接地为社会提供就业机会，尤其是与旅游业关系紧密的交通运输业、餐饮业、住宿业、娱乐业、通信业和旅游纪念品购物等行业。

（2）改善公共基础设施。旅游业是以旅游者为服务对象的行业，为满足旅游者在物质上和精神上的需求，旅游目的地必须通过合理的旅游规划与开发，使当地的水电、交通、通信等基础设施得到改善，当地餐饮、娱乐、购物等服务设施更加完善。这些公共基础设施的完善不仅仅能满足旅游者的需求，也满足了当地居民的需求；它为发展旅游事业提供了基础，也为当地居民生活提供许多便利。

（3）传统文化的保护与传承。旅游者对于传统文化的关注以及当地居民出于经济利益的考虑，对于传统文化的挖掘越来越重视，许多濒临消亡的传统文化、传统技能、风俗仪式在旅游开发中得以保存乃至光大。从传统文化的保护与传承角度来说，旅游开发无疑有着重要的意义。旅游还被认为对历史建筑物和遗迹的保护及修复起了重要作用，例如一些大型的修复项目。对于传统文化的保护和开发虽然是以经济利益为导向的，但是在结果上确实做到了对传统文化的保护开发。

（4）技术的交流。旅游开发扩大了旅游地与外界交流范围、深化了交流的层次。旅游开发过程中，按照辐射理论，外界的先进技术会传播进入旅游目的地，在旅游开发过程中起着重要的作用。先进技术在旅游目的地的引入，使得旅游目的地技术水平得以提升，这对于当地的生产活动和生活都有着重要的意义。

2）消极层面

（1）传统文化的同化。如前文所述，在旅游开发中，一方面，旅游者对于传统文化的关注可以使得当地文化在旅游开发中得以保存乃至光大。然而，另一方面，外来文化的涌入也会对旅游目的地原有的传统文化造成冲击，使得部分传统文化在外来文化的冲击之下消亡。探究其原因，主要是传统文化根基不稳定，受众较少，相比较而言新文化有着更强的生命力。因此，新旧文化的冲突往往以新文化的胜出和旧文化的消亡为终结。传统文化的消亡是不可逆转的，其中的精华部分的消亡更是文化遗产不可逆转的损失。文化的同化对于旅游地的影响在于旅游地的文化被同化之后，原先的异质旅游区变为同质旅游区，旅游吸引力也因此而减弱。在国内，民俗文化的消逝和地方性语言的消失便是传统文化消亡和同化的代表，旅游开发中传统文化的消亡和同化对于保持文化的多样性、稳定原有的文化环境以及长期可持续的旅游开发而言都是不利的。

（2）文化的庸俗化。许多传统文化中的仪式和艺术都蕴含着大量的象征性和精神性的文化内涵，在旅游开发中往往将其庸俗化以便于旅游者在这段时间内的理解和参与。旅游者在短时间内难以理解传统艺术和仪式中所蕴含的文化，只能将其当作是奇特的、美妙的甚至是可笑的事物加以看待，从而人为地使该类活动陷入庸俗化的境地。旅游开发虽然能够给当地带来经济上的收益，然而，是以牺牲当地文化上的自豪和尊严为代价。当文化成为一种商品、宗教成为一种商业化的行动时，其内在的文化内涵的庸俗化和消逝便不可避免。

（3）社会不安定因素的增加。外来旅游者与旅游目的地居民在文化、生活习惯、宗教信仰等方面的差异可能引起两者之间的冲突，增加了当地社会的不安定因素。旅游开发必然导致流动人口的增加，这给当地治安管理增加了相当的难度。为促进旅游业的顺利发展、保证地区治安环境质量，对当地治安管理提出了更高的要求。

（4）价值观和道德观的退化。受旅游者行为以及旅游者所带来的思想影响，旅游地的价值标准和道德观可能产生变化。旅游地原先淳朴的社会风俗可能在经济利益的驱使下而变得世俗化，唯利是图。

旅游规划对社会文化的影响如图7-8所示。

2. 社会效益的评估内容

对于旅游规划与开发的社会效益评估，同样是对其产生的积极效益和消极效益的一个综合评价，但是社会效益评估的具体可量化的指标较少，基本上除了旅游规划与开发对社会劳动就业的作用可以用旅游业的就业乘数来计算，其他方面的旅游开发社会效益都只能依靠主观判断进行定性评估。比如，对于公共设施的完善、传统文化的保护等积极效益，可以采用社会福利水平指标来主观衡量，需要注意的是要选取合理的因子及权重来代表社会福利水平，也可以对部分因子进行量化，比如人均拥有公共设施数量、人均拥有公路里程等；对于社会效益的负面效益，诸如文化同化、庸俗化、道德缺失等，也主要采用主观的综合衡量指标，比如社会文明水平、居民幸福感等，可选取文化、道德、安全等合理的因子及权重来综合评定，部分因子可以量化，比如庸俗娱乐场所的数量等。

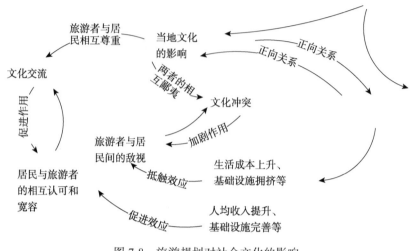

图 7-8　旅游规划对社会文化的影响

（三）环境效益的评估

1. 环境效益的内容

1）积极层面

（1）保护旅游资源。旅游环境是旅游业发展的载体，是旅游业发展的物质基础，环境质量的恶化会直接影响到旅游者的数量以及其旅游体验。因此，为了吸引旅游者和保证旅游者的旅游体验质量，许多景区（点）特别是自然风景区、历史文物景点、国家公园等非常重视环境保护问题，其管理机构愿意支付大量资金去维护景区生态环境，从而保护其美丽的自然风景、珍贵的人文历史遗迹等旅游资源。

（2）提高绿化比例。一个地区的绿化比例高、绿色植物丰富、生态环境优美是吸引旅游者的重要因素。而出于吸引旅游者的目的，旅游业的规划与开发客观上会注重提高当地的绿化水平，通过合理规划人工植树造林、开发园艺项目或设计建设生态化建筑来扩大绿化面积，提高地区的生态吸引力。

（3）改善环卫情况。为了以干净整洁的面貌迎接旅游者，景区（点）所在地的管理机构一般都会十分重视当地的环卫工作，搞好环境卫生、整顿地区市容、积极控制和改造当地的水土、空气污染等，对当地的环境进行净化，改善环卫情况。

2）消极层面

（1）开发与环境不协调。旅游资源开发对于环境的影响最主要的方面在于实体性的开发活动。合理规划的实体性景观应与所在自然、人文环境相互协调，这样既可以提高整体环境的美感，也可以协调所在地的人地关系。如果实体建筑与整个自然、人文环境融为一体，其本身也就成为旅游吸引物的一部分。然而，在实际开发中，由于旅游规划粗糙或者审批不严格，极易造成实体性景观的不合理规划，结果实体性建筑不能融入整个环境之中，与整个环境发生冲突，降低整个环境的美感，破坏环境的统一性。

（2）开发造成环境污染和破坏。过度开发造成环境污染和破坏主要有两个原因：一是旅游开发者过度开发旅游资源造成的；另外一个是由于旅游企业招徕数量过度的旅游者造成的。而究其根本原因，是旅游开发者（一般来讲是旅游企业）追求短期利益最大化造成的。由于追求短期利益最大化，旅游开发者对旅游资源进行过度开发，大规模的人工活动等直接造成风景区原生态的破坏、植被破坏、生态环境恶化等，给景区造成难以恢复甚至不可恢复的创伤。

同时，旅游开发者还积极招徕旅游者，追求旅游者数量越多越好，完全无视最大生态环境容量的要求。旅游者数量激增，旅游者活动产生的生活垃圾、车辆废气、噪声等都可能给当地造成生活垃圾污染、水土污染、空气污染、噪声、光学污染等。另外，大量旅游者在旅游地的消费使得旅游地的资源迅速消耗，会造成诸如水资源的枯竭、森林资源的大规模砍伐等环境问题；一些不良旅游者还有可能捕杀当地野生动物。

2. 环境效益的评估内容

对环境效益的评估，主要包括两个方面，一方面是旅游规划与开发对环境的美化和保护作用，另一方面是旅游规划与开发对环境产生的破坏和污染。不管是美化还是污染，评估的实质是对旅游地环境的现状的评估。通过调查，明确旅游区环境质量状况，对比环境质量标准，找出旅游环境存在的主要问题以及产生问题的原因，另外对旅游环境当前的实际游览人数与环境承载力做出准确的评价。

旅游开发是一个漫长的过程，对于旅游环境的监测必须贯穿整个开发过程。因此，对于环境效益的评估内容还有对旅游地环境的长期监测，在技术上可以利用遥感和地理信息系统，建立旅游环境地理信息系统，达到对旅游环境影响的动态评估和管理；在参与主体上尽可能做到政府、规划编制专家和公众的参与，力争做到多角度下对旅游环境的长期监测。

综上所述，旅游规划与开发的效益评估主要是对旅游规划与开发产生的积极效益和消极效益的综合评价，包括经济效益、社会效益、环境效益这三个方面。其中经济效益方面的评估内容包括微观和宏观两个维度，常有的指标有企业的成本收益状况，对国民经济增长的贡献率、对国民经济产业结构调整的贡献率以及该地区旅游业发展的乘数效应等；社会效益评估的可量化指标较少，除了旅游就业乘数可以直接计算外，其他的诸如社会福利水平、文明水平、居民幸福感等，都是主观性较强的指标；环境效益的评估内容则主要是旅游地环境现状的调查与评估，评估指标可采用国家或行业的各种环境标准，另外由于环境问题从旅游开发到营业会一直伴随着旅游业的发展，因此环境评估是一个长期的监测过程。

案例7-3

5A 景区橘子洲被摘牌

独特的地理位置和丰富的人文因素使得橘子洲成为长沙的一张名片。不过，这张名片突然"黯然失色"。2016年8月3日下午，国家旅游局通报，由于涉及景区安全隐患、游客投诉量大、环境卫生差等多个因素，湖南长沙橘子洲旅游区以及重庆市南川区神龙峡景区两家5A级景区被摘牌；对安徽天柱山、福建武夷山及福建永定南靖土楼三家5A级景区作出严重警告处分，限期六个月整改。

据了解，2001年，橘子洲景区被评为国家4A风景名胜区，2012年1月，橘子洲联合岳麓山景区成功晋级国家5A旅游景区。专家指出，由于上述两景区是打包申报5A景区，此次橘子洲景区被摘牌，岳麓山景区也受牵连，不再属于5A景区。对上述事项，长沙市橘子洲景区主任曹喜军8月4日在接受《每日经济新闻》记者采访时表示，目前景区正在整改，政府也非常重视，连夜召开了专题会议，部署整改工作。

国家旅游局决定取消湖南省长沙市橘子洲旅游区、重庆市南川区神龙峡景区两家5A景区。全国旅游资源规划开发质量评定委员会认为，湖南橘子洲旅游区和重庆神龙峡景区存在的严重问题，已经丧失了5A级景区具备的条件。

其中，橘子洲旅游区存在的主要问题如下。

（1）景区安全隐患严重。景区濒水游客集中区和临江游步道，旅游安全巡查服务缺失；检查中发现，时有游客翻越临江警戒线观景或拍照，却无安全管理人员制止或提示；景区有明确禁烟标志，但吸烟者随处可见，未见工作人员提醒制止。

（2）景区环境卫生差。景区厕所革命严重滞后，厕所异味严重、污水污迹多，长时间无人清扫；有的旅游厕所设施设备破损严重，下水堵塞，无法正常使用，残疾人卫生间堆满杂物；景区垃圾箱破损严重，垃圾收集、清扫不及时，垃圾处理站暴露在游客活动区域，异味严重，严重影响旅游环境和质量。

（3）景区旅游服务功能严重退化。游客中心设施设备严重缺失，服务功能欠缺严重；主要游客集中区域休息设施严重不足；导游服务欠缺，普通游客讲解需提前一周以上预约；景区部分岗亭无人值守。

（4）景区管理不规范。景区车辆乱停乱放现象严重，存在"黑车"揽客现象。旅游标识指示不准确不清晰，标识牌材质、色彩不统一不协调。

据长沙市媒体报道，国家旅游局通报撤销橘子洲的5A景区质量等级之后，长沙市委、市政府高度重视，连夜召开专题会议部署整改工作，表示诚恳接受处理结果，要求相关责任单位深刻检讨，迅速整改，吸取教训，举一反三，并对相关责任单位、责任人启动问责程序。专题会议认为，橘子洲景区是长沙的一张城市名片，5A级旅游景区荣誉得来不易。针对处理决定，各级各有关单位要端正态度、提高认识，加强监督管理，尽快完善设施，规范旅游秩序，以崭新的面貌迎接各方来客，整改情况接受社会各界监督。同时，要建立长效机制，提高管理水平，优化服务质量，提升长沙全市旅游景区（点）和公共场所管理服务水平。会后，橘子洲景区管理处连夜开展整改，市旅游局迅速组织全市旅游景区（点）对照标准进行排查整改，积极为广大游客创造舒适宜人、秩序优良的景区环境。

资料来源：爱长沙. 万万没想到！长沙橘子洲5A景区居然被摘牌了……[EB\OL].（2016-08-04）. https://www.sohu.com/a/109138356_390687.

三、评估的方法

评估方法主要分为两种，一种是定性方法，如专家意见法、德尔菲法等，此类方法最主要的特点就是操作简便且认同度较高，缺陷就是在评价结果上很难做到精确。另一种就是定量方法，比如因子分析法、层次分析法、主成分分析法等。随着研究的深入，神经网络、灰色系统等方法也在该评价体系中得以应用。具体而言，不同的分析方法注重在不同的角度上得出结论，在方法的选择上应该以目标为导向，在实际应用中常常采用定性与定量相结合的方式。

（一）经济效益评估的方法

对于经济效益的评估，微观维度即旅游企业的经济效益通常比较直观，量化指标居多；而宏观维度即当地社会或旅游业的经济效益则量化的指标会比较少，这主要是由于旅游开发对于整个当地社会产生的经济效益内容较多并且复杂，不好统计。关于具体的评估方法，不论是微观维度还是宏观维度，都可以采用从相应的统计数据中进行计算的方式，来获得常用的一些经济效益指标。

1. 企业的经济效益

对于企业的经济效益评估，通常最关注企业的年收入和成本，还有其他的一些指标，比如收益率、利润率、投资回收期等。然而这些指标在实际评估中基本是无须逐一计算的，因为这些指标都可以从企业的年度损益表等财务报表中查到。但是对企业的经济效益评估时，也不能一味地只考察企业的盈利状况，还应该从旅游企业利用资源的效率、盈利的效果上来加以评价，如从旅游企业的劳动生产率、单位收益的物耗、资金占用和使用效率等方面进行考察。

2. 旅游资源开发对经济增长的贡献率

该项指标评估主要是针对旅游经济收入占国民经济比重来进行的。一般情况下是借助旅游统计年鉴，或中国统计年鉴中官方公布的旅游业收入与当年国内生产总值相比较而得出，表示旅游业在国民经济中所占的份额的大小。该比例越大，则旅游业在我国或地区的经济发展中所处的地位就越高，旅游业对当地国民经济的增长贡献率就越高，旅游规划与开发的宏观经济效益就相应更好。

3. 旅游资源开发对产业结构调整的贡献率

该项指标评估主要是从产业投入产出变化和从业人员的变化上综合进行衡量。对于旅游业投入产出的分析要借助国民经济统计手段计算出从第一、二产业转移出来投入旅游业的资金额占旅游业投资增加额的比重。而对于从业人员的分析，也相应地计算出从第一、二产业中转移出来加入第三产业中从事旅游服务工作的人数占旅游业从业人员增加的比重。这两个数值越大，则说明旅游规划与开发对国民经济结构优化的作用越强。

4. 旅游产业的乘数效应以及关联效应

由于国民经济各部门的相互联系，其中每一个部门最终需求的变化都会自发地引起整个经济中产出、收入、就业以及政府税收等各方面水平的相应变动，后者的变化量与引起这种变化的最终需求变化量之比即是乘数。而所谓的"旅游乘数"，就是测定单位旅游消费对旅游接待地区各种经济现象的影响程度的系数，它是指产出、收入、就业和政府税收的变化与旅游支出的初期变化之比。

根据英国著名经济学家凯恩斯（Keynes）提出的乘数基本模型，旅游乘数的计算是用实际旅游收入总量除以其溢出当地经济体系的漏损量，即

$$旅游乘数 = \frac{(1-a)}{(1-b+c)} \qquad (7-9)$$

式中，a 为直接漏损量（包括支付外方人员的工资、支付外国贷款的利息和外国旅游公司参与经营管理所获得的收入）；b 为边际消费倾向（即在所增加的收入中用于消费的比例）；c 表示边际进口倾向（即在所增加的收入中用于购买进口品及其他对外支出的比例）。

显然，在上述计算公式中，漏损量越大，旅游乘数的值就越小。换言之，在所得旅游收入中的储蓄量、纳税额及用于进口和其他对外支出的数量越大，旅游乘数效应就越低。

国外有学者曾对不同国家的旅游乘数进行过归纳，结果表明，旅游乘数的值随着研究地区范围的缩小而降低，这反映了在较小的地区，由于经济自给能力较差，漏损就表现得相对较为突出。

除此之外，由于旅游活动具有跨行业的性质，其包含了食、住、行、游、购、娱等各方面，所以旅游企业的经济活动就不仅仅是从事旅游者的接待工作，它还联系了社会的交通、运输、工业、商业、娱乐业等其他行业，旅游企业与其上游资源的供应企业和下游旅游产品的分销企业都有着密切的联系。因此，仅仅研究旅游业的乘数效应是不够的，还要对旅游与其他行业的关联效应进行评价。

（二）社会效益评估的方法

对于旅游规划与开发的社会效益评估，除了旅游规划与开发对社会劳动就业的作用可以进行定量性评估，即可以直接进行计算外，其他方面的旅游开发社会效益诸如社会福利水平、文明水平、居民幸福感等指标都只能依靠主观判断进行定性评估。为了减少评估者的主观性和片面性，一般多采用德尔菲法或经验判断法进行社会效益评估。下面简述一下评估的具体方法。

1. 旅游业就业乘数效应

众所周知，旅游经济具有乘数效应和波及效应，在产生直接就业机会的同时，也会产生间接的就业机会。我国旅游管理部门和一些学者通常认为中国旅游业的直接就业与间接就业的比例在 1:5 的水平。也就是说，产生一个旅游直接就业机会的同时，还会相应产生 5 个间接就业机会，相当于为社会提供了 6 个就业机会。利用经济统计的方法和手段，比较该地区在一段时期内接待的游客增加数与该地区新增的旅游直接就业人员和派生的间接就业人员人数，其结果就是旅游业的就业乘数。该乘数可以用来衡量旅游业创造就业机会能力的大小，其数值越大，则旅游开发产生的就业机会就越大。

2. 社会效益的主观评价指标

社会效益的其他方面比如公共设施的完善、传统文化的保护以及消极的庸俗文化、社会不安定因素增加、道德缺失等可以采用主观性评价指标来评价。比如可以采用社会福利水平、安全水平、居民幸福感等指标，通过问卷调查的方式让当地居民或者游客来进行评价。这些指标并没有固定的、预设的评价因子，因此需要通过科学的方法（比如德尔菲法）选取适当的评价因子以及相应的权重，并要进行预测试和修正，以保证问卷的信度和效度。

同时也可以加入部分可量化的指标进行辅助评价，如人均拥有公路里程、人均拥有公共设施数量、区域内不道德娱乐场所数量、区域内一段时期的犯罪案件数目等。

（三）环境效益评估的方法

环境效益的评估内容主要是对环境现状的评估以及长期环境质量监测。对于环境现状的评估，一个是通过国家或行业标准来评估现状，一个是对当前旅游地游客人数与环境最大承载力的监控；对于长期环境质量监测，则主要是通过技术上和人员上的支持，以达到长期监测的目的。

1. 国家或行业标准

我国环境保护部制定和颁布了各种类型的环境质量标准，对于水体质量、空气质量、土壤质量以及噪声排放等都有明确的标准，下面列举部分法规[①]，更多法规可以登录中华人民共和国环境保护部官方网站进行查询。

《地表水环境质量标准》（GB3838—2002）

《环境空气质量标准》（GB 3095—2012）

《环境空气质量评价技术规范（试行）》

《环境空气质量监测点位布设技术规范（试行）》

《土壤环境质量 农用地土壤污染风险管控标准（试行）》（GB 15618—2018）

《土壤环境质量 建设用地土壤污染风险管控标准（试行）》（GB36600—2018）《社会生活环境噪声排放标准》（GB 22337—2008）

2. 环境承载力监控

环境承载力监控主要是对当前实际的旅游人数与预估环境最大承载力之间的对比监控，主要目的是控制旅游人数，不能超过预估环境最大承载量，尽量采取措施使旅游人数控制在一个最佳数量，既能让游客有一个相当舒适的游览环境，又能让旅游企业保证客观的经济收益。

3. 环境影响评估的模型

该模型介绍的是对于旅游环境影响的评估思路，是一个较为全面、系统的评估模型，对于长期环境监测，可以采用该模型的评估方法。

首先准备一份环境影响要素清单，其中包括：

（1）空气污染。

（2）地表水污染，包括河流、湖泊、池塘和近海水域。

（3）地下水污染。

（4）内部供水污染。

（5）噪声污染，包括平均水平和高峰水平。

（6）固体垃圾堆放问题。

（7）排水和洪水问题。

（8）植物植被破坏情况。

---

① 中华人民共和国环境保护部官方网站 http://www.zhb.gov.cn/

（9）生态影响和破坏，包括土地和水域、湿地和总体动植物生长栖息地。

（10）项目区土地使用和交通情况。

（11）各个时段的交通拥堵情况。

（12）景观美化问题，如建筑设计、绿化、标牌等。

（13）环境健康问题，如传染病的控制。

（14）历史、考古及其他文化遗址的破坏。

（15）重要的、有吸引力的自然环境景观，例如大树、丘陵和一些特殊的地质构成的破坏。

（16）土地松动和滑坡等问题。

（17）自然灾害可能对项目造成的破坏。

每个要素都要评价其影响类型和程度，最好的方法是制作一份矩阵表，见表7-2，对各种影响进行归纳分类，并对所有要素进行综合评价。为了系统地进行评价，要分出影响程度层次，例如可以按照影响程度划分为无影响、影响较小、中等影响和严重影响。方法上也可以采取定量的评分和定性的评价相结合。

表 7-2 环境影响评估矩阵样表

影响类型	影响评价				
	无影响	影响较小	中等影响	严重影响	备注
空气质量					
地表水质量					
地下水质量					
道路交通					
噪声水平					
固体垃圾堆放系统					
考古及历史遗迹					
视觉舒适度					
自然植被					
动物					
生态环境与健康					
自然灾害					

第四节 旅游规划的管理评价

一、旅游规划的管理内容

近年来全国性的旅游开发热带来了旅游规划热，旅游规划的一系列问题也随之显露出来。如旅游规划项目的策划和旅游产品及旅游线路设计比较肤浅，旅游市场分析与定位相对薄弱，缺乏旅游投入产出和旅游企业运营分析，对旅游发展目标和总体思路有所偏差，旅游规划框架体系不够完善以及规划语言创新不够规范等。旅游规划中出现的诸多问题，其原因有很多，但是归根到底是旅游规划的管理出现了问题。

旅游规划的管理有宏观管理和微观管理之分。旅游规划的宏观管理是主管部门对旅游规划的监督和管理；微观管理是某个具体的旅游规划的委托方和编制方对旅游规划的监督和管理。

（一）旅游规划的宏观管理

在规划编制中，各级政府和旅游行政主管部门应加强参与力度，不能仅仅停留在提供资金等层面，还必须参加规划编制工作，做好监督、检查的工作。

1. 对旅游规划单位和旅游规划人员进行资质认证管理

我国已经开始实行《旅游规划设计单位资质认定办法》，目前认证机构主要通过审定申请单位现有的成果和规划组成员的资格、组成等，对申请旅游规划资质的单位进行评定，按级别高低分别评为甲级、乙级、丙级。申请认定旅游规划设计资质，必须提供下列文件或材料。

（1）法人资格证明。
（2）固定的营业场所证明。
（3）必要的营业设施证明。
（4）相关的规章制度和内部管理制度。
（5）已有的规划设计成果及鉴定。
（6）规划设计人员的专业、学历、职称证明。
（7）相关的科研成果。

甲、乙级旅游规划设计单位的资质由文化和旅游部认定。丙级旅游规划设计单位的资质，由省级文化和旅游厅直接认定，并报文化和旅游部备案。旅游规划设计单位资质每两年由原初审部门进行一次检查，对不具备原资质等级条件的，原认定部门应当作出降低其资质等级的决定；对具备更高等级条件的，规划设计单位可提出晋级申请。

2. 对评审机构的管理

旅游规划要通过专家严格的评审才能付诸实施，我国的旅游规划评审基本上都是会议评审，但国家对评审人员的人数、专业结构和评审方式与成果鉴定意见，都没有具体的规范和规定，从而使得鉴定的结论不明晰、意见不中肯。为避免"亲朋好友"评审团的出现，应该实行"裁判制"管理的旅游规划评审制度。首先建立旅游规划评审专家数据库，分为国家、省和市县三级数据库，由各级旅游行政主管部门实行统一动态管理。评审时由主管部门根据旅游规划项目的类型组成同级或更高一级评审专家组，统一对规划项目进行评审。并且对评审后的项目进行动态监测管理，从而对评审专家组成员进行动态管理，避免流于形式。

3. 对规划实施过程的监管

规划实施过程的监管要抓住旅游规划编制单位，规范旅游规划的编制行为，各级政府要将能否实施作为规划验收的重要标准。

旅游行政主管部门对开发、建设活动的监管，包括开发项目的立项申报管理、建设用地与工程的规划许可证管理、执行验查管理等。对于立项申报，要严格验证申报条件，申报内容和规模须在旅游规划所允许的变化范围内，经旅游行政主管部门和规划管理部门审批；在旅游资源区建造永久性建筑或工程设施，任何单位和个人须领取建设用地规划许可证，并接受施工检查，该项目工作具体由规划管理部门负责。

旅游规划的行政主管部门有权力、有责任对管辖区内的旅游规划实施状况做例行检查，单独或会同市场监督、园林绿化、食品卫生、交通运输、消协等有关部门，行使对旅游经营服务质量监督检查权力，以确保旅游质量、协调旅游矛盾、总结旅游规划经验、纠正旅游规划偏差。总之，旅游规划工作不同于其他建筑工程，可以说，旅游活动存在多久，旅游规划就要实施多久。因此，旅游行政主管部门必须建立一个科学完备的管理体系来予以支撑。

（二）旅游规划的微观管理

旅游规划的微观管理涉及旅游规划委托方和旅游规划编制方，两者是一种双向的互动关系，他们既是旅游规划的需求方和供给方，又是旅游规划微观管理必不可少的两个方面。

1. 旅游规划委托方

旅游规划委托方即旅游规划需求方，又称为甲方，是要给自己做旅游规划的单位或个人，主要包括各级人民政府、旅游行政主管部门、旅游开发商和旅游投资商等。

（1）规划编制之前的管理。

对旅游规划单位的总体实力进行全面、细致的考察，主要包括：

①旅游规划人员素质，如年龄、学历、学位、专业特长等。

②旅游规划单位的整体和个人的科研水平、科研成果，已经有的旅游规划成果等。

③旅游规划单位的办公设施、设备，即硬件条件。

④进行必要的面谈，以深入了解旅游规划人员的详细情况。

（2）旅游规划协议的管理。

旅游规划协议是约束委托方（甲方）和编制方（乙方）的法律性文件，应当特别重视协议的起草、签订和执行。在旅游规划协议中应强调以下条款。

①旅游规划编制人员的构成。

②旅游规划的主要内容，如说明书、文本和图件等。

③旅游规划考察与调研的内容、对象及时间要求等，这些往往在协议中很少涉及。

（3）旅游规划编制过程中的管理。

①旅游规划考察、调研过程的管理。主要包括旅游规划考察、调研的内容、时间、人员和质量等，委托方应对编制方严格要求。

②旅游规划成果形成过程的管理。主要包括旅游规划大纲及重点部分，可以通过电话、信函、委派专人等形式进行检查，并做及时的修改和调整。

2. 旅游规划编制方

旅游规划编制方即旅游规划单位，又称为乙方，是要给别人做旅游规划的单位或个人，如高等院校、科学院所、学会（协会）、专业公司和"个体户"等。

（1）制定一套旅游规划单位内部完整、科学的管理制度。主要包括：科学民主决策制度；岗位责任制度；规划人员聘任制度；奖惩制度；项目管理制度；业务进修制度；收入分配制度。

（2）旅游规划协议的管理。

在旅游规划协议中应强调以下条款：旅游规划委托方为编制方配备专业陪同人员；旅游规划委托方按时、保质、保量交送有关参考资料；旅游规划委托方保证编制方实地考察、调研的时间。

（3）旅游规划的实地考察、调研过程的管理。

制定科学的考察、调研技术方案。旅游规划的实地考察和调研要讲求质量，必须按照旅游规划的有关规定和标准去做，不能偷工减料。对于旅游规划中的重点内容调研必须认真、细致、深入，在对旅游资源、旅游景区（点）进行调研的同时，应着重对旅游及相关部门（企业）进行调研。

（4）旅游规划文本和图纸的制作管理。

主要做到按照协议规定，保质、保量、按时完成旅游规划；设置质量总监，负责旅游规划的质量及进度工作；为保证旅游规划的高质量，应当聘请匿名审稿人，匿名审稿人至少要有1名旅游规划地的专家。

二、旅游规划的管理评价

一个成功的旅游规划不仅需要规划编制方的精心策划，更需要规划委托方以及地方政府的沟通协调和社区居民的广泛参与支持，三者中任意一方的缺位或者错位，都会影响旅游规划的顺利实施。

（一）旅游规划管理存在的问题

出于种种原因，我国目前的旅游规划管理存在着各种问题，主要表现在三个方面。

从宏观方面来看，规范的旅游规划市场还未形成，缺乏有效的监督管理机制，缺乏相应的法律法规和旅游规划专业管理人员。

从微观方面来看，各级人民政府和旅游行政主管部门要做的旅游规划出于不同动机，长官意志严重，编制旅游规划成了摆设，而旅游开发商和旅游投资商要做的规划思路又与专业人员相差甚远或是不切实际；同时，旅游规划单位内部没有一套完整、科学的管理制度，与委托方之间的沟通不够，重视感官刺激和评审会的面子工程，反而对旅游规划的内在质量、前期准备、实地调研以及将来的实施等方面不甚关心。

另外，旅游规划的管理过程中忽视了公众这一重要主体，在旅游规划的不同阶段，公众都应该或多或少地以不同形式参与其中。但目前大多数公众的参与程度仍停留在形式化、表象化的运作阶段，还远没有实现真正意义上的公众参与，难以吸纳和代表公众的意见。

（二）优化旅游规划管理结构

1. 完善政府组织结构

按照精简、统一、效能的原则和决策权、执行权、监督权既相互制约又相互协调的要求,紧紧围绕职能转变和理顺职责关系,进一步优化政府组织结构,规范机构设置,提高旅游规划主管部门的管理水平和人员素质。建立健全旅游行政管理机构,完善行政运行机制,提高办事效率。基于上述原则,设立规划管理部门具体负责规划工作,并组建专家咨询、监督的组织,各部门负责各自的日常工作时应注意对规划工作的支持,如统计、人力资源教育和培训等。

旅游行政管理机构组织框架如图7-9所示。

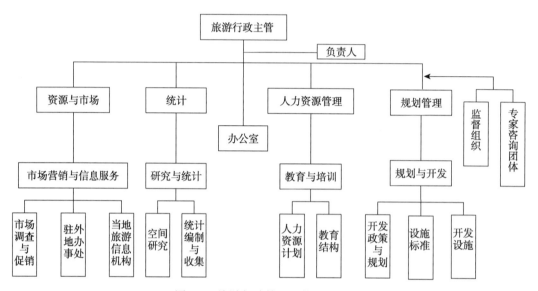

图7-9 旅游行政管理机构组织框架

2. 构建旅游规划的监理制度

所谓旅游规划监理就是指针对具体的旅游规划编制,独立专业的旅游规划监理机构受业主的委托和授权,依据国家法律法规、旅游规划合同、旅游规划监理合同及其他相关文件,代表委托方对旅游规划编制实施的微观监督管理。各方关系如图7-10所示。

图7-10 旅游规划监理制度建立后市场主体关系

旅游规划监理机构地位独立,拥有完善的信息平台和专业知识,在与委托方进行良好沟通的基础上,由机构代表委托方选择资质合格、技术能力强、管理水平高、信誉可靠的旅游规划单位,并对旅游规划编制的全过程进行监督管理。旅游规划监理制度的实施,使得"委托方——编制方"的单一委托代理关系转化为"委托方——编制方"和"委托方——旅游规划监理机构"的双重委托代理关系并存的状态，有效地解决了委托方和编制方由于信息不对称和利益多向性而造成的市场失灵。

3. 建立公众参与机制

在政府和规划部门的倡导下，构建非政府的、多层次的参与性旅游规划咨询机制，积极广泛地宣传公众主动参与旅游规划的必要性，鼓励并提供机会让公众不同层次、不同程度、不同渠道地参与到旅游规划的编制、决策和实施过程中。该机制设三个单元：旅游企业代表单元、其他相关利益集团单元和公众参与单元。公众参与代表要注重个体的参与，采用听证会、公众展示会等形式，近距离地为规划方案提供意见和建议，加强规划实施的监督力度。

本 章 小 结

旅游规划的参与者包括规划编制系统所涉及的旅游规划编制方、旅游规划评审者和旅游规划管理者以及旅游规划内容系统涉及的政府部门、旅游企业和一般公众等，这些参与者都是影响旅游规划成功实施的重要因素。旅游规划与开发的可行性分析是旅游规划能否成功立项及投入开发的重要依据，可行性分析内容主要包括区位选择、主题定位、投资估算及环境评估。旅游规划与开发的效益评估要遵循客观、科学、全面、定量的原则，主要从经济、社会和环境三个方面进行评估。旅游规划的管理有宏观管理和微观管理之分。旅游规划的宏观管理是政府主管部门对旅游规划的监督和管理，微观管理是某个具体的旅游规划的委托方和编制方对旅游规划的监督和管理。

复习思考题

1. 旅游规划实施的一般程序是怎样的？
2. 旅游规划与开发的可行性分析主要包括哪些内容？相应的主要方法有哪些？
3. 旅游规划与开发的效益主要有哪些方面？每个方面的评估内容以及评估方法有哪些？
4. 旅游规划的管理内容有哪些？如何评价？

即 测 即 练

第八章 专项旅游开发

学习要点及目标

1. 区分各种专项旅游的概念及特点。
2. 了解国家级风景名胜区旅游规划的主要内容及一般程序。
3. 了解旅游度假区旅游规划的主要内容及一般程序。
4. 了解主题公园旅游规划的主要内容及一般程序。
5. 了解乡村旅游规划的主要内容及一般程序。
6. 了解工业旅游规划的主要内容及一般程序。

第一节 国家级风景名胜区开发

一、风景名胜区概述

中国国家级风景名胜区,原称国家重点风景名胜区,由国务院批准公布。根据中华人民共和国国务院于 2006 年 9 月 19 日公布并自 2006 年 12 月 1 日起施行的《风景名胜区条例》,风景名胜区是指具有观赏价值、文化价值或者科学价值,自然景观、人文景观比较集中,环境优美,可供人们游览或者进行科学、文化活动的区域。自然景观和人文景观能够反映重要自然变化过程和重大历史文化发展过程,基本处于自然状态或者保持历史原貌,具有国家代表性的,可以申请设立国家级风景名胜区,报国务院批准公布。2017 年 3 月 21 日,国务院发布第九批国家级风景名胜区名单,新添 19 处名胜。截至 2017 年 3 月 29 日,全国共有 244 处国家级风景名胜区。随着国家相关政策的发布,如《风景名胜区条例》《中国风景名胜区形势与展望》《风景名胜区规划规范》等,我国国家级风景名胜区的开发和保护逐步繁荣和完善起来。

(一)国家级风景旅游区的功能

《中国风景名胜区形势与展望》绿皮书把风景名胜区定义为:具有观赏、文化或科学价值,自然景物、人文景物比较集中,环境优美,具有一定规模和范围,可供人们游览、休息,或进行科学文化教育活动的地区。

中国风景名胜区与国际上的国家公园(National Park)相对应,同时又有自己的特点。中国国家级风景名胜区的英文名称为 National Park of China。而根据中华人民共和国国家标准 GB 50298—1999《风景名胜区规划规范》的定义,国家级风景名胜区相当于"海外的国家公园"。中国建立风景名胜区是要保护自然景观资源(包括生物资源)和人文景观资源,同时科学地建设和利用。因此，我国风景名胜区的主要功能为：

保护生态、生物多样性与环境；

发展旅游事业，丰富文化生活；

开展科研和文化教育，促进社会进步；

通过合理开发，发挥经济效益和社会效益。

（二）中国风景旅游区的特点

我国地域辽阔、风景资源丰富，因而拥有较大数量的风景名胜区，加之我国的历史文化悠久，同时又赋予风景区丰富的人文内涵。纵观我国的国家级风景名胜区，一般具有以下几个特点。

1. 自然景观差异万千

我国是一个疆域辽阔的国家，地质、地形、地貌变化大，湖泊河流众多，有 180 00 多千米长的海岸线，岛屿星罗棋布，自然景观类型丰富多样。有多种类型的地貌景观、水文景观、生物景观以及气象、天象景观。

2. 人文景观历史悠久

我国的先辈们在历史的长河中创造了灿烂的中华文化，古人在名山大川中开辟景点，建庙宇、修殿堂、设亭阁、筑宝塔。无论是在悬崖绝壁，还是在碧波之畔，都留下了大量的碑文诗词、摩崖石刻，这些遗迹都具有极高的历史和艺术价值。正所谓"山不在高，有仙则名；水不在深，有龙则灵"，悠久而灿烂的历史，让我国的风景名胜区更有人文内涵。

3. 地方风格迥异

自然地理差异带来自然景观的差异，以及各地民风、风俗和经济文化的差异，形成了各地丰富多彩的乡土景观和风土人情，因而具有明显的地方风格和民族风格。

二、风景名胜区规划

（一）规划任务

经过批准的规划是风景区开发、建设和保护管理工作的依据，因而，风景区规划的主要任务是：科学地保护和利用风景名胜资源，合理组织各项活动，妥善处理景区的各种矛盾，统筹安排各项设施，确定风景区的性质、范围、方向和规模，确定风景区的总体布局，为人们提供自然、优美、方便、舒适的游览环境和服务配套设施，以充分发挥风景区的综合部署。

（二）规划原则

编制风景名胜区规划有以下若干项基本原则。

1. 保护优先

风景名胜区是自然和历史留下的不可再生遗产，只有在确保风景名胜区资源的真实性和完整性不被破坏的基础上，才能实现风景名胜区的多种功能。开发时应保护并发挥原有自然和人文景观的特点，各项设施的安排必须服从保护景观的要求，不可损害原有景观。

2. 强调自然

充分发挥风景资源的自然特征和文化内涵，维护景观的地方特色，强调回归自然，防止人工化、城市化、商业化倾向。为保证景区环境质量，在风景名胜区范围内不得安排与风景、旅游无关的单位和设施；在保护地带内不得安排污染环境的工厂和单位；在风景点和公共游览区内不得安排旅馆、休疗养机构等设施。

3. 协调一致

将各种发展需求统筹考虑，依据资源的重要性、敏感性和适宜性，综合安排、协调发展，才能从根本上解决保护与利用的矛盾，达到资源永续利用的目的。景区内的建筑物和构筑物，其位置、体量和形式要因地制宜，与景观协调。

4. 永续发展

风景名胜区的保护和建设是一个长期的过程，由于风景资源的稀缺性和不可再生性，一旦破坏将很难恢复。因此对待风景名胜区的规划要从长计议，合理地进行保护性开发，并且要充分考虑其允许的环境承载力，坚持可持续发展之路。

（三）规划依据

1. 法律法规

《中华人民共和国风景名胜区条例》
《中华人民共和国旅游法》
《中华人民共和国城乡规划法》
《中华人民共和国环境保护法》
《中华人民共和国环境影响评价法》
《中华人民共和国土地管理法》
《中华人民共和国森林法》
《中华人民共和国文物保护法》
《中华人民共和国水法》
《中华人民共和国水污染防治法》
《中华人民共和国自然保护区条例》

2. 行政规章与技术规范

《风景名胜区条例》
《风景名胜区规划规范》（GB 50298—1999）
《风景名胜区环境卫生管理标准》
《风景名胜区安全管理标准》
《水库大坝安全管理条例》
《中华人民共和国森林法实施细则》

（四）规划内容

风景名胜区总体规划一般包括下列内容：①历史沿革和现状资料，说明书及现状图（附地理位置图），包括对风景名胜区特点、性质、发展目标的论证分析；②环境质量评价说明书及评价图；③风景及环境保护规划说明书及保护规划图；④景点开辟、景区划分和游览活动路线规划说明书及规划图；⑤总体布局规划，包括功能分区、管辖范围、外围影响保护地带划分的论证说明书及总体布局规划图；⑥风景名胜资源和土地利用分析说明书及分析图；⑦环境总容量和风景区及重要景点的游人容量分析计算和发展规划；⑧专项规划：对内、对外交通规划说明书及对内、对外交通规划图；生活服务基地和生活服务设施规划说明书及规划图；绿化和风景林木植被规划说明书及规划图；给水、排水、供电、邮电通信、环境保护等公用设施，防火、防洪等工程设施规划说明书及规划图；旅游、商业、服务业、农副业、手工艺品生产等各项事业综合发展规划及规划图；重要景区和近期建设小区的详细规划；大型工程项目的可行性研究报告；其他专业规划；资金和经济效益的估算；实施规划的组织管理方案；其他需要规划的事项。

（五）规划类型

1. 总体规划

对规划大纲进行修改、补充调查，按总体规划编制的任务内容，完成全部规划文件和图纸。这个阶段应特别充实专项规划和旅游规划内容，并对投资和效益进行估算。风景区总体规划的文件和图纸应主要包括以下内容：风景名胜区现状说明书以及现状图、位置示意图；风景名胜区总体规划说明书及总体规划图；游览路线规划说明书及规划图；环境保护规划说明书及规划图；植物景观规划说明书及规划图；旅游服务设施和职工生活设施规划说明书及规划图；交通运输、电力、通信规划说明书及规划图；各项事业综合发展规划说明书及规划图；给水和排污规划说明书及规划图；详细规划部分如景区、景点的详细规划方案图；旅游接待设施的设计方案图；主要景观建筑的设计方案图以及其他重大建设项目的可行性方案图。

2. 控制性详细规划

详细确定景区内各类用地的范围界限，明确用地性质和发展方向，提出保护和控制管理要求，以及开发利用强度等指标，制定土地使用和资源保护管理规定细则。对景区内的人工建设项目，包括景点建筑、服务建筑、管理建筑等，明确位置、体量、色彩、风格。确定各级道路的位置、断面、控制点坐标和标高。根据规划容量，确定工程管线的走向、管径和工程设施的用地界线。

3. 修建性详细规划

主要是针对明确的建设项目而言，主要内容包括以下几点：建设条件分析和综合技术经济论证；建筑和绿地的空间布局，景观规划设计；道路系统规划设计；工程管线规划设计，竖向规划设计；估算工程量和总造价，分析投资效益。

三、风景名胜区开发

风景名胜区作为自然景观、人文景观和生物的保护基地，是国家的重要资源，也是自然、历史留给人类的珍贵遗产和宝贵财富。建设、保护与管理好风景名胜区，对优化生态环境、弘扬民族文化、促进旅游事业、建设现代化国家、落实可持续发展战略等都具有重要作用。从风景名胜区的性质和宗旨出发,风景名胜区的开发需要关注以下几点内容。

(一)保护生态

自人类进入工业社会以来,征服自然、改造环境、开发资源等给大自然造成严重破坏,生态失衡、生物多样性严重减少、环境恶化等后果威胁到人类自身的生存。难得保存下来的优美的原生自然风景孤岛,就成为人们回归自然和开展科学文化教育活动的理想地域。自然风景区良好的植被是保持良好气候、涵蓄水源、防止水土流失、保护江河免受自然灾害的重要条件。生物多样性是人类社会赖以生存与发展的基本食物、药物和工业原料的主要来源,其迅速的丧失必然引起人类生存与发展的根本危机。中国是世界上生物多样性最丰富的国家之一,物种约占世界总数的10%。但我国物种受威胁的情况也是惊人的,是世界上生物多样性丧失最严重的地区之一。

风景名胜区是具有代表性的自然本底,也可以称之为人与自然和谐发展的典型自然地域单元,其中的自然风景区是生物多样性的保存境域,可提供用于生产或科研领域的多种遗传基因的种质资源。因此,保护生态、生物多样性与环境多种功能是开发的重要内容。

(二)体现游憩

风景名胜区是人们回归大自然的首选对象。现代人更是崇尚山水、游览山河、访胜猎奇,乐此不疲!风景名胜区的壮丽山河、灿烂文化、历史文物、民俗风情,足以让我们骄傲和自豪,让人们在旅游过程中尽享游憩带来的快乐。

(三)科普教育

风景名胜区是地球演变过程和人类发展进程的结晶,蕴含众多地质、地理、动植物、水文、气候等自然科学现象;又能反映出我国的政治、经济、军事、文化、历史名人的成就,让我们了解我国悠久复杂的历史过程。因此,风景名胜区是研究地球演进、生物演替等自然科学的天然实验室和博物馆,是开展科普教育的生动课堂。

(四)理性开发

风景名胜区坚持保护国土的壮丽自然景观和文化遗产,为广大人民群众提供优美的休息、活动条件,促进地方经济、文化、科学事业的发展,充分发挥风景名胜区的环境、社会和经济效益。风景名胜区富有多种资源,有直接的经济效益。通过风景名胜区的理性开发,消除经济利益驱使的盲目性,确保经济和社会、环境效益。带动当地经济的发展、信息的交流、文化知识的传播、人们综合素质的提高。充分发掘和认识风景资源的特点和价值,恰当地利用和组织现有自然和人文景观,突出自然环境的主导作用,给人们以自然美和历史文化美的享受。风景名胜区要区别于城市公园,切忌大搞人工化造景。

案例8-1

九寨沟自然保护区的震后生态修复与保护

九寨沟(图8-1)位于四川省西北部岷山山脉南段的阿坝藏族羌族自治州九寨沟县漳扎

镇境内,是长江水系嘉陵江上游白水江源头的一条大支沟,由于景区内有九个寨子的藏民世代居住于此,故名为"九寨沟"。

图 8-1 人间仙境九寨沟

九寨沟总面积 64 297 公顷,森林覆盖率超过 80%,内有 108 个高山湖泊,2 000 余种各色植物,包括白唇鹿、大熊猫、金丝猴等国家一级保护动物在内的 122 种陆栖脊椎动物,生态丰富,是中国第一个以保护自然风景为主要目的的自然保护区,也是中国著名风景名胜区和全国文明风景旅游区示范点,被誉为"世界最佳生态旅游目的地之一"。2017 年 8 月 8 日九寨沟县发生 7.0 级地震,震中位于九寨沟核心景区西部 5 公里处比芒村,九寨沟景区内原本色彩斑斓的多个高山湖泊坝体坍塌,火花海、诺日朗瀑布等生态景观遭到严重破坏。

四川省九寨沟县环境保护和林业局坚持首把"8·8"九寨沟地震灾后重建项目规划设计关,始终把"科学推进生态环境修复保护"放在第一位,把绿色发展理念贯穿灾后恢复重建全过程,着力体现尊重自然、突出重点、分类施策、改善民生,聚焦灾后生态突出问题,注重生态留白和助推脱贫攻坚,高质量推进灾后生态修复保护开发工作。

根据灾后重建总体规划,在生态修复上主要把握林地植被恢复、珍稀濒危动植物保护、生态保护设施恢复三个要点。地震及次生灾害造成全县29.32万亩林地林木受损,林木蓄积损失 134.68 万立方米。在恢复重建过程中,划定项目实施边界,自然保护区的核心区、缓冲区,均不规划任何灾后修复重建项目,仅对适宜区域的受损地采取适度人工措施。震损林地清理项目坚持最小干扰原则,不清理远离公路、村寨等人为活动的区域,不清理地质灾害治理区域。地震引发的山体崩塌滑坡,导致野生动物栖息地受损21.85万亩,占震损林地面积的80%。九寨沟恢复重建坚持有的放矢、适度人工干预,着力修复重点区域、保护重要物种,规划黄土梁大熊猫基因交流走廊带建设等5个项目,先行修复大熊猫栖息地走廊带2万亩。生态保护设施上坚持经济节约、注重实效,规划给排水恢复重建等8个项目,先行恢复重建业务用房 9 290 平方米、林区道路 76.4 公里、给排水 15.5 公里。

生态的形成、演化呈多向发展，有自然的生命周期，虽然"8·8"地震对九寨沟生态景观造成了严重破坏，但实质上也是对九寨沟自然景观的再塑造。湖水决堤，火花海不再，但细水长流，昔日默默无闻的双龙海景点又成长为新的焦点。

第二节　旅游度假区开发

一、旅游度假区概述

最初的度假旅游始于公元初，当时只作为少数统治者消遣时光的需要，真正的大众化旅游度假活动起源于 19 世纪的西方社会，当时以欧美为代表，人们开始从城市走向山区、海滨、湖滨、温泉等自然环境优美的特定目的地进行山地、海滨、湖滨和温泉度假等休闲活动。20 世纪初，以滑雪为主题的季节性度假形式出现，并逐渐发展为常年度假形式，度假功能也越来越多样化，包括休闲、健身、娱乐、会议和家庭旅游度假。进入 20 世纪 60 年代，休闲度假已成为大众性旅游项目，在加勒比海、地中海、东南亚、太平洋诸岛、澳洲等地，海滨度假区纷纷兴起。

我国的国家旅游度假区建设始于 20 世纪 90 年代。1992 年，我国为了构建旅游业的合理结构和提高旅游发展水平，国务院决定在条件成熟的地方试办国家级旅游度假区。至此，我国正式批准在大连金石滩、青岛石老人、苏州太湖、无锡太湖、上海佘山、杭州之江、福建武夷山、福建湄洲岛、广州南湖、昆明滇池、三亚亚龙湾、北海银滩 12 个地区建立国家级旅游度假区。截至 2020 年 12 月，我国共有国家级旅游度假区 45 家，分布在全国 23 个省区市，涵盖河湖湿地、山林、温泉、海洋、冰雪、主题文化、古城古镇、沙漠草原等多种度假类型。

（一）旅游度假区的概念

旅游度假区的概念并未有统一的说法。西方学者大多把旅游度假区视为一种休闲娱乐的环境，Edward Inskeep 等认为旅游度假区"就是创造出一种能够促进并提高愉快欢乐感觉的环境"，"它是通过提供娱乐设施及服务项目，创造愉快、宁静（或兴奋）的环境"。国内学者更多的是把旅游度假区看成一种旅游服务多功能的综合体。如张凌云认为：旅游度假区"是为度假者提供娱乐、休闲、疗养及短期居住的地区性综合体"。李瑞认为：旅游度假区"是指在乡间、湖畔、海滨、山村、温泉等地兴建度假住宅，外加多项体育和娱乐设施的地方"。陈放提出：旅游度假区"是指具有丰富旅游资源的以旅游、度假、娱乐、休养为目的的开发区"。世界旅游组织（UNWTO）从旅游定价的角度考虑，认为旅游度假区的定义应为：度假区是为旅游者的较长时间的停留而设计的住宅群，在它的全包价格中除了住宿费外，还有公共设备、体育及娱乐设施的使用费。

（二）旅游度假区的特点

1. 丰富的自然资源

丰富的旅游资源特别是自然旅游资源是旅游度假区建立的重要基础。目前世界上主要的四种度假类型（沿湖、沿海、高山滑雪、高山休养）无不以自然旅游资源为基础。

2. 完善的旅游区域

旅游度假区不仅拥有丰富的旅游资源，而且注重营造旅游环境，同时需要具备先进、完善、有特色的各类娱乐、体育、休闲设施，它除了拥有一般的饭店、餐馆等服务以外，还有导游服务、教练服务和托儿服务这三项专门服务。可见，一个度假区往往是一个自足的系统，也是一个相对独立的、能满足各种旅游需求的生活区。

3. 休闲的旅游享受

度假旅游一般追求的是休闲和娱乐为主的轻松的令人身心放松的生活方式，一般逗留时间较长（8～12天），活动安排比较宽松，对各种设施和服务的综合配套要求比较高，且一般具有较高的消费水平，在形式上以散客为主。鉴于度假旅游的这一特点，就饭店设施而言，就应该提供多种不同的选择。如品种要齐全，应有饭店、公寓、自我服务型别墅三种类型；不建低档饭店，一般为三星级以上；饭店内的房间面积比较大，因为度假的游客大多待在"家"里消磨时光，让游客最大程度享受"度假"。

（三）旅游度假区的功能

不同类型的旅游度假区具有不同的功能和作用，但一般来讲，旅游度假区的功能主要体现在以下几个方面。

1. 修身养性

旅游度假区借助于海滨、天然温泉等旅游资源，以及为客人提供康体设施、SPA体验、医疗服务等各种健体强身的旅游产品，充分发挥旅游度假区的修身养性功能。

2. 娱乐休闲

旅游度假区配备以齐全的娱乐休闲设施和服务，致力于满足旅游者的休闲、度假的需求，让度假者享受参与各种娱乐活动带来的感受和体验。

3. 会议接待

旅游度假区常位于风景名胜地，具有天然的巨大吸引力，并提供健全的会议和接待设施及设备，十分适合用于接待国内外各类客人，举办多种会议。

在实际中，一个旅游度假区往往是多功能、复合型的综合旅游度假场所，既能提供正式的接待会议场所，又能提供自由的休闲娱乐活动，严谨与放松共有，娱乐与康体并行。

二、旅游度假区规划

（一）规划任务

首先，由于不同等级、不同类型和区位的旅游度假区具有不同层次、相对固定的（潜在的）客源市场，因此确定客源市场及其需求特征是针对性开发度假产品的成功前提；其次，在度假区现状资源与环境评估的基础上，通过对度假环境的营造与旅游吸引物体系的策划，形成度假区的特色与主题，并开发出"适销对路"的度假旅游产品，这是度假区规划成功的关键。最后，要提出度假区规划实施所需要的政策、融资、管理等保障体系。所以，旅游度假区的规划任务主要是通过确定客源市场及其需求特征，并据此对旅游度假的环境营造、旅游吸引物体系进行策划，最后规划相配套的实施保障体系。

（二）规划策略

旅游度假区的区位、资源、基础条件和文化底蕴各不相同，在规划中不可能按统一模式来行事，但有些要素是共同的、必需的，这里从一般意义上来阐述度假区规划的五大策略。

1. 时尚理念与传统文化相结合

任何旅游度假区从资源角度讲，或多或少总有历史延续下来的文脉，这就是传统文化。但传统文化开发成度假产品时，必须注入时尚文化的元素。时尚化能大大提升度假产品的附加值。

2. 现实生活与温馨氛围相结合

既然是为度假者服务，旅游度假区就必须紧密结合现实生活。现实生活表现在大到建筑设施、小到用品用具的所有硬件上。同时，旅游度假区的温馨氛围也要表现现实生活，要营造一种既快乐热烈又悠闲自在的整体环境气氛。无论是灯光、饰物、音乐，还是人物形象、活动策划，都要紧扣现代生活。既然是生活，就必然是五光十色、动态变化的。

3. 休闲度假与商务会议相结合

通常来讲，非节假日是度假区的淡季，旅游度假区应积极采取措施，将淡季也做起来。针对中国国情，会议与休闲的结合是极为重要的方向。在当代，除了少数极正规严肃的会议需放在城市里召开外，更多的会议已向郊区、度假区和景区扩散转移。其原因在于选择一个好的环境可以鱼与熊掌兼得，会议、休闲两不误。作为主办者对商务会议主办地的选择，主要是三条原则：一是先进完备的会议设施，二是良好的自然环境（不必非有特色景观），三是有较好的可进入性。

4. 自然资源与市场需求相结合

资源与市场既是度假区规划的起点，也是度假区经营的终极目标。度假区首先必定拥有旅游资源，其成功利用资源的关键在于：一是要实事求是地科学评价资源的市场价值；二是利用资源开发成有市场吸引的度假产品。资源是客观存在的，资源评价要由市场决定，而环境则是可以通过开发提升或创造的，利用资源去创造环境则是事半功倍的捷径。在对资源的市场价值评价中，有三个要素需要分析。一是对游客视觉的冲击度，凡能一下子强烈吸引人们眼球的就有市场前景。二是资源用于开发度假产品内涵的丰度，也就是说，如果在资源基础上可开发出多种度假产品，能使游客有一定（甚至较长）的逗留时间，那么就有更高的市场价值。三是游客的参与度。这是现代度假区开发中必须重点考虑的，资源一旦整体开发，必须能让度假者有活动参与其中，度假产品与游客必须是互动的。互动才能创造欢乐以满足度假者的休闲放松需求。

5. 体现特色与度假功能的结合

创造特色是度假区每一位开发者和规划者都希望的，但创造特色却又是最难的，尤其在当今度假区全国开花的情况下，要使类同的资源都有与众不同的鲜明特色，绝非易事。例如，三亚亚龙湾国家 4A 级旅游度假区开发旅游地产项目亚龙湾·石溪墅，项目占地 99 982

平方米，建筑面积为 39 995.88 平方米，容积率 0.4，绿化率 60%，由 121 栋独栋别墅和 264 套观海公寓组成，依山望海，全园呈现泰式、巴厘岛式等东南亚田园风情，山泉溪水终年穿园而过，翠谷鸟语、小溪栈桥，既体现度假休闲精品特色，又具备国家旅游度假区的功能。

（三）规划内容

旅游度假区由居住设施、娱乐设施、购物设施、度假村等部分构成。规划的主要内容包括区位选择、发展目标与发展战略确定、主题与形象策划、娱乐与服务设施规划、餐饮购物设施布局、交通与基础设施规划等。

1. 区位选择

旅游度假区的区位选择是旅游度假区规划的关键性工作，其关键是最大限度地利用旅游度假区区位经济价值及其他环境优势。区位选择的先决条件是可进入性、交通方式、风景组合、劳动力供给的可能性。区位选择可选取观景区、风景区为主要坐标，参照确定各种要素的分布位置，确定交通网络，同时为旅游发展计划的设施留有余地。

2. 发展目标与发展战略确定

旅游度假区规划的根本任务是依据对旅游度假区资源、特色与市场分析，确定旅游度假区的发展目标和发展战略。旅游度假区发展目标和发展战略是一个旅游度假区建设的总方向和宏观的调控。

3. 主题与形象策划

度假区的主题与形象是强化度假区特色、增加度假区竞争优势的关键。尤其是度假区的文化主题，无论是开发方（委托方）还是编制方，都把凸现文化、策划促销口号作为必不可少的重要内容。打造度假区文化主题有四个关键的原则。第一是辐射力，能够对外人有吸引力，才进一步对本地人有吸引力；第二有想象力，它一定超越我们现在已有的趣味和享受。第三有渲染力，让游客有种强烈的文化感染力和独特的文化氛围。第四有创新力，基于原有文化的基础上，伴随时代进步进行创新，使得度假区永葆活力。

4. 娱乐与服务设施规划

娱乐设施方面，度假区一般常见的有高尔夫球场、网球场、滑雪场、游艇等娱乐场所；服务设施方面，一般要配置度假区别墅、度假酒店以及度假区医院、酒店医疗室等配套保健设施。度假酒店的级别、种类、数量需要与游客结构、豪华等级、客流量相匹配。居住设施规划应体现地方特色，体现地方建筑的传统与风俗。

5. 餐饮、购物设施布局

商店、餐馆、小吃店、野餐区或其他餐饮设施要与娱乐设施场所布局协调配合，与地理环境条件相吻合，以方便游客到达和使用。例加，野餐区必须具备良好的排水条件、浓密的遮阴区、稳定的土壤表层以及良好的植被覆盖，可以方便安排停车场。餐饮、购物设施布局设计必须依照逻辑顺序推进，以建设理想的空间布局关系。

6. 交通与基础设施规划

旅游度假区的公共交通规划包括道路、路标、停车场等要素。进入旅游度假区的道路和旅游度假区内的道路设计，第一，要求舒适安全；第二，避免公路拥挤；第三，道路两旁自然风光美丽。道路设计应适当经过某些制高点或眺望点，以便游客游览观赏。旅游度假区的路标分为方向性路标与宣传性路标，其要求是清晰美观、数量适当、避免繁杂。旅游度假区的公共交通规划布局的根本出发点是方便性，要求交通路线与停车场以及宾馆、娱乐场所、风景区、商店、餐馆、小吃店、厕所等连成一体，从而整合成一个整体的交通流纵贯整个旅游度假区。

浙江省淳安千岛湖旅游度假区

千岛湖，即新安江水库，位于浙江省杭州市淳安县，是为建新安江水电站拦蓄新安江上游而成的人工湖，1955年始建，1960年建成。千岛湖湖岸线长2200公里，是我国岛屿最多、湖岸线最长的内陆湖泊，有"天下第一秀水"之称。淳安千岛湖旅游度假区（图8-2）位于长三角和浙皖赣金三角经济圈交汇点，同时也是"杭州—千岛湖—黄山"黄金旅游线的中心，地理位置优越。淳安千岛湖度假区规划面积30.8平方公里，以水体资源为主题资源，气候舒适度高，水质、土壤、噪声质量均达到国家一级标准。

图8-2　东方夏威夷：浙江千岛湖度假村

作为千岛湖旅游产业转型发展和休闲度假旅游集聚的主平台和主战场，近年来千岛湖旅游度假区以产品建设为核心，以功能配套为抓手，大力推进休闲度假产业发展，形成了以商务会议、休闲度假、健康养生、文化创意、骑行运动等为特色的旅游度假胜地，引领浙江省省域旅游度假区第一方阵，并相继获得"浙江省级服务业集聚区""国家服务业综合改革试点区域拓展区""最具文化创意旅游度假区""2019年度美丽中国首选文旅目的地""国家级旅游度假区"等荣誉称号。

淳安千岛湖旅游度假区由排岭半岛、主城区沿湖区块、进贤湾和界首4个旅游度假区块组成。排岭半岛及主城区沿湖区块为建成区，拥有开元、绿城等10余家高品质度假酒店。界首区块主要包括总投资80亿元的千岛湖鲁能胜地和亚运项目，集康养度假、农创放松、户外运动、创意娱乐、原乡文化于一体。进贤湾区块为未来发展区，远期规划打造集山水运动、休闲康养、温泉度假为一体的综合型旅游度假目的地，该处岛陆交错，尤其以桥头堡两侧最为突出，岛屿呈狭长指状分布，水面曲折，港湾幽深。

2019年，千岛湖旅游度假区内累计接待游客392万人次，过夜游客量206万人次，境外游客总人数3.9万人次，过夜游客平均停留夜数2.27夜，重游率达30%。目前千岛湖旅游度假区已与宋城景区、西湖景区共同成为浙江旅游的三大名片。

第三节　主题公园开发

一、主题公园概述

主题公园（Theme Park）起源于早期的游乐园，其前身最早可追溯到古希腊、古罗马的集市杂耍，如射箭、狩猎、竞技等。但游乐园设施单调无主题，传统机械性质的游乐园逐渐失去了市场而日渐衰落。一般认为是主题公园起源于荷兰，荷兰的马德洛丹（Madurodam）夫妇创建了世界上第一个微缩公园——马德洛丹小人国。1952年开业时随即轰动欧洲，成为主题公园的鼻祖。1955年，世界上第一个现代化大型主题公园——迪士尼乐园在美国加州建成开放。伴随着迪士尼乐园获得骄人的经济收入，世界各地的主题公园迅猛发展，成为旅游业中的一支生力军。

1989年，中国大陆第一家主题公园"锦绣中华"在深圳开业，2016年上海迪士尼乐园正式开园。经过30余年的发展，目前中国主题公园已超2 500个，多分布于华东地区，产业主要参与者以华侨城集团、长隆集团、海昌控股、宋城演艺等本土企业为主。

（一）主题公园的概念

主题公园是为了满足旅游者多样化休闲娱乐需求和选择而建造的一种具有创意性活动方式的现代旅游场所。它是根据特定的主题创意，主要以文化复制、文化移植、文化陈列以及高新技术等手段，以虚拟环境塑造与园林环境为载体来迎合消费者的好奇心，以主题情节贯穿整个游乐项目的休闲娱乐活动空间。因此，主题公园，是现代旅游业在旅游资源开发过程中产生的新的旅游吸引物；是自然资源和人文资源的边际资源；是信息资源与旅游资源相结合的休闲度假和旅游活动空间；是根据一个特定的主题，采用现代科学技术和多层次空间活动设置方式，集诸多娱乐活动、休闲要素和服务接待设施于一体的现代旅游目的地。但随着时代的进步，主题公园的概念也在随着各种设计的出现而不断发展，其内涵也在不断扩展和更新。

（二）主题公园的特点

现代意义上的主题公园，是在旅游娱乐观念更新和方式转变的基础上发展起来的，因而深刻地体现了这一时期旅游发展趋势，具有多元性、复合性、开放性、互动性的特点。

具体说来，表现在如下方面。

1. 主题特色鲜明

现代的主题公园都要有自己旗帜鲜明、风格独特的主题形象，如迪士尼的动画世界、深圳锦绣中华等，都是这方面的典型。从某种意义上说，任何主题公园的人造景观，都是历史文化积淀的产物，包含着一个民族某种理性思索的痕迹，是不同民族生活方式、生活环境与文化传统的外在表现，是民族的、地区的差异的体现。而且，只有植根于地方的、民族的主题，才是有生命力、有灵魂的主题，也是一个主题公园理性识别的基本标志。

2. 创新开发思路

传统的旅游经营，往往过分依赖于固有的（自然的或人文的）旅游资源的分布与组合，正所谓"靠山吃山，靠水吃水"。而现代的主题公园则不然，它在充分利用固有旅游资源的同时，可以充分发挥人的主观能动性与创造性，用新的思路、新的技术来创造、开发旅游产品，从而争取卖点。例如，在被称为"文化沙漠"的深圳，出现了令中国旅游界为之轰动的锦绣中华、世界之窗、中国民俗文化村等旅游热点，这在传统的旅游经营观念中是不可想象的。

3. 广泛受众群体

从旅游资源学角度来讲，旅游资源的最大卖点就是吸引力，这是评价旅游资源优劣的重要标准。而对于主题公园而言，它的吸引是开放的、弹性的。一个成功的主题公园，必须考虑到不同年龄层次、文化层次、消费层次的游客的需求，在活动的安排、服务设施的配套、节目的编排、园区的规划上精心设计，使游客各得其所、各乐其乐。同时，主题公园的服务和设施，必须具有一定的弹性，从游客的个体而言，能满足各类消费水平的需要；从整体而言，能适应游客数量的增减、需求的变化。

（三）主题公园的分类

1. 历史再现型

以古典名著、历史故事中的建筑、人物、重要情节等为原型，发挥人的想象力，将其形象地再现出来，如北京、上海等地的大观园、山东淄博的聊斋大观园、河南的天波杨府等。

2. 名胜微缩型

将全国各地或某一区域最具代表性的名胜景观微缩荟萃于一园，以"标本形式"整体展示某地的风采，如深圳的锦绣中华、太原的三晋览胜微缩景区；或者将国外的名胜景观加以移植，展现一种中西交融的局面，为国内旅游者提供体现异国他乡情调的机会，如北京的世界公园、深圳的世界之窗等。

3. 文化表现型

主题公园具有通过"主题"解释文化和传递文化的功能，它着重满足的是旅游者精神生活上的需求，提供的是一种对文化的体验过程。所选取的主题文化必须尽可能与当地的地域文化相结合，体现其地域特色性。例如，大唐芙蓉园是我国第一个全方位展示盛唐历史风貌的大型皇家园林式主题公园，坐落于陕西省西安市。是全国最大的仿唐建筑群落，拥有全球最大的户外香化工程、全国最大的唐御宴开发基地，还有全国最大的展现唐代诗歌文化的雕塑群以及全方位再现唐长安城贸易活动的场所，展示大唐盛世的灿烂文明。

4. 风情展示型

以展示地方特色、民族风情为主题。如深圳中国民俗文化村、昆明云南民族文化村等。

5. 科技娱乐型

综合利用光、声、电等现代科学技术，表现未来、科幻、宇航、太空、海洋等主题，寓教于乐，是青少年们的乐园。常州的环球恐龙城包含：中华恐龙园、中华恐龙馆、恐龙谷温泉、恐龙城大剧院、香树湾高尔夫酒店、迪诺水镇等。

6. 绿色生态型

许多城市周边的森林公园也可以划入主题公园的范围，它是以倡导一种绿色健康生活为主题，与一般自然保护区的区别在于，这些森林公园的侧重点在于服务市民，提供绿色生活空间。

二、主题公园规划

（一）规划任务

主题公园的开发一方面可以直接为投资者带来巨大的经济收入；另一方面也发挥着带动相关产业发展、促进就业、改善环境等作用，因而主题公园的开发对区域的发展是有巨大意义的。主题公园开发和实施需要科学合理的规划作为主要依据，因而主题公园的规划任务需要通过详细的科学调查和市场调研，确定主题公园的核心主题、选址，设计园内主题项目以及硬件和软件设施，并对项目的投资预算以及经营管理、营销方式和风险规避作出预估和建议，最后的技术成果应包括书面文本和规划对象的未来蓝图。

（二）规划原则

1. 谨慎选址

区位和资源对主题公园的成败具有举足轻重的影响，优越的区位可使游客以最少的旅游时间获得最大的旅游体验，满足游客的体验需求。因此，主题公园布局的主要因素有：客源市场和交通条件、区域经济发展水平、城市旅游形象感知、空间聚集和竞争以及决策行为。与此相对应，主题公园的选址必须考虑到上述因素，避免选址失误而影响后续的经营管理。

2. 体现主题

精练的主题是通往体验的第一步，好的主题可以起到串联景物、增强体验的作用，使游客留下深刻印象，并产生持久记忆。主题是景区的灵魂，没有主题的景区只是散乱景物的堆砌，游客游后无法留下难忘的经历。主题的选择可以多种多样，目前最受欢迎的主题排名是：教育展览、珍禽异兽、植物园林、原野丛林、外国文化、历史陈列、河流探险、生活娱乐、水上乐园、动物表演与花卉展览。在主题资源不变的情况下，主题公园可以根据市场形势的变化，进行主题创新，在动态中把握并引导旅游需求。但同时，主题公园的活动内容对游客来讲，又要有普遍的适宜性，要能吸引不同年龄、不同层次的游客。

3. 注重创新

主题公园要努力为游客创造不同于平常生活的现实感受，激发游客的旅游欲望，在设计项目时应力求独特，时刻保持项目与众不同的个性，并通过创新不断为游客获得新鲜的旅游感受，满足其个性化需求。迪士尼成功的经验就在于其动态的产品创新理念。只有创新，才能满足游客多样化的需求，满足游客新鲜感的需求，吸引回头客。

4. 增强参与

主题公园内的人造景观本身多数由静物组成，具有一定的文化内涵和艺术欣赏价值，但作为旅游景区，还应具备趣味性、娱乐性及参与性等基本属性，方能吸引不同层次、不同目的、不同兴趣的游客前来。世界三大主题公园之一的环球嘉年华的巡回游艺项目不仅方式新颖，而且奖品丰厚，在嘉年华乐园疯狂与欢乐的氛围内，游客们乐于参与这些游艺项目。因此，主题公园需要设计一些能够突出自身主题特色的参与性强的有益项目。

（三）规划内容

主题公园的规划内容主要有市场评估、主题公园的选址、主题确定、游乐项目规划、投资分析、市场推广以及经营管理。

1. 市场评估

主题公园的开发能否成功，最终还是要由市场来决定。因此，真实、精准的市场评估对于主题公园的开发实施是至关重要的。主题公园的市场评估主要有以下几个方面：首先是对市场需求的了解和判断，市场需求是影响主题公园的主题选择、产品供给、项目设计等的重要因素；其次是客源市场特征，包括客源市场人口特征和社会特征，了解消费者构成、消费行为习惯，以便于满足供给方面的多样化；最后是对市场未来的预估，为以后的前景作出恰当的估计，便于作出最终决策。

2. 区位选择

主题公园成功运作的基本前提是旅游主题公园必须要有科学、合理的区位选择。具体来说，旅游主题公园区位选择考虑的影响因素一般包括以下内容。

①地区经济发展水平；②区域发展战略；③产业结构；④文化环境；⑤消费方式；⑥交通条件；⑦旅游吸引物与活动；⑧竞争状况；⑨运作成本；⑩地理特征；⑪旅游业形象；⑫客源市场群体；⑬旅游接待设施和服务；⑭配套基础设施；⑮社区居民态度；⑯当地政府态度。

这些因素共同并且动态地影响着主题公园的区位选择，对于不同的主题、不同的地区，影响区位选择的因素也可能会有所区别。一般来讲，市场、交通、地价以及环境，是区位选择必须要考虑的因素。

3. 主题确定

主题是主题公园个性和特色的象征，统领着旅游主题公园环境氛围的营造和活动项目的编排，构筑了旅游者游园的线索和形象链（chain），是形成旅游主题公园商业感召力的核心支点。因此，主题的选择是决定旅游主题公园经营管理成败的关键。主题公园是满足旅游者多样化现代休闲娱乐需求的旅游新形态，主题的选择要紧紧围绕"旅游有的需求"，突出"休闲娱乐的特性"，表现"旅游新形态"。一般来说，旅游主题公园的主题选择应遵循体现人情味、把握文脉、突出形象、有意境、注重弹性等原则。

4. 项目规划

主题公园游乐项目规划的主要任务是围绕特色主题，开发组合一系列富有创意、体验价值高的游乐设施项目，要求这些项目具有独特的吸引力，有别于普通城市公园中的一般性游乐设施。项目规划之前，需对周边旅游市场做细致考察，以避开已有类似主题公园的正面竞争。因此，首先，主题公园规划的游乐项目必须具备一定的独创性，与其竞争对手相比具有互补优势，这样既可减小竞争，又可形成规模市场，共享客源。其次，游乐项目有不同的类型和层次，规划者应根据园区大小、投资预算、市场需求等因素，确定各种项目的数量及比重，也可以参考经验值或者景点案例。最后，对项目在园区的分布情况亦要作出详细的规划，这要结合旅游线路以及园区功能分区、空间结构来确定。

5. 投资分析

对投资方而言，主题公园投资一个大型项目，必须考虑到许多制约因素：如用地的规模、可用资金的多少、融资的渠道、客源市场状况等，尽可能避免开发的盲目性，减少投资风险，争取最大的投资回报率。对主题公园的项目分析，往往需要包括五个方面的分析：①项目投资规模分析；②项目投资结构分析；③财务评价；④投资风险分析；⑤资金配置。

6. 市场推广

主题公园市场推广体系是指主题公园经营者从树立主题公园形象、制造销售机会到实现销售的全过程所涉及的形象推广、活动推广与营业推广等具体内容和方法所构成的综合系统。其内容见表8-1。

表8-1 主题公园市场推广体系

种类	实施内容	特点	目标
形象推广	主题公园象征物 主题公园宣传品 主题公园信息咨询 旅游博览会 区域形象推广	强调长远影响 间接性推广作用	树立鲜明的主题公园形象
营业推广	促销——针对消费者 竞赛——针对销售员 拓展——针对中间商 联营——针对生产商	强调直接消费 直接推广作用	实现营业销售过程
活动推广	主题公园节庆活动 地区重大事件	强调参与氛围 过渡推广作用	创造综合销售机会

7. 经营管理

经营管理则是主题公园投入运营之后，后续发展的问题，包括公园的经营理念、发展模式、人力资源管理、物资管理、环境管理、信息管理等。进行经营与管理的规划目的是让公园投入运营之后，能够迅速地、以充分准备的心态马上进入角色，让主题公园正常有序地运营起来。

案例8-3

宋城千古情

根据国际主题公园及景点行业权威组织 TEA 发布的《2014年全球主题公园调查报告》显示，2014年宋城（Song Cheng）演艺以1 456万人次的接待量与迪士尼集团、环球娱乐集团等列入全球主题公园集团十强，同比增长103%，是前十强中增幅最大的公司。同时，宋城演艺旗下杭州宋城景区2014年游客人数在大陆主题公园中继2013年后再次排名第一，亚太第八，比肩东京迪士尼乐园和香港迪士尼乐园，在世界排名中，杭州宋城景区在世界前25主题公园中排第18位，紧随环球好莱坞影城。

杭州宋城景区位于杭州之江旅游度假区内，1996年5月18日开业，是杭州市第一个大型人造主题公园，1999年4月获得"世界娱乐与主题公园协会会员"，2000年获得国家"AAAA级"旅游景区证书。

杭州宋城以"建筑为形，文化为魂"为经营理念，是一座结合南宋迁都杭州，依据北宋画家张择端的长卷《清明上河图》、宋书《营造法式》建造的两宋文化主题公园，还原了宋代都市风貌，其大型歌舞《宋城千古情》与拉斯维加斯的O秀、巴黎红磨坊并称"世界三大名秀"。

在主题特色挖掘上，杭州宋城以《清明上河图》再现区、九龙广场区、宋城广场区、南宋皇宫区等重点区块为基地，在建筑风格、景观园林设计上向两宋风情靠齐，怪街、佛山、市井街、宋城河、千年古樟等，一步一景、移步换景。此外还设有特色传统店铺、往来车马行人、安排叫卖商贩、表演艺人等还原宋朝繁华的街市生活。王家小姐抛绣球招婿、新春庙会、火把节、泼水节、桂花节等节庆活动也精彩纷呈。从物到人、从器到魂全方位塑造两宋风情氛围。

"主题公园+文化演艺"的宋城模式被业内奉为运营经典。以"给我一天，还你千年"为宣传口号，《宋城千古情》以杭州历史典故、神话传说、民间故事为基点，融合世界歌舞、杂技、武术、马戏、民俗展示和茶艺表演等多种艺术形式于一体，运用现代高科技声光特效和道具，营造如梦似幻的意境，给人以强烈的视觉震撼，仿佛梦回两宋。全剧共分为《良渚之光》《宋宫宴舞》《金戈铁马》和《西湖传说》四个主题，演艺基本保持每月一小改，每年一大改，提高了节目的创新性与游客重游率。

目前宋城集团正以"演艺宋城，旅游宋城，国际宋城，科技宋城，IP宋城，网红宋城"为战略指引，积极开发衍生产品，拓展经营范围，延伸产业链条，引领产业发展，已建成和在建数十个旅游区和演艺公园、上百台千古情及演艺秀。公司旗下拥有74个各类型剧院、175 000个座位，超过世界两大戏剧中心伦敦西区和纽约百老汇全部座位数总和，创造了世界演艺市场的五个"第一"：剧院数第一、座位数第一、年演出场次第一、年观众人次第一、年演出利润第一。

第四节 城市旅游开发

一、城市旅游概述

随着城市综合实力的增强、城市环境的改善以及各种配套服务设施的完备，传统旅游城市以高质量的旅游资源为依托吸引游客，而现代城市则以其方便的交通、发达的经济、优越的商务与购物环境、发达的科技与信息、丰富的服务与娱乐、现代化的城市风貌、繁荣的都市文化等对旅游者形成强大的吸引力。人们逐渐改变对城市的传统看法，选择城市作为其旅游目的地，出现旅游"城市化"现象，城市日益成为旅游目的地与客源地的统一体，从而使城市不再仅仅是一个区域的经济、文化、政治中心，也成为旅游活动中心。于是一种新的现象——以城市为旅游目的地的旅游，即城市旅游得以产生并日渐兴盛起来。

（一）城市旅游的概念

城市旅游在目前国内外有限的研究中，有学者认为定义城市旅游要以人们选择城市作为出发点，需要分析旅游者行为的社会心理，特别是旅游者的动机。但就一般的抽象概念认为：旅游者被城市所吸引，是因为城市提供的专业化功能与一系列的服务设施。也有学者认为城市旅游是指旅游者在城市中的活动，及其对社会、经济和环境的影响。它既包括历史文化小城，也包括工业化、商业化的大城市。城市旅游作为一种新兴的旅游形式，是现代旅游发展观念复合化、多元化的结果。由于城市牵涉的内容广泛而复杂，而不同的城市具有不同的特色，因此城市旅游的内涵也不尽相同；加之现代旅游业的范畴正不断地被扩充，界定"城市旅游"有相当的困难，研究者们普遍认为城市旅游皆以现代化的城市设施为依托，以该城市丰富的旅游资源包括自然风景和人文风景、深厚的文化底蕴、周到的服务以及良好的旅游形象为城市旅游吸引要素，而发展起来的有别于其他旅游的一种独特旅游方式。

（二）城市旅游的分类

按照不同的划分标准，城市旅游可分为不同的类型，主要有公务类、文化类、信息与科技类、环境类和娱乐类等。

1. 公务类

一般城市都具有不同层次政治中心的功能，因而对其下属和邻区的各层政府机关、企业事的领导和办事人员具有必然的公务（政务）吸引，如各个省会城市可以对各地（市）的公务事务产生吸引。

2. 经济类

城市是以相对发达的经济活动而得以发展起来的，因而城市大多是不同层次的经济中心，其良好的经济环境吸引游客前来进行商务、业务、购物等活动。经济的发达程度和经济活力对以商贸为主体的流通业及其吸引范围有着重要影响，如广州、温州、深圳等。

3. 文化类

城市文化特征与文化设施决定了城市旅游的特色，城市有别于乡村的文化形态及此城市有别于彼城市的文化形态，是旅游者希望领略的内容之一，如哈尔滨、乌鲁木齐等。

4. 信息、科技类

城市在信息与科技领域中的领先地位使城市成为旅游者了解最新信息、领略最新科技或从事科技、信息交流的地方，如深圳、北京等。

5. 环境类

城市的建筑、装饰、园林、人文活动等市容、市貌、特色景观，是城市表现自己的一个窗口。良好的城市环境，可以使游客获得一个更舒适的旅行体验。一些著名的旅游城市，并非都有名山大川和名胜古迹，但大都具有良好的城市环境，如厦门、三亚等。

6. 娱乐类

现代化游乐场，人文景区（点），五光十色的夜生活，新的电影、电视、音乐和戏剧等娱乐节目都是城市的特色娱乐活动，是游客旅游决策的重要吸引，如香港、澳门等。

（三）城市旅游的特征

1. 空间分布上的集中性

由于城市旅游是以城市吸引物作为主要的旅游对象，因而，旅游者的活动范围基本局限在市区之内。即使是城市居民选择市郊景观和城市周边休闲娱乐场所作为目的地，也基本上是以市区为同心圆的小尺度空间。如果以单纯的城市旅游活动作为考量对象，则旅游者的食、住、行、游、购、娱诸要素基本上都是在市区范围里得以完成。因此，与跨地区的省内游和跨省的国内游以及跨国、跨洲的国际游相比，城市旅游的空间活动范围要小得多。如果一般省内游属于中尺度、跨省的国内游和跨国的国际游属于大尺度的空间旅游行为的话，城市旅游则属于小尺度的旅游行为，在空间分布上更显得集中。

2. 在时间序列上的后发性

城市旅游是建立在现代城市功能较为健全、城市魅力日渐凸现的基础之上的，这种新型旅游方式的出现，是对传统城市只能作为旅游客源地而不能成为旅游目的地观念的彻底颠覆。因此，相对于漫长的城市史而言，城市旅游的时间是非常短暂的；在千姿百态的旅游形式中，城市旅游也仅是一个后来者。

随着城市综合实力的增强，功能的不断拓展，环境的进一步美化，各种配套服务设施的逐步完善，将给城市带来更多的商务、会议、观光及其他类型的旅游者，使城市在进一步行使国家对外交往门户和国家、区域的政治、经济、商贸、文化和信息中心职能外，还将具有旅游管理、接待、集散和辐射中心的功能。

3. 资源特征上的综合性

作为特定的旅游地，城市旅游吸引的特点如下。一是整体性。城市的旅游吸引，并非仅仅是城市的几个旅游点，而是城市整体。城市具有吸引的整体性表现为城市旅游景观的多样性和景观吸引的综合性。这是因为城市对旅游者的吸引不同于风景区以某一方面的资源优势为主要吸引要素，而是以整个城市的综合吸引为特征。二是营造性。城市旅游资源虽然也存在各种不同的类型，如中国城市中，有的以山水等自然风光见长（如杭州、桂林等），有的以古代文明遗存闻名（如北京、西安），有的以现代工商业城市文明著称（如上海、广州）。但作为人类文明重要载体的城市，其人为加工、刻意营造的痕迹更为突出。从某种意义上可以说，城市旅游就是一种人文化的旅游吸引。无论是古代的都城营建，还是现代的城市改造、拓展，其营造的规模、强度都是其他建设项目难以比拟的。

4. 旅游功能上的多元性

现代城市是高度复杂的综合性有机体，在政治、经济、科技、文化、教育等多方面呈放射状发展。博大精深、内涵丰富的城市，在旅游功能上表现出多元化的特点。城市便捷的交通、完备的住宿条件、可口的风味食品、多功能的商务会展设施，以体育馆、博物馆、音乐厅等为代表的文化载体和文化景观，由道路、绿地、广场、水体、花木、喷泉、雕塑组合而成的城市审美空间，以大型购物中心、特色购物步行街、中心商务地段、旧城历史文化改造区、新城文化旅游区等为代表的新型城市中央游憩区，正在全面地改变着城市的面貌。除了传统的观光旅游之外，城市还可满足多种旅游需求，提供包括商务、购物、会议、度假、休闲、美食、生态等在内的多种旅游功能。

二、城市旅游规划

（一）规划任务

城市旅游规划是以城市旅游战略规划为依据，结合城市社会经济发展规划、国土规划和城市规划，综合研究城市旅游资源、市场形势和发展条件，确定城市旅游在本地国民经济中的地位和发展目标，并对如何实现目标作出整体性规划部署。通过主要旅游市场细分，确定特色、布局、容量和有关规划指标，统筹安排旅游产品体系、旅游支持体系和旅游保障体系的协调发展，规划处理好远期与近期、保护与发展等全局性关系，以引导城市的旅游事业在市场再竞争中稳健、全面地发展。

（二）规划内容

城市旅游是一项涉及多个行业的经济活动，城市旅游规划需考虑自然、社会、经济等种种因素，非常复杂。

城市旅游规划主要是对城市旅游目的地进行系统的规划，从图 8-3 可以看出，城市旅游目的地系统主要包括吸引物、设施、服务三个子系统。吸引物包括旅游形象、景观系统和旅游节事。其中，旅游形象是城市旅游吸引物的核心。景观系统主要包括城市整体风貌、

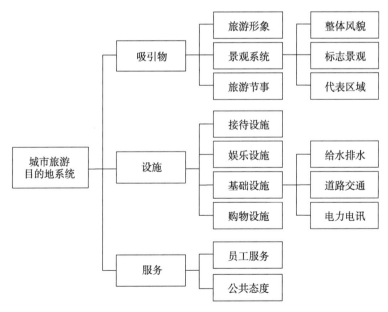

图 8-3 城市旅游目的地系统

标志景观和代表性区域。设施子系统包括基础设施、接待设施、购物设施和娱乐设施。旅游基础设施规划包括给水排水、道路交通、电力电讯系统的规划。服务系统主要指旅游行业的员工服务和城市居民对于旅游的态度。

（三）规划的对象

城市旅游规划的对象是城市旅游系统，城市旅游系统由需求系统、中介系统、供给系统组成，如图8-4所示。城市旅游需求系统即城市旅游市场。由于城市旅游的特殊性，城市既要发挥其基本的城市功能，满足市民的观光、休闲、游憩需求，同时也是重要的旅游目的地。

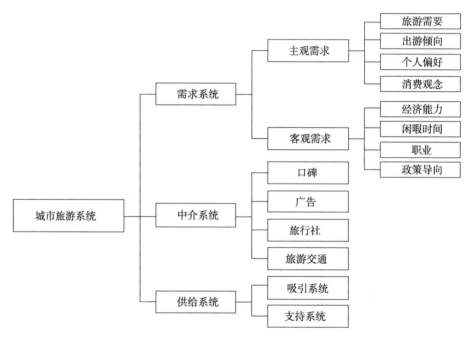

图 8-4　城市旅游系统

城市旅游需求系统由主观需求和客观需求组成，主观需求包括个人的旅游需要、出游倾向、偏好、消费观念等，而客观需求主要是旅游者的经济能力、闲暇时间、职业以及政府的政策导向。城市旅游中介系统是联系城市旅游主体和客体的桥梁，是保障城市旅游得以顺利进行的中间系统。它主要是城市旅游企事业系统，同时涉及城市旅游营销等多种因素，包括城市口碑、广告、旅行社、旅游交通等。城市旅游供给系统是城市旅游的物质保障，主要包括城市旅游吸引系统和支持系统等。城市旅游吸引系统是城市旅游的核心系统，包括物质吸引系统和非物质吸引系统。概括地讲，在城市旅游规划时必须注意城市旅游形象、城市旅游活动、城市旅游设施、城市景观与环境、城市旅游氛围和城市旅游服务等主要内容的建设，以营造城市强大的旅游吸引力。而城市旅游的支持系统则是指城市旅游的环境系统，包括硬环境系统和软环境系统两个方面，涉及复杂的内容体系。

城市旅游规划必须注意旅游大环境的营造。城市旅游各下级子系统相互依赖、相互作用，形成特定的城市旅游系统结构。

案例8-4

锦城迷人暂难归

成都，简称"蓉"，别称蓉城、锦城，四川省省会。地处四川盆地西部、成都平原腹地，境内地势平坦、河网纵横、物产丰富、农业发达，自古有"天府之国"之称。成都作为一个三千年城名未改、城址未迁的城市，不仅拥有丰富的历史文化底蕴，在现代化发展的过程中也一路高歌猛进。发达的基础设施、多元的文化构成、独具特色的饮食传统等使成都成为我国西部最重要的旅游集散中心之一。随着抖音等短视频平台的兴起与发展，成都成为名副其实的网红城市。

成都享有联合国教科文组织授予的"世界美食之都"之称，美食是成都旅游不可缺少的一环。作为中国四大菜系之一，川菜以其丰富多样的菜式、清浓并重的口味、麻辣鲜香的特色以及特色的烹调方法广受欢迎，牢牢抓住了成千上万游客的胃。无论是双流老妈兔头、夫妻肺片、担担面、龙抄手、钟水饺、三大炮、赖汤圆、伤心凉粉等成都特色小食，还是麻婆豆腐、回锅肉、鱼香肉丝、宫保鸡丁、口水鸡、简阳羊肉汤、冒菜等地道川菜，又或是称霸一方上百年的成都火锅，无一不深刻挑逗着远方游客的味蕾。

景观方面，成都拥有武侯祠、杜甫草堂、望江楼、青羊宫、文殊院、明蜀王陵、昭觉寺等众多历史名胜古迹和人文景观，且多位于成都市区之内。大隐隐于市，潮流城市的四射活力与千年锦官城的文化气质在成都这片土壤上浑然一体、相得益彰。置身其中，既可在熙熙攘攘的街头感受商业文明的繁华，也可随意挑选一公园，点一壶清茗，悠闲地倚坐在荫凉之下听花鸟蝉鸣、看川戏、听川剧。此外，大熊猫基地卖萌为生的国宝、青城山下白素贞与许仙的情缘、都江堰上李冰父子的传说都深深烙刻着成都这座城市既古朴又现代、既沉淀又活跃、既休闲又奋发的基因。

上下千年，横亘千里，成都这座"道法自然"的现代化休闲都市以其丰富而迷人的气质吸引着万千五湖四海的远客到访一游（图8-5）。

图8-5 成都太古里夜景

第五节　乡村生态旅游开发

一、乡村旅游概述

乡村旅游最早起源于 19 世纪中期的欧洲。1863 年，托马斯·库克组织了到瑞士乡村的第一个包价旅游团。1865 年，意大利"农业与旅游全国协会"的成立标志着乡村旅游的诞生。而真正意义上大众化的乡村旅游则起源于 20 世纪 60 年代的西班牙。20 世纪 70 年代后，乡村旅游在美国和加拿大等发达国家农村地区进入快速成长期。我国的乡村旅游源于"农家乐"的发展。农家乐在 1987 年发端于四川成都郫县农科村。历经 30 余年的发展，以"农家乐"形式出现的乡村旅游在全中国可谓遍地开花。

（一）乡村旅游

西班牙学者 Gilbert 和 Tung（1990）认为：乡村旅游（rural tourism）就是农户为旅游者提供食宿等条件，使其在农场、牧场等典型的乡村环境中从事各种休闲活动的一种旅游形式。世界经济合作与发展组织（OECD，1994）将乡村旅游定义为发生在乡村区域的旅游活动，并进一步认为田园风味是乡村旅游整体推销的核心和独特卖点。另外还有其他学者从各自的角度进行界定，内容虽然不完全一致，但基本认同乡村旅游活动具有以下特点：乡村旅游是一种旅游活动形式；乡村旅游发生的背景是在乡村地区；乡村性即包括乡村环境和乡村文化，是吸引旅游者进行乡村旅游的基础；乡村旅游的开发可以为社区带来利益。

因而，乡村旅游规划与开发，需要从资源的角度而言，是以村落、郊野、田园等环境为依托，通过对资源的分析、对比，形成一种具有特色的发展方向。近期，乡村旅游往往和乡村振兴联系在一起。乡村旅游发展是乡村创新经济学理论下的一个成功实践。在我国广大的乡村地区存在着丰富的人文历史资源和生态自然资源，乡村旅游开发和发展存在着巨大的潜力和市场。根据乡村创新经济学理论，因地制宜，实事求是，依据特有的旅游资源发展乡村旅游业是乡村发展的有效模式之一，因为乡村是比较容易培养出特色经济的。

（二）乡村旅游的类型

从乡村旅游活动的功能出发，可将乡村旅游分为观光型、休闲型、度假型、体验型（参与型）、求知型、购物型和综合型等。

从乡村旅游活动的载体出发，可将乡村旅游分为森林型、农园型、渔场型、畜牧型、高科技农业园型、民俗村寨型、民族村寨型、古村落（镇）型等。

从乡村活动的区位出发，可将乡村旅游分为依托城市的城郊型、依托大型景区型、边远独立的民族村寨型。

从乡村旅游开发的形式出发，可将乡村旅游分为观光农园、市民农园、农业公园、教育农园、休闲农场、民俗农庄、民俗村寨。

（三）乡村旅游的特点

乡村旅游产品是在农业观光基础上发展起来的具有休闲度假性质的旅游方式，属于一种"复合式"旅游产品，其一般特征如下。

1. 优美的自然环境

优美的山水景观和幽静的林木环境是城市旅游者回归大自然的向往。当人们看惯了高楼林立，就向往绿水青山；当人们听腻了马达汽笛，就向往燕啼蛙鸣；当人们感受了空间狭促，就向往沃野田园；当人们领略了大气污浊，就向往花香清馨。因此，乡村旅游地具有相对优美的自然环境，是发展乡村旅游的前提条件。

2. 浓郁的地方特色

并非所有的乡村都能够发展乡村旅游，因为地方特色是旅游消费的主体，只有那些具有相对突出的、明显的自然或人文特性的乡村才有可能发展旅游业。这是由旅游业本身的性质所决定的。因此，旅游地具有相对浓郁的地方特色是发展乡村旅游的基础条件。

3. 具有可依托的旅游消费城市

乡村旅游消费者主要是大中城市居民，这就决定了其市场支撑点。原则上，乡村旅游市场为近程性市场。太近不能摆脱城市的影响，不足以体验回归自然的乐趣，太远则易超出消费时限，形成旅多游少的状况。目前，乡村旅游地主要集中在以大中城市为中心，半径数十公里到百十公里的城边游憩带范围内。随交通工具的变化和道路条件的改善，这一范围将逐渐扩大。但是，具有可依托的旅游消费城市仍然是乡村旅游发展的制约性条件。

4. 旅游消费时间的集中性

这是由城市居民共同的休闲时间所决定的。乡村旅游消费一般集中于周末。一方面这一时间可以聚集亲朋好友，另一方面这一时段允许人们进行短途旅游。虽然旅游地的季节性会影响人们对出游地点的选择，也会造成一定的旅游消费时间的集中，但无论什么季节，周末是乡村旅游最为集中的时段。

5. 消费水平的中低档性

这一特点表现出供需双方对该类产品的共同要求。"城里人"（需方）去农村体验"土"的生活方式，其消费心理限度原本就不高，同时，中低档价位客观上保护了这种消费的持续性和经常性；"村里人"（供方）由于自身资本的有限和对市场前景的不清晰，以及乡村旅游消费选择的易变性等原因，投入量不大。低成本也就形成低的消费水平。

由于目前乡村旅游产品"技术"含量不高，而此类消费需求在大中城市发展迅猛，因此，其产品形式大都表现为以"食"为主体的"农家乐"形式。这类产品既没有体现当地的文化内涵，又很容易被复制。所以，各大中城市周边乡村旅游产品的同质竞争十分明显，低水平重复投资现象普遍存在。不仅造成旅游资源的巨大浪费，而且误导了旅游行为，使旅游者无所适从，产品形象遭到破坏，故而出现"潮流性"消费趋势。一方面新的乡村旅游地大量涌现，另一方面已有乡村旅游地大量消亡，使旅游地的生命周期显得十分短暂。因此，乡村旅游项目规划与策划的必要性和迫切性十分明显，对乡村旅游规划的管理与调控也显得尤为重要，它直接关系到该项目的生命力和投资的安全性与可靠性，关系到旅游地的旅游业是否可以持续性地发展。

二、乡村旅游规划

（一）规划任务

乡村旅游规划是旅游规划中的专项规划，是乡村旅游发展的纲领和蓝图，是以乡村旅游市场变化和发展为出发点，以乡村自然环境、田园风光、乡村文化为内涵，以旅游项目设计为重点，对旅游发展各大要素及相关行业进行科学安排和部署，实现其社会、经济与环境效益。

（二）规划与开发的内容

1. 准备工作阶段

（1）组成一个多学科专家及规划的相关利益群体代表的工作小组，确定规划项目的任务书，共同研究乡村旅游规划的经济、社会、环境、工程和建筑等问题。

（2）实地考察，市场调查，收集资料。

（3）初步确定乡村旅游项目建设的主体形象、开发的规模、主要的基础设施和旅游设施等。

2. 确定开发规划目标

以满足旅游者的需求为前提，确定乡村旅游地的开发目标。该开发目标可是一个目标体系，包括经济目标、社会目标、环境目标、景区发展目标以及它们的阶段性目标；也可以一个目标为主，兼顾其他目标，如乡村旅游地是一个贫困村，其开发目标首先脱贫、扶贫（社会目标），再兼顾生态目标和致富（经济）目标。

起初，这些旅游规划目标都是暂定的，它们会在日后的工作当中根据调查、分析和规划设计的结果进行修改和完善。

3. 可行性分析

可行性分析是在乡村旅游地的供需因素综合分析的基础上，确定规划目标能否实现，或为实现规划目标，如何协调供需关系。可行性分析包括：

（1）乡村社会经济发展调查与评价：包括乡村总体发展水平、开放意识与社会承受力、开发资金、城镇依托及劳动力保证、物产和物质供应情况、建设用地条件、农业基础等。

（2）乡村旅游资源调查与评价：在普查与调查过程中，对乡村资源的特点、价值与价值优势、存在的问题和未来发展都能形成初步的判断。

（3）市场预测分析：在市场调查的基础上进行市场预测分析，调查客源市场的各种情况以及潜在旅游者的特征、消费行为、消费水平等等，从而发现并确定目标市场。

（4）对乡村旅游景点及其相关活动的调查：包括现有的或是潜在的乡村旅游景区，以及相关的旅游活动；目前或是潜在的竞争性旅游景点的特性；了解究竟是什么因素致使游客来到这个国家或是地区进行旅游。乡村旅游景点及其相关活动可以根据发展的类型进行分类，根据可达到性、发展的可行性、游客需求的市场趋势以及其他因素进行评估。

（5）水、电、能源、交通、通信等乡村基础设施调查与评价。

（6）环境评价与承载力分析，包含经济、社会、环境的承载力分析。

（7）成本效益估算。成本效益估算中，要对项目进行财务分析，对投资风险与不确定性进行分析，决定乡村旅游项目的盈利能力、负债清偿能力、投资回收期、社会效益、环境效益。

4. 制定方案

乡村旅游规划的方案主要是规划的保障与措施，包括操作规程与政策两个方面。操作规程主要是乡村旅游产品规划与布局、土地使用规划、各种设施建设规划、市场营销计划、人力资源配置与人才培养、社区参与、文化与环境保护等。政策主要是经济政策、环境政策、投资政策、开发政策等。可根据目标实现的侧重点不同，设计多个方案。

案例8-5

袁家村的网红之路

袁家村隶属于陕西省礼泉县烟霞镇，位于关中平原腹地，是陕西省著名的乡村旅游地之一。2007年以前，袁家村只是个传统的关中自然村，虽然距唐昭陵（唐太宗李世民之墓）仅有4公里，但乡村旅游发展几乎为零。仅过了十年，袁家村就发展为陕西省乃至全国最受欢迎的乡村旅游胜地，被誉为"关中第一村"（图8-6）。2017年国庆黄金周期间，袁家村日均游客超20万人次，年接待游客450万人次以上，年营业额超10亿元，无论旅游知名度还是旅游收入都比肩兵马俑、回民街等西安老牌景点，远超唐昭陵景区。袁家村，一跃成为中国乡村旅游现象级的"网红"。

图8-6 人潮涌动的袁家村小吃街

虽然4公里外就是著名的唐昭陵，但袁家村并没有借此捆绑营销，而是另辟蹊径，一方面发挥地缘优势，瞄准西安800多万人口的旅游客源市场，另一方面弱化唐昭陵的历史文化气质，塑造以关中美食为主的"关中印象体验地"形象。

袁家村距西安 78 公里，位于西安环城游憩带（ReBAM）之上。环城游憩带是距离城市中心 1~2 小时车程的带状区域，是城市居民环城旅游休闲的理想场域。对西安城市游客群体而言，袁家村相距不算远，可以利用有限的闲暇时间来一场说走就走的旅行，同时也不算太近，生活环境和风俗人情与城区相隔离，是有别于日常生活的"异地"。正是这种"似近非近"的区位优势放大使袁家村得以成为西安大都市周边的短途旅游目的地，从西安每年 1.5 亿人次的旅游流量中分得一杯羹。

在旅游目的地形象上，袁家村充分挖掘在地饮食文化，将关中美食作为核心吸引力，打造舌尖上的关中民俗美食博物馆，显著区别于主要为了拍照的"网红美食"或全国统一、随处可见的大众小吃。袁家村关中美食以多样性、地道性、趣味性为特征。在数量上汇集了 100 多种不重样的关中特色美食，既包括粉汤羊血、驴蹄子面、biangbiang 面、臊子面等经典关中美食，也包括蜂蜜粽子、搅团、肉夹馍、醪糟等关中特色小吃，且每家店只卖一种食物，一种食物只在一家店卖。丰富多样的关中美食大大提高了游客的重游率。在地道性上，袁家村从食材到做法上都下足了功夫。首先，通过地产地销保障食材的纯天然，成立自营的作坊合作社来统一供给、调配调味品、酸奶、面粉、油等关键食材，其余特色食材则由各店自行向附近村民收购，且当天收购、当天使用，保障食材的新鲜度。其次，坚持传统工艺制作以保障食品生态性，使用传统的灶台、风箱、铁皮烧水壶等器具让游客吃出真正的乡村滋味。最后，美食的制作过程，尤其是面食制作过程中的拉、抻、压、晾等步骤具有较强的观赏性与趣味性，让游客在大饱口福的同时也大饱眼福。

此外，袁家村还充分利用乡村的传统习俗和村民的日常生活，将村民组织起来，以村民为主体，以村庄为载体，恢复关中民俗，重建乡村生活，由此形成乡村旅游的超级 IP，以旅游产业化实现农民增收、乡村振兴。

第六节 工业旅游开发

一、工业旅游

20 世纪中期，工业旅游已在国外初露端倪，但其真正大规模展开则是从 20 世纪 80 年代初的工业遗产旅游开始的。当时，由于经济规则转向弹性生产系统，导致发达国家一些传统工厂和企业纷纷倒闭，英国、德国等国家在对衰退地区考察研究以后，提出对工业遗产进行保护的同时，开发工业遗产旅游，希望通过工业遗产旅游项目开发，处理工业废弃地和解决传统工业区衰退问题，这使得工业遗产旅游得到迅速发展。工业遗产旅游的发展，又引发了现代化的工业企业开展工厂观光旅游的兴趣。20 世纪 90 年代，工业旅游逐渐为政府部门和公众所认识，并成为旅游研究的内容之一。

我国工业旅游出现于 20 世纪 90 年代中期，少数实力较强或独具特色的企业集团出于营销目的推出一些参观项目，成为工业旅游的雏形。1994 年，长春在一汽集团组建一汽实业旅行社，开放卡车、红旗轿车和捷达轿车生产线，以及汽车研究所样车陈列室供游客参观。随后，青岛啤酒、张裕葡萄酒、燕京啤酒等企业对游人开放。

（一）工业旅游的概念

工业旅游是以产业形态、工业遗产、建筑设备、厂区环境、研发和生产过程、工人生活、工业产品，以及企业发展历史、发展成就、企业管理方式和经验、企业文化等内容为吸引物，融观光、学习、参与、体验、娱乐和购物为一体，经创意开发，满足游客审美、求知、求新与保健等需求，以实现经营主体的经济、社会和环境效益的专项旅游活动。

（二）工业旅游的分类

工业旅游根据不同的标准可以划分为多种类型，综合来看，主要有三大类型，即工业遗产旅游、工程项目观光旅游与工厂企业观光旅游。

1. 工业遗产旅游

工业遗产旅游蓬勃发展于20世纪80年代，是从工业化到逆工业化的历史进程中，出现的一种从工业考古、工业遗产的保护而发展起来的新的旅游方式。具体来讲，就是指以工业遗产为旅游吸引物的旅游活动，在废弃的工业旧址上，通过保护和再利用原有的工业机器、生产设备、厂房建筑等，改造成一种能够吸引现代人了解工业文化和文明，同时具有独特的观光、休闲和旅游功能的工业旅游。工业遗产旅游的主办者一般为政府，基于对遗产的保护和促进地区旅游经济发展的目的开展的。

2. 工业项目观光旅游

工业项目观光旅游是指以在建的或者建成的工业工程项目作为旅游吸引物而进行的旅游活动。这种项目一般规模宏大，或者具有重大意义，引起人们的关注，经过旅游开发转换为一种旅游资源，吸引游客前来观光游览。如对核电基地、水利工程等进行的旅游活动都属于工业项目观光旅游。

3. 工厂企业观光旅游

工厂企业观光旅游是指以工厂企业的生产设施、生产场景、工人生活场景、劳动对象、劳动产品、企业文化、工业建筑等为旅游吸引物的旅游活动。这是工业旅游中最常见的一种形式。

（三）工业旅游的特点

1. 资质性

工业旅游对企业资质的要求包括三个方面：①企业在技术、规模、产品质量、管理水平、品牌影响等行业资质上具有优势；②企业对旅游者具有较强吸引力，行业资质优势是企业开发旅游项目的基本条件，旅游吸引力是开发工业旅游的重要依据，二者缺一不可；③对参观线路设计有较高要求。企业需要给旅游者开辟安全的参观通道，兼顾产品生产与旅游活动，同时注意保护企业核心技术和商业机密。

2. 依附性

工业企业有各自的存在使命、经营宗旨和主营业务，开展旅游活动必须依赖企业的硬件设备和软件环境。除工业遗产外，一般企业只能将工业旅游作为企业的附属业务或营销手段，决定了工业旅游的依附性。企业是否适合开发工业旅游取决于三个条件：①企业的主营业务特征。如企业具有较高知名度、神秘感、鲜明特色或与日常生活紧密联系，有较强观赏性和吸引力，适合开发工业旅游。②企业经营状况。企业越有特色、影响力越大、知名度越高，发展工业旅游就越具有可行性，推出的项目也越有魅力和市场。③管理层对工业旅游的认识和态度。

3. 市场性

工业旅游市场有如下特征。①游客以本地为主。工厂企业布局具有广泛性，各地一般都有工业资源供旅游开发。再加上工业旅游吸引力有限，决定了游客一般就近选择。②专业兴趣市场有一定比例。对工业技术、管理等感兴趣的专业人员构成了范围更广的游客群体。③学生是主要群体，针对学生开展的以科普教育、学习、择业为主题的工业旅游产品。④政府机关工作人员可组织考察访问、学习调研的工业旅游。⑤针对投资客商设计的以招商引资/商务洽谈为主题的工业旅游产品。⑥企业与行业协会联合，举行本行业企业家的观摩交流。

4. 重游率低

工业旅游作为工业附属产品，企业不会对活动内容持续创新，工业旅游参观对象往往变化不大，加之受安全、生产秩序等因素的影响，参与性一般不强。游客参观结束后，好奇心、求知欲得到满足，很难产生重游动机。因此，工业旅游少有回头客，这客观上对工业旅游的企业的独特性以及知名度提出了较高要求，否则很难有足够客源支撑工业旅游的持续经营。

二、工业旅游开发

（一）开发目标

工业旅游带来了无限商机，要充分发挥市场这只"看不见的手"的作用，按照旅游的规律进行工业旅游产品的市场运作，创造最大的经济效益。同时，政府要意识到，市场机制也存在缺陷和不完善之处。在工业旅游开展和可持续发展这个方面，政府责无旁贷。政府有关部门应对工业旅游资源做一个全面调查，制定开发与保护的规划，促进工业旅游健康稳定发展。参观工业企业，对消费者而言增长了见识，体验了生产制造过程中的乐趣；对企业而言，敞开大门让消费者了解自己，对产品产生信赖感，其效果是产品广告无法比拟的。工业旅游实际上是一种特殊的广告，企业应该把工业旅游视为企业公关活动和企业文化建设活动的一个重要组成部分。参观过工厂的都是目标消费群体，参观工厂这种全方位的体验活动将会极大地增强他们对品牌的向心力和认同感，他们将是品牌的义务宣传员、免费代言人。

组织消费者参观工厂，展示规模化生产基地、规范化管理，取得消费者的认同和信赖，扩大品牌的影响力。以橱柜企业为例，通过零距离体验，了解对产品材料选择和橱柜制作工艺的严格把关，体验优质橱柜的品质。让消费者多了解产品是正规企业生产的，体现工厂的实力、生产规模和管理优势，实现面对面宣传。与竞争对手拉开距离，让强大的工厂实力说话，在蓝海里竞争。深入灌输"体验式消费"概念，同时总结经验，把"橱柜体验式消费模式"作为企业的特色销售模式，拉开和所有品牌的差距，显示工厂在业内的领导地位。通过走进工厂，在现场造势，让消费者能感受到活动气氛，认知公司的实力，促进现场成交。

（二）开发模式

工业旅游的开发可以通过企业文化的震撼力，那么逐渐吸引更多的人来关注企业，这就完成了有形资产向无形资产的一种转换；同时越来越多的人购买产品，这时又把无形资产再次转换为货币形式的有形资产。从我国现阶段的工业化程度、企业资源类型以及旅游业发展水平出发，工业旅游的开发模式可以分为生产流程型、文化传承型、创意产业型、工艺展示型、工业景观型、工业园型和商贸会展型七种。各类开发模式的具体情况见表8-2。

表8-2 我国工业旅游开发模式

开发模式	资源内容	游览方式	适用范围
生产流程型	研发机构、车间厂房、生产场景、工艺流程、高新技术、管理特色、企业文化和产品	在车间厂房里开辟游览通道，游客参观生产过程	食品、服装、汽车、电器等制造业企业普遍适用
文化传承型	业内资深企业或龙头企业，拥有传统配方、驰名商标、历史渊源、独特企业文化或产业文化、民族情结	在纪念馆追溯企业历史、企业文化或产业文化，参观生产车间、生产流程、厂区，参与体验项目或购物	我国工业史上的里程碑式企业和中华老字号企业
创意产业型	将废弃厂区等工业遗产改造成创意产业园；在原有产业基础上发展的技术研发、建筑设计、文化传媒、时尚消费创意产业，如景德镇陶瓷	在主题公园、影视动漫基地、艺术园区、节庆演出地、新兴街区等创意区域，参观展览、艺术写生、聆听讲座、参加派对、观看表演、访问社会名流	广告、建筑、艺术、工艺品、时装设计、音乐、表演、出版、电视广播、电影、IT等行业
工艺展示型	生产过程和产品本身具有较高艺术性、观赏性	观看工艺流程、参观工艺品展示厅、参与产品制作过程，购买产品	玻璃、陶瓷、雕刻、首饰等工艺制造
工业景观型	矿产采掘加工、发电、港口物流的建筑、生产场景和机械设备等，与深山、峡谷、沙漠、戈壁和海湾等环境结合	由于地理位置独特与生产环境封闭，外界对其知之甚少；探访可满足游客好奇心，同时回归自然，欣赏美景	矿产、电力、港口物流类工业项目
工业园区型	土地细分后进行开发，供一个或多个企业使用的园区；线路组织、配套服务环境管理到位	参观区内科技中心、文化广场、商业街、会展设施、物流中心、科普教育和环境治理等设施	单体企业和企业群集的工业园
商贸会展型	兴建展馆、批发市场、购物中心、物流配送中心、服务配套设施、举行博览会、展览会、出口商品交易会	吸引外地客商和观众前来参观、洽谈、购物、投资，带动餐饮、住宿、娱乐、商品零售、休闲旅游和房地产业发展	服装城、小商品市场

资料来源：付业勤，郑向敏. 国内工业旅游发展研究[J]. 旅游研究. 2012, 4(3): 72-78.

（三）国内工业旅游发展对策

1. 企业文化开发

企业文化是工业旅游项目策划的源泉之一，是企业对游客构成吸引力的重要因素。工业旅游开发依托企业文化，因而，企业文化建设的优劣直接影响旅游开发的效果；同时，工业旅游也是企业文化建设的重要手段和创新形式。工业旅游中企业文化开发包括：①企业物质文化的旅游开发，可通过生产现场参观、技术与成果展示、产品展现实现；②企业精神文化的旅游开发，是企业文化旅游开发的重中之重，需要将企业精神文化进行挖掘、提炼、升华，并具象为物质实体，主要形式有与企业家座谈、阅读企业文化手册、参观企业文化展览、观看影片、观摩员工培训、体验员工生活等。

2. 基础设施建设

基础设施建设包括服务设施、服务项目、服务人员、环境质量、旅游安全、综合治理六方面的建设与完善。

（1）服务设施：合理建设游客服务中心（内含宣传点、接待点、问询点、电话、传真、电脑、雨伞等）、停车场、旅游标志（全景图、引导牌、景物介绍牌、警示标志、公共信息符号等）、参观通道、游憩区（休息设施、影视视频播放设施、自动贩售机等）、旅游厕所等。

（2）服务项目：包括咨询服务（现场咨询、电话咨询、网络咨询）、预订服务、现场接待、讲解服务（人员讲解、语音导游器）、旅游活动（在特定区域开展的与工业旅游相关的游憩活动）、特殊群体服务（婴幼儿、老年人、残疾人等）、工业产品的订购邮寄服务、餐饮服务等。

（3）服务人员：包括人员数量、着装、仪态、服务态度、对环境的熟悉程度、参观区内人员的言行举止等。

（4）环境质量：增加环境治理投入，保证环境质量，包括厂容厂貌、空气质量、噪声质量、资源保护、参观区与非参观区的隔离、卫生制度、场所卫生、垃圾箱、保洁人员等要素。

（5）旅游安全：建立维护游客安全的机构制度、安全人员、设施设备、警示标志、特殊防范措施、安全教育、医疗救护、应急预案和安全处置措施。

（6）综合管理：成立专门的工业旅游机构，安排专职人员，有完整的旅游规划，有完备的投诉制度、岗位责任制度、培训制度和统计制度。

3. 旅游项目设计

（1）工业园区设计：按照企业形象识别系统及 ISO 质量管理体系相关标准，对园区大门、厂房、设备、管道、路灯、路标、园林等进行整体美化、绿化、亮化建设；将企业文化通过企业标志、标徽、厂旗、吉祥物、员工服饰、办公用品、户外灯箱、公告标志牌、导览解说牌、游憩设施等有形化。

（2）博物馆设计：建立企业博物馆，按照企业创建、发展、壮大的历史过程，通过文字说明、图片图表、模型、实物展示、全景电控微型沙盘和现场模拟等形式，运用声、光、电、多媒体等多种科技手段，集中展示国内外产业概况、企业发展状况、研发条件与成果、企业产品、企业文化、管理经营、企业荣誉奖项、企业著名人物、领导人题词、企业对外交往合作等。

（3）流水线设计：设置参观游道，让游客看到从原料输入到产品输出完整的生产流程。对生产现场进行设计，绘制生产工艺流程图，配备讲解员为游客进行讲解。

4. 市场营销策略

（1）整合营销：将企业工业旅游营销纳入企业整体品牌、制成品的营销中去。

（2）渠道营销：通过旅行社对工业旅游产品进行统一策划、包装和销售。

（3）网络营销：在企业官网上加入工业旅游栏目，内容包括企业简介、知识普及、交通路线、服务指南、景点介绍、旅游提示、在线预订等。

（4）主题营销：提炼出产品文化和企业文化主题，根据特定主题，组织设计公共关系活动，安排消费者参观企业，体验产品，赠送产品等。

（5）教育营销：通过工业旅游参观，体验和解说，将产品制造、选购、保养和本企业最新产品动态，传授给消费者，使其主动接受本企业的产品和服务。

（6）合作营销：加强与旅行社合作，利用旅行社的渠道优势，设计特色线路；加强同类企业间的联系交流，实现强强联合、资源互补，共同打造本地区、本行业的工业旅游品牌。

5. 旅游购物开发

购物在工业旅游总消费中的比重大小是衡量工业旅游发展水平的重要标准。企业发展旅游购物主要从旅游商品和购物场所设计两方面入手。旅游商品开发不仅应考虑其宣传性、实用性、便捷性、艺术性和纪念性，更要与企业的主业相结合。旅游商品开发方式包括以下几方面。

（1）直接利用。将本企业的产品直接作为旅游商品，适合食品、文具、家电等企业。

（2）微缩复制。将本企业的产品按比例微缩复制，适合企业、机械、飞机等制造企业。

（3）复古仿古。生产复古风格的产品作为旅游商品，适合文具、印刷、服装、陶瓷等企业。

（4）特许商品。主要是运动用品，企业将其赞助的运动赛事和运动队的特许商品作为旅游商品。

（5）外围扩展。在制作精美的纪念品上附加企业标志。

（6）品牌代言人产品。将代言人的肖像和企业商标一起印制在纪念品上。购物过程及场所设计包括观摩生产过程、亲手制作、模特展示、体验消费、品牌旗舰店、创意工坊等模式。

6. 安全保障措施

安全保障措施从游客安全和企业安全两方面着手。

（1）游客安全：避免游客在参观中遭遇异味、粉尘、高热、噪音或者坠物，引起游客不适，甚至引发安全事故。企业应采取措施，如改善生产环节、添加事前说明、开辟专用通道、加强解说引导、设立标志牌等规避安全问题。

（2）企业安全：由于顾虑游客参观会涉及企业机密，部分企业在旅游接待中作出严禁拍照的规定，降低了游客满意度。企业可在设计旅游线路时，慎重考虑，不宜参观的环节不对外开放，而一些食品、药品生产企业，为保证环境卫生，对游客的行动也必须有所限制。企业一般可通过建立透明密封通道加以解决，同时要控制游客数量，并向游客做出解释说明，取得游客谅解。

案例 8-6

张裕葡萄酒文化旅游区

葡萄酒旅游是一种特色的工业旅游,通过旅游将农业、工业、服务业紧密联系起来,供旅游者观光访问葡萄园、酿酒厂、产酒地相关地点,并由此让旅游者得到广泛感受与体验的专项旅游。主要活动有制酒、品酒、赏酒、购物、游览葡萄园、了解酒文化、学习葡萄酒相关知识等一系列娱乐休闲活动。张裕是中国最早开展工业旅游的制造企业之一,2017年山东省烟台张裕葡萄酒文化旅游区获评为首批国家工业旅游示范基地,年接待游客量破百万。

张裕葡萄酒文化旅游区由三大板块组成:张裕酒文化博物馆景区、张裕国际葡萄酒城之窗景区(含烟台张裕卡斯特酒庄)及张裕国际葡萄酒城景区。

张裕酒文化博物馆位于烟台芝罘区大马路,依托于张裕公司旧址建成开放,2005年获评国家4A级旅游景区。作为博物馆的重要组成部分,张裕百年地下酒窖于2013年入选第七批全国重点文物保护单位。张裕酒文化博物馆现为国家二级博物馆,同时挂牌中国国际葡萄酒博物馆。张裕国际葡萄酒城之窗坐落在美丽的渤海之滨,由烟台张裕卡斯特酒庄延伸建成,是亚洲首座葡萄酒主题公园,荟萃了美景、美酒、美食,坐拥 sun(阳光)、sand(沙滩)、sea(大海),2009年获评国家4A级旅游景区。张裕国际葡萄酒城位于烟台经济技术开发区,2012年动工,规划占地6 200亩,建设项目包括葡萄酒生产中心、张裕丁洛特酒庄、张裕可雅白兰地酒庄、葡萄与葡萄酒研究院、先锋国际葡萄酒交易中心、海纳葡萄酒小镇、葡萄种植示范园等。

张裕葡萄酒文化旅游区的产品体系主要包括葡萄酒科技旅游产品、葡萄酒体验旅游产品、葡萄酒节庆旅游产品及葡萄酒文化旅游产品四大类。以葡萄酒科技旅游产品为例,葡萄酒科技旅游是指以葡萄酒工业厂区的科技旅游资源(如先进的生产设备)为吸引物,满足旅游者观光、学习、考察、娱乐、丰富知识、开拓视野等一系列综合性需求的专项旅游。2004年张裕集团特意开放一条葡萄酒生产线专供旅游参观,通过展示其高科技的设施设备、先进的生产流程、高效的管理模式,张裕葡萄酒旅游不仅获得了酒产品销售、旅游门票等直接经济效益,还间接塑造了良好的企业形象与企业品牌。

如今张裕工业旅游已建立起中国领先的葡萄酒工业旅游体系,发展成为以张裕葡萄酒文化旅游区为主体资源,集企业文化、葡萄酒文化、乡村生态、酿酒技术、科普游学为一体的专项特色旅游产品,以其高起点、高技术、高品位成为别具一格的工业旅游景观。

本 章 小 结

本章简单介绍了风景名胜区、旅游度假区、主题公园、城市旅游、乡村旅游以及工业旅游这几种专项旅游规划的大致内容与一般程序。每种专项旅游由于各自的资源和特点不同，因而其规划与开发的内容及侧重点会有所差异。例如，风景名胜区主要是对自然资源和历史遗留下的人文资源进行开发，其侧重于如何将现有的资源以一种最优的方式展现出来；主题公园的旅游资源基本上都是人工打造，因而更重视要打造什么资源才符合市场的需求；工业旅游的旅游资源基本也是属于人工打造的，但是跟主题公园不同的是，它是既成的人工资源，因而其重点要考虑的是如何将既成的人工资源进行改造，以适合旅游者进行旅游观光及体验。虽然专项规划各有侧重，但是大致的规划程序还是基本一致的，都包括市场分析、区位选择、主题定位、项目规划、投资估算、营销推广以及经营管理等。

复习思考题

1. 各种专项旅游的概念及特点是什么？
2. 从旅游资源的角度看，风景名胜区、主题公园与工业旅游这三者的区别在哪里？
3. 简述乡村旅游规划与开发的一般过程。

即 测 即 练

自学自测　　扫描此码

第9章 旅游规划设计

 学习要点及目标

1. 理解旅游项目规划设计的基本概念。
2. 熟悉旅游市场营销规划方式和旅游景观规划。
3. 熟悉旅游线路的组织程序和旅游接待的基本构成。
4. 掌握旅游区（点）的情景规划与项目体验设计。
5. 明确旅游基础设施和服务设施规划。

第一节 旅游项目规划设计

旅游项目是旅游产品的基础，旅游产品和旅游项目是两个既不相同而又互相联系的概念。在旅游规划中，旅游项目的核心是规划，旅游项目是各种旅游吸引物的综合体。旅游规划的最终目的是通过旅游项目的规划设计和建设，吸引旅游者到旅游项目所在地来消费、观赏、经历、体验旅游项目，从而获取满意的经济效益、社会效益和环境效益。

一、旅游项目规划的基本概念

（一）基本概念

旅游项目是旅游产业发展的支撑，也是旅游业跨越式发展的突破口。旅游项目是指旅游地开发商或旅游经营者为实现特定的旅游发展目标，整合旅游资源和环境条件所开发出的具有一定旅游功能和经济、社会、环境效益，能吸引旅游者并促进当地旅游业发展的项目或项目综合体的总称。它既包括单一项目，也包括由众多单一项目组合而成的整体旅游项目。可见，旅游项目是一个内涵和外延都十分广泛的概念。具体包括以下要点。

第一，旅游项目应该为旅游者提供观赏、休闲和体验活动，并且为上述活动的顺利完成提供相关保障。

第二，旅游项目的吸引力具有时间的长久性和空间的多元性，其吸引的对象既包括当地居民，也应涵盖周边乃至远距离的旅游者。

第三，旅游项目需要科学地运营与管理，且通过经营创造一定的经济效益。

（二）旅游项目与相关概念之间的关系

1. 旅游项目与旅游资源

首先，旅游资源所具有的经济特征是一种潜在的经济性。旅游项目与旅游资源相比其经济性的特征就更具有较强的现实性。因为旅游项目是已经开发成形的旅游吸引物，它的产生本身就需要花费一定的资金和人员的投入，其产生的目的就是为旅游地创造巨大的经济效益。

其次，旅游资源所具有的空间特征在旅游项目上的体现也不明显。旅游项目在地域空间上是可以被重复建造的，一地所拥有的旅游项目在另一个地方同样可以见到，著名的主题公园迪士尼乐园在全球范围内的扩张就是一个很好的例子。

最后，旅游项目较旅游资源具有更强的文化性特征。旅游项目是人们设计建造出来，在其设计的过程中就体现了设计者的一种理念，影射出一种文化内涵。因此，无论什么样的旅游项目都是人类文明的体现，具有较强的文化性特征。

旅游资源和旅游项目之间是一种依托的关系，即旅游项目的开发必须以旅游资源的存在为基础，而旅游资源的吸引力实现必须借助旅游项目。可以说，旅游资源是旅游业生产所必需的原材料，而旅游项目就是旅游业生产过程中的初级产品，两者都是旅游业在发展过程中不可缺少的组成部分。

案例9-1

江西乐安稠溪古村旅游 PPP 项目

稠溪古村始建于宋开元初年，村中始祖为王安石之孙王珏。该村历经宋、元两朝，在明清时期发展到鼎盛。据乐安县文物部门的考查，稠溪村现存明清古建筑20多栋，其中祠堂10座，岭背书院等书院遗址2座，包括县级文物保护单位王氏大宗祠，以及长孚公祠、王子丹宅等9处尚未公布为文物保护单位的不可移动文物，爱四公祠、爱八先生祠、德前公祠等祠堂，还有"三祝毓秀"宅、王子贤宅、南公祠遗址、坊牌下等，类型丰富，是研究江西省赣东地区民居建筑艺术与建造技术的"活样本"。稠溪古村历史文化底蕴丰富，宋、元、明、清历朝以来，该村办学、讲学蔚然成风，建有众多的书院，村中各种石缸、石柱、石雕、木雕、匾额、楹联、字画随处可见。现阶段稠溪古村仍保留着"碾包谷、压竹笋、晒腊肉"等习俗，具有良好的自然旅游资源和人文旅游资源。2019年6月，乐安县稠溪村名列国家文物局公布第五批列入中国传统村落名录的村落名单。

为了实现古村落文化遗产的保护、修复、升级，并结合旅游产业的多元化发展，促进当地经济可持续发展，乐安县人民政府拟借助稠溪古村的旅游资源优势，采用PPP模式实施江西乐安稠溪古村旅游项目，拟将本项目打造成大陆地区首家全域乡村美术馆，成为艺术复兴乡村的样板。

该项目于2019年12月31日正式开工，总投资3.98亿元，总建设面积约为110 000平方米。该项目采用"PPP"的模式进行运作，具体运作方式为新建（含改造）—运营—移交（BOT），合作期为15年。在合作期限内，乐安县人民政府指定的政府方出资代表将与北京城建华晟交通建设有限公司合资设立项目公司，由项目公司具体负责江西乐安稠溪古村旅游PPP项目的设计、投融资、建设（改造）、运营维护及移交等工作。项目建设主要内容包含：稠溪古村村内现有建筑的内外改造、外部管线改造、室外环境改造；设计范围东起前团村，西至稠溪古村，路线全长约 8 297.977 米的稠溪古村旅游公路升级改造；村前广场、停车休闲观景区（含停车场）及道路路域旅游的景点建设预留；新建游客服务中心、污水处理设施、消防设施、通信设施、蓄水池设施、变电站设施及垃圾处理等设施。

该项目运营后将成为乐安县文化艺术展示平台，丰富该县旅游资源体系，促进全县旅游资源升级。

2. 旅游项目与旅游产品

旅游产品也是在旅游规划与开发中经常接触到的一个基本概念，旅游产品和旅游项目之间实际上应该是存在一种类似于点与面的关系。旅游规划与开发意义上的旅游产品同样有广义和狭义之分。所谓广义的旅游产品通常指的就是旅游线路，也就是将一系列的旅游景点（区）以及节庆活动等旅游项目串接起来，为旅游者提供满意、印象深刻的旅行，使其获得一次值得回忆的愉快经历。而狭义的旅游产品指的则是单纯意义上为旅游者提供物质和精神享受的那些旅游景点或节庆活动等。

旅游产品和旅游项目是两个不同而又相联系的概念。旅游产品是将各种旅游项目和旅游服务以及基础设施组合起来，对外进行销售的无形产品。旅游产品可以被无限地出售，基本上不存在磨损和折旧。旅游项目则是各种旅游吸引物的综合体，与旅游产品相比包含的内容较少，但是稳定性却相对较大。

二、旅游项目设计的原则

旅游项目设计是旅游规划的核心内容之一。在旅游项目规划中需要通过对当地资源、市场环境等一系列分析考察的基础上来进行设计。因此，为了设计出符合旅游发展环境、满足旅游者需求的项目，在旅游项目设计中，总体上要贯彻以下原则。

（一）区域特色原则

旅游项目规划要体现区域特色，是为旅游地创造出赏心悦目、富有地方特色与魅力的旅游项目。各旅游项目只有具备与众不同的特色，才能在激烈的旅游市场竞争中确定鲜明的市场形象。其中"人无我有，人有我新，人新我特"是旅游项目设计保持特色的主要原则。"人无我有"就是创造一个其他旅游地尚未出现的旅游项目，属于完全意义上的创新。"人有我新"是一种改造型创新，就是将其他旅游地所拥有的旅游项目进行本土化改造，使其充满浓郁的本土风情，从而与其他同类型的旅游项目形成差异，成为一个新的旅游项目，吸引旅游者。"人新我特"是指当一个较新的旅游项目已经逐渐成为时尚和主流，本地区旅游项目则需通过深层次挖掘文化内涵，使得本地的旅游项目超过其他旅游地，以此提升旅游竞争力。总之，旅游项目的区域特色是支撑旅游目的地旅游业发展的基石。

（二）因地制宜原则

因地制宜，是指根据特定区域的特定条件，如地理环境、自然资源、历史文化、经济基础、城市发展、村镇面貌、人口与民族状况等，开发设计出具有鲜明特色的旅游项目。因此，在项目设计前要深入当地进行考察，从旅游开发的全局出发，统一安排，充分合理利用地域空间，体现区域之间的分工与协作，并从整体上体现当地人文与自然特征。遵循因地制宜、整体协作的原则，满足旅游开发多种功能需要，实现项目与地形的完美结合。这就要求尽可能全面、客观地收集能反映当地情况的第一手资料，进行旅游项目设计，使项目充分体现出地方特色，与当地环境相协调、相融合。

（三）市场需求原则

旅游市场需求，是旅游市场形成的基础，是旅游者通过支付一定货币、时间和精力去换取某一经历、某种服务和商品的实际意愿。旅游项目的设计要遵循市场需求的原则，应做足市场调查工作，明确目标市场人群的需求偏好和消费特征，以此作为项目设计的出发点，使旅游项目在种类、档次以及规模上都能满足市场需求。

（四）功能互补的原则

按照层次分明、功能互补的原则，区分不同旅游区块的主题、功能和特色，以旅游地整体为对象进行项目具体出发点设计，不可在同一旅游景点内毫无章程地重复项目布局。同时，考虑项目的互补性，使旅游项目的设计满足不同旅游者的不同需求。

（五）操作可行原则

旅游项目设计是一项现实性较强的工作，设计出的旅游项目要具备较强的可操作性与可行性。因此，旅游项目设计要立足于旅游地开发实际，从旅游资源赋存、投资来源、科技实力、旅游市场需求等方面来评价和衡量所设计的旅游项目是否具有一定的现实可操作性和经济上的可行性。

（六）永续发展原则

旅游项目的设计要从整体利益最大化的角度考虑，充分调动食、住、行、游、购、娱以及与旅游相关的行业来促进区域经济发展。一个旅游项目在为当地带来巨大的经济效益时，还必须考虑其给当地社会及生态环境所带来的种种影响。项目建设应根据资源环境保护的总体要求，遵循自然生态与经济社会发展规律，充分考虑资源环境的承载力，保护生态环境，控制旅游开发利用的强度和规模，进行适当的资源储备，为子孙后代预留一定的发展空间，实现旅游业持续健康的发展。因此，进行旅游项目设计时，要综合考虑经济、社会、生态环境三大效益。

三、旅游项目规划的影响因素

在整个旅游发展过程中，旅游项目往往是规划多，但践行或是成功少。很多旅游项目并未付诸实施，或是提早结束其生命周期，能够长盛不衰的项目寥寥无几，这些都与规划中旅游项目的设计息息相关。旅游项目的规划设计是与多重因素之间挂钩的。其具体包括以下因素。

（一）旅游资源

旅游资源是旅游项目设计的基础，是经过开发可成为旅游项目的一个组成部分。旅游地旅游资源的赋存状况限制了旅游项目的设计。世界许多旅游资源丰富而且集中的旅游地或景区（点），发展速度较快，经济效益较好。如长城、故宫、黄山等有着精品旅游资源的支撑，具有很高的文化价值、科学价值、艺术价值，在国内外拥有很高的知名度，对游客保持长期的吸引力，使旅游项目长期立于不败之地。而旅游资源匮乏的区域在发展旅游业中面临较多的困难。虽然拥有高品位的旅游资源，不一定能设计出一流的旅游项目，一流的旅游项目也不一定会以一流的旅游资源作为条件，但是一流的旅游资源是一流旅游项目设计的物质基础。旅游资源赋存的多寡和品位的高低，是旅游项目设计成功与否的重要因素之一。因此，旅游项目设计首先需要对旅游地进行详细的旅游资源调查。

（二）区位条件

1. 客源区位

一些旅游区游客的多少并不主要取决于资源的吸引，而更多地取决于位置的吸引，由于多数游客受时间、消费能力的影响，只能就近选择旅游地游览。客源数量随着与旅游项目距离、旅行时间的增加而递减，客源区位就是根据这一规律划定的范围。

2. 资源区位

建设在旅游资源丰富的旅游目的地的项目，可以共享当地的环境资源、基础设施、旅游资源和旅游目的地客源。旅游项目设计成功与否不仅取决于旅游资源数量的多寡，还取决于旅游资源的组合结构。如两个地区，资源雷同，处于弱势地区的资源难有较大发展；资源不为同一类别而且能够互补，则会对游客具有更大的吸引力。

3. 交通区位

旅游区交通线路的数量、等级和通畅程度，影响当地接待游客的多少。由于游客基本上是乘车前往参观旅游项目，因此，旅游区的可进入性，对于项目能否成功具有重要作用。便捷的交通系统，可以有效连接目的地与客源地。不在交通干线上，即使地理距离很短，也会严重影响游览旅游项目的人次数。因此，交通线路、停车场以及旅游区的交通识别系统，也影响着旅游项目的经营效果。

（三）旅游投资

旅游项目的设计是一个耗费资金和时间的过程，旅游项目的设计、建设以及经营管理的各个过程都需要大量的资金作为支撑。若无充裕的资金支持，再有创意的项目设计也难以建设。所以，旅游开发商的实力或融资能力不仅影响旅游项目的质量高低，还会对旅游项目的经营产生长远的影响。

四、旅游项目规划的内容

旅游项目设计是一项系统工程，通过对相关内容的调研分析，对旅游区进行合理功能分区的基础上，综合利用各功能区内的各种资源开发出能够吸引旅游者的旅游项目。总的来说，应该包括以下几个方面。

（一）项目名称

旅游项目名称是旅游项目设计的一个重要内容，是连接旅游项目与旅游者的桥梁，在对旅游项目命名时要仔细揣摩旅游者的心态，力争通过一个有创意和感染力的名称来提升关注度。

（二）项目风格

旅游项目设计是旅游规划与开发中的基础性工作，主要是对旅游地的旅游项目进行设计和总体安排，因此要将旅游项目的特色或者风格描述出来，使旅游者能够感受和把握其蕴含的文化，并以此来激发旅游者的兴趣。具体而言，旅游项目风格展示的载体主要涉及以下几个方面。

（1）旅游项目主要建筑物的形状、外观、颜色、材料和规模。

（2）旅游项目建筑物内部装修的风格。

（3）相关的旅游辅助设施和旅游服务，如路标、垃圾场、停车场、购物商店、洗手间的外观和形状与风格以及旅游参观所提供服务的标准和方式。

（三）项目区位及规模

一般说来，旅游项目是一个有形实体，因此在地域空间上，规划要明确每一个旅游项目的占地面积和地理位置、交通以及客源市场等相关内容，必须具体到可以在实际空间进行定点的程度。

（四）项目主题

项目主题是项目的灵魂，主题鲜明与否，影响着旅游地或旅游企业的吸引力和竞争力，因此旅游项目必须形成鲜明的主题，以区别于其他旅游项目，契合旅游者最本质的需求和愿望，获得旅游者的好感，保证项目的成功。任何单一的自然特征和历史遗迹都不能全面地概括旅游地自然景观和社会文化的多元性，必须寻找与旅游规划地"文脉"元素相传承的主题，形成规划区的整体文化特征。此外，项目主题要简明扼要，高度概括，词句精练，便于记忆，合情合理，让旅游者愿意接受、喜欢接受。

（五）项目功能

旅游者所能直接体验的是旅游项目的功能，进而深层次体验旅游项目的性质与主题。旅游项目的功能设计，需要明确以下三个方面的内容。

（1）旅游项目对旅游者能起何种功效。

（2）旅游项目对旅游规划区烘托主题形象的作用，或者在旅游要素的布局中承担何种功能。

（3）旅游项目能为当地社区创造怎样的经济、社会、环境效益。

因此，旅游项目设计必须对项目的功能进行准确定位，明确项目的主题功能，进而对项目的支撑体系或子项系统进行取舍，对项目内容进行有效组织，为项目的成功奠定基础。

（六）项目内容与表现形式

旅游项目是一个综合性的产品体系，在旅游项目设计中，要明确旅游项目所包含的具体内容和子项目，表明其开发所需采用的表现手法，明确什么是该旅游项目的主导产品或主导品牌，什么是该旅游项目的支撑项目等。

五、旅游项目规划的设计步骤

旅游项目从设计到最后吸引广大投资商来积极开发旅游资源，其方案的形成是由多个阶段构成的。旅游项目设计一般可分为以下几个步骤，如图 9-1 所示。

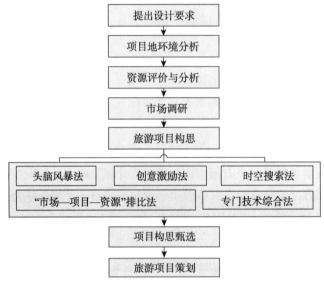

图 9-1　旅游项目规划设计流程

（一）项目地环境条件分析

对旅游地的自然资源、人力资源、财力资源等内部环境进行分析，以了解旅游地的自然禀赋、基础设施配备水平、人才储备状况以及可用的开发资金实力等问题，为项目的特色定位找准基调做准备，可更好地把握项目开发的程度、档次和规模。旅游开发地外部环境分析，则主要是分析旅游地之间的竞争状况、旅游市场的需求状况和未来旅游市场需求走势。

（二）资源评价与分析

资源评价与资源挖掘是旅游项目开发的基础，一般包括自然资源、历史文化资源两个方面。旅游项目的特色是由当地的旅游资源特色所决定的，这就要求旅游项目设计者在规划的前期工作中对旅游资源进行调查，对旅游开发地的旅游资源进行仔细分析，并针对不同的旅游资源特色，设计相应的特色旅游项目。

（三）市场分析

旅游项目设计得准确与否与市场现状以及未来发展直接相关。项目设计要把握好市场，主要从五个方面进行深度研究与策划：市场调研，旅游市场总体把握，项目的市场定位，对应于目标市场需求的产品创造（创意策划与游憩方式设计，游线设计），市场核算与运作策划（收入模式设计，营销策划，市场效果判断，效益估算等）。

（四）旅游项目方案构思

这个阶段需要在充分分析把握前面几个步骤分析结果的基础上进行。旅游项目的构思是指人们对某一种潜在的需要和欲望用功能性的语句加以刻画和描述。旅游项目的构思需要在真正掌握区域旅游资源特色的基础上，在与外界的交流中，通过不断的刺激思维勾勒项目的框架设想。在旅游项目的设想阶段，通常采用以下几种构思方法见表9-1。

表 9-1　旅游项目方案构思方法

构思方法	原理	具体方法
"市场—项目—资源"排比法	依据某一旅游资源，针对某一旅游市场，将所能想到的旅游项目进行分类排列建立旅游项目库	①根据旅游"六要素"食、住、行、游、购、娱细分旅游项目，全面罗列各个旅游项目单元，并随着旅游供需变化，构建并扩充旅游项目分类体系，从而建立一个为旅游项目规划持续提供信息的数据库 ②按照资源条件的制约因素剔除不可行的项目 ③按市场需求对项目进行第一遍筛选 ④将上述结果汇总整理，再按项目间的相关性进行第二轮选择 ⑤汇总整理，将结果反馈，进行第三轮项目筛选，并对各要素讨论比较，直至最后选定合适项目
头脑风暴法	又称"集体思考法"或"智力激励法"，是一种论证方法，可以引用对旅游项目的求证	①采用会议论证形式召开规划人员或专家座谈会，就所设计的旅游项目方案征询意见 ②召开会议时，项目设计人员应充分说明项目主题，提供必要的相关信息，营造一个自由的空间，让各位与会人员充分表达自己的想法 ③每个人不能重复别人的发言或同意别人的看法，只是需要对已有方案提出修改意见，直到对方案满意为止
创意激励法	消除种种个体自身和群体之间对创新思维的抑制因素，加强群体间知识、经验、灵感的互相激励来激发创意	①创意组成员不宜超过12人，小组成员中尽量安排善说笑者，少安排关系不和者 ②必须确定先提想法、再提办法、重在想法的会议主旨，并事先明确对创意的奖励办法 ③提供辅助手段，如喝咖啡、看图片、评述旅游经历等，若会议气氛仍不活跃或存有抑制气氛，则可采用无记名卡的方法先征集创意，再汇总公布，并讨论或进行第二轮无记名卡征集 ④记录会议结果，作为下一次讨论参考材料 ⑤召开第二轮会议，依次类推 ⑥由"提想法"进入"提办法"，逐步比较和淘汰可行性弱的方案，同时注意保护原创人的提案价值与创意积极性
时空搜索法	从空间轴、时间轴两个向量上搜寻与本地区市场和资源条件相吻合的旅游项目，以确定最佳旅游项目的方法	①以所拥有的旅游资源作为出发点，直接从空间轴、时间轴两个方向逐个地搜寻可能的旅游项目 ②将所选择的旅游项目进行下一步论证
专门技术综合法	以艺术、科学等专门技术为线索，通过浓缩、拓展、综合再现等途径，塑造和提示旅游地吸引力的方法	正确把握符合当地条件、顺应市场需求的原则，通过一系列专项技术的研究，沿着考古学、历史学、人类学、文学、艺术学等人文科学和生物学、生物环境学、医学、工程学、技术及科学等科学技术的线索，找到许多旅游项目设计的逻辑线索

（五）旅游项目构思的甄选

有了各种各样旅游项目的构思后，并不是所有的构思都可以纳入旅游规划中，需要用前述的几项原则对已有项目进行甄别，剔除不合宜的项目设想。例如，通过运用市场导向原则，对已有的项目设想进行成本估算和营销测试，将成功概率小的旅游项目设想淘汰，以保证资金能够集中在成功概率高的项目上，从而保证项目的建设质量和构建品牌形象的力度。

（六）旅游项目的设计

项目选址后，将保留的旅游项目落实成具有可操作性的旅游项目，以吸引投资者。该步骤主要是将旅游项目构思加以完善并进一步具体化，不仅要完善整体的项目创意，还要注意从细节着手，以人性化理念为指导，将较为抽象的旅游项目的构思转变成独具地方特色的、深受旅游者欢迎的旅游项目。

第二节　旅游市场营销策划

旅游市场营销是通过分析、计划、执行、反馈和控制这样一个过程来以旅游消费需求为导向，协调各种旅游经济活动，从而提供有效旅游产品和服务，实现游客满意，旅游企业获利的经济和社会目标。旅游市场营销的主体很广，包括所有旅游企业及宏观管理的旅游行政主管部门。旅游市场营销是发展旅游业、获得旅游经济效益的重要环节。研究旅游市场营销、制定科学的旅游市场营销规划与政策，将对我国旅游业的发展产生重要意义。

一、旅游市场细分

旅游企业在研究市场营销环境和旅游者购买行为之后，进而就是进行旅游市场细分，选定自己的目标市场，进行市场定位，作出市场营销规划，以便制定有效的旅游市场营销战略和对策。

旅游市场细分是指将整体旅游市场按照旅游者的某种或某些特点，划分为不同的旅游者群体的过程。所划分的每一个在需求上大体相同的旅游者群体就是一个市场部分，通常称之为细分旅游市场。

旅游市场是由不同的旅游者组成的。不同的旅游者在某方面的差异产生对于旅游产品不同的需求。具体的差异可以从多个角度进行分析，譬如旅游者之间不同的需求层次、购买力水平、地理位置差异、消费习惯与旅游购买偏好等特点。旅游企业根据旅游者的这些特点中的一个或几个作为划分依据，将整体旅游市场进行细分，进而选定目标旅游市场，这就是旅游市场细分的含义。

（一）旅游市场细分的原则

旅游市场细分对旅游企业营销活动有着重要意义，但如何有效地细分市场，为旅游企业制定有效的战略和策略提供依据，就必须符合以下原则。

1. 可衡量原则

各细分市场的需求特征、购买行为等要能被明显地区分开来，各细分市场的规模和购买力大小等要素能被具体测度。一方面，可衡量性原则是指旅游者对产品的需求具有不同的偏好，对所提供的产品、价格和广告宣传等反应不同，才值得细分市场；另一方面，可衡量性原则是指旅游者的特征信息易于获取和衡量。

2. 效益性原则

效益性原则是指旅游企业能在细分后的市场上取得良好的经济效益。旅游市场细分有整体大市场小型化的趋势，但绝不能细分到失去一定规模经济效益的程度；应注意到某些细分市场虽然在整体市场中比重很小，但其绝对规模或购买力足以达到盈利的水平，甚至具有很大的开发价值。当旅游细分市场的规模和购买力一定时，是否有利可图还与开发成本有关。当由于外界条件的变化或者通过主观努力使开发成本得以降低时，就可能使一些原本无利可图的旅游市场变为有利可图的旅游市场。

3. 可进入性原则

可进入性原则要求旅游产品能够进入细分出的市场，并占有一定的市场份额。它包括客观上要有进入的可能和主观上的开发实力。进入的可能是旅游企业利用现有的人力、物力、财力易于进入细分市场；开发实力是指营销者要有吸引和服务于相关细分市场的实践操作能力，否则再有吸引力的细分市场对旅游企业也没有意义。

4. 稳定性原则

旅游市场细分是一项复杂而细致的工作。作为市场营销对象，细分后的市场应有相对的稳定性。如果变化太快，则已制定的营销组合会很快失效，造成因营销资源重新分配调整而带来损失，并形成旅游企业市场营销活动的前后脱节和被动局面。

5. 目标导向原则

不同的市场细分方法应该以目标为导向，不同的目标下选择不同的市场划分方法。旅游市场营销活动最终目的虽然是盈利，但是在短期目标上可能存在差异，因此在旅游市场细分活动上应该根据此次营销活动的目的而进行选择。

（二）旅游市场细分的依据

受年龄、性别、收入、职业、受教育程度以及生活方式等因素的影响，不同的旅游者有不同的需求，这些不同的需求也就成为旅游市场细分的依据。在众多细分依据中，大体可划分为四种主要类型实施旅游市场细分，即按地理变量、人口学变量、心理学变量和行为学变量进行划分。表 9-2 提供了各类细分变量和实例。

表 9-2 旅游市场细分的依据

变量	细分变量
地理变量	所在区域、地理位置、城镇规模、人口密度、气候等
人口学变量	年龄段、教育背景、性别、收入、家庭生命周期、职业等
心理学变量	社会阶层、个性特点、生活方式、旅游动机等
行为学变量	追求利益、购买方式、旅游需求程度、对产品的态度等

（三）旅游市场定位

一般认为市场定位是一个国家、地区旅游企业的整个营销策略，是营销活动的制高点，是营销活动的灵魂与指南，是贯穿于市场营销活动各个环节的综合体，是一个动态的行为过程。总而言之，市场定位概念可理解为：市场定位是一个国家、地区旅游企业通过识别旅游企业需求，根据自身资源和能力状况，运用营销策略，设计、开发、包装并向旅游者传播与竞争者不同的特色产品，塑造旅游企业产品形象及企业形象，使之在旅游者心目中占有独特位置的营销战略体系。

1. 旅游目标市场选择

旅游企业要创造最大利润，应从旅游市场的特点出发，明确目标市场，形成正确的市场定位。旅游目标市场的选择除了要分析各旅游细分市场的具体情况外，还得从总体上考虑营销组合在目标市场上的针对性。

2. 旅游市场营销定位

旅游市场定位是一个循序渐进的过程，每一个步骤都有着其内在的需要。市场定位已经形成一个较为成熟的程序，大致可以分为以下三个步骤。

（1）发掘竞争优势。竞争优势包括现实的和潜在的优势。这种优势主要体现在成本优势与产品差异化优势上。

（2）选择竞争优势。选择竞争优势即运用一些方法对本企业产品的若干竞争优势加以具体评价，以准确确定旅游企业产品的定位优势。

（3）传播定位特色。市场定位从本质上说是一种市场沟通策略，因此，最终必须把本旅游企业产品的定位特色成功地传播给目标顾客，以在其心目中有效地树立旅游企业产品富有吸引力的特色形象。

旅游市场定位可以采用通用战略方法。按照通用竞争战略分析方法，要长期维持高于平均水平的经济效益，其根本基础就是持之以恒的竞争优势。客观而言，一个旅游企业与其他的竞争企业相比，可能存在着无数的相对优势与相对劣势，但其拥有的最根本的竞争优势就是低成本和别具一格。这两种基本的竞争优势与企业谋求获得优势的活动范围相结合，得出为了在产业中取得高于平均水平的经济效益的三种通用战略：成本领先、别具一格和集中一点。集中一点的战略可以具有两种形式，分别是成本集中和别具一格集中，如图 9-2 所示。

	降低成本	别具一格
广泛目标	成本领先	别具一格
狭窄目标	成本集中	别具一格集中

图 9-2　通用战略选择

通用战略思想的基本观念是，竞争优势是一切战略的核心。要想获得竞争优势就必须有所取舍，即如果要获取优势，必须就竞争哪一种优势和在什么范围内争取优势的问题作出抉择。想要全面获取优势的想法并不可行，全面优势意味的是没有任何优势。

在别具一格的战略指导下，力求在客户广泛重视的方面做到本行业中独树一帜。从行业中挑选出许多客户所重视的一个或者数个特质，将自己置于别出心裁的位置以满足这些需求，从而获得报酬并使自己保持长期的优势。

二、旅游市场营销广告策划

（一）旅游广告

旅游广告以其大众化、重复性及表现力而成为一种富有大规模激励作用的信息传播技术。一方面，旅游地风貌、旅游服务设施的宜展示性和整体旅游产品的可感受性，为旅游广告的表现力发挥提供了更有利的基础；另一方面，作为不可触摸、试用、测试和直接观赏的无形旅游服务产品，潜在旅游消费者将相对更多地依赖旅游广告信息，尤其是利用旅游手册之类的宣传品来进行选择性购买决策。

（二）旅游广告信息决策

旅游广告信息决策的实质就是要对旅游广告信息的内容和形式进行创造性的设计，以使旅游广告真正发挥尽可能大的功效。旅游广告信息决策一般要通过三个步骤，即广告信息的制作、广告信息的评价与选择以及广告信息的表达，如图9-3所示。

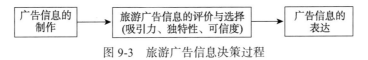

图9-3　旅游广告信息决策过程

（三）旅游广告效果评价

评价旅游广告效果主要有三方面的意义：衡量广告费用的投入是否获得了预期的效益；为完善广告计划提供依据；明确哪些外部因素是广告所无法改变的。

对于旅游广告效果从两方面进行评价：一是沟通效果；二是销售效果，如图9-4所示。

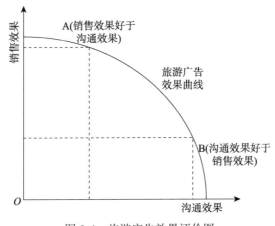

图9-4　旅游广告效果评价图

1. 沟通效果的评价

沟通效果的评价有两种方法：一是事前测定，也称预试；二是事后测定。

预试主要通过直接评分和组合测试两种方法来进行。前一种方法由消费者小组或广告专家小组观看有关广告后进行全面评分，此法主要有助于筛选掉不良广告。后一种方法是请消费者看一组广告，然后加以自由回忆，主要测试广告的突出点和易懂易记处。

事后测试也包括两种较流行的方法：回忆测试和识别测试。前者要求接触过某种媒体广告的人，回忆最近一次广告中所展露的广告产品，以表明广告为人注意和容易记忆的程度；后者主要统计在特定媒体上曾注意到并进行过联想和深读过广告信息的目标受众百分比。

2. 销售效果的评价

由于旅游产品销售将受到诸如服务特色、价格、竞争状况等一系列因素的影响，因而测量旅游广告的销售效果比沟通效果更为困难。这里仅列出两个计算方法作为参考。

当广告宣传的旅游产品是新产品（服务）时，广告效益＝产品（服务）×产品（服务）利润×（广告后销售量－广告前销售量）－广告费用

当被广告宣传过的产品继续做广告时，广告增长比率＝销售额增加率/广告费用增加率×100%

三、旅游产品营销渠道策划

旅游产品的生产经营与旅游消费者的购买、使用过程往往受到多种因素的制约。在客源量大、客源结构复杂的条件下，旅游企业除发挥自身的营销资源优势外，还必须运用旅游市场中的中介组织力量，与之形成较为稳定的营销利益共同体，促使旅游产品在广阔的空间内为广大旅游消费者所知晓、理解、认可和购买。

（一）旅游产品的营销渠道

旅游产品从旅游生产商到旅游消费者的过程，是通过一定的市场营销渠道实现的。旅游产品营销渠道是指旅游产品从旅游生产商向旅游消费者转移过程中所经过的一切取得使用权或协助使用权转移的中介组织和个人，也就是旅游产品使用权转移过程中所经过的各个环节连接起来而形成的通道。旅游营销渠道的起点是旅游产品生产商，终点是旅游消费者，中间环节包括各种代理商、批发商、零售商、其他中介组织和个人等。只有这些机构以及这些机构的相互配合，产品才能从生产者转移到消费者，营销渠道便是由这些因素组成的各种组合途径。

在市场营销中，由于旅游市场、旅游企业、旅游中间商以及旅游消费者等多种因素的影响，旅游产品营销渠道也就形成了多种多样的状态，即便是同一种旅游产品，也有可能通过不同的营销渠道销售。一般说来，旅游产品的营销渠道有直接、间接、长、短、宽、窄等多种类型，见表9-3。

表 9-3　旅游产品营销渠道划分依据

划分依据	类型
中间商	直接营销渠道、间接营销渠道
营销渠道的长度	长营销渠道、短营销渠道
营销渠道的宽度	宽营销渠道、窄营销渠道
渠道类型的多少	单营销渠道、多营销渠道

（二）旅游产品营销渠道的决策和策略

旅游企业要经过较长时间才可能形成和完善旅游产品营销渠道。这是由于旅游企业的经营目标发生变化、产品结构重新调整、目标市场不断扩展、营销力量成熟壮大等原因所致，同时，更重要的原因在于旅游企业与旅游中间商的相互合作关系要通过市场的长期检验和磨合后，才能相对固定下来，形成利益紧密联系、思想观念统一、友谊深厚持久的市场营销整体。因而，旅游产品营销渠道在渠道形式、管理、调整等方面的决策和其策略运用就甚为重要。

1. 旅游产品营销形式的选择决策

当旅游企业综合考虑了旅游产品营销渠道的多样性后，根据行业情况、市场需求、企业实力等进行渠道选择的决策，主要包括直接营销渠道或间接营销渠道的决策，营销渠道长度、宽度的决策以及渠道的联合决策，如图9-5所示。

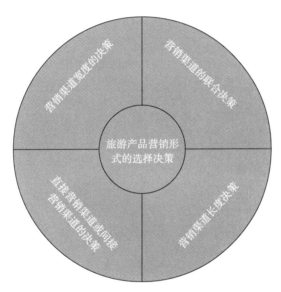

图 9-5 旅游产品营销形式的选择决策

1）直接营销渠道或间接营销渠道的决策

旅游产品直接营销渠道与间接渠道的区别，实际上就是旅游企业在市场营销活动中是否使用旅游中间商的问题。一般来说，在旅游市场营销中，旅游企业对两种营销渠道兼而有之，这是由旅游企业自身的特性所决定。由于旅游产品的目标营销市场十分分散，旅游企业往往无力凭借自身单一的力量建立广阔的营销网络，因此，要获取充分的客源，就必须因地制宜，依托多种类型的旅游中间商进行营销工作。在实际工作中，旅游企业对是否采用直接营销渠道或间接营销渠道的决策，最终根据其需要和利益来判断。

2）营销渠道长度的决策

旅游产品营销渠道的长度取决于旅游产品从旅游生产企业至旅游消费者的途径中所经历的中间层次或环节的多少，若经过的中间环节越多，则营销渠道越长。一般情况下，短渠道由于中间环节少，自然就可减少中间环节所发生的营销费用，旅游消费者所购买到的旅游产品的价格就有可能较为便宜。同时，短渠道还加快了旅游企业与旅游消费者之间的信息沟通速度，尤其是有可能减少或避免过多的中间环节导致的信息失真、误传等情况的发生。

3）营销渠道宽度的决策

旅游产品营销渠道的宽度就是指在不同层次的营销渠道中利用同类旅游中间商数目多少。旅游企业在选择、确定营销渠道的时候，往往由于各个目标市场情况不一，就有可能出现多种类型、级别的营销渠道形式同时并存的局面。归结起来，旅游营销渠道宽度的大小，主要因广泛营销、选择性营销和独家营销三种类型的选择而不同，见表9-4。

表9-4　三种类型的营销模式

营销宽度选择	优　点	缺　点
广泛营销	可以扩大旅游产品生产者或提供者的销售面和销售量；最大限度地覆盖市场	销售费用较大；易对产品营销失去控制能力；容易导致降价竞争
选择性营销	与少数中间商合作，增强对渠道的控制；与旅游中间商联系紧密，有利于建立良好的关系；旅游中间商都有着较强的经营能力与良好的声誉	双向的选择模式使得旅游企业在中间商选择上受到自身能力和竞争者、中间商实力等多重限制
独家营销	双方关系紧密，利益互动，有利于双方真诚合作，共同开拓有利的市场机会，提高销售能力和企业盈利能力；可以提高对销售渠道的控制	只与一家中间商合作，风险较大；销售面窄，灵活性小，不利于旅游消费者的购买选择

2. 营销渠道联合的决策

随着旅游市场的不断发展和完善，旅游市场竞争越来越激烈，旅游企业依靠单一的营销能力和手段进行市场营销，已显得越来越落后，旅游营销渠道日益复杂，出现了以旅游营销渠道联合化为主要特征的发展趋势。就其具体情况而言，大致有以下集中联合化倾向，如图9-6所示。

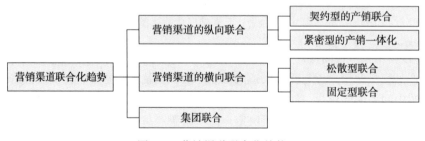

图9-6　营销渠道联合化趋势

1）营销渠道的纵向联合

旅游企业营销渠道的纵向联合，是指用一定的方式将营销渠道中各个环节的成员联合在一起，采取共同目标下的协调行动，以促使旅游产品或服务市场营销整体经济效益的提高。这种纵向联合大致可分为以下两种形式。

（1）契约型的产销联合。这是指旅游生产企业同其所选定的各个环节的中间商以契约的形式来确定各自在实现同一营销目标基础上的责权利关系和相互协调行动，其主要特征为：营销渠道中各个环节成员共同为营销渠道整体利益的实现承担着相应的义务，有着统一的行动。同时，尽管各渠道成员保持着某种形式的长期合作关系，但基本上仍是相互独立的经济实体。

（2）紧密型的产销一体化。这是指旅游企业以延伸或兼并的方式建立起统一的旅游产品的产销联合体，使其具有生产、批发和零售的全部功能，以实现对旅游市场营销活动的全面控制。其具体形式主要有：自营营销系统，即拥有庞大资本的旅游生产企业自行投资建立自己的销售公司和营销网络，直接向目标市场销售自己的旅游产品；联营营销系统，即旅游生产企业与旅游中间商共同投资或相互合并建立起统一的产销联合体，共同协调旅游产品的产销活动。

2）营销渠道的横向联合

旅游营销渠道的横向联合，是指由两个以上的旅游生产企业联合开发共同的市场营销渠道。这种横向联合又可分为松散型联合和固定型联合两类形式。其中，松散型联合往往是为了共同开发某一市场，而由有关旅游企业联合起来，共同策划和实施有助于实现这一市场机会的营销渠道，如旅游包机公司与旅游目的地的旅游生产企业联合起来共同开发某一客源市场；而固定型联合则往往以建立同时为各有关企业开展市场营销活动的销售公司为主要形式，如旅游目的地的有关生产企业联合成立旅游公司。

3）集团联合

旅游集团联合，就是以旅游企业集团的形式，结合旅游企业组织形式的总体改造来促使旅游企业营销渠道的发展和改造。由于旅游企业集团是由多个企业联合而成的，具有生产、销售、信息、服务等多种功能的经济联合体，它往往能通过集团内的营销机构为集团内各生产企业承担市场营销业务。

对于旅游企业来说，旅游产品营销渠道联合化的发展趋势，要求旅游企业对传统企业制度进行改造和更新，以便扩大规模和实力，在旅游市场中处于主动、有利的地位，实现市场营销规模效益。

案例9-2

酒店分销渠道的四大维度运作

现在，互联网已完全改变了酒店客房的销售模式。剧增的销售渠道数量和多样化的形式以及产生这些变化的速度，导致了两种截然不同的结果。不同的渠道代表着不同的成本与效用，直接影响到酒店的价格策略与入住率，酒店所选择的渠道组合体系是否真正实现了酒店收益最大化是酒店收益经理工作的重要内容。很多时候，酒店收益经理所掌握的情况并不能够完全帮助他们轻松评判某一渠道的收益率或者贡献率。那么，在酒店实际运作中有哪些主要的挑战存在呢？同时，酒店如何采用实时搜索及监管来实现以上方式呢？我们罗列出了四大主要因素，可以通过实时数据来对分销渠道的各种情况和表现进行分析和呈现。

（1）空房分配——清算出空房的数量，确定通过何种渠道及何时进行推广销售。当需求旺盛的时候,很容易制定出正确的分销模式,而成本的影响可能就会被忽略。但大多数时候,需求都是不足的,空房率很高的情况下,如果分销渠道的配置不够合理或者没有找到最恰当的模式,酒店往往会付出额外的成本或者采用降价策略,很明显这两者都会影响酒店的最终利润率。

(2)把握需求的实时数据——建立实收的需求及预订监控机制以制定最优价格策略。对于酒店人而言,竞争带来的压力主要在于,他们必须了解顾客对于自己酒店需求的类型及这种需求产生的最大可能性。需求是影响价格最重要的因素,当然反过来价格也会影响需求的变化。互联网提供了一个24小时无间断的信息平台,酒店不仅能发布静态信息和图片,还能提供动态录像、虚拟旅行等,消费者在几分钟内就能轻松完成预订,向酒店发送需求信息。酒店可以通过建立CRS(中央预订系统)、IDS(互联网分销系统)、GDS(全球分销系统)及自己建立的官方网站等电子渠道了解房源、房价、预订等实时信息。当互联网将一切信息变得透明之后,价格就成为收益经理需要作出的最重要的决策之一。将客房低于最优价格售出可能会付出巨大的成本代价,因此,收益经理必须随时把握需求数据,实时调整价格策略以保证酒店的利润。

(3)与在线旅游服务代理商(OTA)谈判——必须了解OTA会以最低的价格将客房卖给最好的顾客。当你通过OTA进行销售时,你需要清楚他们及其分支机构的运作模式,OTA不仅仅是一种分销渠道,他们还会投资巨大的广告预算进行在线活动的策划和推广,其广告效应对酒店的宣传有十分明显的作用。当酒店曝光率不足或市场需求不足时,OTA渠道分销是提高酒店入住率的重要途径,但在和OTA合作过程中有两类问题需尤其注意:一是OTA为追求高额利润所推出的多项代理模式可能会导致酒店渠道价格体系被破坏,出现如酒店会员价高于OTA在线预定价格等"价格倒挂"现象;二是合约中的保留房在市场过度需求时没能被出售,导致该部分资源浪费,降低酒店整体收益。因此酒店在与OTA谈判时要分析酒店目前所处的市场竞争位置与自身资源状况,以此争取有利合理谈判条件。

(4)顾客分类——明确顾客类别。酒店所有的经营活动从头至尾都是围绕顾客展开的。在更好理解顾客搜索酒店信息的体验方面,也有很多事情是酒店人可以做到的,比如提供怎样的搜索内容、采用何种分销渠道,都是可控的。深入了解搜索的性质、特性、类别,比如根据每种搜索要求和CRS的特点,按类别,例如休闲类或商务类,家庭游或个人游或团体游等,制定出不同的价位和可用性方案。

第三节 旅游景观规划

作为旅游规划的深化,旅游景观设计既是整合"旅游区总体规划"与"旅游区详细规划"成为旅游系统整体性规划控制的有效途径,又是实现旅游规划体系走向完善和成熟的必要选择。

一、景观设计的主要原则

随着全球化趋势的不断发展,景观设计的形式与内涵也在不断地变化。景观设计的内容根据出发点的不同有很大不同,大面积的河域治理,城镇总体规划大多是从地理、生态角度出发；中等规模的主题公园设计、街道景观设计常常从规划和园林的角度出发；面积相对较小的城市广场、小区绿地，甚至住宅庭院等又是从详细规划与建筑角度出发，但无疑这些项目都涉及景观因素。接触到的，在规划及设计过程中对景观因素的考虑，分为硬景观和软景观。硬景观是指人工设施，通常包括铺装、雕塑、凉棚、座椅、灯光、果皮箱等；软景观是指人工植被、河流等仿自然景观，如喷泉、水池、抗压草皮、修剪过的树木等。

越来越多的景观设计师在设计中遵循生态的原则，这些原则表现形式是多方面的，但具体到每个设计，可能只体现了一个方面或几个方面。通常，只要一个设计或多或少地应用于这些原则，都有可能被称作"生态设计"。

（一）营造宜人氛围

景观设计是用来满足人在旅游中休闲和体验需要。景观可以充分容纳人们的各种活动，而更重要的是使处于该环境中的人感受舒适，在美好而愉快的生活中鼓励人们的博爱和进取精神。人是景观感受活动的主体，任何景观设计都应以满足人的需要为出发点，体现出对人的关怀，根据婴幼儿、青少年、成年人、老年人、残疾人的行为心理特点创造出满足其各自需要的空间，如运动场地、交往空间、无障碍通道等。时代在进步，人们的生活方式与行为方式也在随着发生变化，景观设计应适应变化的需求。

（二）尊重自然本色

自然环境是人类赖以生存和发展的基础，其地形地貌、河流湖泊、绿化植被等要素构成城市的宝贵景观资源，尊重并强化自然景观特征，使人工环境与自然环境和谐共处，有助于区域特色的创造。古代人们利用风水学说在城址选择、房屋建造、使人与自然达成"天人合一"的境界方面为我们提供了极好的参考榜样。今天在钢筋混凝土大楼林立的都市中积极组织和引入自然景观要素，不仅对达成城市生态平衡、维持城市的持续发展具有重要意义，同时以其自然的柔性特征"软化"城市的硬体空间，为景观设计注入新的生机和活力。

（三）注重节约资源

景观设计中要尽可能使用再生原料制成的材料，尽可能将场地上的材料循环使用，最大限度地发挥材料的潜力，减少生产、加工、运输材料而消耗的能源，减少施工中的废弃物，并且保留当地的文化特点。德国海尔布隆市砖瓦厂公园，充分利用了原有的砖瓦厂的废弃材料，砾石作为道路的基层或挡土墙的材料，或成为增加土壤中渗水性的添加剂，石材可以砌成挡土墙，旧铁路的铁轨作为路缘，所有这些废旧物在利用中都获得了新的表现，从而也保留了上百年的砖厂的生态和视觉的特点。

案例9-3

法国吉维尼的莫奈主题景观打造

吉维尼位于法国诺曼底大区厄尔省，距巴黎仅80公里，是一个总面积仅6.46平方公

第九章 旅游规划设计

里、人口约500人的小镇。相传1883年4月的一天,莫奈乘坐火车从维尔侬到加斯尼的途中,被烂漫花丛中的吉维尼深深吸引,当机立断举家迁居此地,一住就是43年,直至1926年去世。

与大多数名人故居相同,随着时间的流逝莫奈故居早已破败不堪,但与大多数名人故居设置展板、修建纪念馆的修复方式不同的是,吉维尼按照莫奈当时的生活场景进行原貌复原,营造出无处不在的莫奈生活气息,让游客感觉不是在参观故居而是在莫奈家中做客。莫奈的粉墙绿窗青瓦二层别墅由粗灰泥砌成,一层是莫奈的客厅与画室,由别墅原来的家具以及莫奈私人公寓中的家具修复而来,悬挂着莫奈绘画的复制品。此外还恢复了当时的生活摆设,挂上莫奈收藏的日本版画。二层是莫奈卧室的复原,悬挂着与莫奈同时期的印象派画家的绘画复制品,一切的一切,都营造出莫奈好像才出门的样子。

自然景观上,吉维尼还对莫奈亲手打造的莫奈花园进行景观复原,部分区域还采用反写生的方法(反写生与"写生"相反,即通过写生作品仿制真实场景),将莫奈花园打造至极致。修复后的莫奈花园以莫奈绘画作品中的花园景观为蓝本,游客可以在这里看到莫奈在若干年前绘制睡莲时所看到的一切,木桥、池塘、垂柳、睡莲,水波荡漾下从日出到日落,光线、色彩的万千变化。由此莫奈花园也成为众多艺术家的朝圣写生之地,聚集了众多艺术画廊,每年吸引着近50万游客前来观访。

除此之外,吉维尼还与法国国家铁路公司合作,专门打造了一列从巴黎开往吉维尼的印象派小火车,重现当年莫奈发现吉维尼的场景。下了火车,小镇入口就是一条以莫奈命名的主街,街道上有《睡莲》主题的餐厅,餐厅内还有根据史料总结而出的"莫奈套餐"。

以莫奈为主题,以莫奈绘画作品为蓝本,吉维尼以反写生手法还原、复制了莫奈生前景观,并延展出绘画体验课等一系列相关产品,使吉维尼从无人问津的平凡小镇跃升为艺术爱好者的梦想殿堂。

二、景观设计的基本要素

(一)地形地貌

地形地貌是景观设计最基本的场地和基础。这里谈的地形,是指景观绿地中地表各种起伏形状的地貌。在规则式景观中,一般表现为不同标高的地坪、层次;在自然式景观中,往往因为地形的起伏,形成平原、丘陵、山峰、盆地等地貌。在景观设计时,要充分利用原有的地形地貌,考虑生态学的观点,营造符合当地生态环境的自然景观,减少对其环境的干扰和破坏。

(二)植被设计

植被是景观设计的重要素材之一。景观设计中的素材包括草坪、灌木和各种大、小乔木等。巧妙合理地运用植被不仅可以成功营造出人们熟悉喜欢的各种空间,还可以改善住户的局部气候环境,使住户和朋友邻里在舒适愉悦的环境里完成交谈、驻足聊天、照看小孩等活动。

(三)道路设计

这里所说的道路,是指景观绿地中的道路、广场等各种铺装地坪。它是景观设计中不可缺少的构成要素，是景观的骨架、网络。景观道路的规划布置，往往反映不同的景观面貌和风格。例如，我国苏州古典园林，讲究峰回路转、曲折迂回，而西欧古典园林凡尔赛宫，讲究平面几何形状。

景观道路和多数道路不同之处，在于除了组织交通、运输，还有其景观上要求：组织游览线路，提供休憩地面。景观道路、广场的铺装、线型、色彩等本身也是景观一部分。总之，当人们到景区，沿路可以休憩观景，景观道路本身也成为观赏对象。

（四）地面铺装

地面铺装和植被设计有一个共同的地方，即交通视线诱导（包括人流、车流）。这里植被设计被再次提起，是希望大家不要忘记，无论是运用何种素材进行景观设计，首要的目的是满足设计的使用功能。地面铺装和植被设计在手法上表现为构图，但其目的是方便使用者，提高对环境的识别性。在明晰了设计的目标后，可以放心地探讨地面铺装的作用、类型和手法。

（五）水体设计

一个城市会因山而有势、因水而显灵。为表现自然，水体设计是造园最主要的因素之一。不论哪一种类型的景观，水是最富有生气的因素，无水不活。喜水是人类的天性。水体设计是景观设计的重点和难点。水的形态多样，千变万化。人们或观赏山水景物在水中的倒影，或观赏水中怡然自得的游鱼，或观赏水中芙蕖睡莲，或观赏水中皎洁的明月等。可见，自然式景观也表现水的动态美，但不是喷泉和规则式的台阶瀑布，而是自然式的瀑布。

（六）设施景观

设施景观主要指各种材质的公共艺术雕塑，或者是艺术化的公共设施如垃圾箱、座椅、公用电话、指示牌、路标等。它们作为城市中的景观的一些小元素是不太引人注意的，但是它们却又是城市生活中不可或缺的设施，是现代室外环境的一个重要组成部分，有人又称它们是"城市家具"。还有一些大的设施在人们生活中也扮演着重要角色，如运动场等。无论这些设施的大小，它们都已经越来越成为城市整体环境的一部分，也是城市景观营建中不容忽视的环节，所以又被称为"设施景观"。

三、景观设计的基本方法

景观设计是多项工程配合相互协调的综合设计，就其复杂性来讲，需要考虑交通、水电、园林、市政、建筑等各个技术领域。各种法则法规都要了解掌握，才能在具体的设计中，运用好各种景观设计要素，安排好项目中每一地块的用途，设计出符合土地使用性质的、满足客户需要的、比较适用的方案。景观设计中一般以建筑为硬件、绿化为软件，以水景为网络，以小品为节点，采用各种专业技术手段辅助实施设计方案。

（一）构思

构思是一个景观设计最重要的部分，也可以说是景观设计的最初阶段。从学科发展方面和国内外景观实践领域来看，景观设计的含义相差甚大。一般的观点都认为景观设计是关于如何合理安排和使用土地，解决土地与城市建设、经济发展、环境保护等一系列人类活动的安全与健康以及可持续发展的问题。景观设计构思包括区域和布局等宏观领域规划设计；公园和游憩规划、交通规划、校园规划设计、景观改造和修复、遗产保护等微观领域规划设计；还有社区和配套设施等保障方面的规划设计。

（二）构图

在构思的基础上就是构图的问题了。构思是构图的基础，构图始终要围绕着满足构思的所有功能。在这当中要把主要的注意力放在人和自然的关系上。中国早在步入春秋战国时代，就进入亲和协调的阶段，所以在景观设计中运用多种手段来表现自然，以求得渐入佳境、小中见大、步移景异的理想境界，以取得自然、淡泊、恬静、含蓄的艺术效果。而现代的景观设计思想也在提倡人与人、人与自然的和谐，景观设计师的目标和工作就是帮助人类，使人、建筑、社区、城市以及他们的生活，同生活的地球和谐相处。景观设计构图包括两个方面的内容，即平面构图组合和立体造型组合。

平面构图：主要是将交通道路、绿化面积、小品位置，用平面图示的形式，按比例准确地表现出来。

立体造型：整体来讲，是地块上所有实体内容的某个角度的正立面投影；从细部来讲，主要选择景物主体与背景的关系来反映，从以下的设计手法中可以体现出这层意思。

（三）对景与借景

景观设计的构景手段很多，比如讲究设计景观的目的、景观的起名、景观的立意、景观的布局、景观中的微观处理等，这里就一些在平时工作中使用很多的景观规划设计方法做一些介绍。景观设计的平面布置中，往往有一定的建筑轴线和道路轴线，在轴线尽端的不同地方，安排一些相对的、可以互相看到的景物，这种从甲观赏点观赏乙观赏点，从乙观赏点观赏甲观赏点的方法（或构景方法），就叫对景。对景往往是平面构图和立体造型的视觉中心，对整个景观设计起着主导作用。对景可以分为直接对景和间接对景。直接对景是视觉最容易发现的景，如道路尽端的亭台、花架等，一目了然；间接对景不一定在道路的轴线上或行走的路线上，其布置的位置往往有所隐蔽或偏移，给人以惊异或若隐若现之感。借景也是景观设计常用的手法。通过建筑的空间组合，或建筑本身的设计手法，将远处的景致借用过来。大到皇家园林，小至街头小品，空间都是有限的。在横向或纵向上要让人扩展视觉和联想，才可以小见大，最重要的办法便是借景。所以古人计成在《园冶》中指出，"园林巧于因借"。

（四）添景与障景

当一个景观在远方，或自然的山，或人为的建筑，如没有其他景观在中间、近处作过渡，就会显得虚空而没有层次；如果在中间、近处有小品或乔木作中间、近处的过渡景，景色显得有层次美，这中间的小品和近处的乔木，便叫作添景。如当人们站在北京颐和园昆明湖南岸的垂柳下观赏万寿山远景时，万寿山因为有倒挂的柳丝作为装饰而生动起来。"佳则收之，俗则屏之"是我国古代园林设计的手法之一，在现代景观设计中，也常常采用这样的思路和手法。隔景是将好的景致收入景观中，将乱差的地方用树木、墙体遮挡起来。障景是直接采取截断行进路线或逼迫其改变方向的办法用实体来完成。

（五）引导与示意

引导的手法是多种多样的。采用的材质有水体、铺地等很多元素。如公园的水体，水流时大时小、时宽时窄，将游人引导到公园的中心。示意的手法包括明示和暗示。明示指采用文字说明的形式如路标、指示牌等小品的形式。暗示可以通过地面铺装、树木的有规律布置的形式指引方向和去处，给人以身随景移"柳暗花明又一村"的感觉。

（六）渗透和延伸

在景观设计中，景区之间并没有十分明显的界限，而是你中有我、我中有你，渐而变之，使景物融为一体。景观的延伸常引起视觉的扩展，如用铺地的方法，将墙体的材料使用到地面上，将室内的材料使用到室外，互为延伸，产生连续不断的效果。渗透和延伸经常采用草坪、铺地等的延伸、渗透，起到连接空间的作用，给人在不知不觉中景物已发生变化的感觉，在心理感受上不会"戛然而止"，给人良好的空间体验。

（七）尺度与比例

景观设计主要尺度依据在于人们在建筑外部空间的行为，人们的空间行为是确定空间尺度的主要依据。如学校的教学楼前的广场或开阔空地，尺度不宜太大，也不宜过于局促。太大了，学生或教师使用、停留会感觉过于空旷，没有氛围；过于局促会使得人们在其中觉得过于拥挤，这也是人们所不会认同的。因此，无论是广场、花园或绿地，都应该依据其功能和使用对象确定其尺度和比例。合适的尺度和比例会给人以美的感受，不合适的尺度和比例则会让人感觉不协调，特别的别扭。以人的活动为目的，确定尺度和比例才能让人感到舒适、亲切。

（八）质感与肌理

景观设计的质感与肌理主要体现在植被和铺地方面。不同的材质通过不同的手法可以表现出不同的质感与肌理效果。如花岗石的坚硬和粗糙，大理石的纹理和细腻，草坪的柔软，树木的挺拔，水体的轻盈。这些不同材料加以运用，有条理地加以变化，将使景观富有更深的内涵和趣味。

（九）节奏与韵律

节奏与韵律是景观设计中常用的手法。在景观的处理上节奏包括：铺地中材料有规律的变化，灯具、树木排列中以相同间隔的安排，花坛座椅的均匀分布等。韵律是节奏的深化。如临水栏杆设计成波浪式一起一伏很有韵律，整个台地都用弧线来装饰，不同弧线产生了向心的韵律来获得人们的赞同。

第四节　旅游线路规划设计

旅游业发展的实践证明，只有善于研究市场，规划适宜的旅游产品，才能通过产品设计占领市场、增加效益，从而掌握旅游发展的主动权。完整的旅游产品是用一条主线将若干旅游景区（点）、相应的历史文化串联起来的，这条主线可以是旅游线路，可以是产品的主体类别，也可以是不同的开发阶段，从而形成了不同旅游产品的规划模式。

一、旅游线路及类型

旅游线路是旅游产品的重要组成部分，是联结旅游者、旅游企业及相关部门、旅游目的地的重要纽带，对区域旅游开发、旅游企业的生存与发展、旅游者的旅游体验等都有重要意义。旅游线路包含了旅游目的地、旅游基础设施、旅游服务接待设施、旅游服务等。

旅游线路是在一定的地域空间内，旅游部门针对旅游目标市场，凭借旅游资源及旅游服务，遵循一定原则，为旅游者旅游活动设计，并用交通线把若干旅游目的地合理地贯通起来的路线。旅游线路具有综合性、不可贮存性、不可分割性、分权性、可替代性、脆弱性、后效性、周期性等特征。

旅游线路设计，又可称旅程设计，是根据现有旅游资源的分布状况以及整个区域旅游发展的整体布局，采用科学的方法，确定最合理的游线，使旅游者获得最丰富的旅游经历的过程。

旅游线路设计主要从两个方面来考虑，一是尽可能满足旅游者的旅游愿望，使旅游者获得最佳的游览效果；二是便于旅游活动的组织与管理。旅游线路设计是一项技术性与经验性非常强的工作，其意义是便于旅游者有目的地选择、安排旅游活动，有计划地支配旅游费用，避免"漫游"，有利于发挥各旅游点的功能和便于旅游服务部门组织接待等。

目前，关于旅游线路的类型并没有统一的分类。根据旅游者在旅游过程中的位移距离、所涉及的时间及空间范围、运动轨迹和组织形式、线路组织设计者的思路及线路本身的用途等因素，可以将旅游线路划分为多种不同的类型。

（1）按旅游线路的距离，可分为短程旅游线、中程旅游线、远程旅游线。

（2）按旅游线路的全程计算旅游时间，可分为一日旅游线、二日旅游线、三日旅游线和多日旅游线。

（3）按旅游线路的性质，可分为普通观光旅游线和专题旅游线。

（4）按旅游线路对游客吸引范围的大小，可分为国际旅游线、国家级旅游线和区内旅游线。

（5）按旅游线路的空间布局形态，可分为两点往返式旅游线、单通道式（单线贯通式）旅游线、环通道式（环形贯通式）旅游线、单枢纽式（单点轴辐式）旅游线、多枢纽式（多点轴辐式）旅游线和网络分布式旅游线。

二、旅游线路设计原则

旅游线路之所以存在多样化的区别，除了线路本身固有的一些客观存在的因素制约外，旅游线路设计者的技巧和能力作为关键因素之一也有很大影响。旅游线路设计要遵循科学性的原则，从而才能设计出吸引旅游者的科学合理化线路。

（一）市场需求原则

根据旅游者的需求特点，结合不同时期的时尚和潮流，设计出适合市场需求的旅游线路产品，并能够创造性地引导游客消费。人均 GDP 超过 1 000 美元时，进入大众旅游阶段，国内观光旅游为主导。人均 GDP 超过 3 000 美元时，开始国际旅游。经济发达地区，人们从观光旅游向度假旅游过渡。年轻人则偏爱富有冒险和刺激的旅游活动。

（二）满足游览原则

旅游者是旅游活动的主体。旅游者的出游决策和实施同旅游景观的吸引力达到某一最低值相对应，即当旅游成本已经确定的情况下，整个旅程带给游客的体验水准只有等于或大于某一确定水平时，游客才会成行。而随着旅游成本的增加，游客体验水平的增加只有等于或高于旅游成本增加速度时，游客对旅游线路才会有满意的评价。

（三）避免重复原则

旅游线路应是由一些旅游依托地和尽可能多的、不同性质的旅游点组成，关键是景点与依托地之间的关系，如果旅游点与依托地在一天以上行程时，没有必要返回依托地过夜，而是就近住宿，形成环形旅游支线。相反，可以返回依托地住宿，形成放射形旅游支线。

（四）丰富多彩原则

各个旅游要素的类型很多，不要出现"天天吃面条"的现象。旅游线路涉及的各项内容，如旅游景区（点）、旅游活动项目、餐饮、住宿、交通、服务，可以组合成多种类型的旅游线路以供市场选择。不同等级的旅游点和旅游服务接待设施，可以组合成不同档次的线路供游客选择，以适应不同经济水平的旅游者的需要。注意旅游景区及其活动内容的多样化。

（五）时间合理原则

旅游线路对旅游者而言在时间上是从旅游者接受旅游经营者的服务开始，到完成旅游活动、脱离旅游经营者的服务为止。旅游线路上各项活动内容的时间和间距是否合理，直接影响到旅游线路的质量。尽量缩短交通运行时间，正点，准时，保证游客的休息和对环境熟悉的过程。上午最好安排景物比较丰富的景区，这是因为人在上午的精力最为充沛；下午则"饭饱神虚"，午饭后两小时则又开始兴奋。

（六）主题突出原则

主题突出可以使得旅游线路充满魅力和生命力。尤其是个性化旅游的需求推动旅游走向主题化。而特色则依靠的是性质或形式有内在联系的旅游点串联起来，并在旅游交通、食宿、服务、娱乐、购物等方面选择与之相适应的形式，使旅游六大要素能够与此相适应。就一条观光旅游线路来说，应尽量安排丰富多彩的游览项目，在有限的时间里让游客更多地参观和领略当地最具代表的风景名胜和民俗风情。例如：丝绸之路旅游线，西安—敦煌—吐鲁番，观赏丝路风光，体验历史歌舞，品尝地方名菜，感受民族精粹等。

（七）机动灵活原则

旅游过程牵涉面广，即使做了最充分的准备，意外情况仍难以避免。如遇到突发灾害改变旅行计划，或由于某些缘故临时变更部分旅行安排。因此，在旅游线路设计时，日程安排不宜过于紧张，应该有一定的回旋余地，在执行过程中要灵活掌握，允许局部变通。

（八）旅途安全原则

在旅游线路设计中，应遵循"安全第一"的原则，安全是最重要的基本需求。因此，必须重视旅游景区（点）、旅游项目的安全性，把游客的安全放在首要地位。高标准地对待旅游工作的每一个环节，对容易危及旅游者人身安全的重点部门、地段、项目，提出相应的安全要求并采取必要措施，消除各种隐患，尽量避免旅游安全事故的发生。

三、旅游线路设计方法

从旅游发展看，单体旅游产品对游客的吸引力相对较低，因而需要对分散的产品进行统一规划、有机组合，形成旅游线路，这就要求地区之间进行分工协作，打造互补性旅游产品。根据旅游产品在交通网络中的关系以及游客的需要，旅游线路是由一系列景点、设施和服务组成的旅游产品的具体体现。

（一）根据不同时间规划旅游线路

这是比较传统的旅游线路规划设计模式，可以按照"×日游"到"一日游"的时间段，并结合旅游产品主题和交通方式安排，设计出相应的旅游线路。同一个旅游地，不同季节的旅游资源景观、气候条件差异较大，据此，可以规划设计出不同的旅游线路。比如，我国东北地区，夏季以森林观光为主要旅游线路，而冬季主推滑雪度假旅游线路。我国属于季风性气候，除海南等地区外，绝大多数地区四季分明，在不同季节需要设计出不同的特色产品及其对应的旅游线路。

（二）根据不同区位规划设计旅游线路

第一，跨行政区域的旅游线路规划设计。就是一种把旅游地周边的国内旅游线路或者附近的国际旅游线路进行通盘考虑的旅游线路组织方式，目的是把自身的旅游精品融入国际或国内的长线旅游产品当中。对于比较大的旅游地，可以结合旅游集散地位置、交通网络结构等因素，按照东线游、西线游、北线游、南线游等方向，结合旅游线路的主题、交通、工具选择等规划设计出相应的旅游线路。

第二，旅游地旅游线路规划设计。根据旅游地的规划任务，在区域线路背景下，可以把旅游线路规划设计限定在旅游规划地范围之内，依托交通网络，设计出旅游规划地主体的旅游产品。在一个特定的旅游规划地内部，不同功能区的主题是不同的，可以根据不同的主题，规划不同的旅游线路。

第三，相对独立景区的旅游线路规划设计。规划地各个相对独立的核心景区需要有更加细致的线路规划设计。例如，对于一个山岳型景区，根据主入口、出口的开向和前山、后山的景观特色，依托游步道或者游览车等基础设施，可以规划设计出不同的旅游线路。

（三）根据不同特色规划设计旅游线路

根据旅游产品的类型或者客源市场、旅游目的等，可以规划设计出诸如自然文化观光旅游线路、休闲度假旅游线路、宗教文化旅游线路、农业观光旅游线路、名人古迹特色旅游线路，这是发挥旅游规划师能力、开拓特色旅游市场的主要体现，具有极大的发展空间。

四、旅游线路设计过程

（一）旅游线路设计的基本内容

旅游线路设计需考虑四类因子：旅游资源（旅游价值）、与旅游可达性密切相关的基础设施、旅游专用设施和旅游成本因子（费用、时间或距离）。旅游线路是构成旅游产品的主体，包括景点、参观项目、饭店、交通、餐饮、购物和娱乐活动等多种要素，如图9-7所示。

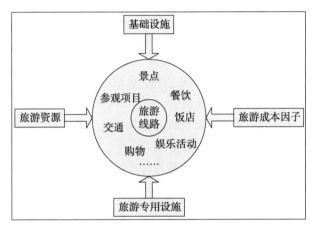

图9-7　旅游线路规划内容

1. 了解旅游客流方向

根据可利用的旅游资源条件和旅游市场的需求，确定游客的主要流向和分布特征，并在此基础上安排各项旅游线路，从而最大限度满足游客的需求。

2. 确定旅游线路性质

旅游线路是由若干旅游线段组成的连续体。每一旅游线段所承担的功能常常有很大的差异。确定各线段的性质，是旅游线路规划中的重要工作。按旅游功能和规划建设的特征的差异，各旅游线段可分为以下三类："旅线"，即以旅行为主要功能的旅游线，一般要求方便、舒适、快捷；"游线"，即以游览为主的旅游线，一般要求步行（人车分流）、驻足、提供最佳视点视域等功能；"游旅结合线"，即边旅边游，一般要求特色交通工具（如竹排、游船、马车、雪橇等）。在整条旅游线路设计中，要注意"游线"与"旅线"的比例，即要控制"游旅比"或称"行游比"。

3. 选择旅游线路节点

节点是指不同性质旅游线段的连接处。它是游客旅游方式的切换点，常常也是不同游客群体的游线分叉点。对于节点位置的确定，旅游线路的设计一般要求有节点地带要有方便的交通，如停车场、交通换乘中心；在转换节点处有各级别的住宿餐饮等服务设施等。

4. 组合旅游组织形式

旅游线路有多种组织形式，但主要的结构有环型、全程型和辐射型结构。实际设计工作中，应以这三种基本型为基础，按不同的地域条件组合成多种方式。

5. 安排旅游逗留时间

各旅游群体要求在一定的时间内完成旅游活动，而各旅游区所能吸引游客逗留的客观条件有所不同，因此旅游线路组织规划应根据具体条件，合理安排一日游、二日游、七日游等不同时间的旅游线路。

（二）旅游线路设计的基本过程

旅游线路的设计大致可分为以下四个阶段。

第一阶段：确定目标市场的成本因子，它在总体上决定了旅游线路的性质和类型。这是在充分掌握市场信息的前提下作出的判断。

第二阶段：根据游客的类型和期望确定组成线路内容的旅游资源基本空间格局，旅游资源的对应旅游价值必须用量化的指标表示出来。

第三阶段：结合前两个步骤的背景材料对相关的旅游基础设施和专用设施（住宿等）进行分析，设计出若干可以选择的线路方案。

第四阶段：选择最优的旅游线路，一般是在设计几条线路中进行比较分析，从中选出最佳的线路，如图9-8所示。

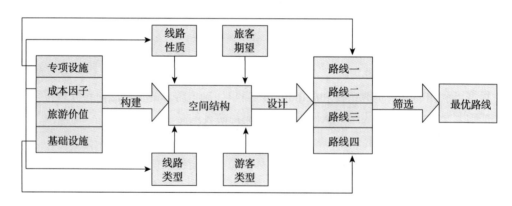

图9-8 选择最优旅游线路流程

第五节　旅游基础设施和服务设施规划

一、基础设施规划

旅游区基础设施规划包括给水、排水、电力、电信、环卫、防灾等内容。旅游区基础设施建设与城市基础设施建设的最大区别就是在施工过程中要重视旅游区域原有格局和整体风貌。旅游区域的资源保护与历史文化风貌保护给市政工程设施和配套建设带来异常复杂的影响，要根据实际情况和条件，采取灵活的特殊处理方法，做到既维护旅游区的风貌特征又便于今后维修，不可顾此失彼，造成新的问题。

（一）基础设施规划的要求

基础设施建设规划是旅游区域内重要的工程项目，涉及旅游区域的发展潜力。旅游区不同于城市区域，基础设施规划相对较为复杂，并且应与区域内资源保护相和谐。因此，旅游区域的基础设施建设应满足以下要求。

（1）符合旅游区生态环境与历史风貌的保护、利用、管理的要求。

（2）同旅游区域内的资源特征相协调，不损坏文物建筑、文化景观和风景环境。

（3）要确定合理的配套工程、发展目标和布局，并进行综合协调。

（4）对需要安排的各项工程设施的选址和布局提出控制性建设的要求。

（5）进行专项论证，并进行旅游区承载容量分析和空间环境敏感性分析，提交环境影响评估报告。

基础设施改造工程应遵循"宜隐不宜显"的规划布局，尽可能避免造成景观与布局基础建设不和谐的视觉污染。

（二）给排水规划

1. 给水规划

旅游区给水工程系统由取水工程、净水工程、输配水工程组成。

取水工程包括水源（含地表水、地下水）、取水口、取水构筑物、提升原水的一级泵站以及输送管等设施，还应包括在特殊情况下为蓄、引旅游区水源所筑的水闸、堤坝等设施。取水工程的功能是将原水取、送到旅游区净水工程，为旅游区提供足够的水源。

净水工程包括自来水厂、清水库、输送净水的二级泵站等设施。净水工程的功能是将原水净化处理成符合用水水质标准的净水，并加压输入供水管网。

输配水工程包括从净水工程输入供配水管网的输水管道、共配水管网以及调节水量、水压的高压水池、水塔、清水增压泵站等设施。输配水工程的功能是将水保质、保量、稳压地输送至用户。

2. 排水工程系统的构成与功能

旅游区排水工程系统由雨水排放工程、污水处理与排放工程组成。

雨水排放工程包括雨水管渠、雨水收集口、雨水检查井、雨水提升泵站、排涝泵站、雨水排放口等设施，还应包括为确保旅游区雨水排放所建的闸、堤坝等设施。雨水排放工程的功能是及时收集与排放雨水等降水，抗御洪水和潮汛侵袭，避免和迅速排出旅游区渍水。

污水处理与排放工程包括污水处理厂（站）、污水管道、污水检查井、污水提升泵站、污水排放口等设施。污水处理与排放工程的功能是收集与处理旅游区各种生活污水，综合利用、妥善排放处理后的污水，控制与治理旅游区水污染，保护旅游区域的水环境质量。

3. 给排水设施的布局要求

旅游区的给排水设施的主要服务对象是游客,因此,主要布局在游客相对聚集的服务接待功能的区域内;对一些旅游景区内必须建设的供小型接待用的给排水设施,应因地制宜地规划建设,采用就近取水和就近利用环保处理站设施处理生活污水的做法,将基础设施的建设影响控制在最小范围内;对于那些距离城市较近,或者原本就在城区内的旅游区,其给排水设施可利用原城市规划的给排水设施系统,将污水处理系统纳入城市污水处理系统。

(三)电力电信规划

1. 电力规划

旅游区供电工程系统由电源工程和输配电网络组成。

旅游区电源工程主要有电厂和区域变电所(站)等电源设施。旅游区区域变电所(站)是区域电网上供给旅游区电源所接入的变电所(站)。区域变电所(站)通常是大于或等于 110 kV 电压的高电压变电所(站)或超高压变电所(站)。旅游区电源工程具有从区域电网上获取电源、为旅游区提供电源的功能。

输配电网络工程由输送电网与配电网组成。旅游区输送电网含有旅游区变电所(站)接入的输送电线路等设施。旅游区配电网由高压和低压配电网等组成。高压配电网的电压等级为 1 kV~10 kV,含有变电所(站)开关站、1 kV~10 kV 高压配电线路。高压配电网具有为低压配电网变、配电源,以及直接为高压电户送电等功能。高压配电线通常采用直埋电缆、管道电缆等敷设方式。低压配电网电压等级为 220 kV~1000 kV,含低配电所、开关站、低压电力线路等设施,具有直接为用户供电功能。

2. 通信工程系统规划

旅游区通信工程系统由邮政、电信、广播电视以及互联网四个分系统组成。

1)邮政系统

邮政系统通常有邮政局(所)、邮政通信枢纽、报刊门市部、邮票门市部、邮亭等设施。邮政局(所)经营邮件传递、报刊发行、电报及邮政储蓄等业务。邮政通信枢纽收发、分拣各种邮件。邮政系统具有快递、安全传递各类邮件、报刊及电报等功能。

2)电信系统

电信系统从通信方式上分为有线电通信和无线电通信两部分,无线电通信有微波通信、移动电话、无线寻呼等。电信系统由电信局(所、站)工程和电信网工程组成。电信局(所、站)工程有长途电话亭、市话局(含各级交换中心、汇接局、端局等)、微波站、移动电话基站、无线寻呼台以及无线电收发台等设施。电信局(所、站)具有各种电信量的收发、交换、中继等功能。电信网工程包括电信光缆、电信电缆、光接点、电话接线箱等设施,具有传送电信信息流的功能。

3)广播电视系统

广播系统包含广播台(站)工程和广播线路工程。广播台(站)工程有无线广播台、有线广播台、广播节目制作中心等设施。广播线路工程主要有有线广播的光缆、电缆以及光电管道等。广播台（站）工程的功能是制作播放广播节目。广播线路工程的功能是向听众传递广播信息。电视系统有无线电视和有线电视（含闭路电视）两种方式。电视系统由电视台（站）工程和线路工程组成。电视台（站）工程有无线电视台、电视节目制作中心、电视转播台、电视差转台以及有线电视台等设施。线路工程主要有有线电视及闭路电视的光缆、电缆管道、光接点等设施。

4）互联网系统

互联网系统是网络与网络之间所串连成的庞大网络，这些网络以一组通用的协议相连，形成逻辑上的单一巨大国际网络。这种将计算机网络互相连接在一起的方法可称作"网络互联"，在这基础上发展出覆盖全世界的全球性互联网络称互联网，即是互相连接一起的网络。互联网并不等同万维网，万维网只是一建基于超文本相互链接而成的全球性系统，且是互联网所能提供的服务其中之一。当前，随着元宇宙和ChatGPT概念的出现，互联网系统对智慧旅游的影响也进入了新时代。

案例9-4

智慧旅游与景区疫情防控

智慧旅游又称为智能旅游，其利用云计算、物联网等新技术，通过互联网，借助便携终端上网设备，主动感知并及时发布旅游资源、旅游经济、旅游活动、旅游者等方面的信息，可便于游客安排和调整工作与旅游计划，从而达到对各类旅游信息的智能感知、方便利用的效果。

智慧旅游的本质是旅游信息服务，它可以通过多种技术（物联网、云计算、人工智能等）、多种渠道（网站、社交媒体、智能终端、LED屏等）、各种表现形式（文字、图片、音频、视频等）为游客、企业、旅游管理者提供具有价值的旅游信息集合。尽管技术多样、形式丰富，但其最终的本质是旅游信息服务。先进的信息技术使提供旅游信息服务的能力和手段增强，是智慧旅游提供泛在化服务的基础。利用智慧旅游获取的旅游信息使得旅游体验更精彩，旅游管理与服务更集约、更科学。

2020年"五一"期间，为严格防控新冠肺炎疫情，山东青岛崂山风景区利用景区（图9-9）智慧管理平台，提前谋划，合理配置旅游资源，实现对游客量的精准管理。

为防止游客聚集，借助景区智慧化平台，崂山风景区通过大数据平台实时监测各游览区的预约数量、景区日接待量、瞬时承载量等对客流趋势进行预判，快速形成调控决策，保持游客流量平稳。根据游览区分布和游客游览习惯划分为4条不同线路，根据每条路线最大承载量和保持最佳旅游舒适度综合测算，为每个时间段配置合理预约数量。此外，通过智慧卡口、GPS车辆流向定位分析、车载监控、智能广播等实时监测，及时调度、合理分流。

崂山风景区全面推进无接触"一证（码）通"无障碍旅游，并开通微信公众号、网站、微信小程序、二维码分销等官方多种售票渠道，并与携程等OTA平台进行票务数据实时交换，取消游客二次换票的中间环节，将"一证（码）通"在崂山风景区真正落实应用下来。还对景区内86台检票闸机进行升级改造，安装人脸识别双目摄像头，真正实现了无感无接触验票，极大提升了游客的旅游体验。

图 9-9　崂山远眺

（四）环境卫生工程系统

旅游区环境卫生工程系统有垃圾填埋场、垃圾收集场、垃圾转运场、车辆清洗场、环卫车辆场、公共厕所以及环境卫生管理设施。旅游区环境卫生工程系统的功能是收集与处理旅游区各种废弃物，综合利用，清洁、净化旅游区环境。

旅游区固体废弃物主要指服务区与居民区的日常生活废弃垃圾。因此，在旅游社区与服务区应建立固体垃圾收集站与转运站，在景区有游客通道的地区设置垃圾箱，定期将垃圾收集到转运站，通过车辆转运到垃圾填埋场。旅游景区（点）公共厕所的卫生条件，可反映一个旅游区管理的整体水平。因此，旅游区应充分重视厕所的卫生问题，建立旅游区厕所卫生体系，从景区到服务区，凡是游客聚集之节点地区，都应该设置洁净的公共厕所。当前，全国各地的旅游区都纷纷提出建立卫生景区的措施，这对我国旅游区的文明建设起到了促进作用。建立卫生景区（点）还需要一支环卫管理队伍，及时地清理景区固体垃圾、宣传环境卫生及其相关管理条例。

（五）防灾规划

旅游区防灾工程系统规划的主要任务是：根据旅游区自然环境、灾害区划和旅游区地位，确定各项防灾指标，合理确定各项防灾设施的等级、规模；科学布局各项防灾措施；充分考虑防灾设施与旅游区常用设施的有机结合，制定防灾设施的统筹建设、综合利用、防护管理等对策与措施。

旅游区救灾生命线系统由旅游区急救中心、各景区救护中心和救护通信及救护车辆等设施组成。旅游区救灾生命线系统的功能是在发生各种游览灾害或游客生命受到安全威胁时，提供医疗救护、转送医院以及安全救护等物质条件，预警报警，保障旅游者在旅游过程中的生命安全。

二、服务设施规划

服务设施是旅游区规划的重要内容之一。食、住、行、游、购、娱六大旅游要素，所表达的就是旅游服务接待的能力。旅游者来旅游区观光游览、休闲度假，主要受三大吸引力引导，其一是旅游区域内有吸引游客的旅游资源或是旅游产品；其二是有通达的交通设施及其便捷的交通条件；其三是旅游区有留得住游客的接待设施。只有三者同时具备的旅游区，才能发生旅游行为，或者说真正地吸引住中远距离的游客。因此，旅游服务接待设施的建设是旅游地留住游客的关键因素。

（一）服务接待设施现状分析

客观地分析旅游地服务接待设施现状是科学地规划旅游服务接待设施的基础。具体包括：①现有宾馆的分布、档次、入住率（包括淡旺季入住率）、员工素质（包括学历层次、培训情况等）；②现有餐馆的分布、用餐周转率、中餐和晚餐用餐比例、本地居民与外地游客用餐比例、职工素质（包括学历层次、培训情况等）；③旅行社分布情况、国际社与国内社比例、出游数与接团比例、员工素质（包括学历层次、培训情况及高、中、低三级导游比例）；④娱乐设施分布情况（包括音乐厅、影剧院、文化馆等）；⑤体育休闲设施分布（包括健身房、保龄球馆、台球房、棋牌馆等）；⑥休闲设施分布（包括茶馆、酒吧、咖啡馆、氧吧、陶吧等）。

（二）服务接待设施布局及其平衡

1. 宾馆、饭店规划

1）床位数计算方法

床位预测量公式：$E=NPL/TK$

式中，N 为年旅游规模（万人次）；P 为住宿游人百分比；L 为平均住宿天数；T 为全年可游天数；K 为床位平均利用率。

2）餐位数预测

餐位的规划主要以宾馆床位数作为参考基础依据。一般而言，就餐者主要为住宿客人，因此餐位数可用下列公式计算：

餐位预测量：$C=EK/T$

式中，E 为床位数；T 为平均每餐位接待人数；K 为床位平均利用率。

以上预测仅测算到了住宿者，但实际情况却有不住宿的一日游旅游者，同样需要就餐，因此可在餐位预测数量的基础上加上一日游的游人用餐数即可。

3）宾馆、饭店的等级分布

旅游区内，各功能分区由于旅游特色的不同及其环境状态各异，所设置的饭店数及其档次可以各不相同。饭店的布局应该首先集中安排在服务接待区范围内，尤其是高档次的饭店，应优先安排在服务接待区，使旅游区的服务接待功能区形成接待规模和接待档次，为尽快形成旅游集散中心奠定基础。

旅游服务接待设施按食、宿接待规模和档次，可分为旅游接待中心和接待点两大类。

服务接待点再按其档次、规模分为三个等级见表9-5。

从表9-5中可以判断出，旅游接待中心开发建设力度较大，是个高开发区的概念；一级服务点次之，虽有住宿接待点，却没有高级宾馆与饭店；二、三级服务点开发量很小，没有住宿，餐饮点的规模也是恰到好处。因此，食、宿规划一定要与旅游区的功能分区配套。对于那些不宜设置接待点的生态旅游区域，严禁布置服务接待点。

表9-5 宾馆、饭店设施配置表

设施类型	设施项目	三级服务点	二级服务点	一级服务点	旅游接待中心	备注
住宿	简易旅宿点	×	▲	▲	▲	包括野营点、公用卫生间
	一般旅馆	×	△	▲	▲	汽车旅馆、招待所
	中级旅馆	×	×	▲	▲	一星级酒店
	高级旅馆	×	×	△	▲	二、三星级酒店
	豪华旅馆	×	×	△	▲	四、五星级酒店
饮食	冷饮食点	▲	▲	▲	▲	饮料、乳品、面包、糕点、糖果
	热饮食点	△	▲	▲	▲	包括快餐、小吃、野餐烧烤点
	一般餐厅	×	△	▲	▲	饭馆、饭铺、食堂
	中级餐厅	×	×	△	▲	有停车位饭店
	高级餐厅	×	×	△	▲	有停车位饭店

注：禁止设置×；可以设置△；应该设置▲。

2. 休闲、娱乐与购物设施规划

旅游过程中，除了观光游览、食宿生活外，还伴有休闲娱乐与购物活动。SHOPPING MALL通常几倍于百货商城，占地面积大，建筑面积大，停车面积大。SHOPPING MALL首先是集休闲、购物、餐饮、娱乐、文化、旅游等多功能服务于一体的一站式大型商业地产项目。SHOPPING MALL中宽阔的多格局空间提供了极好的公众展示及商务活动功能，而因建筑独特往往成为城市标志性建筑，又因内部功能齐全、服务项目多样性、环境美学价值高，而成为观光游览地。按国际惯例，商业地产项目属于长期投资，为统一经营和管理，国外企业一般对商业物业拥有95%的持有率，只租不售是商业地产的主流经营模式。另外由于商业业态存在多样性，不同业态在选址和物业结构等方面的要求各不相同，所以一般采取先招商，再根据商家对物业结构的不同要求进行建设，即"订单式开发"。这就要求开发商在建设初期，不仅要注重商圈物业供需和商业地产项目开发的要件管理，更要注意商圈属性和满足长期消费需求的资源利用规划，尽可能减少开发风险。因此，在服务设施规划中应考虑游客的休闲娱乐需求及其购物需求。见表9-6。

在上述的这些需求中，购物需求是旅游者与旅游经营者都非常关注的内容。旅游者想通过购物商场获得喜爱的旅游商品，既获得旅游消费的满足，又可获得旅游地的纪念品。同样，旅游经营商希望通过商场推销旅游纪念品与土特产商品，以获得经营的利润。在这个问题上，专家与地方政府的官员各自持不同的观点。因此，商场面积及其位置的选择，往往是旅游服务区规划中各家争论的焦点。

我们认为，旅游商品经营是繁荣旅游区的重要内容。规划应该高度重视，但是旅游商品街却不一定是单独设置，应与旅游饭店、管理中心形成集核，形成旅游区人工建设中又一处亮点，成为旅游者来观光游览、休闲度假的一处消费场所。

表 9-6　购物、休闲娱乐设施配置表

设施类型	设施项目	三级服务点	二级服务点	一级服务点	旅游接待中心	备注
购物	购物小卖部、商亭	▲	▲	▲	▲	
	商摊集市圩场	×	△	△	▲	集散中心、场地固定
	商店	×	×	△	▲	包括商业买卖街、步行街
	银行、金融	×	×	△	△	储蓄所、银行
	大型综合商场	×	×	×	△	
娱乐	娱乐文博展览	×	×	△	▲	图书、博物、科技、展览馆等
	艺术表演	×	×	△	▲	影剧院、音乐厅、表演场
	游戏娱乐	×	×	△	△	歌舞厅、俱乐部、活动中心
	体育娱乐	×	×	△	△	室内外各类体育运动健身场地
	其他游娱文体	×	×	△	△	
休闲	沐浴场所	×	×	△	▲	剧本杀、桑拿、足浴
	酒吧场所	×	×	△	▲	茶坊、咖啡屋、酒吧
	休闲吧	×	×	×	△	氧吧、陶吧

注：禁止设置×；可以设置△；应该设置▲。

（三）服务接待设施的建筑风格

服务接待设施的建筑风格，是旅游区规划建设中的难点之一，且观点各异、很难统一。对于建筑风格，由于各地区环境不一，其风格也无须完全统一，对于全国来说，正是因为各地特色性才具有了旅游的吸引力。

建筑风格是旅游区服务设施建筑设计的要点。何为因地制宜？如何因地制宜？我们认为，旅游区服务设施建筑风格的因地制宜，主要体现在顺应自然、延续文脉和突出时代风貌这三个方面，这就要求建筑设计时原创设计。

建筑体量同样是建筑设计的重要内容。由于现代建筑手法的先进性，地理环境条件、植被生态条件等都让位于建筑设计，为迎合大体量建筑的经济效益，逢山劈山，遇河填河，见林砍树，一切为平整建筑用地而让路。完工后的建筑突兀而环境退化，地理机理不复存在，完全没有了地域环境的整体风貌，只有建筑矗立。

旅游区服务接待设施建筑体量的因地制宜，其前提就是设计师要到现场审时度势、量体裁衣，按照地块的实际尺寸，设计服务建筑，使建筑融入环境、融入自然。

本 章 小 结

旅游规划是一套法定的规范程序，是对目的地或景区长期发展的综合平衡、战略指引与保护控制，从而使其实现有序发展的目标。旅游规划是一个宽泛的概念，其内在蕴含了具体旅游发展中涉及各个部分，大体上可以包括旅游项目规划设计、旅游市场营销规划、旅游景观规划、旅游线路规划设计、旅游区（点）的情景规划与项目体验设计、旅游基础设施和服务设施规划。针对每一类具体的规划由于规划的资源不同，最终所要实现的目的也各有差异，因此存在着不同的原则、方法等。

复习思考题

1. 简述旅游项目的设计所遵循的原则。
2. 比较旅游市场营销广告策划和渠道策划。
3. 简述旅游线路的设计方法。
4. 简述如何平衡服务接待设施布局。

即 测 即 练

自学自测　扫描此码

第十章 旅游规划与开发新视角

 学习要点及目标

1. 熟悉旅游目的地形象策划。
2. 了解休闲与养生旅游开发模式。
3. 掌握体验旅游开发模式、文化创意旅游开发模式。
4. 熟悉黑色旅游开发相关概念内容。
5. 分析网红旅游的发展现状与前景。

第一节 旅游目的地形象策划

"形象"使旅游者产生一种追求感,进而驱动旅游者前往。国外的旅游研究表明,旅游目的地形象是吸引旅游者最关键的因素之一。如今在激烈的市场竞争中,形象塑造已经成为旅游目的地占领高点的"秘密武器"。因此,要使旅游目的地可持续发展,保持旺盛的生命力,关键是要树立与维持旅游目的地在旅游者心目中的良好形象。

一、旅游目的地形象的含义及特征

(一)旅游目的地形象的含义

旅游目的地的组织作为一种经济组织,需要树立自己的形象,以取得更好的经济效益、社会效益和环境效益。树立旅游目的地形象是旅游目的地战略管理的重要内容。那么,什么是旅游目的地形象呢?

劳森(Lawson)和曼纽尔·鲍德-博拉(Manuel Baud-Bovy)把旅游目的地形象定义为一个人所有知识、印象、偏见和感情思维的表达,或者团体的特定目标。国内学者黄震方将旅游目的地形象定义为旅游者对旅游目的地的了解和体验后所产生的印象的总和。从形象感知要素的角度看,旅游目的地形象是旅游者对旅游目的地的旅游资源、服务产品与项目、管理体制与水平、设施体系、交往经历与态度等的综合感知。

旅游目的地形象是旅游目的地的各种要素资源通过各种传播形式作用于旅游者,并在旅游者心中形成的综合印象。它是双向的意念系统,从旅游目的地层面来讲,旅游目的地形象是旅游目的地对本身的各种要素资源进行整合提炼、有选择性地对旅游者进行传播的意念要素,是旅游目的地进行对外宣传的代表性形象。从旅游者层面来看,旅游目的地形象是旅游者通过各种传播媒介或实地经历获得了旅游目的地各种要素资源后,形成的意念要素的集合,它是旅游目的地的客观形象在旅游者心中的反映。具体地看,旅游目的地形象有图 10-1 所示的两层含义。

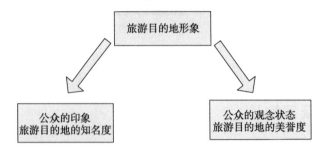

图 10-1　旅游目的地形象的层次

（1）旅游目的地形象是对旅游目的地特征和状况抽象化认识和反映的结果，这种结果就是公众的印象。旅游目的地组织通过自身的活动将旅游目的地特征、资源、文化等信息传递给公众，使公众产生对旅游目的地的印象，这种印象就是旅游目的地的知名度。

（2）旅游目的地形象又是一种和评价相联系的观念状态，这种观念状态就是公众对旅游目的地的态度和舆论状况。这也是旅游目的地美誉度的体现，公众对旅游目的地评价的高低、美誉度的高低，直接决定了他们的旅游消费。

（二）旅游目的地形象的特征

从旅游目的地形象的含义知道旅游目的地形象是物质活动和精神活动的统一，它具有形象的一般特点。但旅游产品的特殊性使得旅游目的地形象也具有区别于一般形象的特殊性，旅游目的地形象的具有独特性。如图 10-2 所示。

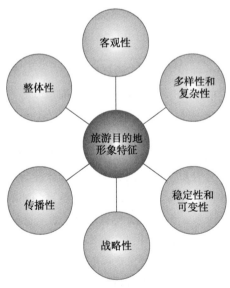

图 10-2　旅游目的地形象特征

1. 客观性

旅游目的地的社会存在决定了旅游目的地的形象。尽管人们可以通过各种方法主动塑造一个旅游目的地的形象，但绝不能离开旅游目的地的现状随意杜撰。如果离开了旅游目的地的经营管理活动及由此产生的外在表现，是不能构筑一个可以被人认知、信赖和引起人们好感的旅游目的地形象的。要有良好的旅游目的地形象，要有实事求是的态度，任何脱离旅游目的地存在客观性的形象设计都不能解决旅游目的地的实际问题。

2. 整体性

旅游目的地形象是由内外各种要素构成的统一体。内在的要素包括旅游目的地文化、资源特征、员工素质、管理理念、旅游产品质量、工艺技术、营销艺术等；外在的构成要素包括公众的认知、信赖和好感。在结构上，二者密切相关，且二者内部各要素之间也相互联系，由此构成了一个内涵丰富、有机联系的整体，即旅游目的地形象。

3. 多彩性

旅游目的地形象是由人去塑造并被人感知的，而人总是受到不同的思维方式、不同的认识能力、不同的文化背景及不同的价值观、审美观等的局限，这就造就了旅游目的地形象的多彩性。旅游目的地为塑造自身形象而进行的不懈努力，有时很容易被人们接纳，有时则会受到抵制。以什么标准衡量旅游目的地的形象好坏，往往因人因时因地而异。即使是最优秀的形象规划大师，也不能保证他所策划的旅游目的地形象一定是成功的，因为人的思维是最难以控制的。然而，成功的旅游目的地形象必须具备一个条件，那就是被社会所承认。

4. 可变性

旅游目的地形象一旦形成，虽然在一定的时间内不易在人们心目中淡化，因为形象是一种经验积累和理性认识的过程，具有一定的稳定性，但是，这种稳定性只能是相对的。人们的思维、认识是客观世界的反映，随着外部环境的变化和内部环境的变化，人们思维中的旅游目的地形象也会发生变化，或越变越好，或越变越差。总之，形象的设定是相对的，变化是绝对的。这就要求旅游目的地形象根据环境的变化和人们心理的变化而不断进行创新。

5. 传播性

旅游目的地形象可以借助各种渠道和手段得以传播成功。这种传播往往是跨地区甚至是跨国界的。其借助手段包括人际沟通、大众传媒沟通等。因此广泛的传播性是旅游目的地形象的又一重要特征。在现实生活中信息的传播主要以消费者为对象，而消费者往往不会主动收集生产者的信息。旅游目的地形象大都是在广泛的传播过程中形成的，离开了广泛而有效的传播，旅游目的地形象这一无形资产就不能及时获得应有的回报。

6. 战略性

如上所述，旅游目的地形象不是一成不变的，而是要在保持相对稳定的前提下发展、变化的。旅游目的地形象的发展目的是提高旅游目的地的经济效益、社会效益和环境效益，我们把实现这一目的的过程概括为旅游目的地形象战略。纵观世界上成功的旅游目的地，无不是以战略的眼光塑造和发展旅游目的地形象的。在旅游目的地的经营活动中可以有很多种战略，如竞争战略、差异化战略、信息开发战略、环境应变战略等，但是，旅游目的地形象战略无疑是一种总揽全局的总体性战略。在激烈的市场竞争下，任何一个旅游目的地想要取得良好的发展就必须借助于旅游目的地形象战略，没有旅游目的地整体形象战略，旅游目的地的发展就会出现障碍。

二、旅游目的地形象策划

旅游目的地形象是一个由旅游区、旅游风景点、旅游设施各部分形象整合而成的形象体系。旅游目的地形象设计也因此要包括城市形象设计、景区形象设计、景点形象设计、旅游企业形象设计、纪念品形象设计等各方面。

旅游目的地形象设计立足于旅游目的地形象定位，对该地旅游产品进行创意、构思、规划与包装。建立旅游目的地的旅游形象识别系统（包括视觉形象、其他感官形象、行为形象和风情形象），使旅游目的地的形象深入旅游者心中，从而增强旅游产品的吸引力，增加人气和热度。因此，旅游目的地的形象设计必须围绕特定的旅游目的地，从旅游目的地的视觉形象、其他感官形象、行为形象和风情形象等多方面着手设计。

1. 视觉形象设计

视觉形象是旅游目的地旅游形象中最直观的部分，它以视觉传播感染媒体，将旅游理念、文化特质、服务内容、企业规范等抽象概念转化为具体符号，形成一定的内外感应气氛，使用一定的传播程序，把旅游产品推向社会，产生轰动效应和持续效应。旅游目的地的视觉形象设计一般包括视觉符号识别设计和视觉形象设计，具体包括以下设计要素：旅游目的地的名称、旅游目的地的标徽、旅游目的地名称的标准字体、旅游目的地的纪念品、旅游目的地的交通工具、旅游目的地的户外广告、旅游目的地的视觉形象、旅游目的地的象征性吉祥物、旅游目的地的象征人物、旅游企业的视觉形象。

2. 其他感官形象设计

1）听觉形象设计

听觉形象一般包括旅游目的地的语言、民歌、地方戏曲、背景音乐、旅游主题曲和宣传音乐等。方言不仅是抽象文化的部分，也是听觉感知的部分，具有很强的印象力，旅游者往往对地方语言很有兴趣，甚至以学会当地的一两句口语为炫耀的谈资。当地的音乐具有营造旅游气氛的特殊功能，如云南省旅游宣传中一首《远方的客人请你留下来》，生动传神地塑造了了良好的旅游形象。现代人工旅游区也逐渐认识到声音感知的意义，开始播放与环境、时间相和谐的"背景音乐"，甚至创作"主题歌或主题曲"，如深圳"青青世界"观光农园，就创作了一曲主题歌，由著名歌手那英演唱。

2）味觉形象设计

味觉是对食品的气味的感受。"吃"是旅游活动六要素中非常重要的一个方面，游客满意度的重要来源之一是食物享受的水平(对食物性价比的评价)，地方民族风味食品也是一种旅游形象塑造物，当地的特色食品和美味佳肴则会令游客终生难忘。如果旅游目的地的食物能给予游客深刻的印象，旅游者对该地的总体旅游形象的评价也会受到影响。新疆的葡萄和哈密瓜、海滨城市的海鲜食物等，这些旅游目的地都借助特色美食打造其味觉形象。

3）嗅觉形象设计

一个强调自然气息如森林气息、花香等的自然风景区、森林公园，或者独特的民俗，也能给予游客较深的印象；反之，污染水体的异味则会严重损坏旅游目的地的形象。

3. 行为形象设计

行为形象表现的是对内具有统一性和整体性，对外具有区别性的行为方式。行为形象设计主要包括政府形象设计、旅游服务形象设计和居民行为形象设计。

1）政府形象设计

政府形象是旅游目的地旅游形象的代表，主要体现在旅游景区的规划与发展方向、旅游节事活动的组织与策划、旅游市场的发展动态、旅游活动的开展、旅游政策的制定和实施等。因此，政府部门应构筑"公正、高效、廉洁、无私、务实"的政府形象。在实际工作中，要树立全局观念，善于协调各部门之间的关系，工作人员应有强烈的敬业精神，又应有较高的业务素质。

2）旅游服务形象设计

旅游服务形象是旅游目的地形象的一面旗帜。它包括旅游目的地的旅游接待服务质量和景区服务质量。旅游服务形象的核心是提高服务质量，其关键在于提高从业人员的素质，使他们的服务尽可能在游客心中留下良好的形象。地方特色的服务行为往往是建立在地方文脉的基础上的，会让游客产生新的形象感知。西双版纳之所以给游客留下深刻的印象，就在于它的少数民族风情。而"好客山东"则把山东的热情表达得更够味儿。

3）旅游目的地居民行为形象设计

旅游目的地居民的行为、生活方式、语言、服饰等都是旅游目的地形象的内容。如果游客在旅游目的地未能享受到满意服务，旅游目的地居民的热情好客可在一定程度上加以弥补。因此，旅游目的地居民形象设计要树立"人人都是旅游形象"的理念，突出地方文化特色，加强旅游目的地居民的旅游形象意识，要求他们以一种好客的姿态与游客交流，在游客面前树立友好热情的主人形象。

4. 风情形象设计

风情形象一般指旅游目的地中唯一具有并且能够成为该地形象代表的风情节目或者活动。例如，青海省有两个全国唯一的少数民族自治县——互助土族自治县和循化撒拉族自治县，在长期的历史发展过程中，它们各自形成了自己独特的文化传统、风俗习惯和生活方式。

三、旅游目的地形象的传播与推广

旅游形象设计方案的价值必须而且只有通过形象传播才能实现。旅游形象传播与推广的实质是信息的发送、传报和接收。旅游目的地形象传播主要有两种方式：一是对已经到达旅游目的地的游客的即地式传播，即通过旅游者的实地游览观光，直接感受旅游的实地形象；二是对尚未到达旅游目的地的游客的跨越式传播，即通过各类媒体广告，将旅游目的地形象系统散播出去，从而影响潜在旅游消费者对旅游目的地的感知形象。

旅游目的地形象的传播是某一旅游目的地有组织、有系统的宣传推广活动。旅游目的地形象的传播与推广的手段、渠道多种多样，要取得最佳的传播效果，就要结合运用各种媒介、手段。下面介绍几种常用的传播推广策略。

1. 形象广告策略

形象广告是国内外旅游形象传播的基本手段，可以将旅游目的地的定位口号、代表性景观制成能反映该地的美感与文化价值的广告制品，通过电影、电视、广播、报纸杂志、网络媒介的宣传与推广，向受众传达统一的品牌信息、内涵和口号。自媒体和网络媒体凭借其直观性、实时性、普及性而成为传播效果最好的形象广告载体，在现阶段普及利用。根据旅游者对旅游目的地形象的空间感知过程和规律，第一印象区、最后印象区、光环区、地标区往往是最能展现旅游目的地形象的地区，它们是形象传播效果最佳的地区和场所。

2. 公共关系策略

公共关系策略是一种协调组织与公众的关系，使组织达到所期望的形象状态和标准的方法和手段。公关活动并不需要给广告媒体付费，但可吸引媒体的关注，从而达到对外宣传的效果，因此可认为是一种低投入、高产出的传播方式。公关活动的基本策略包括制造和发布新闻，如可以借某个新景观、新成果的推出举办有影响力的公关活动及游说活动，以吸引媒体关注，达到间接宣传旅游形象的目的；也可以邀请在区内及国内主流社会上有广泛影响力的新闻媒体和旅游专栏的记者到旅游目的地访问。

3. 网络媒介策略

互联网在现代社会信息传递中发挥着不可代替的作用。网络促销具有成本低、没有时间限制、客户访问方便、面向的受众广泛等特点，成为最有效、最普及的旅游形象宣传手段。利用网络进行旅游促销，可以采用设立政府旅游网站与旅游企业网站、建立相关旅游网站或网页的链接、创办旅游电子刊物、发展旅游电子商务等方式，全面介绍旅游目的地的"吃、住、行、游、购、娱"的情况，扩大旅游目的地的知名度与美誉度。

4. 节事活动策略

旅游目的地形象传播的途径是多种多样的，节事活动是最有效的形象传播方式之一。它以举办各种盛事的庆祝活动为核心吸引力，使原来静止与固定的旅游吸引物变得生机勃勃，营造与平常迥异的、浓厚的旅游氛围，促进旅游目的地各种要素组织、协作和发展。节事活动是旅游目的地形象的动态载体，举办旅游节事活动，可以将高质量的产品、服务、娱乐、背景、人力等众多因素围绕某一主题组织和整合，集中大众媒体的传播报道，所以能在一定时期内产生轰动效应，迅速提升旅游目的地的知名度和美誉度。

旅游目的地形象策划是一项操作性很强的系统工程，从旅游目的地旅游发展动力分析，到鲜明的旅游目的地旅游形象定位，再到向目标市场的有效传播，都必须以市场为导向，以旅游目的地特色为亮点。旅游目的地形象策划的过程，就是不断发现旅游目的地特色、包装旅游目的地特色、推广旅游目的地特色、提高旅游目的地的旅游综合吸引力的过程。因此要充分认识旅游目的地形象策划在目的地旅游发展中的重要地位，提高旅游目的地旅游形象策划的科学性与实用性。

案例10-1

云南省旅游形象口号变迁

旅游目的地形象是吸引游客的重要竞争力，需要结合目的地资源特色、历史文化、发展背景、客源市场等诸多要素综合考虑。云南省作为国内的旅游大省，在旅游形象口号上经历了三个时期的变革。

中华人民共和国成立至20世纪90年代，云南依托西双版纳的自然景观、大理民俗风情等资源，推出"神奇迷人彩云南"的旅游形象宣传口号。20世纪五六十年代，随着电影《在西双版纳密林中》《五朵金花》《阿诗玛》在全国范围的热播，西双版纳无边无际的原始森林、神秘美丽的热带景观，大理城文艺静谧的苍山洱海、浪漫动人的白族风情在全国观众心中留下了深刻的烙印。改革开放后中国旅游业迅速发展，观光旅游蔚然成风，根据因电影广泛传播的云南形象，云南省将自身旅游形象定为"神奇迷人彩云南"。

20世纪90年代至21世纪初，云南省推出"七彩云南，永远的香格里拉"旅游形象宣传口号。香格里拉源于英国著名作家詹姆斯·希尔顿（James Hilton）1933年所著的小说——《消失的地平线》，是一片位于东方崇山峻岭之中的永恒平静之地，为世人所向往。20世纪40年代该著作被拍成好莱坞电影并获得多项奥斯卡奖项，国际知名度较高。以此为东风，云南省将这一阶段的旅游形象口号更为"七彩云南，永远的香格里拉"，并对外宣布香格里拉就在中国西南地区，就在美丽的彩云之南。这一旅游形象的推出，迎合了半个多世纪以来人们对东方和平美好之地——美丽的香格里拉的探寻，也突出了云南省的特色旅游资源优势。1999年，云南省抓住世界园艺博览会在昆明举办的契机，加大对"永远的香格里拉"主题旅游形象宣传推广，使其迅速享誉全球，吸引了大量海内外旅游者。2002年，云南省接待海外旅游者130万人次，旅游总收入达290亿元，位全国前列。

21世纪以来，经济水平不断发展，中国休闲度假和健康旅游崛起，云南省以此为背景，凭借独特的气候、景观、民族、文化和区位优势，推出以满足休闲度假和健康旅游为核心的旅游目的地形象——"七彩云南，旅游天堂"。

云南省根据不同时期的社会发展背景，结合自身资源特色，适时推出各有侧重的旅游形象宣传口号，"七彩云南"（图10-3）更是成为国内旅游形象口号中的经典，从战略层次提高了云南省在全球旅游市场的竞争力。

图10-3 "七彩云南"视觉形象设计

第二节 休闲养生旅游开发模式

休闲养生，是以个人的文化修养为背景，以探求和享受文化生活为目的，以获得现实生活中个人的心理满足、精神愉悦、身体健康为目标的生命活动。它涉及的范围很广，养花种草、观鸟钓鱼、养狗喂猫、饮酒品茶、化妆美容、聊天对话、旅游交际、游艺耍斗、诗词歌咏、琴棋书画、收藏集邮等都是它涵盖的对象，是人们生活中不可或缺的内容。在旅游业高速发展之下，休闲养生旅游产品已经成为当前旅游者在选择旅游产品时一个关注的重点。休闲养生最重要的就是获得放松、收获健康，因此旅游如何解读这些问题，给大众的健康休闲开辟了一条正确的路径，让大众在休闲养生中避害趋利，获得健康的知识和享受，是旅游开发的又一个重点。

一、休闲旅游开发模式

（一）休闲旅游

旅游业发展正步入产品的转型期，由传统的观光旅游逐渐转为休闲旅游，休闲旅游已呈现出国内化、家庭化、大众化、多元化、郊区化和高品位化发展态势。促进人们对休闲旅游的认识转变，并科学设计休闲旅游产品结构，注意科学规划，加强与休闲相关的各种旅游新产品的开发，加强休闲旅游与度假、观光、文化、生态等旅游的互动，完善休闲旅游产品的配套设施，准确定位休闲旅游客源的市场，走集团化发展、品牌化经营的道路，休闲旅游将大有发展。

休闲旅游在旅游的同时，还能让心灵得到放松。它与其他旅游不同之处在于，一"动"一"静"，一"行"一"居"，一"累"一"闲"，它是旅游者占据了较多的闲暇时间和可自由支配的经济收入，旅游地有了一定服务设施条件下而逐渐形成的，是旅游得以丰富发展的产物。休闲旅游，是指以旅游资源为依托，以休闲为主要目的，以旅游设施为条件，以特定的文化景观和服务项目为内容，为离开定居地而到异地逗留一定时期的游览、娱乐、观光和休息。

（二）休闲旅游的特点

与一般的外出旅游不同，休闲度假具有自己的特点。

1. 修身养性

让身心放松是度假旅游的基本要求。休闲就是要在一种"无所事事"的境界中达到积极的休息。因此，在紧张工作后到心仪的度假地度假，或游泳，或阅读，或徜徉于海滨，或踯躅于森林草原，或置身于温煦的光下，使身心完全放松。这种放松，完全有别于日常的工作节奏，是一个身心的调整。

2. 目的地重复

度假旅游具有一个显著的特点，就是游客对其认同的度假地具有持久的兴趣和稳定的忠诚度，甚至对一家自己喜欢的度假酒店也有非常稳定的忠诚度。有的游客一生中的度假地可能只有一个或少数几个地方，一个度假地一生中可能去很多次，因为度假客对度假目的地带来的熟悉感、亲切感非常在意，很关注外出度假感觉和在家里生活感觉的内在联系。因此，度假目的地就会拥有一批稳定的回头客群体，这一群体越庞大，度假地服务的针对性就越强，针对该群体提供服务的人性化程度就越高。重复地到达同一目的地这一特点意味着度假目的地在经营方面须培育和保护游客的忠诚度，努力争取每一个"头回客"，使其变为"回头客"，促进游客对该度假区的品牌忠诚度，成为该度假区的终生客人。

3. 消费能级高

从世界旅游发展规律来看，当人们在拥有满足生存需要的收入和足够的闲暇时间后，就会考虑旅游消费，观光旅游便应运而生。随着收入水平提高、闲暇时间增多、文化品位提升，休闲度假旅游在一些发达地区一些高收入人群中逐渐兴起，这种情形决定了休闲度假旅游者的消费能级的增高，且相对于观光旅游而言，在目的地停留的时间比较长，而且会产生重复消费，是很值得开发的市场。

4. 一地停留时间长

度假旅游与观光旅游的重要区别在于度假旅游对目的地的指向比较集中。与观光旅游所追求的"多走多看"的价值心态不同，休闲度假者则往往在一个地方停留较长的时间，而且消费的目的性非常明确。目前国内虽然仍以观光旅游为市场主体，但观光向休闲度假过渡的现象已经出现，休闲游的市场逐步形成。例如以前游客到海南岛，主要是观赏椰风、海韵景观，现在逐步转变为投身于椰风、海韵的情境中，并获得放松身心的享受。

5. 要求交通便捷

观光游更加关注经济成本，相比较，休闲度假游更加关心时间成本，休闲旅游交通即追求从客源地到目的地交通上的低时间成本和快捷性。因为度假旅游并不主要关心旅游交通过程中的观赏效应，更关心尽快进入休闲状态，提高度假的质量。因此度假目的地与客源地的距离不应太遥远，一般追求"点对点"的直接交通方式。如西班牙之所以成为欧洲首选的度假地，除了阳光、沙滩营销出色以外，优越的地理位置和便捷的交通也是一个重要因素。

6. 自助、半自助方式

和观光旅游的组团出行不同，休闲度假游更偏好于自助式旅游或半自助式旅游（仅通过旅行社安排机票、酒店）。在出游单位上，家庭朋友出游的比例明显增高。散客与家庭式的旅游在国际上是从20世纪70年代末、80年代初开始兴起的，目前在中国也逐步成为一个重要方式，这就对现有旅游企业的经营提出了更高的要求。

7. 层次丰富

度假游客群体的产生是在观光客群体中逐渐成熟转变的，度假游客旅游消费的进一步成熟会产生更高的文化需求，这是因为游客的体验已经不仅是到森林度假区呼吸新鲜空气，或者去温泉度假区洗温泉浴，而是更加追求度假地的文化氛围和内涵。因此，如果度假地经营能够在文化层次上满足游客的多方要求，度假地的度假文化就会逐步成熟，就会成为巩固度假客对目的地忠诚度的驱动力。

(三)休闲旅游的开发模式

在休闲趋势的引领下,近年来邮轮旅游、城市休闲综合体等新兴旅游产业模式和形态大量涌现,为旅游业注入新的活力。乡村旅游等传统旅游形式也呈现出多种业态多元发展的格局,当前景区方面的观光休闲旅游已经发展较成熟且多样化,而城市休闲及乡村休闲则成为又一受到游客青睐的焦点。

1. 城市休闲旅游的开发

城市是旅游业发展的主要载体,其在旅游活动中通常具有客源地、目的地和集散地的作用,而且也是一些旅游资源和产品、旅游基础设施的所在地。城市休闲旅游,即以城市为基础,依靠城市的特有资源和优势来发展休闲旅游,是旅游业发展的趋势。我国城市众多、分布广泛、类型多样、景观丰富,且多具有自然景观与人文景观的和谐美,既是人们领略美学艺术的集结美、赏美育美的天堂和修身养性、增进身心健康的乐园,又是人们探寻古代文明、寻访历史名人遗踪、品味城市文化、体验民族风情、获取文化熏陶和精神享受的好去处,还是人们会展休闲、商务休闲、购物休闲、探亲休闲、体育休闲、娱乐休闲、郊野休闲、文化休闲的理想地方,发展城市休闲旅游条件优越。

城市休闲旅游作为一种跨时空的游憩活动,从表面上看是一种经济活动,但从实质上看到的是一种文化活动,是一种游览性、观赏性、娱乐性的审美体验、文化熏陶和身心愉悦、享受生活的精神美感。文化个性越鲜明、主题越突出的城市休闲旅游目的地,对游客的吸引力就越大。所以,城市所特有的文化底蕴和文化风格,应主导城区休闲旅游开发的总体走向,城市所拥有的人文环境、人文遗产资源、人文资本和文化娱乐基础设施,应该成为城市休闲旅游产品开发的载体。

2. 乡村休闲旅游的开发

休闲农业旅游是20世纪80年代观光农业由单纯的观光农园向度假体验发展而产生的新型旅游模式。它是以充分开发具有旅游价值的农业资源和农产品为前提,利用农业自然资源、景观资源和农村人文资源,设计加入农业生产、农户生活、传统民俗庆典等环节,将农村体验、生态消费与观光旅游相结合的综合性旅游形态。当前旅游业发展该选择何种发展模式就成为人们关注的焦点。根据国内经济、政治及旅游业发展环境的变化,实施有限型政府主导模式,促进政府在经济转轨时期对旅游业发展管理模式的转变是我国旅游业快速、健康发展的必然要求与现实选择。

休闲农业旅游既有独特的发展优势,也存在各方面的问题。制约我国休闲旅游发展的主要障碍是假日客流集中与供给相对刚性之间的矛盾。休闲旅游产品开发水平亟待提高、品牌观念淡薄、宣传促销不够、社会条件支持系统尚未形成。

二、养生旅游开发模式

随着人口结构的老龄化与亚健康现象的日渐普遍,以及全球整体健康理念的革命性影响,人们对健康养生的需求成为继温饱需求之后的又一市场主流趋势和时代发展热点。

（一）养生旅游

在欧美国家，养生（wellness）这一新生词汇产生于 1961 年，由美国医师 Halbert Dunn 提出，将 wellbeing（幸福）和 frt-ness（健康）结合而成。Halbert Dunn 医生认为自我丰盈的满足状况为较高的养生境界。这一理念由 Ardel、Travis 等作家在有关健康的出版物中采用，Travis 强调养生的动态性，认为养生是一种状态、过程与态度，而不是静止不变的状态。对于养生的概念的剖析，Adams（2003）提出了养生的四个基本点。①养生是多维度、多空间的。②养生的研究应以保养、保健而非疾病病理为导向。③养生是平衡。④养生是相对、主观的、感知的。Puczko 和 Bachvarov 提出养生的七维空间，包括社会、身体、感情、智力、环境、精神和职业。部分学者认为，精神性是养生的核心，是介乎本我与社会自我之外的超常存在，是人与宇宙奥秘的关系。

养生是一个比较中国化的词语，把养生理念植入旅游活动之中，谓之养生旅游。养生旅游有其特定的内涵、特征。养生旅游与健康旅游、医疗旅游、生态旅游、可持续旅游关系密切。养生旅游有其特定的市场。因此，养生旅游是以养生为主要需求动机的空间移动活动所引起的各种关系和现象的总和，是一种融合了传统养生观和现代休闲观的旅游活动。它具有所有旅游活动的共性，即异地性、暂时性和综合性；它具有不同于其他旅游活动的个性——养生性，即养生为其第一目的性，特别注重传统养生观和现代休闲观的融合。

（二）养生旅游的特征

1. 旅游资源品质高

养生旅游要求高品质的自然旅游资源和优美的自然环境。养生旅游资源主要以自然旅游资源为主，如温泉、森林、乡村、山岳、草原、盆地等。养生旅游对生态环境依赖性大，这就导致了养生旅游对生态环境的敏感性强。优良的生态环境是养生旅游赖以生存的土壤，养生旅游的生态性必然要求其加强对生态环境的保护，具体体现在对养生旅游资源的保护和可持续性利用方面。可以说，作为一种生态旅游，养生旅游的生态效益明显。

2. 旅游消费能级高

养生旅游消费是一种能级较高的消费，从某种程度上来说是一种炫耀性消费，养生旅游需求量可能随着价格的升高而变大，即存在"范伯伦效应"。原因在于养生旅游消费的社会心理因素：旅游者购买炫耀性产品或服务时，被认为是得到更多的体验和享受，获得了更多的满足。当然，价格在一定限度内，养生旅游需求随价格的升高而变大，超过一定限度（在旅游者确实不能承受时），需求曲线又回归到一种正常商品的状态。如图 10-4 所示。

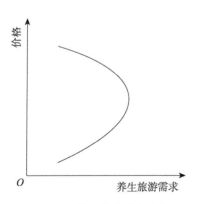

图 10-4　养生旅游需求曲线

3. 旅游体验程度高

旅游活动是寻求审美和愉悦的体验。旅游活动的食、住、行、游、购、娱，与正常工作生活可能有所区别：吃要有风味，住要有特色，行要舒适，游要美妙，娱乐要新奇，而购物是一种物化体验的手段，是旅游过程中感受的延长。养生旅游，是一种深度健康体验，通过将养生健康的旅游产品演化成某一生活方式的象征，甚至是一种身份、地位识别的标志，从而建立稳定的消费群体。

（三）养生旅游的开发模式

养生旅游集养生资源与旅游活动交叉渗透，实现融合，以一种新型业态形式的出现，满足了人们对身心健康的全方位需求，开始受到全球性关注。如今的国际养生旅游业已初具规模，在很多国家都形成了具有核心竞争力和独特卖点的产品，可谓异彩纷呈、各有特色。如中国文化养生、日本温泉养生、泰国美体养生、法国庄园养生、瑞士抗老养生、美国养老养生、韩国美容养生、阿尔卑斯高山养生等，同时也发展出不同的养生旅游开发模式。

1. 中国养生旅游竞争力——文化养生

中国的文化养生以特有的中医药养生观、道教养生观、中华茶文化和太极文化为核心思想，传承中国古老的养生文化内涵，以茶保健、温泉疗养、有机国药调理、太极养生功等为主要养生手段，结合养生旅游目的地建设，最终达到养身养心、天人合一的全方位疗养，这是我国养生旅游的独特之处和可以形成国际竞争力的有效卖点。我国真正意义上的养生旅游始于2002年海南省三亚保健康复旅游和南宁中药养生旅游，随后在四川、山东、安徽、黑龙江等省市发展迅速，于2007年演绎成为全国时尚旅游热点。传统的养生方法和养生观念都体现了对传统文化的传承，文化养生已经形成一套具有中国传统文化特色的养生旅游开发模式。

2. 日本温泉差异化战略——温泉养生

日本从北到南有2 600多座温泉，有7.5万家温泉旅馆。日本的温泉已从单纯的洗浴观光功能，演进到具有医疗功能，进而演变为一种休闲方式，各类温泉保养地因环境特性、温泉水质等发展背景的不同，衍生出许多不同类型的温泉保养地。日本的温泉不仅数量多、种类多、质量高，而且差异化明显。

日本的温泉保养地除保持原本的医疗功能外，还增设了许多娱乐设施及场所，让进行疗养的消费者能享受到更多的休闲，使其停留时间延长，进而创造出更多的附加价值。温泉养生内涵的深度与广度不光是温泉的浸泡，更是将观光游憩、医疗保养、环境生态与产业资源加以整合运用。

3. 法国田园慢生活——庄园养生

香草、香薰、香水、红酒、壁垒、塔楼、城堡、碉楼，成片的葡萄园，舒缓的河流和荫翳的乡间小路……这就是法国田园小镇的真实写照。和法国人的浪漫一样，小镇、庄园承载的不仅是浪漫，还蕴含了法国的发展历史和养生文化。在这一派惬意的田园风光中，在闲适的私人庄园内，欣赏法国中世纪辉煌的建筑遗迹、领略文艺复兴时期思想的精髓、品味葡萄酒韵味深远的意境、体验各种香氛给精神带来的无限舒缓、与庄园主人倾心交谈、感受各种园艺艺术、聆听园艺讲座，成为庄园养生之旅的新方式。

法国庄园养生是以乡村、庄园为载体，将香草种植业、香料加工业、葡萄种植业、葡萄酒酿造业、文化创意产业、养生美容业与旅游业相结合，利用植物景观种植、乡村田野空间、户外活动项目和香氛疗养资源，吸引游客前来观赏、游览、品尝、休闲、劳作、体验、参与、购物、放松精神的一种新型养生旅游形态。

4. 韩国"造美"旅游模式——美容养生

韩国有很多城市都设有"整容一条街"，在韩国，绝色人造美女比比皆是。韩国的女人从来都相信"外貌也是竞争力"，为此她们不惜一掷千金，纷纷走向手术台。据调查，80%的20岁年龄段的韩国女性愿意做整容手术，就连韩国的许多父母送给女儿的毕业礼物竟然都是整容手术，韩国也因此成为著名的整容大国。韩国首都首尔市近年启动了为"外国整容游客"联系首尔美容外科医院的工作，率先设立整容美容支援中心，积极扩大医疗旅游市场。

韩国的美容养生旅游吸收了东西方文化之精华，形成了一套完整的以全身健康为中心的服务产品体系，包括整形美容手术、全身肌肤管理、美体营养餐配置以及治疗仪器设施的研究、零售店模式开发、食品搭配和饮料选择等。消费者注重可持续的身心健康，许多人把在观光旅游的同时进行美容和身心保养作为一种生活方式。

案例10-2

康养旅游：旅游新风口

2021年6月1日，国家中医药发展与战略研究院健康产业研究中心主任、北京中医药大学教授侯胜田在博鳌亚洲论坛全球健康论坛上指出："此次疫情将在一定程度上改变人们对自身健康的认知，随着人们对康养旅游意识和出行需求的增强，康养旅游将会成为流行的生活方式。"

康养旅游，在国际上一般被称为医疗健康旅游，包括健康和疗养两个方面，是在物质条件已经满足的前提下衍生出来的精神层面的深度体验，是以旅游的形式促进游客身心健康，增强游客快乐感，达到幸福为目的的专项度假旅游。随着我国物质基础不断丰富、老龄化人口增长、高强度快节奏工作压力下亚健康人群的扩大，康养旅游在我国的市场需求不断增加。全国老龄办在中国康养产业发展论坛中指出，中国老年产业的规模到2030年将达到22万亿元，对GDP的拉动将达到8%，成为国家重要的经济支柱之一。

位于广西西北群山深处的广西巴马瑶族自治区被誉为"世界长寿之乡·中国人瑞圣地"，据第二次到第五次全国人口普查，巴马百岁以上寿星占人口的比例之高都居世界五个长寿区之首。研究发现，巴马长寿的秘诀在于有良好的生态环境，水质和土壤中富含锰、锌、铜、硒、锶、偏硅酸等人体必需的微量元素，沿岸及石山溪谷的负氧离子含量高达每平方米2万多个，是天然的"大氧吧"，置身其中有利于治疗肺气肿、高血压、气喘等老年人常见疾病。依托丰富的康养旅游资源，巴马着力打造巴马康养体验村、巴马赐福湖国际长寿养生度假小镇等品牌项目，通过"旅游+养生""旅游+体育""旅游+文化""旅游+生态"，从旅游单循环模式向开放"旅游+"转变，实现养游景区、养游线路、养游商品等综合性康养产业链的发展。

第十章 旅游规划与开发新视角

除巴马这类长寿养老综合型康养旅游形式外,以中药草本为特色的东方食养型康养旅游,以温泉、森林、湖泊为特色的生态型康养旅游,以阴阳、五行为特色的文化型康养旅游也在蓬勃发展。康养旅游作为旅游的新业态、新模式,满足了消费者对健康养生的多元化需求、对幸福高质量生活的高级追求,将成为中国乃至全球的未来旅游行业发展的潮流。

第三节　体验旅游开发模式

约瑟夫·派恩和詹姆斯·吉尔摩在共同编著的《体验经济》一书中,用生动、形象的案例对经济的未来发展趋势进行了阐述,指出经济形态经历了产品经济、商品经济、服务经济之后将步入体验经济。在体验经济形态下,所有商品、服务都将同一系列富有意义的主题、事件结合在一起走进顾客,使顾客参与其中获得一种新奇又难忘的体验,从而在心中留下深刻的印象。可以说,体验方式为产品的销售、服务的提供开辟了一个新的天地,它跳出了传统企业与顾客之间单纯买卖关系的框架。这种融入体验的方式为现在日益同质化、竞争激烈化的市场注入了活力,它适合于各行各业,尤其是像旅游业这样一个以提供服务为主的行业。

随着经济的快速发展,消费者已不再单纯满足于物质需要,而越来越注重追求丰富多彩的精神享受。体验经济正是顺应人们的这一新需求变化趋势所产生的一种新的经济形态。

一、体验旅游的含义与特点

(一)体验旅游的含义

体验旅游是社会经济高度发达的产物,代表着人类社会迄今为止最高的旅游形态。当人们去海滨旅游,是为了体验海洋的自然环境与此环境中的社会人文生活;到历史名城去旅游,是为了体验古人创造遗留下来的人文环境。因此,从这个意义上讲,不论是就形式还是就内容而言,传统的观光旅游、休闲度假旅游仅仅表现了旅游的"形",而缺乏旅游的"神"。体验旅游不仅从名称,而且从实质上凸显了旅游的本质,从而使旅游第一次"形神兼备"。

至于"体验旅游"的概念,虽然目前尚无公认的明确定义,但我们可以从旅游供给者和旅游者两个角度来理解它的含义。从旅游供给者的角度而言,体验旅游是以旅游服务为舞台,以旅游吸引物、旅游设施和旅游商品为道具,以旅游者为中心,为旅游者创造一系列难忘经历的活动。从旅游者的角度而言,体验旅游是旅游者在旅游供给者营造的环境和氛围中,获取一系列舒畅和愉悦的新鲜感受,并在内心深处留下深深"烙印"的经历。这个经历可以为旅游者的生命注入新活力,为其生活添加新色彩,为其观察开辟新角度,为其认知增加新内容。

(二)体验旅游的特点

目前尚无区分什么是体验旅游、什么不是体验旅游的确切标准,但综合近年国内外体验旅游的研究成果,认为同传统的观光旅游、休闲旅游比较,体验旅游至少在以下方面表现出不同的特点。

（1）从内容来看，体验旅游以量身定制的个性化产品和服务取代了传统的标准化产品和一般化服务。体验经济时代下，体验旅游以消费者的异质需求为出发点，根据顾客的不同偏好，提供能彰显其个性化形象的产品和服务。从线路到出游方式的设计，从报价到出游时间的确定，从旅游交通到饭店的选择，无一不反映顾客个人的兴趣和爱好。当今最流行的自助旅游、自驾车旅游、峡谷漂流、出国留学式的研学游都是个性化特征非常明显的体验旅游。

（2）从效用来看，体验旅游主要是满足消费者的社会交往、求知审美、自我实现等更高层次的需要。体验旅游以消费者的心理特征、生活方式、生活态度和行为模式为基础，设计紧扣人们精神需求的产品，使产品及服务能引起消费者的联想和共鸣，让顾客在消费过程中体验某种情感，体验自我尊重和自我完善。

（3）从体验目标来看，体验旅游重点不仅在于向旅游者提供什么样的消费"结果"，更在于让其获得什么样的消费"过程"。体验旅游不只重视向旅游者提供这样的实际效用，如可口的饭菜、奇特的景观、舒适的睡眠，更重视在何种环境中如何提供这些效用，以使消费者在消费过程中获得丰富的体验，并在消费结束后将这种体验继续留存于记忆中。以色列有一家"真假咖啡店"，店里没有任何真正的咖啡，但每天都是顾客盈门，就是因为顾客来到店里，穿戴整齐的侍者就有模有样地装作为客人倒咖啡、送糕点，所有的环节和细节都让顾客充分体验在咖啡厅里交朋友、谈天论地的温馨而又轻松的社交气氛。

（4）从设计和组织过程来看，体验旅游尤为突出消费者的参与性和供需双方的互动性。体验旅游中供给者和消费者双方通力合作，共同"编写"能让消费者产生"情感共振"的"剧本"，共同"导演"并合作完成精彩的"演出"，从而使消费者获得更大的满足感和成就感。例如，酒店中餐厅在七夕节的当天，推出"浪漫之夜"的主题活动，可让客人将自己的情侣照制作成红酒商标，自己动手制作浪漫餐食，然后情侣们一边品尝自己的作品，一边欣赏经典的爱情影片。大量参与成分和互动成分的加入，使得情侣们深刻领悟到美好爱情的真谛，双方的情感在这个融入了自己劳动和智慧的活动中进一步升华，浪漫的体验不但伴随情人节之夜，还将保留在其后的长久记忆中。

（5）从主题的展示来看，体验旅游更加注重可感知性与可理解性。体验旅游综合利用声、光、电、味及实物，从建筑、音乐、舞蹈、解说系统、艺术作品、设施、活动项目、旅游纪念品、工作人员服饰、氛围、服务程序等各个方面，全方位刺激旅游者的感觉器官和心灵，使其充分感知和理解产品所要传达的主题与内涵，从而留下难忘的经历。

二、体验旅游设计的原则

从上述可以看出，要满足体验经济时代不同于传统旅游的体验旅游需求，各类旅游景区必须加强体验旅游产品的开发设计。针对体验类旅游产品进行开发设计时，与传统旅游产品相比有其差异性，因此，体验旅游设计应该遵循以下原则。

1. 主题性原则

主题是体验的基础和灵魂，鲜明的主题能充分调动游客的感官，触动游客的心灵，使之留下深刻感受和强烈印象。按照主题性原则，应从景区的大环境到具体的服务氛围，从景物、建筑、设施设备、服务用品和旅游纪念品的外观形式，到食、住、行、游、购、娱各环节的项目内容，用一条清晰明确的主线贯串起来，全方位地展示一种文化、一种情调，使游客通过视觉、听觉、嗅觉、味觉和触觉，多层面、多角度地获得一种整体、统一的美好感受，形成难以忘怀的记忆。

2. 差异性原则

差异性要求景区在体验物设计时应力求独特，人无我有、人有我优、人优我特，时刻保持体验物与众不同的个性，不断为游客带来新鲜的旅游感受，满足其个性化和参与性的需求。差异性要求景区的环境、项目、活动与游客自己的生活环境有较大差异，要与竞争对手存在质的差异。景区体验差异化的途径有两条：一是率先进入某产品市场，即以市场先行者的身份出现，推出新产品、新项目，并不断创新；二是推出的产品项目难以复制，或有很高的进入壁垒，如技术要求、企业文化、政策限制等，使其他竞争对手无法或难以进入，从而可以保持体验的独特性和唯一性。

3. 参与性原则

参与性是加深游客体验的重要途径和措施，参与可使游客消除与景区景物之间的隔阂，增强亲切感和满足感。参与并通过互动和亲身经历，可更深入地体察自然的奥秘，了解历史文化之精神，获得更多的科学文化知识和心理满足。在整个旅游过程中，游客主要通过两种途径获得真实的景物体验，即精神参与与身体参与。如图 10-5 所示。

图 10-5　游客参与性内容

4. 挑战性原则

适度的挑战性活动才能使游客真正忘却自我，以最大限度发挥自己的潜能，追求超越心理障碍时的成就感和舒畅感，这也是近几年极限运动不断升温的原因。蹦极、漂流、滑翔、探险等极限运动多在野外进行，游客在自然环境中体味天人合一的感觉，在不断挑战自我、突破极限中感受胜利的快乐。为了使游客在挑战自我中获得最优的旅游体验，在设计体验项目时应注重对"度"的把握。挑战性太低会缺乏吸引力，游客很难获得愉悦感；挑战性太高又容易产生挫败感，影响游客的体验质量。

三、体验旅游开发模式

（一）旅游者体验中心化

关注旅游者情感需求，为旅游者量身定制旅游产品和服务。体验旅游与大众旅游的最大区别在于体验旅游关注的焦点是旅游者的需求，旅游开发设计以及为旅游者提供的服务都是倾听旅游者的需求。因此，体验旅游开发模式与大众旅游开发模式以及可持续开发旅游模式有着显著的区别：前者非常注重旅游者的感受，努力为旅游者创造一种体验。以量身定制的个性化产品和服务取代传统的标准化产品和一般性服务，为旅游者创造满意的体验，才能赢得市场。

（二）旅游体验主题化

主题是体验的基础和灵魂，鲜明的主题能充分调动游客的感官，触动旅游者的心灵，使之留下深刻感受和强烈印象。要使旅游者获得深度体验，就必须整合旅游的综合性要素，全方位地展示一种文化、一种体验情调，使旅游者从多层次、多角度地获得一种整体统一的美好感受，形成难以忘怀的记忆。构建体验主题是旅游产品开发的基础，有了主题，各体验项目的开发目的明确、层次清楚，各项目间互不冲突，并从不同方面突出和加深主题，从而使旅游留给游客强烈的印象。旅游体验主题的确立应注意三方面问题。

1. 主题创新

社会学教授马克·特迪内的《美国主题》中提出了古典文明、乡愁、都市情调等10类主题；市场营销学教授贝恩特·施密特和亚历克斯·西蒙森在《营销美学》中提出了宗教、时尚、艺术等九类主题。旅游本身就是旅游者求新求异动机的结果，体验主题必须新颖，才能抓住游客的眼球，激发他们尝试的欲望。同时，各种新颖独特的体验主题也能避免旅游产品开发中的雷同。

2. 主题挖掘

每一个自然、文化资源景区都有其不同的生态、文化价值，从区别于其他景区的价值中提炼独特的主题，达到用主题差异来吸引游客的目的。资源优势不明显的景区通过自身价值的分析，确立新颖的主题，就能突破资源贫乏的限制，通过确立独特的体验主题以获得难忘的经历。

3. 主题选择

主题是旅游产品开发的基础，它规定着旅游产品开发的方向。由于经营者管理、经营、组织等核心能力不同，主题选择必须与其能力相配合才能有效地开发。否则，一个好的体验主题也不能够保证旅游产品的良好发展。

（三）体验项目丰富多彩

1. 丰富体验类型

体验类型越多，旅游者体验经历越丰富，个性化旅游需求的满足程度就越高，旅游区对游客的吸引力就越强。根据不同的标准，旅游体验可以划分为不同的类型。按内容的不同将体验划分为娱乐、教育、遁世、美学等四种类型。要使旅游者获得难忘的体验，在旅游体验项目设计时就应力求独特，人无我有、人有我优、人优我特，时刻保持体验物与众不同的独特性与差异性，不断为旅游者带来新鲜的旅游感受，满足其个性化与参与性的体验需求。

2. 增加体验深度

参与性是加深旅游者体验的重要途径和措施，参与可使旅游者消除与旅游产品之间的隔阂，增强亲切感和满足感。如果没有参与，难以形成真正的体验。而适度的挑战性活动才能使旅游者真正忘却自我，以最大限度发挥自己的潜能，追求超越心理障碍时的成就感和舒畅感。以舟山桃花岛为例，可推出感受桃花岛体验 2 日游。将金庸先生所著《射雕英雄传》与旅游项目深度结合，使旅游者能深刻体验剧中情景，让旅游者在感受中对此留下深刻记忆。

旅游业是体验经济时代大有可为的行业，因为体验经济时代的来临为旅游业提供了比其他行业更好的发展机遇。为了顺应世界体验经济的发展趋势，满足人们日益强烈的体验需求，旅游业建设需要做更多全方面、多角度的深入研究和个性化、人性化的创新工作。如何满足现代旅游需求，设计出极具体验消费特征的旅游产品，打造旅游体验经济、发展体验旅游产业是一个重要而长期的工作。

案例10-3

旅游体验内涵之辨

旅游体验的概念内涵至今在学界没有达成统一意见，不同的学者从不同角度对旅游体验作出了不同的解读。

布斯汀（Boorstin）最早从历史学思维审视现代社会，认为旅游是一种时代的病症，旅游者实际旅行在大量的虚假事件中，将旅游体验定义为一种流行的消费行为，是大众那种做作的、刻板的体验。他甚至哀叹，那些旧式的旅游者已经没有了，而恰是这些人的旅游才是出自追寻某种真实的体验，对旅游体验持负面态度。麦肯奈尔（MacCannel）与此相反，将旅游体验置于社会学主流理论中，认为旅游体验是人们对现代生活困窘的一种积极回应，旅游者为了克服这些困窘而追求的是一种对"本真"的体验。

特纳（Turner）从人类学家视角出发提出的"朝圣模式"对于旅游体验研究具有重要的参考价值。他认为旅游者类似于朝圣者去拜谒"远方的中心"（对伊斯兰教徒而言麦加就是远方的中心），从一个熟悉之地迁移到远方，而后又回到熟悉之地。在这之间的过渡状态才使得旅游者能够得到对于生存状态或社会本质的有价值的补偿性体验。类似地，格雷本（Graburn）认为，旅游是一种特殊的世俗仪式，将旅游体验类同于宗教情境下的"神圣时段"。

部分学者认为，人们出于需要而旅游，如果需要一致或接近，那么不同的旅游者获得的旅游体验应该是类似的。但在柯恩（Cohen）看来，不同的人需要不同的体验，不同的体验对不同的旅游者和不同的社会具有不同的意义，将体验定义为个人与各种"中心"之间的关系。所谓"中心"是每个个体的精神家园，它象征着某种终极意义。柯恩的《旅游体验的现象学》可以看作"现象学"进入旅游体验研究领域的起点，后面也有很多学者研究现象学视角下的旅游体验，如在谢彦君《旅游体验研究——一种现象学的视角》的带动下，出现了一系列关于旅游体验的专门研究。

瑞恩（Ryan）认为，旅游体验是一种综合性的、多功能的休闲活动，其中包括了娱乐成分或者学习成分。普伦蒂斯和威特（Prentice and Witt）综合多家观点归纳出了研究旅游体验的五种模式：体验的等级模式、体验的"畅爽（flow）"模式、有目的的行为模式、多类型模式、局内人模式和局外人模式。

而在国内，1999年谢彦君提出旅游体验——正式确立为国内旅游学界全新的研究领域，定义旅游体验为：处于旅游世界中的旅游者在与其当下情景融合时所获得一种身心一体的畅爽感受。这种感受是旅游者的内在心理活动与旅游客体所呈现的表面形态和深刻含义相互交流或相互作用后的结果，是借助于观赏、交往、模仿和消费等活动方式实现的一个序时过程，并随后提出了"旅游场"与"旅游世界"等概念。

第四节　文化创意旅游开发模式

旅游文化是人类文化的一个分支，含有文化出于自然而又能驾驭自然的意思。所谓"旅游文化创意"，则有别于一般的旅游文化，也有别于一般文学创意的基本概念，是指作用于和主导于整个开发旅游过程中的一种特殊文化形态。通过对景区本身及周边区域的文化、历史、自然、生态、经济、河山、地貌、气候等条件进行综合分析而形成构思，并在此基础上提出一个切实可行的开发方案，也就是景区远景开发设想。

随着文化创意产业在全球范围的蓬勃兴起，文化创意旅游这一特殊的旅游发展形式引起了联合国教科文组织、世界旅游组织和欧盟旅行委员会等国际组织的关注。文化创意产业的发展为旅游需求提供了新的选择、新的机会。

一、文化创意旅游

文化是抽象的和无形的，文化表达需要创意主体，文化感受需要客观载体，文化创意旅游有效诠释事物的个性特色，固化的旅游景观本身就是文化的特色地标，而创意性的旅游节庆节事则能让人感受文化的独特脉搏。所谓文化创意旅游是一种与传统的自然山水观光旅游不同的旅游发展模式，它以文化为核心，以创意为手段，以技术为支撑，以市场为导向，创造多元化的旅游产品载体，形成产业联动效应，促进城市和区域经济的文化创意化转型。其主要特征如图10-6所示。

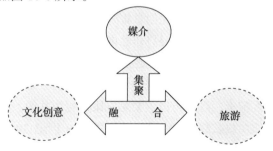

图10-6　文化创意旅游发展结构

文化创意旅游创造新差异。区域文化差异性是旅游活动产生的根本动机，文化创意旅游通过发挥创意性、运用高科技，凸显出特色文化的生动和灵动，能够有效表达城市独特的文化基因，新型的旅游载体还能够强化文化差异，甚至创造与众不同的城市文化个性。

文化创意旅游激活城市无形资源。与发展自然山水观光旅游不同，文化创意旅游能够开发利用城市的文化、历史、品牌、设计、技艺甚至符号等无形资源，一个传说、一个故事可以直接转化为旅游产品，通过旅游体验消费，感受城市无形文化的魅力，引起消费者对城市特色文化的共鸣和价值认同。

文化创意旅游跨产业联动。传统旅游是以景点为核心，以"吃、住、行、游、购、娱"为配套服务，市场导向型的文化创意旅游以人们不断变化的旅游消费需求为中心，创意性地整合城市各类特色文化资源，包括历史文化资源、商业文化资源、产业文化资源、社会文化资源等，形成跨越不同产业、不同市场、不同空间的旅游产业链，实现第一、二、三产业的联动。

二、文化创意旅游发展模式

国际上成功的文化创意旅游产业发展有多种模式，如文化创意要素如何转化为旅游资源和旅游吸引物——文化创意旅游的资源转化模式；文化资源如何拓展旅游产品和纪念品——旅游商品开发模式；文化创意如何改造传统产业和古老城市——旅游产业提升和城市功能转型模式；文化创意旅游的连锁经营——经营模式；非物质文化遗产的保护性开发模式；文化旅游品牌的打造和推广模式；文化旅游的资本市场运作模式——投融资模式等。

（一）文化创意旅游的资源转化模式

在传统粗放型的经济发展模式中，通常要消耗大量的物质资源，其发展的代价是自然资源的消耗和环境生态的恶化。因此资源环境约束和资本约束成了其发展的瓶颈。而文化创意旅游产业是以人为本的鼓励个人创造力的绿色朝阳产业。所以通过文化创意旅游能够将各种资源转化为资本经营，为经济发展开辟新的路径。

该模式基于对资源广泛性和动态性的认识，在具体实践中需要经过资源→资本→市场的多重转化。从国际上看，文化创意旅游资源拓展和资源转化模式主要经由以下两种途径。

（1）对原有文化创意旅游的挖掘，从历史的、民族的、民间的、全球的各种天文奇观中发掘出具有深厚文化内涵与底蕴的文化创意旅游资源。

①是根据现代需求重新诠释本民族经典作品内容的文化创意旅游产品。

主要通过不同的方式再现优秀的文化创意旅游作品，如以电影、音乐、多媒体、戏剧、网络等传统和现代的多种形式和渠道，再现传统历史文化创意旅游精品的内容。比如巴黎的红磨坊歌舞剧广受游客推崇，红磨坊里主要是以康康舞为基调。康康舞源于法国，原是洗衣妇、女裁缝等劳动妇女载歌载舞的一种娱乐形式。19世纪30年代，康康舞开始在蒙马特尔地区的各种舞会上流行，50年代又进军歌舞厅。康康舞以"掀裙踢腿"为最主要特征，热烈奔放。可以说红磨坊助推了康康舞这种传统的舞蹈流行至今。

②开发全球市场中的地方资源。在经济全球化的今天，文化创意旅游市场上的大量产品出现了主题、内容、风格的趋同性，导致了全球化进程中世界性文化创意旅游命题的审

美标准逐渐趋于同一性。发达国家创意产业的跨国公司，比较早地认识到了既要重视全球化的普遍文化创意旅游倾向，又要开发各种民族文化创意旅游的独特资源。

纵观国际上文化创意旅游产业的强国，美国、日本、韩国、法国、英国等国，都有着向异域扩张的强烈冲动。比如，美国是一个典型的人文历史短浅、文化创意旅游资源不算富足的国家，但却是当今世界上首屈一指的文化创意旅游产业大国。美国纽约麦哈顿的百老汇是最吸引世界各地旅游者的一个旅游目的地，百老汇诞生了很多经典的音乐剧，比如《歌剧魅影》从1986年首演至今，是舞台上的一棵常青树，它是根据法国作家盖斯东·勒鲁的同名小说改编的。百老汇红极一时的音乐剧《阿依达》灵感则来源中国"牛郎织女"的故事。

（2）完全通过开发"人脑"这个主体资源，创立一个前所未有的、富有现代气息的文化创意旅游产品。

文化创意旅游资源一般能够与现代消费观相契合，如动漫及其衍生品、韩剧及其"韩流"等，通过影响人们的观念，或培养人们的偏好，实现文化创意旅游产品的增值。

哈利·波特现象正是一个无中生有的典型例子。《哈利·波特》小说的作者从一名接受救济的贫困者一跃成为可与英国女王相匹敌的女富翁，获得经营权的美国时代华纳公司从中赚取了上百亿美元。《哈利·波特》的成功关键在于文化创意内容与现代营销和现代科技相结合，并进行产业化运作，衍生出多种系列产品，彼此间形成产业链，满足了不同层次消费者的需求。此外，英国最新公布的一项调查结果显示，那些在各种影片中出现过或是畅销小说里描绘过的地点，最近成了旅游者的"新宠"。由于"外景地爱好者"纷至沓来，最近这些地方的游客人数猛增了30%。此外，美国还正在建立和迪士尼相媲美的哈利·波特主题公园。

（二）旅游商品开发模式

因为文化具有强辐射和高渗透的特性，通过文化资源的开发可以提升旅游产品的档次，开发出新的旅游纪念品。具体来说是文化与产业的融合、文化与旅游的融合促成了旅游商品的成功开发。

1. 文化与产业融合

随着信息时代的到来，文化与产业的融合成为当今国际文化创意旅游产业发展趋势一个显著的特征。文化与产业的融合形式有文化产业化和产业文化化。

1）文化产业化

所谓文化产业化，用通俗简单的话说，就是文化走向市场，文化和产业高度融合。如今，"文化产业化"已成世界潮流。当今世界，在发达国家，文化产业已成为国民经济的支柱产业。美国文化产业的产值已占GDP总量的18%～25%，位居军事之后，是第二大产业。在美国400家最富有的公司中，有72家是文化企业，其中音像业已超过航天工业居出口贸易的第一位。

文化产业化就是发现文化的价值，以产品和服务的形式来凝聚文化，并以消费的形式来传播文化的过程。文化产业化的过程不仅有利于先进文化的传播，而且为大众生活提供了丰富多彩的文化产品和文化服务，增加了文化的造血功能，也增强了文化的自我发展能力。

2）产业文化化

产业文化化，是指现代产业发展中文化要素越来越具有举足轻重的作用。传统的产业发展模式注重有形资源和客体资源的开发和利用，在资本的构成中硬性资本占据了主要地位，驱动其发展的主导要素是自然资源、土地、资金、机器等；产业文化化则强调无形资源和主体资源的开发利用，将文化资源融入现代产业的发展过程中。

在现代产业中文化可以带来价值的增值。从消费者角度看，产品价值系统由功能价值和观念价值两部分构成。功能价值是消费者为满足基本需要而愿意给商品物理属性支付的价格部分。它由科技创造而成，是商品的物质基础。观念价值是商品中包含的能与一些社会群体的精神追求或文化崇尚产生"共鸣"的无形附加物，譬如品位、意味、风尚、情趣等。观念价值是主观的、可以体会和感受的无形附加物，因创意渗透而生，是附加的文化观念。

2. 文化与旅游相融合

由于文化具有地域性、民族性、时代性和继承性，并为一个国家和地区所独有，从而使文化因素成为旅游业发展的决定性因素。国际上旅游商品开发成功的案例无不在旅游开发中，加强对景区、景点中蕴藏的文化内涵的研究和挖掘。从现实来看，旅游与文化结合主要有以下三条途径。

（1）依托丰富的历史文化资源，经过总结、提炼和创作，把其中一些具有较高艺术价值、群众喜闻乐见的东西转化为旅游产品。

（2）依托景观特色，深入挖掘文化内涵，不断创造、运用艺术手段将旅游项目展示或表演给游客，以增强游览的娱乐性和参与性，把文化资源转化成旅游产品。

（3）通过组织节庆活动，集中展示旅游特色。

旅游产业的发展中，要把开展丰富多彩的旅游节庆活动，作为打造旅游精品、发展大旅游、开拓大市场的重头戏。在旅游黄金季节，适时举办各种不同形式的节庆活动整体向外推出，以名牌景点带动新开发景点，优势互补，开拓客源市场，从而实现做大、做强、做优旅游产业的目标。

（三）旅游产业提升和城市功能转型模式

20世纪90年代以来，旅游产业竞争日益激烈，同时，以城市为依托发展的城市旅游产业近年来发展迅速，城市越来越成为旅游的中心。城市不仅是各类旅游活动的集散地、中转站，而且具备独有的建筑、节庆、会展、文化等方面特色的城市也逐渐构成了旅游吸引物。综观世界各大金融、政治、文化中心城市，无不在旅游方面独具魅力。利用旅游产业促使城市功能的转变已经成为一大亮点，其经验主要有三点。

1. 城市旅游发展与城市规划建设相结合

西欧国家十分重视旅游产业对城市经济的拉动作用，普遍把闹市区古建筑群作为重要的文化与经济遗产，作为城市极其重要的旅游资源。通过这一巨大的旅游资源带动整个城市地区乃至整个国家的旅游业及相关服务业的发展，在传统城市的繁荣与发展中有着重要的影响。

因此，西欧城市对城市的现代建筑布局进行严格的规划，防止其对闹市区古建筑群构成威胁。普遍将现代化高层建筑规划在城市外围地区，尤其是郊区的新城镇。在西欧各城市的外围和郊区，现代高层建筑群随处可见，而在古建筑集中的闹市区却很难见到。瑞士的苏黎世、伯尔尼等闹市中心，难以见到现代高层建筑物，而其郊区城镇却出现一个个的高层建筑群。严格的规划使城市古建筑群的保护与现代建筑的兴建得以有机的统一，城市不至于因现代化的建设而失去古老的文化与经济遗产。

2. 旅游产业与相关产业间循环经济的运作

德国鲁尔工业区是欧洲最大的工业经济区域。从19世纪中叶开始，其凭借丰富的煤炭资源、离铁矿区较近、充沛的水源、便捷的水陆交通等优势，把煤、钢、机械制造等作为该区域的支柱产业，奠定了德国经济的重要基础。然而，在20世纪50年代末60年代初，鲁尔工业区步入衰落期。其主要原因一是煤炭开采成本高于同期的其他国家；二是空气污染严重。为此，如何进行鲁尔工业区的整治被提到了议事日程。

此后，通过改造煤炭、钢铁工业，促进经济结构多样化，在传统产业的基础上派生新产业，如工业文化旅游、控制污染、还原生态，走出了工业区最衰退的时期。目前，鲁尔区80%的劳动力从事旅游、商业、服务等第三产业。鲁尔区在产业转型中有效地嫁接了旅游经济，形成了广受国际关注的鲁尔模式。其特点是充分发挥鲁尔区内不同地区的区域优势，形成各具特色的优势行业，实现产业结构的多样化。此外，当地民众还充分发挥想象力和创造性，将废弃的矿井和炼钢厂改造成博物馆，将废弃的煤渣山改造成室内滑雪场，甚至还利用废弃的煤气罐、矿井等开发出了一条别具特色的旅游路线。

3. 因地制宜地突出自己的重点领域

德国鲁尔发展旅游产业不是搞面面俱到、没有重点，而是强调"有目标，有规划，重在落实"。根据区域内的资源特色因地制宜、突出特色，形成具有较强吸引力的旅游产品。文化创意产业、创意生活产业、休闲旅游，成功地将鲁尔从一个重工业污染严重的只适合生产不适合生活和居住的场所变成人们可以安居乐业的旅游型城市。如：鲁尔的关税联盟12号矿井和配套的炼焦厂在2000年12月被列为世界文化遗产。梅德里奇钢厂过去炼钢的地方现在已经完全变成一个非常有生气的休闲旅游场所。它的成功取决于德国鲁尔循环型旅游产业的发展受到机制的驱动：一是政府为捍卫公众环境而制定的旅游产业法规以及有关政策；二是政府对公共基础设施的投入，创造旅游产业开发的外围环境，吸引投资；三是旅游产业对企业的成本—效益型驱动机制；四是社会大众对更高生活质量追求而形成的消费需求驱动机制。

（四）文化创意旅游的连锁经营模式

连锁经营是流通领域一种现代经营方式和组织形式，是流通业深化改革和结构调整的主要方向之一。发展连锁经营对于实现流通产业现代化、满足居民多样化消费需求具有重要意义。而对于企业来说，连锁经营也是一种成功的经营方式。迪士尼和美国AEG演出公司等无不是以优秀的连锁经营模式来壮大发展的。对于文化创意旅游的连锁经营来说，主要有以下三条经验。

1. 精心布局

连锁企业的竞争法宝在于规模取胜，只有相应的连锁店数量才能支撑连锁企业的生存和盈利，于是很多连锁企业急于扩大自身的规模，迅速打造庞大的连锁系统，以期待提高市场占有率。其实，连锁扩张需要企业以战略的眼光和全局性的思维来对待。成功的连锁企业发展规划恰当、思虑周全，恰当掌握连锁扩张的节奏。

1955年已成为动画巨商的沃尔特又把动画片所运用的色彩、刺激、魔幻等表现手法与游乐园的功能相结合推出世界上第一个现代意义上的主题公园——洛杉矶迪士尼乐园，随后又在佛罗里达州建立了第二个主题公园。目前世界上有五个迪士尼乐园，设置大同小异，但有着共同的特征，即一切都是活动的、有声有色、有很强的参与性。迪士尼每建一个主题公园都精心布局、掌握节奏。

2. 娱乐定位

娱乐化是当今国际文化创意旅游产业发展的一大趋势。21世纪上半叶，娱乐已不再是一个特定的行业，早已经渗透进人们生活与工作的方方面面，成为任何一件事物必不可少的一个组成部分。作为提供精神产品和服务的文化创意旅游产业，其内容正呈现出娱乐化的趋势。沃尔特·迪士尼把米老鼠、唐老鸭这些品牌动画人物搬进主题公园，以新的娱乐形式给游客创造欢乐。其理念是——由游客和员工共同营造"迪士尼乐园"的欢乐氛围。

3. 满足需求

文化创意旅游产业连锁模式之所以能在激烈的竞争中迅速发展，其内因是它适应在旅游市场要求的基础上，突出创意，充分面向市场，实现了强化服务和以人为本以及满足并创造游客的需要，从而获得其他商业形式无可比拟的经济效益。

（五）非物质文化遗产的开发模式

关于非物质文化遗产内涵是有分歧的。如日、韩设计"人间国宝""人间文化财"制度（即传承人保护制度）时突出了"人的承传"，法、意则刻意在"大到教堂小到汤匙""人和房子"构成的文化空间里做整体性的文章。就目前情况而言，国际上公认比较权威的是《保护非物质文化遗产公约》的定义，非物质文化遗产指：被各社区团体、有时为个人视其为文化遗产组成部分的各种社会实践、观念表述、表现形式、知识、技能及相关的工具、实物、工艺品和文化场所。目前国际上非物质文化遗产的保护性开发模式主要集中在以下四个方面。

1. 区域旅游捆绑开发

此类开发是指以非物质文化遗产作为旅游营销的卖点和主要的旅游吸引物，即将非物质文化遗产的开发融入当地旅游业的发展框架中，各地政府借此知名度进行广泛的宣传和促销活动，尤其是与当地的旅游业发展进行绑定来发展文化和遗产旅游。这是目前国际上非物质文化遗产旅游开发的主要形式。

2. 主题公园式开发

此类开发是指以建立主题公园的形式开发非遗，主要有两种形式：一种是将世界范围内的优秀非遗集中在某一地域范围内，采取集成式开发。比较具有代表性的如英国对古堡的开发和保护值得我们学习，为了使某个古堡处于完全原始状态，古堡外围几英里的范围内不得再建任何现代建筑和有现代商业行为，来古堡探秘的游客必须预先带上几天的食品等生活必需品，游客在这里能体验到原始古朴的生活气息。另一种是以某种非物质文化遗产为依托进行主题公园式开发，如我国浙江宁波的梁祝文化公园。

3. 大型演艺开发

此类开发既可以单独作为一种开发形式，也可以融入前两种开发形式中。对非遗进行演艺开发具有得天独厚的条件，像其中的民间音乐、民间舞蹈和传统戏剧本身就包含演艺的因子，完全可以开发成综合性的大型演艺活动，而对于其他类别的非遗，则加入演艺中的音乐和舞蹈等元素进行创造性的开发。目前这类开发中比较有代表性的有非洲莫桑比克、赞比亚、纳米比亚和毛里求斯等国的土风舞，毛里求斯的塞卡舞等。这些活跃在旅游业中的歌舞表演，对保护非物质文化遗产发挥着积极作用。

4. 旅游商品开发

此类开发主要与遗产所在地的旅游纪念品开发联系在一起，通常集中在传统手工技艺和民间美术类的非物质文化遗产开发上。某种传统技艺所形成的物化成果既可以作为艺术品进行展览，也可以制作成商品进行销售。目前常见的商品开发还是通过作坊式的加工，将技艺所产生的成品直接销售给游客。除了这种针对传统技艺和民间美术的商品开发，还有作为演艺活动附属品的音像制品以及有关非物质文化遗产的印刷品等其他形式。

案例10-4

"妖怪"横行的台湾小村

溪头村位于中国台湾南投县，紧邻南投溪头森林公园，1999 年受"9·21"大地震影响，原有的蜜月度假产业受到重创，以此为主营业务的南投明山森林公馆也迅速没落。灾后重建的溪头村一直以自然风光吸引着中老年休养群体，年轻人罕至。为了重振地区经济，村长林志颖结合先前的观光产业经验，以村中流传的"妖怪传说"为文化内核，以动漫 IP 创作与衍生品开发为手段，逐步营造起了特色鲜明的文化创意乡村，吸引着大量游客尤其是年轻人的到访游玩。

传说，南投明山森林公馆的创办人、日本人松林胜一先生年轻时到森林里工作，巧遇了瘦弱的小云豹及小黑熊，松林胜一先生心生怜悯，将它们收养起来并取名为"八豆"和"枯麻"。一次深夜，松林胜一遭到鬼妖的攻击，"八豆"和"枯麻"挺身相救，与鬼怪殊死搏斗。虽然最后鬼妖落荒而逃，但"八豆"不幸身亡，而"枯麻"也受伤逃躲至深山中，不再出现。这样一个平平无奇的小故事却成为溪头村重生的突破口。溪头村以此为主题将其逐步打造为"妖怪"横行的"妖怪村"，年吸引游客量达 200 万人次。

"妖怪村"没有落俗地打造恐怖场景，而是对妖怪进行全方位"萌化"处理。确立"KUSO 搞怪萌"的个性定位，卡通化形象设计亲切可爱（图10-7），且行为低幼化，拉近了与游客之间的距离。如"枯麻"以台湾黑熊为原型，头脑简单，爱吃能睡，可能前一刻还在和你热情互动,下一秒就瘫在一旁憨憨入睡。"妖怪村"对严肃的妖怪主题加以解构,使妖怪不但不恐怖反而十分可爱,极大程度地提高了对年轻人的吸引力。

图10-7 妖怪村卡通形象设计

在活动上"妖怪村"还通过"妖界"与"人界"联欢的形式将日常性活动和重大节庆活动联合起来,营造"天天有乐,四季皆乐"的欢乐气氛,使游客沉浸其中,流连忘返。如每周一到周五都会有"妖怪出巡",周六、周日则会举办大型妖怪舞蹈秀,此外还有固定日期举办的妖怪嘉年华活动等,不断推陈出新的系列活动提高了游客的体验感与重游率。在"妖怪"遍地行走的街道上,游客还可以观赏典型的日式和风建筑、见到特色各异的小店、品尝画风奇特的美食、购买创意十足的伴手礼。

"妖怪村"的成功来自对当地特色妖怪传说文化资源的转化与运营。将文化资源的创意开发作为贯穿社区营造的主线,创意激活并重组传说文化资源,以"文化资源挖掘——文化符号化——文化产业化——文化商圈化——社区化"的乡村社区营造模式塑造文化旅游典范。

第五节 黑色旅游开发模式

黑色旅游是一种情感性的旅游,强调大众对旅游客体的价值判断和情感倾向。近年来,黑色旅游因其独特的吸引力而受到众多旅游者追捧,现已成为广义休闲旅游中的一个重要组成部分。托马斯·库克组织英国游客游览美国内战的战场、马克·吐温带领游客到克里米亚战争地塞外斯托波尔旅行、维多利亚女王时代的"陈尸所"之旅等足以反映当时黑色旅游之盛况。在我国,黑色旅游的历史也同样悠久。先秦时期黑色旅游即已初现雏形,如先秦诸子战争游说与见证伤残灾祸。随着旅游"自觉性"不断提高,黑色旅游逐步走向大众。到战场遗址、墓地陵寝、名人故居、火山地震遗迹、宗教圣地等地探访与游玩者颇多。

但由于传统伦理道德束缚,人们不愿把旅游与黑色事象联系在一起,以至于黑色旅游至今也没有得到"正名",同时造成众多价值较高的黑色旅游资源"闲置"甚至被破坏。

一、黑色旅游的界定

"黑色旅游"一词最早由 Foley and Lennon 于 1996 年提出。但作为一种旅游活动形式,黑色旅游内涵并非局限于此。黑色旅游在古代即已存在,其内容十分广泛,国外研究者们普遍使用"dark tourism"来表示相关旅游现象。

黑色旅游所涉及可变因素较多,概念和内涵较为复杂,对其准确定义比较困难。在很多方面,学者们尚未达成一致看法。黑色旅游内涵丰富,从旅游者的行为方式和活动内容看,可以将黑色旅游活动分为五类:目击执行公众法令的死亡、参观个人或大规模死亡遗址、游览纪念地或拘禁遗址、去与死亡地毫无关系的地方参观死者的遗物或象征性的纪念物以及去观赏对死亡的模拟与演绎。由于黑色旅游是一种情感性的旅游活动,因此对其类别划分也可以情感色彩为标准,即按照"黑色的强弱度"来划分类别。据此,Stone 提出了"黑色旅游谱",把黑色旅游分为从"最黑色"到"轻黑色"六类,即最黑色旅游、更黑色旅游、黑色旅游、浅黑色旅游、淡黑色旅游、轻黑色旅游。影响黑色旅游色度的因素较多,旅游产品设计价值取向、客体的时间—空间尺度、解说系统完善度及解说水平、政治影响与意识形态等都决定着黑色感知强度,即色度的轻重。如图 10-8 所示。

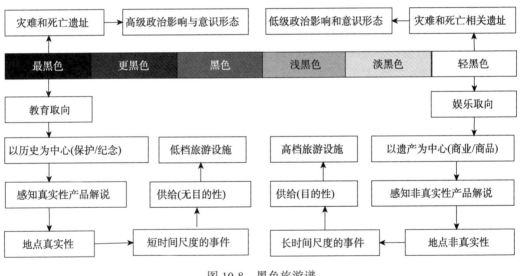

图 10-8　黑色旅游谱

二、黑色旅游特征

1. 教育题材

发展黑色旅游,旅游者在旅游过程中,通过对战争遗址的游览激发出旅游者反对战争、热爱和平的强烈愿望;通过对人为灾难性遗迹(如 9·11 遗址)的游览,使旅游者受到反恐怖主义的教育;通过对自然性灾难遗址(如巴厘岛、唐山大地震等)的游览使旅游者在感受生命无常、提醒人们珍惜现有生活的同时认识到人与自然和谐共处的重要意义;通过对公共坟墓以及世界上已经成为知名景点坟墓（金字塔、泰姬陵、秦始皇陵等）的旅游使旅游者在游览过程中认识人的死亡这一新陈代谢的自然规律，更加深刻地反思生命的意义与价值；对烈士陵园、坟墓的参观游览使旅游者在了解烈士们英雄事迹、坚强不屈的人格的同时提升个人的思想道德品质。它有助于对旅游者进行科普、维和、反战等知识的渗透，以及人生观、价值观和思想品德教育的提升。

2. 面向小众

黑色旅游从内涵上讲属于较高层次上的精神性旅游活动，从单个旅游者的成长过程来看，这类旅游活动是在旅游者拥有了丰富的旅游体验，超越了走马观花的观光旅游，追求较高层次上的精神享受时才会进行的选择，这类旅游者占据旅游市场上极其有限的市场份额。而黑色旅游追求另类旅游体验，与战争、死亡等密切相关的特点，使得旅游过程难免沉重、压抑，这与常规旅游追求愉悦的本质是相左的，因而，本来相对狭窄的旅游客源市场在面对旅游者的情趣选择时又进一步地紧缩，黑色旅游成为极具小众性的旅游产品代表形式。它的主要客源市场在于：对此类主题具有偏爱的旅游者、具有强烈好奇心和探险精神的旅游者、科研人员、学生等。

3. 主观情感

黑色旅游与战争、死亡、灾难密切相关的主题决定了一方面旅游者的情感因素势必主导着旅游前（目的地选择）、旅游中（进行旅游体验）、旅游后（获得旅游感悟）的全过程；另一方面，旅游开发商以及旅游当地居民在对黑色旅游景点进行开发利用的过程中也势必会融入自我的情感，对相关事件有选择地进行展示和保留。情感是个人或团体针对某人、某事结合个人感知所流露出来的主观意志，具有极强的主观性，从这个角度上讲，情感性与主观性是一体化的。

4. 旅游伦理

黑色旅游的主题往往容易触及历史的阴暗面，因而具有较高的敏感性，这也往往是旅游目的地居民不愿提及和展示于人的情结，这使得黑色旅游开发和维护需要充分考虑旅游伦理方面的要求。首先，要求黑色旅游开发商充分考虑旅游目的地居民的心理承受阈值，不能以商业利益为导向，一味地迎合旅游者的窥视欲；其次，要求黑色旅游者在旅游前端正旅游心态，树立良好的旅游道德，杜绝在旅游过程中流露出的优越感伤害到目的地居民的感情；最后，要求黑色旅游研究者不仅要在研究过程中对旅游目的地居民负责，而且保证其研究成果能还原历史，做到对旅游者负责、对社会负责、对历史负责。此外，黑色旅游开发主体和旅游者都要秉持尊重历史、尊重遗产的旅游态度投入旅游开发和旅游利用中，不能为了迎合时下的政治风气和社会价值观而偏离黑色旅游景点的本真，这是遵循旅游伦理的基本要求。

5. 边缘旅游

黑色旅游在中国的研究为数不多，但是即使在研究视角众多、研究领域广泛的欧美地区，黑色旅游的内涵仍未获得一致性的认识，仍存在与其他旅游研究领域相交叉现象。而将有些旅游活动界定为黑色旅游也只是从旅游景点的历史背景与黑色旅游主题一致的角度进行的分析，对旅游景点从不同的角度进行研究，对其旅游形式的界定也将不再冠之以"黑色旅游"之名。如在中国很多属于黑色旅游范畴的景点同时也被进行其他形式的旅游开发。诸如，遗产旅游、建筑旅游等。总之，黑色旅游的边缘化在于黑色旅游理论体系的不完善与不稳定，这种现象将随着黑色旅游研究的推进而得到改观。

三、黑色旅游动力系统

旅游动力机制表示旅游系统内部各构成要素之间相互联系和作用的关系及其功能。由于机制是在旅游系统内部运作和发展中发挥功能，因此也可称为旅游发展动力机制。它是由旅游系统内部的结构要素及各要素间相互作用构成的统一体。

（一）需求动力系统

游客对黑色旅游的消费体验是黑色旅游开发和发展的原动力。游客对黑色旅游的选择受各种动机的影响。这些动机会引致旅游者对黑色旅游产生情感预设和消费需求，并在条件成熟时会通过消费的形式达到体验目的，从而带动整个系统的初始化运转。在黑色旅游活动中，旅游者所扮演的角色多种多样，因而旅游需求与动机也呈现出多种表象。除了动机外，旅游者的生活环境、职业背景、受教育程度、生活阅历等因素也为黑色旅游发展提供动力，是黑色旅游需求系统中不可缺少的动力部分。因此，可以说黑色旅游需求系统就是黑色旅游发展的根本推动力。

（二）供给动力系统

黑色旅游供给动力系统在整个动力系统中发挥引力作用。主要表现在资源吸引、黑色旅游产品设计与开发、黑色旅游地形象策划与营销等方面。首先，黑色旅游资源由于其功能差异性而呈现出不同类别下转化成为旅游者所需要的黑色旅游产品，实现价值转移和符号转化，满足旅游者多样需求；其次，黑色旅游产品设计与开发是外化和凸显黑色旅游资源价值的关键措施，可以提高黑色旅游资源价值的转化率和旅游者消费率，同时还可以增加目的地经济收益，另外也可促进相关部门提供资金和技术对相关资源进行开发和保护；最后，黑色旅游地形象策划与营销是提升整个黑色旅游地综合价值的有力手段，有助于树立良好的旅游形象，加深人们对黑色旅游的正面理解，增加黑色旅游的附加值，提高旅游消费率，加速黑色旅游产品的价值转移。总之，在已有黑色旅游资源的基础上，黑色旅游产品设计开发与黑色旅游地形象策划间相互支持，共同推动黑色旅游地的整体发展。

（三）媒体动力系统

媒体动力系统是连接旅游者与旅游资源（产品）的中间环节。一方面可以引导旅游者识别黑色旅游地的资源及周围环境，使他们正确认识黑色旅游的本质和意义，并推动旅游者对资源的消费，促进资源价值转换。由于人们长期对黑色旅游持负面态度，认为这是一种不道德的行为，是一种"病态"旅游，这极大地限制了黑色旅游的推广和良性发展。旅游企业如采取正确的渠道，正面宣传黑色旅游，积极引导人们正确消费，就可有效地消除人们对黑色旅游的偏见，推动黑色旅游向大众化方向发展。另一方面，媒体动力系统能把旅游者的需求特征、消费习惯、体验评价等反馈信息及时、有效地传输给经营管理者。经营管理者再对这些反馈信息进行分析,并针对市场需求,适时调整经营管理战略,为黑色旅游的发展注入新的活力。

(四)环境动力系统

黑色旅游发展的环境动力系统是黑色旅游发展的重要保障。它由硬环境和软环境组成,主要包括社会文化环境、经济环境、政治环境、交通环境等。良好的经济环境对于黑色遗址的保护和黑色旅游开发起到支撑作用。大众的消费意识和对黑色旅游的态度尤为重要,决定着黑色旅游是否能够得到健康持续发展。如果整个社会的传统伦理道德束缚较重的话,黑色旅游的发展往往受到阻碍;反之,则发展较为顺利。因此,引导大众正确认识黑色旅游,树立科学的消费观念,营造和谐的社会文化环境尤为必要。另外,经济环境对黑色旅游的发展也较为重要。许多黑色旅游资源属于不可再生资源,需要投入大量的资金加以保护,同时黑色旅游地的基础设施建设也要求较高的经济实力支持。优越的政治环境是黑色旅游开发的重要条件。它不仅能为黑色旅游的顺利开展创造和谐稳定的社会环境,而且能规范旅游开发行为和旅游者活动。通畅的交通环境是开展旅游活动的必要条件,多功能的交通设施和多样化的交通工具可以缩短游客的旅途时间,使其有更多的时间体验和消费黑色旅游,发达的交通网对于黑色旅游地相关资源类型的整合也能起到积极的推动作用。

四、黑色旅游开发模式

黑色旅游资源的开发涉及诸多的利益主体,但是由于历史、政治等方面的原因,这些利益主体没有处在统一的约束之下,因而对于相关资源的利用,利益主体往往会做有利于自身发展的决策,在纷繁的决策导向中,旅游的可持续发展就会成为一个棘手的问题。针对黑色旅游这种特殊性的资源,在整个产品开发模式的选择过程中要更加注重相关群体的参与作用。

(一)政府参与

旅游发展成功的核心是旅游活动中各利益相关者间的伙伴关系,在大多数国家中,旅游的发展就是私营部门和公共部门耦合的结果,而公共部门介入旅游是建立在市场失灵基础上的。政府作为最大、最具代表性的公共部门,在国民经济各产业部门中都有举足轻重的作用,虽然在以往的政治经济体制改革中,一贯强调政府在市场经济中的有限作用,但是新公共管理理念以及黑色旅游开发对政府作用的肯定与彰显与此是不相违背的。黑色旅游本身具有极强的敏感性,对其开发的偏差对内可能产生情感伤害,对外可能损害区域形象。政府主导下的黑色旅游开发有利于以行政指令、制度规则为其发展创造良好的内外环境,有利于约束各利益相关者,平息利益冲突,有利于实现目的地黑色旅游良性发展。此外,在国外黑色旅游开发先例中,由于没有合理的引导机制和发展措施,导致旅游目的地商品化趋势严重,媒体引导下旅游业超前发展,从而,偏离了黑色旅游的发展目的,影响目的地的可持续发展。

（二）主客互动

黑色旅游从其内涵上讲，是一种有别于常规旅游的深度情感旅游。顾客满意度是旅游发展追求的最终目标，就是在尊重历史和现实的前提下，针对旅游者情感期望提供满足其情感需要的旅游服务。因而，为达到以上目标，黑色旅游开发应当注重以下体验机制的设计与策划：首先，为了解旅游市场信息，旅游地应建立敏锐的信息获取、分析和反馈机制。游客期望是游客满意度的参照，也是旅游地设计旅游产品的重要依据。因而，如何正确把握旅游期望就成为一个关键问题。旅游地相关部门，尤其是各黑色旅游景区（点），应建立相关信息采集与交换部门，及时了解旅游市场动态，并对其进行深入分析，了解旅游市场现状并预测需求趋势，然后将结论融入旅游产品改进和新产品设计中，有利于深化旅游情感需要，满足旅游者期望。其次，客主易位下的旅游产品设计机制建设。促使游客作为旅游资源管理主体参与到旅游产品的设计中。好奇和教育是黑色旅游的两大主要动机。增进了解、扩展知识是旅游者的重要目的，但更重要的是旅游者应摒弃个人主观意念尊重历史、尊重遗产，并加强对目的地保护。也就是说旅游者应以旅游资源管理者的身份为旅游产品开发设计进言献策，以保证实现目的地可持续发展。要使这个机制发挥作用，应加强旅游伦理道德教育。

（三）道德伦理

黑色旅游涉及战争、灾难、死亡等敏感性的话题，它在给旅游者带来另类旅游体验的同时，也容易引起当事人、相关者及旅游地所在社区的心理抵制。汶川大地震发生之后，建立地震纪念设施缅怀遇难同胞，记录地震巨大破坏性和全国军民团结一心抗震救灾事迹已成为各界共识。将汉旺钟楼建成地震永久纪念地、在北川县城废墟建立地震博物馆，建地震遗址博物馆主要意义在于为研究地质构造、预防地质灾害提供科学依据，同时纪念亡灵，警示后人。因而，黑色旅游开发合理与否关系到道德方面的问题，应注重道德伦理机制的建设。

案例10-5

"死亡工厂"奥斯维辛集中营

奥斯维辛集中营是最早的并被大众认识到的黑色旅游地。奥斯维辛是波兰南部的一个小镇，第二次世界大战期间，德国在波兰实行种族灭绝，在此处建立起了奥斯维辛集中营，用以关押其大规模逮捕的波兰人，这个原本只有4万人口的小镇因此闻名于世。

奥斯维辛集中营是一座布满铁丝网、毒气室、焚尸场和加工厂的大型"死亡工厂"，占地约40平方公里，营内共有3个主要营地和39个小型的营地，主要用于处理、开发人体，如用头发做地毯、用人皮做灯笼、用犯人身上的脂肪做肥皂，或者尸体烧完后当肥料，让人毛骨悚然。被关押在这里的人们不仅被强迫无休止地劳动，还被用于非人道的医学实验。为了屠杀更方便、快速，纳粹党将犹太人赶进毒气室，成千上万的囚犯被赤身裸体地活活毒死。

1945年1月27日，苏联红军解放奥斯维辛集中营时，只找到7650名幸存者，同时发

第十章 旅游规划与开发新视角

现 7.7 吨头发、近 1.4 万条人发毛毯、35 万件女装、4 万双男鞋、5000 双女鞋。奥斯维辛集中营解放后，前去采访的记者看到下的雪竟然是黑色的。当地居民告诉记者，是因为纳粹屠杀人数过多，尸首焚烧后骨灰飞上天，随着下雪降落下来，所以雪是黑的。据英国《卫报》报道，历史学家的最新研究结果发现，在奥斯维辛集中营存在的 4 年多期间，至少有 110 万人在这里丧生。

1947 年 4 月，为缅怀在集中营中死去的冤魂，波兰政府将奥斯维辛集中营改为殉难者纪念馆，并建立奥斯维辛-比克瑙国家博物馆（Auschwitz-Birkenau State Museum）。2002 年博物馆进行扩建，将比克瑙一号毒气室——"小红房"纳入其中。2004 年博物馆再次扩建，将"老剧院"（战争期间集中营商店所在地）及周围地区纳入其中。

该博物馆展览当年纳粹在集中营所犯下种种罪行的物证和图片，以及囚徒们在集中营进行地下斗争的各种实物和资料，其中许多被纳粹销毁的杀人证据是人们根据当年原貌重建或仿制而来。

为警示世界"要和平，不要战争"，1979 年，联合国教科文组织将奥斯维辛集中营列入世界文化遗产名录。为了见证这段历史，每年有数十万来自全球各地的各界人士前往奥斯威辛集中营遗址参观，凭吊那些被德国纳粹分子迫害致死的无辜者。

第六节　网红旅游开发模式

随着信息技术在移动终端的快速发展，人们过往的旅游观光经验已发生重要改变。人们的娱乐休闲需求愈加依赖于社交媒介所提供的信息内容。而近年来以抖音、小红书等为代表的社交软件的兴起，更是使得这种信息内容更加多元化，能够给游客提供的旅游经验也更加的丰富全面，以至于去网红目的地已然成为游客的热门之选。例如，因为抖音小视频，济南、重庆、西安纷纷登上热榜，涌现出一批网红景点，吸引大量游客前往打卡拍照。一时间，景区进入了网红时代。具有特色的目的地通过短视频或者精美文案的包装就能吸引人们的眼球，并带来大量的游客流量。网红景区背后是新一代旅游爱好者的崛起。这一群体热衷"抖音"等新生社交媒体，消费更加随性自由，也是在线旅游平台的忠实拥护者。对于这一群体而言，网红目的地的打卡已然成为一趟旅途中的必做事情。

一、网红旅游的界定

网红旅游在学术界暂时还没有一个明确的界定，网红一词最早兴起于 2015 年至 2016 年的中国互联网语境中，作为一个网络热词，其最初的含义是指"那些利用互联网平台获得名声的个体"，即网络红人。而随着"网红"文化在中国网络社会和现实社会中的进一步渗透、发展，"网红"所意指的对象已远远超出"网络红人"指代的范围。吴玮、周孟杰等学者（2019）认为，"网红城市"即"因社交媒体推动而催生的城市走红现象"，沈阳（2019）则进一步指出，"一个城市的地点，一旦经常上抖音、快手，就变成了网红地点，会带来线上流量和线下流量"。蒋晓丽（2020）对"网红目的地"概念的界定，即当下借助微博、抖音等移动媒体平台的宣传推广刺激游客参观的旅游空间的统称。"网红目的地""网红景点"

是近年来互联网所创造的一个热点词汇，暂时没有一个明确的界定标准。但是在各学者所提出的概念中，可以发现网红旅游的打造需要借助重要的媒介技术，尤其是微博、抖音、小红书等当前最流行的社交媒体。依托于社交媒体平台而产生的网红景点，同时也催生了网红旅游的发展。网红旅游是利用网络传播效应带红旅游景点的商业形式，利用小视频、直播、文案等新方式，进一步扩大景点优势，提升品牌影响力，带动区域旅游经济发展。网红旅游的产生需要契机，如何开发网红旅游，在爆火之后目的地如何维持长时间的良性持续发展是思考重点。

二、网红旅游特征

（一）个性化

不论是西安的永兴坊摔碗酒，还是重庆的洪崖洞，这些景点的爆火，都反映了游客们对模式相同的大众景点的拒绝，对个性化旅游体验的追求。网红旅游本身就是年轻一代的游客群体所创造的网络热词，而这一群体所表现出来的是追求自由、表达自我、及时享乐的个性特征。作为网红旅游的主力军，相比于传统的旅游景点，他们更偏向于个性化、独特的小众景点。因此他们更善于发现目的地中与众不同的一面，以满足自己对独一无二的旅游体验的追求。而从游客们的分享中，不难发现网红旅游在吃住行游购娱等某一方面必定具有独特性。作为网红旅游中重要的环节，能够成为网红吸引物的关键在于有属于自身的特点。例如故宫文创，以历史人物的反差萌走红，并将历史文化元素融入文创产品中，创造了颜值与价值兼备的产品。各地的网红餐厅，不计其数的网红咖啡厅、甜品店无一不是在好吃的基础上营造创意餐饮环境、供给特色餐饮、创意用餐方式、提供特色餐饮服务等，通过这些方式不仅能够在视觉上吸引游客，同时在味觉上也能满足游客。住宿场所同样能打造成网红，例如莫干山的网红民宿裸心谷、360度全方位透明的星空泡泡屋等都以其独特的创意吸引游客的目光。

（二）新奇性

新一代年轻旅游者的崛起是促进网红旅游产生的最大因素。他们发现和放大了一些城市过去被忽略的"新玩法"，新、奇、怪的特色旅游景点往往成为大众关注的热点，每一个红火的背后，都是一个个新奇的创意和体验。通过打造具有辨识度、有创意和特色的产品或项目所带来的轰动效应能够实现目的地的快速走红。具有创新性和奇特性的旅游项目，能够在短时间内吸引人们的注意，并且能够将这种注意力迅速转化为人们的打卡行为，从而成为网红项目。新奇性主要体现在探奇体验类娱乐项目，针对"求新求异"的市场需求，主要是通过声光电科技、虚拟现实等技术和高新游乐设施的整合运用，为游客提供惊险、刺激的沉浸式体验，这类项目常见于主题乐园类景区。例如网红秋千、网红摇摆桥、网红滑道等。新奇性还体现在人造景观中，例如华山的长空栈道，原本为了吸引游客而人为开发的项目，但是通过抖音的传播成为游客打卡的热门景点。有着异曲同工之妙的还有各地兴建的玻璃栈道、天空悬廊。为了给游客带来惊险刺激的感受，很多的景区都修建了玻璃桥或者玻璃悬廊，这也成为景区博取游客眼球的手段。游客们通过小红书、抖音等平台将自己的新奇体验分享到网络中，这些自发行为使大众景点变成了知名的网红景点。

（三）高颜值

高颜值已经成为网红旅游的标志性特征。游客对于目的地的判断通常是从视觉出发，具有高颜值，能够给游客贡献美丽照片的地点大概率会成为旅游的首选目的地。自然景观、艺术建筑、特色项目等，只要能够拍好美颜相片就能够成为旅游爆款。越来越多的景点会通过视觉冲击来吸引游客目光，比如采取航拍、立体拍摄等方式突出景观的颜值，以此达到视觉吸引的效果。当游客们目睹这些美丽的画面，并且拍到了既有创意又有颜值的照片时，他们会更加愿意将这些画面分享到社交平台上。例如近期火爆起来的青海"天空之境"、四川"稻城亚丁"、辽宁"稻梦空间"、张家界"盘山公路"、云南普者黑等，因为照片绝美，引无数人折腰。除了自然景观，其他的人文景观同样也能通过高颜值"出圈"。例如全国各地频出"网红公路"因为环境优美吸引游客驻足拍照，阳澄湖服务区因为独特的建筑风格变成了"中国最美的高速服务区"，漳州火山岛不仅有美丽的海岛风光，也有色彩丰富、造型奇特的建筑，吸引众多游客前来拍照打卡。高颜值、强烈的画面感是使网红旅游从众多旅游方式中脱颖而出的关键特征，单单一个画面就能够为其带来巨大的关注。

三、网红旅游开发模式

（一）特色产品/景区+文化植入

网红旅游的开发需要有特色产品和特色景区的支持，作为线下导流的端口，网红旅游的创造并不是偶然事件，它要求实际的旅游吸引物必须具备一定的吸引性、可传播性、共鸣性与趣味性。例如重庆的洪崖洞、李子坝、长江索道等目的地，现已成为重庆市的旅游标志性地点。洪崖洞是经过二次造景的景区——拥有着别具一格的"立体式空中步行街"，因为类似于动漫《千与千寻》中的场景而走红。而李子坝、长江索道则都是重庆特殊的地形所创造的奇观，也吸引了众多具有猎奇心理的游客前来打卡。这些场景无疑都具有独特性、可传播性等特点，能够在游客中引发广泛的共鸣并满足其追求趣味的需求，反之游客也会自发地对景区进行宣传与推广。除了特色产品或者特色景区，网红旅游的开发还需要文化的加持。网红旅游不仅仅只适用于景区，通过抖音小视频的带动，众多热门的旅游城市也升级为网红城市，例如长沙、重庆、西安、成都等。而这些城市都因为其独特的文化内涵而被游客们喜爱并愿意在各种社交平台上分享。以长沙为例，其酒店预订量稳居全国前十、火车出行前五大热门目的地、餐厅当日排号超 3 万桌、烟花秀灯光秀告白祖国、爱心红灯刷屏全网等，潮流文化、消费品牌在此交汇，连续 13 年获评"中国最具幸福感城市"，长沙是中国"网红"城市中当之无愧的"顶流"。长沙主要以美食文化、潮流文化、历史文化等闻名。创意的文旅活动能够让游客近距离感受长沙独特的人文气息、蓬勃生机与活力。网红旅游的开发需要有特色的文化基础作为核心内容。网红景区绝不能仅仅依靠营销与宣传，必须要让旅游产品、服务和管理都跟上，包括文化主题、景观价值、市场吸引力等，从而延长"网红"属性的存续时间。

（二）技术创新与流量吸引

网红经济是互联网时代的产物。移动互联网的技术与流量，使得景区能够在线上得到有效的传播，拥有线上导流渠道。近来，不少景区的走红，都离不开短视频平台的推动作用。因此，景区或者目的地应当把握新型且新颖的营销宣传方式。例如早期网红景区的萌芽，离不开经典影视剧、真人秀节目等的带动。其中，《三生三世十里桃花》的取景地普者黑，同时也是《爸爸去哪儿》的拍摄地，《亲爱的客栈》拍摄地泸沽湖均以其强大的影视 IP、惊人的播放量等爆红于网络，成为粉丝们的热门打卡地。而抖音、快手等短视频社交软件的出现则为这种现象的蔓延起到了推波助澜的作用，游客们在抖音、小红书上晒美照、晒视频、分享旅游攻略成为一种旅游新时尚。更进一步，网络直播成为吸引流量的重要手段，网红主播具有强大的号召力。网络直播吸取和延续了互联网的优势，利用视讯方式进行网上现场直播，可以将产品展示、背景介绍、在线培训等内容现场发布到互联网上，用户可以选择实时观看或者重播，有效延长了直播的时间和空间，发挥直播内容的最大价值。直播在各领域都有所应用，例如游戏、旅游、美食、探店等。网络直播能够为网红旅游的开发提供更大的平台与流量。移动互联网技术带来的社交变革，让信息内容更加多元化，分享成为一种潮流，这也使得景区更容易得到全方位的传播，能够借助社交平台进行营销，并有机会让更多的游客看到自己独特的一面，从而得到迅速走红的机会。

（三）强有力的线上线下运营能力

强有力的线上线下运营能力，为"网红旅游"的可持续发展，提供了良好的平台与空间，使网红旅游目的地的日常运转能够得到有效的进行。网红经济是互联网时代的产物，网红旅游的发展需要将线上的流量与线下的目的地管理结合起来。例如线上的平台账号需要有专门的运营人员，流量吸引不仅是依靠游客主动的分享行为，更需要旅游目的地自主创造，可以通过发展网红代言人，进行抖音视频拍摄、直播网红活动等形式吸引更多人关注，从而提高目的地的知名度。另外，网红目的地作为线下导流的端口，通常会迎来巨大的人流量，这对于目的地的运营管理也提出了要求，不仅要为游客提供新奇、愉悦的旅游体验，同时也要保证基础的服务设施、安全保障等，从而实现目的地的持续发展。

（四）精准的游客市场定位

网红旅游的兴起背后实际是新一代旅游爱好者的出现，他们中大多数是 90 后、00 后。这一群体是抖音、快手、微博等新型社交媒体的热衷使用者，也是在线旅游平台的忠实拥护者。相对于传统的旅行方式，新一代的旅游者更加追求个人化、新奇性、高颜值的旅游体验。网红旅游也正是这一群体所创造的新式旅游。因此，在目的地进行网红旅游开发时，应当精准把握自身的市场定位，主要以年轻一代的旅游爱好者作为目标市场，在产品开发和宣传方式选择等方面都需要迎合这一群体的喜好与习惯。

案例10-6

长沙：网红城市中的"顶流"

活色生香的夜、热辣纯粹的口味、鲜活的文化大餐、娱乐的"基因"……构成了长沙天性如火的一面。

酒店预订稳居全国前十、火车出行前五大热门目的地、餐厅当日排号超 3 万桌、地铁单日客流量突破 200 万乘次、烟花秀灯光秀告白祖国、爱心红灯刷屏全网……潮流文化、消费品牌在此交汇，连续 13 年获评"中国最具幸福感城市"，长沙是中国"网红"城市中当之无愧的"顶流"。

这座过去曾因臭豆腐和湖南卫视而深入人心的城市，如今靠着网红地标和美食，再次翻红网络。喝茶颜悦色，吃文和友龙虾，已然成了游客到长沙的必点套餐。"打"个飞机去长沙打卡，成为新时尚。《中国潮经济·2020 网红城市百强榜单》显示，长沙"网红指数"排第六。

这是一座韵味悠然的城市。3000 年历史长河中，城市文明如火一般延续不息。如果你钟情人文景观，可以去岳麓书院品千年书香，触摸钟灵毓秀文脉地；可以到橘子洲头望湘江东去，体味青年伟人壮志情；可以进省博物馆，看一看两千年前的辛追夫人；可以登天心古阁，品一品古老长沙的斑驳历史。漫步太平老街、都正街等长沙老街市，既古色古香，又潮流时尚，能摩挲历史，一眼千年。如果你紧追潮流，梅溪湖国际文化艺术中心、谢子龙影像艺术馆、李自健美术馆这样的"打卡"圣地，最好不要错过。

这是"吃货之都""不夜之城"。作为货真价实的"美食之都"，从清晨的一碗米粉，到午夜火辣辣的小龙虾；从地道的"苍蝇馆子"，到"老口子"（长沙方言，指有经验的人）才知道的口味菜馆；更别提臭豆腐、糖油粑粑、热卤、猪油拌粉、紫苏桃子姜这些美味街头小吃……对吃货来说，长沙绝不会亏待他的味蕾。解放西路酒吧街霓虹闪耀、橘子洲头烟火璀璨，长沙频频上榜中国夜经济影响力十大城市。

这是世界"媒体艺术之都""东亚文化之都"。"广电湘军"湖南卫视引领"粉丝经济"，《快乐大本营》《乘风破浪的姐姐》《我是歌手》等节目牢牢占据全国电视观众的夜间时段。新媒体营销频上热搜，"爱心红绿灯""送你一朵云烟花""粉色斑马线"刷屏城市创意，传递特有浪漫和温度。长沙天心区参拍的纪录片《守护解放西》，以时尚新潮的拍摄视角，展示核心商圈民警守护营商环境的坚守和付出，上线以后迅速蹿红，甚至引来粉丝专程到长沙"打卡"。

"中国 V 谷"马栏山。马栏山，没有"山"也没有"马"，这里正处在"浏阳河，九道弯"的第八道弯处，也是长沙市的"东大门"，相传三国时期关羽"战长沙"时曾在此屯兵养马，因而得名"马栏山"。20 世纪 90 年代末，湖南广电移师于此。经过 20 多年的深耕厚植，练就了一支"广电湘军"，"马栏山"逐渐成为湖南广电的"代名词"，也是湖南视频行业的"大本营"。在这片土地之上，"马栏山视频文创产业园"于 2017 年 12 月 20 日挂牌成立，这是湖南省最年轻的省级产业园，仅用了 3 年时间，这个当年的"城中村"就聚集起 3 000 余家朝气蓬勃的文创企业，2020 年实现营收 430 亿元，被称为"中国 V 谷"。2020 年 9 月 17 日，习近平总书记来到马栏山视频文创产业园，表示"湖南文创很有特色"，并肯定了马栏山"文化和科技融合"的模式。

马栏山传奇的背后，是长沙市政府"不做地产做文产"的坚定决心，是"广电湘军"的再次突围，更是长沙面向 5G 和创意经济时代的一次前瞻性布局。到 2025 年，园区年产值将达千亿元，到 2030 年"成功嵌入全球视频产业价值链和创新链"，产值超 3 000 亿元，成为以视频文创为特色的国际性大型文创产业园区。

超级文和友，集城市文化和街头美食的全球原创公共空间。2010 年长沙的坡子街，一张一平见方的小摊，"文和友"也就从此开始。来自市井，所以始终保留城市的烟火气，用市井文化和地方美食，构建人们之间的人情味。

时隔十年，长沙文和友、广州文和友和深圳文和友相继对外开放。去过长沙文和友的人都说，它更像是一个景点，形象地还原了 20 世纪 80 年代长沙的市井生活。粮店、百货大楼、邮筒、杂货店、理发店、澡堂等，以及裸露的红砖、粗糙的铸铁、铁皮包角的木门、转角处热气腾腾的小吃店等，用多元特色场景构建城市文化。

茶颜悦色是一家主打国风的奶茶店，已经成了长沙的超级 IP。茶颜悦色在品牌上始终围绕"国风""文化"概念做聚焦，将中式情怀贯彻到每一个细节中。奶茶包装上，中式的插图蕴含着各种各样的历史故事、历史典故、名胜古迹；茶饮名称使用的都是极具古典美的中文名称，通过传承传统文化，茶颜悦色创造了独特的市场，赢得了追捧。

本 章 小 结

旅游是一个很宽广的产业体系。尽管传统的观光旅游仍然占有重要地位，然而节假日休闲、会展、运动、商务、博彩、游乐、娱乐、修学、培训、探险、创意产业、康体疗养、房地产、餐饮、现代农业等，都已经在旅游的大结构中形成共生。面对整个旅游行业蓬勃的发展，抓住当前旅游共生体系中被人们所广泛关注或是在未来有较大发展空间的特定旅游形式是旅游规划的重点。休闲与养生游、体验游、文化创意游以及黑色旅游皆是旅游产业中当前发展的热点。此外，如今在激烈的市场竞争中，形象塑造已经成为旅游目的地占领高点的"秘密武器"。因此，要使旅游目的地可持续发展、保持旺盛的生命力，关键是要树立与维持旅游目的地在旅游者心目中的良好形象。

复习思考题

1. 简述旅游目的地形象策划涵盖的内容。
2. 比较休闲旅游与养生旅游。
3. 简述体验旅游设计的原则。
4. 简述黑色旅游的动力机制。
5. 分析网红旅游产生的原因及发展趋势。

即 测 即 练

参 考 文 献

[1] 范莉娜,李秋成,周玲强.民族旅游地居民分类与支持行为:基于文化适应理论的视角[J].浙江大学学报(人文社会科学版).2017(01).

[2] 陈兴中,方海川,汪明林.旅游资源开发与规划[M].北京:科学出版社,2005.

[3] Gunn C A,Var T. Tourism planning:Basics,concepts,cases[M]. Psychology Press,2002.

[4] 宋涛.存在反思与本体返回——西方重复美学思想刍议[J].中北大学学报(社会科学版).2017(01).

[5] 马勇,李玺.旅游规划与开发[M].北京:高等教育出版社,2002.

[6] 全华.旅游规划原理、方法与实务[M].上海:上海人民出版社,格致出版社,2011.

[7] Gunn C A. Tourism planning[M]. Taylor & Francis,1988.

[8] 李瑞,王义民.旅游资源规划与开发[M].郑州:郑州大学出版社,2002.

[9] 冯学钢,吴文智,于秋阳.旅游规划[M].上海:华东师范大学出版社,2011.

[10] 王婵娟.旅游场域下管理效率增进研究——以贵州民族旅游村寨为例[J].海峡科技与产业.2015(10).

[11] 国家旅游局和中国科学院地理研究所制定的《中国旅游资源普查规范(试行稿)》

[12] 吴海棠.论旅游资源的保护与可持续发展[J].当代经济,2011(10).

[13] 朱赟,叶新才.非物质文化遗产旅游开发适宜性评价研究[J].旅游论坛.2015(02).

[14] 用情境化体验化模式,打造"红色瑞金"——国际竞标第一名:http://www.lwcj.com/JDAL00005_1.tm

[15] 魏敏.旅游规划:理论·实践·方法[M].大连:东北财经大学出版社,2010.

[16] Alaeddinoglu F,Can A S. Identification and classification of nature based tourism resources:Western Lake Van basin,Turkey[J]. Procedia Social and Behavioral Sciences,2011(19).

[17] 吴国清.旅游资源开发与管理[M].上海:上海人民出版社,2010.

[18] 马耀峰.旅游资源与开发[M].天津:南开大学出版社,2005.

[19] Teye V,Sirakaya E,F S nmez S. Residents attitudes toward tourism development[J]. Annals of tourism research,2002,29(3).

[20] 颜亚玉.旅游资源开发[M].厦门:厦门大学出版社,2001.

[21] Getz D. Models in tourism planning:Towards integration of theory and practice[J]. Tourism Management,1986,7(1).

[22] 郭文.无景点旅游:一种新型旅游方式的兴起及影响研究[J].旅游论坛,2010(5).

[23] 李天元.旅游学概论[M].天津:南开大学出版社,2009.

[24] Tourism collaboration and partnerships:Politics,practice and sustainability[M]. Channel View Publications,2000.

[25] 张凌云.市场评价:旅游资源新的价值观[J].旅游学刊,1999,14(2).

[26] Tsaur S H,Lin Y C,Lin J H. Evaluating ecotourism sustainability from the integrated perspective of resource,community and tourism[J]. Tourism management,2006,27(4).

[27] 石高俊.中国旅游资源分区初探[J].南京师大学报(社会科学版),1994(3).

[28] 王永挺.海南山地热带雨林生态旅游资源调查与评价[J].中国商贸,2010(6).

[29] 李杜红.试论旅游资源评价的问题与创新思路[D].武汉:武汉科技大学硕士学位论文,2012.

[30] Crouch G I, Ritchie J R. Tourism, competitiveness, and societal prosperity[J]. Journal of business research, 1999, 44（3）.

[31] Deng J, King B, Bauer T. Evaluating natural attractions for tourism[J]. Annals of Tourism Research, 2002, 29（2）.

[32] 吴承忠. 国外休闲和旅游规划理论及案例分析[J]. 城市问题, 2011（4）.

[33] 欧永春, 熊娟. 旅游规划方法比较研究[J]. 消费导刊, 2009（18）.

[34] Hall C M. Tourism planning: policies, processes and relationships[M]. Pearson Education, 2008.

[35] 许耘红, 马聪. 风景区规划[M]. 北京: 化学工业出版社, 2012.

[36] Butler R W. Tourism, environment, and sustainable development[J]. Environmental conservation, 1991, 18（03）.

[37] 周建明. 旅游度假区的发展趋势与规划特点[J]. 旅游管理. 2003（3）.

[38] 王学基, 孙九霞. 民族旅游地的文化展示与"旅游域"建构[J]. 旅游论坛. 2015（02）.

[39] 李志飞. 主题公园开发[M]. 北京: 科学出版社, 2008.

[40] Bigné J E, Andreu L, Gnoth J. The theme park experience: An analysis of pleasure, arousal and satisfaction[J]. Tourism Management, 2005, 26（6）.

[41] 董观志. 旅游主题公园管理原理与实务[M]. 广州: 广东旅游出版社, 2000.

[42] Getz D. Event management & event tourism[M]. New York: Cognizant Communication Corporation, 1997.

[43] 吴志强, 吴承照. 城市旅游规划原理[M]. 北京: 中国建筑工业出版社, 2005.

[44] 杨炯鑫, 殷红梅. 乡村旅游开发及规划实践[M]. 贵阳: 贵州科技出版社, 2007.

[45] 王德刚, 田芸. 工业旅游开发研究[M]. 山东: 山东大学出版社, 2008.

[46] 王大悟. 旅游度假区开发观论析——对当前旅游规划中若干问题的思考[J]. 旅游科学. 2006（2）.

[47] 王惠. 体验经济时代国内主题公园开发模式研究[J]. 人文地理. 2008（5）.

[48] Lee C K, Han S Y. Estimating the use and preservation values of national parks 砵 tourism resources using a contingent valuation method[J]. Tourism Management, 2002, 23（5）.

[49] 李伟. 乡村旅游开发规划研究[J]. 地域研究与开发. 2003（3）.

[50] Roberts L, Hall D. Rural tourism and recreation: principles to practice[M]. Cabi Publishing, 2001.

[51] Agarwal S. Restructuring seaside tourism: the resort lifecycle[J]. Annals of tourism research, 2002, 29（1）.

[52] 李树山. 乡村旅游规划初探[D]. 北京: 北京林业大学, 2009.

[53] 李同升, 张洁. 国外工业旅游及其研究进展[J]. 世界地理研究. 2006（2）.

[54] 付业勤, 郑向敏. 国内工业旅游发展研究[J]. 旅游研究. 2012（3）.

[55] 井静. 区域环境对旅游业可持续发展的影响分析[J]. 宝鸡文理学院学报（自然科学版）. 2015（02）.

[56] 马宁. 工业旅游资源价值评估及其开发模式与策略研究——以青岛为例[D]. 青岛: 中国海洋大学硕士论文, 2009.

[57] 保继刚, 柳意云. 武汉市主题公园发展探讨[J]. 地域研究与开发. 2000（1）.

[58] 秦学, 张文敏. 开发广州市工业旅游的若干思考[J]. 商业研究, 2005（5）.

[59] Inskeep E. Tourism planning: an integrated and sustainable development approach[M]. Van Nostrand Reinhold, 1991.

[60] 张洁. 工业旅游及其开发研究[D]. 西安: 西北大学硕士论文, 2007.

[61] 张广海，刘佳. 中国大陆海洋旅游功能区划研究[J]. 北京第二外国语学院学报. 2009（11）.
[62] 李庆雷，明庆忠. 旅游规划：技术与方法（理论·案例）[M]. 天津：南开大学出版社，2008.
[63] Seaton A V, Bennett M M. The marketing of tourism products: concepts, issues and cases[M]. International Thomson Business Press, 1996.
[64] 严国泰. 旅游规划理论与方法[M]. 北京：旅游教育出版社，2006.
[65] 张婷. 旅游市场营销[M]. 上海：华南理工大学出版社，2008.
[66] Wang Y, Yu Q, Fesenmaier D R. Defining the virtual tourist community: implications for tourism marketing[J]. Tourism management, 2002, 23（4）.
[67] 魏小安，魏诗华. 旅游情景规划与项目体验设计[J]. 旅游学刊，2004（4）.
[68] 尹隽. 旅游目的地形象策划[M]. 北京：人民邮电出版社，2006.
[69] 萧筠. 全域旅游视角下贵阳市观山湖区旅游供给侧改革研究[J]. 贵阳学院学报（社会科学版）. 2016（06）.
[70] Bigne J E, Sanchez M I, Sanchez J. Tourism image, evaluation variables and after purchase behaviour: inter relationship[J]. Tourism management, 2001, 22（6）.
[71] 胥兴安，李柏文，杨懿等. 养生旅游理论探析[J]. 旅游研究，2011（1）.
[72] Sirakaya E, Petrick J, Choi H S. The role of mood on tourism product evaluations[J]. Annals of Tourism Research, 2004, 31（3）.
[73] 王佳鑫，石金莲，常青，张同升，徐荣林. 基于国际经验的中国国家公园定位研究及其启示[J]. 世界林业研究. 2016（03）.
[74] Williams C, Buswell J. Service quality in leisure and tourism[M]. CABI publishing, 2003.
[75] 宋咏梅. 关于体验旅游的特点与设计原则[J]. 特区经济，2007（1）.
[76] Veal A J. Leisure and tourism policy and planning[M]. CABI Publishing, 2002.
[77] 楼筱环，毛国良. 浅析体验经济时代旅游产品开发模式[J]. 产业经济，2008（29）.
[78] Mihalič T. Environmental management of a tourist destination: A factor of tourism competitiveness[J]. Tourism Management, 2000, 21（1）.
[79] 武彬，龚玉和. 旅游策划文化创意[M]. 北京：中国经济出版社，2007.
[80] 曾琪洁，吕丽，陆林，朱付彪. 文化创意旅游需求及其差异性分析——以上海世博会为例[J]. 旅游学刊，2012（5）.
[81] 蒋莉莉. 文化创意旅游产业发展模式的国际经验研究[J]. 商业研究，2010（31）.
[82] Vila M, Costa G, Rovira X. The creation and use of scorecards in tourism planning: A Spanish example[J]. Tourism Management, 2010, 31（2）
[83] Ritchie B W, Inkari M. Host community attitudes toward tourism and cultural tourism development: the case of the Lewes District, Southern England[J]. International Journal of Tourism Research, 2006, 8（1）.
[84] 汤宁滔，李林，齐炜. 中国家庭旅游市场的消费特征及需求——基于中国追踪调查数据[J]. 商业经济研究. 2017（02）.
[85] 胡传东，罗仕伟，齐晓波. 论黑色旅游开发[J]. 特区经济，2007（8）.
[86] Sarah Rasmi, SiewImm Ng, Julie A. Lee, Geoff N. Soutar. Tourists strategies: An acculturation approach[J]. Tourism Management. 2014.
[87] Adrian Palmer, Nicole Koenig Lewis, Lisa Elinor Medi Jones. The effects of residents social identity and involvement on their advocacy of incoming tourism[J]. Tourism Management. 2013.
[88] 范莉娜. 国外文化适应理论在旅游情境中的研究述评[J]. 旅游研究. 2016（06）.

[89] 邓爱民，刘代泉. 旅游资源开发与规划[M]. 北京：旅游教育出版社，2000.

[90] 张景群. 旅游资源评价与开发[M]. 陕西：西北农林科技大学出版社，2003.

[91] 全华，王丽华. 旅游规划学[M]. 大连：东北财经大学出版社，2003.

[92] 彭岚. 加快发展旅游业 增加就业岗位[J]. 福建劳动和社会保障，2001（1）.

[93] 邹统钎. 旅游度假区发展规划——理论、方法与案例[M]. 北京：旅游教育出版社，1999.

[94] 黄芳. 我国工业旅游发展探析[J]. 人文地理，2004（1）.

[95] Dredge D. Destination place planning and design[J]. Annals of tourism research，1999，26（4）.

[96] 应月芳. 基于"点轴理论"的美丽乡村旅游开发实证研究——以金华市金东区为例[J]. 旅游纵览（下半月）.2014（11）.

[97] 约瑟夫·派恩，詹姆斯·吉尔姆. 体验经济[M]. 北京：机械工业出版社，2002.

[98] 王金伟，王士君. 黑色旅游发展动力机制及"共生"模式研究——以汶川 8.0 级地震后的四川为例[J]. 经济地理，2010（2）.

[99] 孙琼，刘敏. 我国农业旅游发展及其升级转型[J]. 改革与战略.2017（03）.

[100] 彭霞，谢永俊，党安荣. 面向旅游规划的空间信息服务工作流构建[J]. 测绘科学.2016（12）.

教师服务

感谢您选用清华大学出版社的教材！为了更好地服务教学，我们为授课教师提供本书的教学辅助资源，以及本学科重点教材信息。请您扫码获取。

▶▶ 教辅获取

本书教辅资源，授课教师扫码获取

▶▶ 样书赠送

旅游管理类重点教材，教师扫码获取样书

 清华大学出版社

E-mail：tupfuwu@163.com
电话：010-83470332 / 83470142
地址：北京市海淀区双清路学研大厦 B 座 509

网址：http://www.tup.com.cn/
传真：8610-83470107
邮编：100084